横濱正金銀行
漢口

永遠通用
祇認票不認人
執此爲照
漢口通用銀圓
憑票即付
壹圓
銀行鈔票
い No. 033727

日本在近代中国的投资

Japanese Investment in Modern China

杜恂诚 / 著

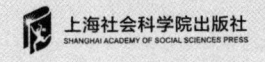

上海社会科学院出版社

再版序

上海社会科学院出版社对拙作《日本在旧中国的投资》的第一次出版是1986年,此次再版,书名改为《日本在近代中国的投资》,并写几句话作为再版的序言。

"文革"结束以后,上海社会科学院复院重建,我于1979年1月进经济研究所经济史研究室工作。当时的研究室主任是丁日初,副主任是姜铎和徐新吾。我所做的第一件工作是和徐鼎新、唐友珍等完成他人在"文革"前就已开始的"上海永安公司的发生、发展和改造"项目的重新调查和编写工作,项目结束后,又对《大隆机器厂的发生、发展和改造》一书,在调查和补充材料的基础上进行再版重写。记得曾和黄汉民先生一起去拜访过严庆祥先生。此项编写工作并未署名。这项工作结束以后,丁日初安排我参加由他主持的"中日经济关系史"项目,该项目有好几个专题,如中日近代贸易史、中日古代经济关系史等,参加的人员也很多,本所的有丁日初、方宪堂等,特聘的有池步洲、张令澳、何孝纯等。我进组的时候,被告知日本在华投资专题尚无人承担,于是我就承担了这个专题的工作。几年以后,其他的专题组由于种种原因,无法进行下去而先后解散了,我也被告知无须把日本在华投资的专题进行下去。但我已经做了大部分工作,当然不愿意就这样无果而终。于是在我去北京中国社会科学院读博之前,基本完成了《日本在旧中国投资》的书稿。这本书可能在资料的整理和系统性方面,能够为读者提供一定的参考。记得当初把书稿交给上海社会科学院出版社的时候,书稿的篇幅要比现在多出很多,后来责任编辑认为篇幅过大,就删掉了许多资料以及出处。再版时我做了一个参考文献列于文后。

"文革"结束以后,学术规范有一个逐渐恢复和完善的过程,与国际学术规范也有一个逐步接近和接轨的过程。在20世纪80年代前期,学术规范还是比较简单的,统一性也不强,主要是引用他人的研究成果一定要注明出处。我们在抄录资料和做卡片时,也常常不能把所有的信息都摘录下来,这些资料卡片放到今天来用,往往还要补充信息来源,如杂志的出版时间、页码,报纸的哪一版、哪一个栏目等,而对于我们这样年龄的人来说,查核和补充资料可能是一件非常麻烦的事情。有鉴于此,本书再版时在注释等方面并没有做大的改动。本书初版时,曾引用了不少日文文献中的资料,由于不规范,在注明资料出处时常直接把日文文献翻译成了中文。所以这次又重新去查阅和核对了日文文献的目录,在注释中改回日文文献。

关于外国在近代中国的投资,过去学界强调其侵略压迫的一面比较多一些。此次再版,我着重分析了如满铁、满业这样的国策会社,其肩负日本侵华国策使命来到中国后的种种行径。同时,日本的大财阀也是积极贯彻日本国策的。作为被侵略的中国人,对于日本侵华国策会社和大财阀贯彻侵华国策的行为肯定是持批判态度的。除此之外,在一般意义上讨论外国在近代中国的投资,我认为还是要看到其两面性。当然,外国投资者利用了诸如协定关税、治外法权等建立在中外不平等条约基础上的有利条件,他们在各个领域的投资,追求规模效应和寡头利益,确实在近代中国获得了丰厚的利益,并对华商企业构成压迫。

但另一方面,外国在近代中国的投资,又对近代中国社会经济的转型起到了引领的作用。他们把工厂制度、铁路、蒸汽机、电力、轮船、电报、新式银行等引入中国,中国人起而仿效,新的都市崛起,农村人进城务工,传统经济渐渐瓦解,新的经济成分渐渐壮大。西方商人按照西方都市的格局来塑造上海、天津、汉口等都市,通过投资,在衣食住行等各方面引领消费需求,并在城市建筑方面留下了深刻的印记。通过投资,城市就业增加了,产业结构也发生了一定的改变。

外商企业以其优势对华商企业造成压迫,这是被侵略的发展中国家必然要经历的一种常态,落后国家的民族企业不可能有温室里的花朵那般优良的成长条件。外国商品输入和外商企业的竞争优势或寡头优势,是华商企业为求发展所必须克服的外部不利条件,这也是华商企业不断创新、提升劳动生产率的外在

再版序

动力。总之，外国在近代中国的投资具有两面性，兼具压迫和引领两方面的作用。这是我们需要全面加以认识的。

应该承认，在我20世纪80年代前半期撰写此书时，本人的经济史专业道路才刚刚开始，无论在专业基础方面，还是在专业理论方面，都还显得稚嫩。一些理论思考在这本书中尚未提出或充分展开。但我还是希望再版能够基本保持原样，而不根据今天的理解来进行重写，这既是自我反省的需要，也是为读者呈现当时的一个真实的"我"，以便获取专业同仁和读者批评的需要。

在本书再版的时候，我要对上海社会科学院出版社以及责任编辑章斯睿博士表示衷心感谢，对在编制参考文献的过程中，为查阅和核对日文文献提供帮助的朱婷女士、徐琳和她妹妹表示衷心感谢。

杜恂诚
2015年11月

前　言

日本在近代中国的投资是近代中日关系史的一个重要方面,要全面认识日本军国主义对我国的侵略历史,剖析近代中国的经济结构和特点,都不能离开对日本在近代中国投资的研究。

在这方面,日本人是花了些功夫的。他们在近代中国的调查事业随着他们包括投资事业在内的在华侵略势力的扩张而发展,特别是在全面发动侵华战争以后,他们的调查规模更加庞大。在战争尚未结束的时候,他们出版了几种有关日本在华投资的书籍,至于内部印行的调查资料则卷帙浩繁,数量庞大。从日本战败后一直延续到现在,日人对历史上的日本在华投资问题仍十分重视,不但重印了部分过去出版过的书籍和内部资料,又出版了一些新的著作。这些书籍、资料的特点是调查材料较为翔实,但令人不满的是:有的重印书带有强烈的侵华色彩,重印者却未以重印说明的方式加以批判;有的新出的书甚至对日本的侵略行径大唱颂歌,对于日本军国主义在中国的失败表示了深切的惋惜。历史上的日本军国主义者,以及今天的少数日本人,他们在考察日本在近代中国投资时的基本立场是这样的:一、不承认日本在近代中国的投资是其侵华活动的一个组成部分,反而认为是促进了中国经济的发展;二、把日本在华投资的地域概念限制在中国大陆的关内部分,吹捧日本侵略台湾和东北的行径,不承认这两个地区是中国的组成部分。这样,历史的真实面貌就被抹煞了。

对此,我们必须作出回答。这当然不只是局限于纯历史研究的意义,而首先是出于作为一个历史上被侵略国家的人民的民族正义感。诚然,当年日本军国主义的侵华罪行不应由今天的日本人民来负责任;但是,只有不回避历史,正确地反映和认识历史真实,中日两国人民建立在平等基础上的友谊才会更为牢固,并且世世代代地健康发展。

今天我们重温这段历史,可以从中得到一些什么启示呢?

第一,我们一定要牢牢地确立一个完整的祖国领土概念。日本通过《马关条约》割取台湾,"九一八"事变后占领东北,这些都是应该遭谴责的侵略行径。台湾和东北自古以来就是中国的神圣领土,即使是在沦为日本殖民地的情况下,日本在台湾和东北的投资也应作为在华投资的一部分来看待和研究。

第二,我们要激励爱国主义的热情。中国的第一次鸦片战争发生在1840年,日本受培理舰队入侵发生在1853年,这两个传统国家开始受西方资本主义侵略势力压迫和威胁的时间相差不多,日本还在中国之后。而在1868年明治维新政府成立之前,日本是一个贫弱的小国。1868—1894年,只有短短的26年时间,这个原来贫弱的小国居然凭借其国内迅速发展起来的资本主义经济实力,打败了幅员辽阔、人口众多、文明久远的"中华帝国"。从这以后一直到1945年,中国就一直深受日本的欺负和蹂躏。近代中国之所以被日本等帝国主义国家压迫,关键就在于近代中国的腐朽和落后,在于近代中国社会制度的黑暗。因此我们要投身于让祖国强大和进步的事业中去。

第三,我们要树立正确看待外资的观点。闭关自守政策既不适应全球化的发展,也不符合一个国家经济发展的客观规律,所以一定要坚定不移地实行对外开放政策。但是实行对外开放,并不意味着低人一头或无原则地迁就外人。特别是青年人要补上这历史的一课,决不能让历史上一部分没有民族骨气的人的"洋奴"思想在今天的一些青年人的头脑中重新获得市场。日本在近代中国投资的历史告诉我们,只有在两国关系平等的前提下,外资才会同时对投资国和被投资国产生好处,否则就会损害被投资国的根本利益。今天中国在政治上同世界各国处于平等地位,然而经济还有一些特殊规律,我们在引进外资时,一定要充分研究这些规律,从合同的制订到履行,务必做到平等互利。

第四,对于日本在近代中国的投资,从总体上应予以批判,但对于某些具体做法,则不妨加以扬弃,为我们今天所借鉴。例如,日本人对于调查研究和科学试验的全力以赴,日本人对于综合性投资所建立的横向联系,日本人对交通运输业和能源工业的重视,日本人对企业职工学习和掌握技术的重视,日本人以较大比例的盈利用于企业技术更新和扩大再生产等,这些做法在剔除了侵略的前提后,是有参考价值的。

限于水平和资料,我个人在这方面的探索是肤浅的,精深的研究则有待于专家们的努力。由于业已掌握的资料不平衡,本书从第一章起对各个专题论述时,存在详略不尽一致的缺陷。至于在材料、观点和统计方面的错误,则希望专家们不吝赐教,批评指正。

杜恂诚

1984年3月

目　录

再版序 ……………………………………………………………… 1
前言 ………………………………………………………………… 1

绪　论　日本在近代中国投资的几个问题 ……………………… 1
　　一、投资额增长速度居各国之首 …………………………… 1
　　二、国策性 …………………………………………………… 14
　　三、各个阶段的特点 ………………………………………… 32
　　四、东北产业结构的变化 …………………………………… 53
　　五、国际收支：进大于出 …………………………………… 58
　　六、同中国工人的矛盾十分尖锐 …………………………… 61

第一章　交通运输业投资 ………………………………………… 69
　　第一节　铁路 ………………………………………………… 69
　　第二节　航运业 ……………………………………………… 90
　　第三节　汽车运输、航空及通信事业 ……………………… 109

第二章　矿业投资 ………………………………………………… 122
　　第一节　沿革和投资额 ……………………………………… 122
　　第二节　各矿种简况 ………………………………………… 135

1

第三章　纺织工业投资 …… 153
第一节　棉纺织业 …… 153
第二节　其他纺织业 …… 188

第四章　食品和造纸工业投资 …… 198
第一节　食品工业 …… 198
第二节　造纸工业 …… 222

第五章　化学工业投资 …… 231
第一节　油脂业 …… 231
第二节　窑业 …… 237
第三节　火柴业 …… 246
第四节　化工原料和化肥工业 …… 250
第五节　其他 …… 253

第六章　电力、金属冶炼和机械工业投资 …… 259
第一节　电力工业 …… 259
第二节　钢铁冶炼业 …… 268
第三节　其他金属工业和机械工业 …… 275

第七章　金融业投资 …… 283
第一节　银行业 …… 283
第二节　投资业 …… 305
第三节　其他金融业 …… 311

第八章　商业投资 …… 317

第九章　农、畜、林、水产、盐业投资 ······ 330
  第一节　农业 ······ 330
  第二节　畜、林、水产、盐业 ······ 337

第十章　中日合办企业 ······ 343

第十一章　借款 ······ 354
  第一节　早期借款 ······ 354
  第二节　西原借款 ······ 361
  第三节　第一次世界大战后的借款 ······ 370
  第四节　借款整理和"七七"事变前后借款本利留存额 ······ 375

第十二章　文化事业 ······ 381

参考文献 ······ 398

图目录

图0-1　工资分配图 …………………………………… 61
图0-2　工资分配图 …………………………………… 62
图1-2　华北汽车公司组织情况 ……………………… 109
图1-3　华中都市自动车株式会社出资情况 ………… 111
图3-1　日本在华棉纺织厂的资本来源 ……………… 172

表目录

表 0 - 1	1914 年日本在华直接企业投资	4
表 0 - 2	矢内原忠雄对日本在台湾投资额的推算	4
表 0 - 3	1914 年末日本在华投资额估算	6
表 0 - 4	斋藤征生对日本 1930 年在东北的投资额统计	7
表 0 - 5	1930 年末日本在华投资额估算	8
表 0 - 6	1936 年末日本在华投资额估算	10
表 0 - 7	国民党政府接收台湾厂矿一览	11
表 0 - 8	对东北投资额的修正	13
表 0 - 9	1945 年日本投降前的在华投资额估算	13
表 0 - 10	满铁历任最高长官	18
表 0 - 11	日本政府对东北的投资	29
表 0 - 12	台湾早期生产总额及其构成	37
表 0 - 13	1900—1939 年台湾出口货和进口货的组成	39
表 0 - 14	"九一八"事变后日本对东北投资的渠道	41
表 0 - 15	日本在东北所控制的经济各部门的资本额	42
表 0 - 16	日本在东北所控制的工业各部门的资本额	42
表 0 - 17	河北、山东两省主要制造工厂资本国别分配	43
表 0 - 18	东北的外贸出、入超和日本在东北的投资	45
表 0 - 19	满业对附属企业的股本及贷款投资	47
表 0 - 20	资源委员会所接收的日本在华工矿产业	49

表 0-21	占领地区与抗战地区的比较	50
表 0-22	上海日本会社数及资本额调查	51
表 0-23	总社在台湾的工业会社的资本额	53
表 0-24	中国东北地区机器输入的趋势	54
表 0-25	东北轻重工业实收资本和债券总额比较	54
表 0-26	东北几种主要工矿产品的产量及占全国的比重	55
表 0-27	帝国主义投资与中国国际收支	58
表 0-27	东北中日工人平均工资比较	62
表 0-28	抚顺、烟台煤矿的劳动灾害	63
表 0-29	上海中日纱厂工人工资比较	64
表 0-30	东北四家日商纺织厂每日平均工资	65
表 0-31	东北中国工人斗争次数	66
表 0-32	"五卅"运动期间上海日本企业的工人罢工	67
表 1-1	1914年满铁资本募集情况	73
表 1-2	1915年满铁募集资本实收状况	73
表 1-3	满铁的赢利和分配	73
表 1-4	1929年3月底满铁资本实收状况	74
表 1-5	满铁事业费增加状况	75
表 1-6	满铁的赢利和分配	76
表 1-7	从盈利额看1930—1931年的满铁	77
表 1-8	满铁的社内事业投资及对伪满铁道投资	78
表 1-9	满铁的利润和分配	79
表 1-10	各时期日本在中国路债中所占的比重	82
表 1-11	日本掠夺中国路权已成各路	82
表 1-12	抗日战争时期日本在华北的铁道新线建设	84
表 1-13	江南三角地带货物运输量	85
表 1-14	台湾省官营铁路概况	86
表 1-15	台湾民营铁路概况	87

表1-16	中国国有铁路对日债款总数的几种估计	88
表1-17	东北铁路中各国投资所占比重	89
表1-18	日本在华铁路直接投资	89
表1-19	日清轮船公司股份分配	92
表1-20	1914年日本对华航运业投资	93
表1-21	"五四"运动前后日清与招商局营业情况比较	93
表1-22	大连汽船株式会社资本的增长	95
表1-23	日清汽船株式会社营业情况	96
表1-24	武汉日清汽船会社的货运	97
表1-25	中国各港口轮船航行吨位比较	98
表1-26	1936年日本对关内航运业投资一览表	99
表1-27	1936年日本在华航运业的投资	100
表1-28	日本邮船会社在上海的不动产	101
表1-29	上海日商主要航运企业一览	102
表1-30	上海港出入船舶数和吨位数	102
表1-31	1938年日本对关内航运业投资一览	103
表1-32	上海内河轮船株式会社输送货物的品种、数量和比例	104
表1-33	台湾对东北进出口货物的统计	107
表1-34	台湾戎克船消长情形	108
表1-35	华北汽车公司营业状况	110
表1-36	日本在华汽车运输业的投资	112
表1-37	中国航空公司的资本构成	113
表1-38	中华航空公司创立时的资本构成	114
表1-39	日本政府在中国关内通信业财产的地区分布	117
表1-40	1930年年底日本对华电信借款投资	119
表1-41	1936年年底日本对华电信借款投资	120
表1-42	1938年日本对华通信业借款投资	121
表2-1	日资及中日合办煤矿的生产额	127

表 2-2	全东北煤及铣铁产量中日资企业所占比重	127
表 2-3	1936 年末日本对关内矿业直接投资一览	129
表 2-4	台湾矿业资本的来源	130
表 2-5	抗日战争时期关内国策会社关系矿业一览	132
表 2-6	日本对中国铁矿石的掠夺	134
表 2-7	抚顺、烟台煤矿产煤量及在东北所占比率	137
表 2-8	东北的煤矿生产	137
表 2-9	抚顺、烟台煤矿早期利润率	138
表 2-10	抚顺、烟台煤的销售情况	138
表 2-11	鲁大、博东两公司历年产量	140
表 2-12	各地区的煤销售价	142
表 2-13	东北各项矿产产量	148
表 2-14	东北耐火黏土产量	149
表 2-15	大连港白云石输出数量	149
表 2-16	东北硅石生产量	151
表 2-17	大连港硅石输出量	151
表 3-1	每担棉纱之进口税	155
表 3-2	日本在中国棉纺业里的投资	156
表 3-3	东北日本四大棉纺厂概况	159
表 3-4	东北日本纱厂规模的扩充	160
表 3-5	天津华商纱厂被日商兼并概况	162
表 3-6	8 家在沪日商纺织会社平均营业成绩	163
表 3-7	日本在华棉纺织业设备的发展	165
表 3-8	日本在华纺织业资本的构成	166
表 3-9	上海纺织业在 1937 年日本侵华战争中的损失	167
表 3-10	日本在华纺织业会社别投资额	168
表 3-11	上海日华纺织会社历年经营情况	173
表 3-12	内外棉株式会社历年经营情况	173

表 3-13	上海纺织株式会社经营情况	……………………………	179
表 3-14	中日两国纱厂平均资本比较 I	…………………………	180
表 3-15	中日两国纱厂平均资本比较 II	…………………………	181
表 3-16	华商纱厂同在华日商纱厂规模比较	……………………	182
表 3-17	在华日商纱厂与华商纱厂工作效率比较	…………………	183
表 3-18	华商、在华日商和日本国内纱厂劳动生产率比较	………	184
表 3-19	每件20支纱制造费用比较	…………………………………	185
表 3-20	华纱、日纱价格变动比较	…………………………………	187
表 3-21	满蒙毛织会社历年经营情况	………………………………	189
表 3-22	东北日伪制麻企业	…………………………………………	191
表 3-23	日本在关内毛织、制丝、制麻的投资额	…………………	196
表 4-1	东北中日制粉厂生产成本比较	……………………………	201
表 4-2	东北的日本资本系统面粉厂	………………………………	201
表 4-3	日占区长江沿岸面粉厂小麦收购量	………………………	203
表 4-4	日本人在上海掌握的淀粉厂	………………………………	204
表 4-5	台湾近代制糖会社的发展	…………………………………	205
表 4-6	台湾制糖业的兼并集中	……………………………………	207
表 4-7	台湾6家制糖会社1920年上期的盈利与分配	……………	209
表 4-8	东北日资制糖两会社的生产状况	…………………………	212
表 4-9	满洲麦酒会社经营状况	……………………………………	213
表 4-10	上海日商杂食品工业制造厂一览	…………………………	216
表 4-11	东方制冰会社营业成绩	……………………………………	216
表 4-12	关内日资新式蛋品加工企业一览	…………………………	218
表 4-13	东北各国卷烟销售量百分比	………………………………	219
表 4-14	关内日人主要卷烟企业	……………………………………	220
表 4-15	上海的日资卷烟企业	………………………………………	221
表 4-16	关内主要日人造纸企业	……………………………………	223
表 4-17	上海造纸业国籍别产量及销售额	…………………………	224

表4-18	营口造纸厂的产量和产值	225
表4-19	东北日资及日人控制的木浆会社	226
表4-20	台湾兴业会社的利润及分配	229
表5-1	三泰油坊的经营状况	233
表5-2	东北的部分日本油脂工业企业	235
表5-3	青岛、天津、汉口的日本油脂工业企业	237
表5-4	大连的日人建筑用砖瓦工业	238
表5-5	营口兴业株式会社收支成绩	239
表5-6	东北耐火材料生产量	240
表5-7	大连窑业株式会社收支成绩	240
表5-8	关内日人主要砖瓦陶瓷器企业	242
表5-9	华洋水泥厂一览表	244
表5-10	伪满政府成立后东北新设的日资水泥会社	245
表5-11	东北的华洋火柴业	247
表5-12	满洲化学工业株式会社的利润和分配	251
表5-13	日人在东北设立的主要制革企业	255
表5-14	东北和上海的日人制药工业	257
表6-1	东北的电气工业	260
表6-2	两家中日合办电气公司的日方出资额和贷款额	261
表6-3	满洲电业会社在东北电业中的地位	262
表6-4	满洲电业会社的利润和分配	263
表6-5	东北历年发电设备能力和总发电量	264
表6-6	日本对关内"合办"电气事业的出资和贷款	266
表6-7	日本在华电力工业投资	268
表6-8	中、日铁厂生铁产量比较	269
表6-9	日本的铣铁输入	270
表6-10	满铁营业利润与冶铁事业	272
表6-11	昭和制钢所的利润和分配	272

表6-12	东北日资机械工业的实收资本	278
表6-13	关内主要日本机械工业企业	280
表6-14	战时关内新设主要日资机器制造厂	281
表7-1	总行设在中国的日本银行1925年同1916年利润率比较	288
表7-2	台湾银行资本和业务的发展	289
表7-3	三井银行上海分行的经营状况	289
表7-4	日本劝业和三和银行的台湾分行的营业状况	290
表7-5	总行在东北的日本银行(不包括中日合办)	293
表7-6	日本在华主要银行分布网	295
表7-7	总行在华的日本银行一览	296
表7-8	1936年末日本对中国大陆银行直接投资额	298
表7-9	1936年末日本银行在华分行(除东北和台湾)资产占总行资产的比率	299
表7-10	1936年末齐鲁银行借款本息额	300
表7-11	日本在中国关内的银行存款额(一)按银行类别分	300
表7-12	日本在中国关内的银行存款额(二)按地区分	301
表7-13	日本在中国关内的银行贷款额	301
表7-14	日本在中国关内的银行业投资(除东北外)	302
表7-15	1938年的日本在华银行业直接事业投资情况	303
表7-16	华北各大城市日本银行业投资增长情况	303
表7-17	朝鲜、台湾银行在华分行(除东北)营业成绩表	304
表7-18	普通银行在华分行(除东北)营业成绩表	304
表7-19	日本在华投资会社的资本和资产	307
表7-20	日本在华投资会社的资本和资产	310
表7-21	华北开发、中支那振兴、兴中公司投资额比较	311
表7-22	中国关内日人经营的小额金融和信托业	312
表7-23	1936年度日本在华保险业资本	313
表7-24	中国关内日人经营的汇兑经纪业(包括钱庄)	313

表 7-25	日本在华的当铺业	314
表 7-26	东北当铺的状况	315
表 7-27	日本在关内的杂小金融业	315
表 8-1	1900—1914年旅华日侨数	318
表 8-2	在华各国商社及侨民数	319
表 8-3	东北的日本中小型商社(1931年左右)	320
表 8-4	日本对关内的商业投资	323
表 8-5	"九一八"事变前后香港英日两国输出入额比较	324
表 8-6	上海历年登记新设日资企业中的商业企业	324
表 8-7	东北输出入品的价值百分比	326
表 9-1	以日本人或日本法人名义在东北所侵占的土地	331
表 9-2	满洲拓殖公社的资本与出资者	335
表 9-3	移民用地的准备面积	335
表 9-4	日本在关内的农业投资	337
表 9-5	1941年东北的畜产	339
表 10-1	东北和内蒙地区的中日合办企业投资比例	345
表 10-2	关内中日合办煤矿业的投资额	346
表 10-3	"九一八"事变前中日合办企业的总资本与日方资本	349
表 11-1	三借款契约内容	356
表 11-2	辛亥革命前后中国厂矿所借日债统计	360
表 11-3	正金银行对裕繁公司的借款	374
表 11-4	中国政府对日主要无担保债款表	376
表 11-5	不确实担保借款整理	377
表 11-6	日债偿还额	378
表 11-7	日债留存额(I)	378
表 11-8	日债留存额(II)	379
表 12-1	日本对华文化特别会计支出的补助费和助成费	383
表 12-2	日本在中国关内文化事业单位数	384

表 12-3　1938年东北的大中小学 …………………………………… 386
表 12-4　日本人在中国关内出版的日刊报纸一览
　　　　　（"七七"事变前） ………………………………………… 392
表 12-5　日本在中国关内和香港刊行的杂志一览 …………………… 394

绪论　日本在近代中国投资的几个问题

一、投资额增长速度居各国之首

19世纪中叶，西方列强用武力打开中国的大门时，日本也正面临西方侵略的威胁，处于民族危机之中。那时日本尚未进行明治维新，仍是一个封建幕府统治的落后国家，谈不上对中国投资。

甲午战争前，尽管英国等西方国家曾在中国非法建厂，但那一时期它们对中国的经济侵略主要采取商品输出的形式，根据商品输出的需要，在中国投资设立了一些进出口洋行、轮运和金融等企业。外国在华设厂权是根据《马关条约》获得的，日本虽是签订这一不平等条约的当事国，但是在条约签订后的一段时期内，日本在华投资的数额仍然是很微小的。1902年，日本在华投资额约100万美元（不包括台湾），仅占各国在华投资总额的0.1%。当时英国占33%，俄国占31.3%，德国占20.9%，法国占11.6%。[①]

以后日本在华投资有了迅速的增长。这一方面固然由于日本资本主义经济的迅速发展，另一方面则是因为日本日益看到了在华投资同日本利益之间的内在联系。

首先看经济利益。1905—1930年，日本在东北地区的投资获得利润和利息

---

① [美]雷麦：《外人在华投资》，蒋学楷、赵康节译，商务印书馆1959年版，第55页。

总额109 659万日元,其中借款利息为6 338.4万日元,总社在东北的企业的利润70 534.4万日元,总社不在东北的企业的利润21 772.8万日元,个人企业的利润11 013.3万日元。第二项中满铁纯利润46 771.2万日元,满铁公司债的利息支付额14 652.2万日元(不包括付给英国的债券利息8106.4万日元)。① 以上数字是相当可观的。

从1929年一年的情况看,日本因投资东北而获取的国民收入如下:②

对人力的报酬	12 799.8万日元
投资利润	9 433.4万日元
同对东北贸易相联系的利益(未包括间接利益)	9 194.5万日元
总计	31 427.7万日元

如加上日本同东北贸易的间接利益(从东北输入日本的原料和半成品的加工工业的利润以及劳动者工资等),每年约达3.5亿至4亿日元的水平,占日本国民所得每年100亿—130亿日元的3%左右。同日本本土人口6 400万相比,当时在东北的日本人仅21.6万,后者仅占前者的0.3%。可见日本因投资东北而获得的惊人收益。当然,这还没有把日本在中国关内和台湾的投资收益计算在内。根据1944年6月的统计,东北的储蓄存户中,日本人及朝鲜人仅占19%,而存款额却占65%,达75 700万日元。③ 这也从一个侧面反映了日本在中国所获得的利益。

更重要的是战略利益。日本寺内内阁(1916年10月—1918年9月)的财政大臣胜田主计认为,日本缺乏工业原料,需仰给于印度、美国和埃及等国,若打起仗来,原料供应就成了大问题,而"中国铁矿石灰之丰富,石油之有望,棉花之栽培,羊之饲养,及其他物质,举凡我国国民经济所必要者,与实行国防计划所必要之原料物质,皆能求之于中国。有如此关系,故掌握中国经济之支配权,从帝国

---

① 《满铁调查月报》,1932年8月号,第9—10页。
② 《满铁调查月报》,第38页。
③ A. R. Kinney, *Japanese Investment in Manchurian Manufacturing, Mining, Transportation and Communications, 1931-1945*, New York: Garl and Publ., 1982, pp. 122-123 note.

独立上观之，亦最为紧急。予之视中国问题为最重要者，即在此点也"；"帝国欲掌握其经济支配权，须垄断独占，管理其财政，占据其交通，徐图开发其产业，以充实帝国国民经济。……研究是等事件，而注以全力，乃大和民族之重大使命，不论何人皆不容疑，即文明诸国周知也无大碍障。"①显然，日本纯系觊觎中国的丰富物产资源，将中国作为它扩张势力的战略目标，而它在中国投资就是围绕着这一战略目标所展开的。

基于上述的两个原因，日本较其他列强对在华投资就更为重视。英美等西方国家的在华投资额只占其海外总投资额的很小一部分，如1929年英国的国外总投资额为373 800万英镑，而在华投资额仅26 000万英镑，不到7%。同年美国的国外总投资额约2 869 400万美元，而1930年美国在华投资额仅约24 000万美元，连1%都不到。而日本在中国的投资额则占其海外总投资额的绝大部分，1930年末约占94%，1936年末约占87%。②

下文将对四个时期的日本在华投资额进行估算，以便看一看日本在华投资额的增长速度。在估算之前，还需强调一个十分重要的原则性问题。日本人在他们的调查统计资料中，并不把日本在东北和台湾的投资算入日本在华投资之内的，这是由他们当年侵占中国的立场所决定的。甚至一些西方学者（如雷麦）在研究日本在华投资时，也把台湾排除在外。笔者认为这些都是不正确的。东北和台湾是中国不可分割的领土，也是日本在华投资的重点地区，因此决不能略而不论。

1. 1914年末的投资额估算

雷麦整理了1914年不包括台湾在内的日本在华企业投资，并列表如下：

按照表0-1，以满铁为中心的运输业和矿业投资共占总额的50.6%，集中在东北地区，而以进出口贸易为主的商业投资占22.1%，集中在关内上海等大都市。制造业投资还只占5.5%。

雷麦的统计并不完整，例如在矿业方面，他把很重要的中日合办本溪湖煤铁

---

① 邹鲁：《日本对华经济侵略史》，中山大学出版部1935年版，第11—12页。
② 根据山澤逸平、山本有造《貿易と國際收支》（東洋經濟新報社1979年版）第56页的数字计算。原表中1936年末的数字存在两次相加的错误。此项统计不包括台湾。

表 0-1　1914 年日本在华直接企业投资　　　（单位：万日元）

行业	东北	中国其他各处	合计金额	占比（%）
一、运输	12 856.4	810	13 666.4	35.5
二、公用事业	680.4	3.6	684	1.8
三、矿业	5 826.1	—	5 826.1	15.1
四、制造业	741.4	1 376.1	2 117.5	5.5
五、银行及金融业	735	530	1 265	3.3
六、地产	1 696.7	—	1 696.7	4.4
七、进出口	1 000	7 516.2	8 516.2	22.1
八、其他	2 980	1 750	4 730	12.3
总计	26 516	11 985.9	38 501.9	100.0

资料来源：雷麦：《外人在华投资》，第 322—323 页。本表不包括台湾。

矿遗漏了。该公司 1914 年的实收资本额为 490 万元，中日各半。日方实际出资额 245 万元，约折合同额日元。此数应予添入。

对于日本在台湾的投资额的估算比较困难，因为一者台湾的各类企业中有一部分属于本地的中国人资本；二者有些企业总行不在台湾；三者，总行在台湾的企业也有投资于台湾之外的；四者台湾总督府为发展台湾的殖民经济所发的公债、奖金和借款等也应计入，因为这些款项绝大部分来自日人的投资，但这方面的资料不完全。

日人矢内原忠雄估计，在台湾的各业投资中，日本投资约占 80%，而当地中国人资本约占 20%。[①] 他对 1926 年日本在台湾投资额的推算列表于下：

表 0-2　矢内原忠雄对日本在台湾投资额的推算
（1926 年）　　　　　　　　　　（单位：万日元）

	总额	日本人出资
① 在台湾设有总行的株式会社实缴资本	32 198.8	25 209.2
② 在台湾设有总行的株式会社公积金	6 985.3	5 588.2
③ 在台湾设有总行的株式会社其他股东资金	583.4	583.4
④ 在台湾设有总行的株式会社前期滚存金	772	772

---

① 矢内原忠雄：《帝国主义下の台湾》，東京岩波書店 1929 年版，第 149 页。

绪论　日本在近代中国投资的几个问题

续　表

	总额	日本人出资
⑤ 公司债	6 950	6 950
⑥ 借款	56 377.2	56 377.2
⑦ 大日本制糖株式会社实缴资本	2 006.2	2 006.2
⑧ 大日本制糖株式会社公积金	1 304.8	1 304.8
⑨ 日本劝业银行分行	3 301.8	3 301.8
⑩ 三十四银行分行	60	60
⑪ 合资会社及合名会社出资额	2 434	1 947.2
⑫ 银行贷款	24 919.4	19 935.5
⑬ 公债	10 342.8	10 342.8
⑭ 总督府借款	320	320
⑮ 产业奖励资金	550	550
合计	149 105.5	135 248.3

资料来源：矢内原忠雄：《帝国主义下的台湾》，第156页注③。合名会社：即无限公司，不以所出资本为限，如公司亏蚀，出资者于所出资本之外，并负偿还债务的责任。合资会社：亦称两合公司，是由无限责任的股东和有限责任的股东组织起来的，有限责任股东以额定出资为限。株式会社：即股份公司。

据表0-2所列，日本在台湾的实际投资额远远大于日人在企业的实缴资本额，前者为后者的4.16倍(后者为①＋⑦＋⑨＋⑩＋⑪)。实际投资额中最大的一项是借款。借款同银行贷款有可能会有部分重复，因不详其统计的具体依据，在这里就把重复问题省略不计了。一般来说，借款、银行贷款和公积金的数量有着与同企业实收资本保持正比例的趋势，为此下列比例式大致可以成立：

$$\frac{1914年的投资总额}{1926年的投资总额} = \frac{1914年的企业实收资本额}{1926年的企业实收资本额}$$

1914年年底台湾各业公司(包括株式、合资、合名会社)的实收资本额为7 716.7万日元[①]，大日本制糖株式会社的实收资本约530万日元[②]，三十四银行分行已设立，其资本约28万日元[③]，而日本劝业银行分行尚未设立。以上实收

[①] 台湾省行政长官公署统计室：《台湾省五十一年来统计提要》，1946年版，第877页。
[②] 涂照彦：《日本帝国主义下的台湾》，東京大學出版會1975年版，第294页。1915年的数字。
[③] 台湾省文献委员会：《台湾省通志》第35卷，众文图书公司1980年版，第81页。

资本额总计为8 274.7万日元。据此,1914年的投资总额即可估计为30 844.8万日元。其中减掉7 716.7万日元中占20%的当地中国人资本1 543.3万日元和银行贷款推算额的20%,即1 030.2万日元。所以1914年日本在台湾投资总额约为28 271.3万日元。

表0-3　1914年末日本在华投资额估算　（单位：万日元）

	投资额	%
大陆部分		
企业投资	38 746.9	53.5
借款	5 420	7.5
小计	44 166.9	61.0
台湾地区	28 271.3	39.0
合计	72 438.2	100.0

满铁投资中有相当一部分是向英国借款,1914年尚欠1 200万英镑(合11 715.6万日元),估算时应当从日本实际出资额中减去这个数字。然而此款项虽说是借债,但日本负有经营企业和还清债务的全部责任和义务,因而把这笔款项列入日本在华投资额,仍是合理的。

主要由于未把日本在台湾的投资计算在内,以及对日本在中国大陆投资额估算的某些出入,在雷麦的统计中,1914年日本在华投资额在各国在华投资总额中只占13.6%,居第四位,在英国(37.7%)、俄国(16.7%)和德国(16.4%)之后。根据笔者上述估算,1914年日本在华投资额占各国在华投资总额的22.2%,仅次于英国(34.2%)而居第二位。[①]

2. 1930年末的投资额估算

关于雷麦对1930年日本在东北投资额的估计,可以用日人斋藤征生的调查予以修正。雷麦估计,1930年日本在东北的直接投资为110 040万日元[②],而斋藤征生的统计为123 034.3万日元,其中分法人企业和个人企业两类:

[①] 1914年其他外国在华投资额依据雷麦:《外人在华投资》,第55页。
[②] 雷麦:《外人在华投资》,第354页。

表 0-4　斋藤征生对日本 1930 年在东北的投资额统计

一、法人企业投资	113 535.1 万日元
内分：(1) 根据日本法建立的会社	
a. 总社在东北的会社	91 175.8 万日元
b. 总社不在东北的会社	18 737.4 万日元
(2) 不是根据日本法建立的会社	3 622 万日元
二、个人企业投资	9 499.2 万日元
合计	123 034.3 万日元

雷麦的估计同上述法人企业投资额比较接近，他很可能忽略了个人企业投资额。此外，东北尚有日本公共设施等投资 3 亿多日元（资本来源中有日本政府补助金），这也应计入。因此，根据斋藤征生的统计，1930 年末日本在东北直接投资总额（不包括企业外借款）为 158 494.5 万日元。[①] 关内部分仍可沿用雷麦的统计数字。这样，1930 年末日本在中国大陆部分的直接投资总额即为 223 274.5 万日元，其中东北地区占 71%，上海占 19.3%。

关于 1930 年日本在台湾的投资额，我们可以用估计 1914 年投资额的方法来加以估计。

1930 年，列入统计的企业数 865 家，由于受台湾银行减资等的影响，这些企业的实收资本低于 1920 年，仅为 29 738 万日元[②]。大日本制糖株式会社的实收资本额为 10 713 万日元[③]，日本劝业银行台湾分行的资本额为 5 628.9 万日元[④]，三和银行资本为 60 万日元，这样，实收资本总额为 46 139.9 万日元，而投资总额则可估计为 171 991.1 万日元，减去 865 家公司中占 20% 的、当地中国人的资本，以及银行贷款推算额的 20%，余数为日本投资额 160 299 万日元。连同日本对中国的借款投资在内，1930 年末的日本在华投资额如下表所示。

根据雷麦的统计，1931 年日本在华投资额占各国在华投资总额的 35.1%，

[①]《满铁调查月报》1932 年 8 月号，第 5—6 页。
[②] 台湾省行政长官公署统计室：《台湾省五十一年来统计提要》，第 877 页。
[③] 涂照彦：《日本帝国主义下の台湾》，第 328 页。1929 年下期的数字。
[④] 台湾省文献委员会：《台湾省通志》第 35 卷，第 84 页。

表 0-5 1930 年末日本在华投资额估算 （单位：万日元）

	投资额	%
大陆部分		
直接投资	223 274.5	51.2
借款	52 558.3	12.0
小计	275 832.8	63.2
台湾地区	160 299.0	36.8
合计	436 131.8	100.0

位于英国(36.7%)之后。而据笔者上述估算，1931年日本在华投资额在各国在华投资总额中要占到50.9%，把其他国家远远甩在身后，居第二位的英国只占27.7%。①

3. 1936 年末的投资额估算

吴承明先生认为，估算1936年末日本在东北的投资，应在1930年末投资额的基础上，加上1931年到1936年的新投资和原有资本的积累，再加上由日本控制的伪满资本。至于日本新增加的投资额和资本积累，他采取樋口弘的估计，分别为131 471.5万日元和1亿日元；满铁"受托经营"的伪满"国有"事业（包括强购的中东铁路）159 534.4万日元和"朝鲜总督府事业"2 383.7万日元；日伪合资企业中的伪满资本约8 690万日元，这样，1931—1936年日本在东北的投资共为312 079.6万日元。②

这样的估计可能不很确切，因为第一，日本自己的投资同日本控制的伪满资本到底是有所不同的，伪满虽是日本的附庸，但其资本中的相当大的一部分还是中国人的。第二，伪满资本中的一部分是来自日债（日本投资的一种形式），如果把它同日本投资并列，就会产生重复计算。因此，本书只计入1931—1936年的日本新增投资及原有资本积累共141 471.5万日元。1930年末日本对东北的投资为175 663.6万日元③。如折合美元，把1930年已投资的部分和以后再投资

---

① 日本投资额为1930年末的数字；其他外国投资额依据雷麦《外人在华投资》，第55页。
② 吴承明：《帝国主义在旧中国的投资》，人民出版社1955年版，第160页。
③ 《満鐵調查月報》，1932年8月号，第5页。包括借款投资在内。

的部分分列计算，约合128 860万美元，合1936年币值444 339.7万日元。

关内投资部分，我们须对东亚研究所的统计进行修正。东亚研究所的统计是这样的：一、所谓"经济"投资99 347.8万日元，其中包括直接事业投资94 550.4万日元、合办事业投资3 936.2万日元和其他861.2万日元；二、借款投资95 274万日元，其中包括中央政府借款80 299.4万日元、地方政府借款2 579.7万日元、民间借款11 995万日元和其他399.9万日元。"一""二"两项总计194 621.8万日元。①

为避免重复计算，上述直接事业投资中的投资业投资3 624.7万日元应予剔除。在航运业投资方面，东亚研究所把所有中日航线上的日本船舶投资都算作日本在华投资，这不合理，因为那些船舶是直接为了日本的外贸和日本的国际客运而设置的。② 经甄别，1936年末日本在关内的航运业投资不是8 944.8万日元，而是6 858.4万日元。在借款投资方面，庚子赔款和山东两项补偿金的本息共9 281万日元应从上述统计数中予以剔除，日债存留额则为85 993万日元。这样，1936年末日本在关内的事业投资为93 636.7万日元，加上借款，共计179 629.7万日元。

在台湾，1936年末列入统计的公司共1 232家，实收资本42 239.2万日元③，大日本制糖株式会社的实收资本为11 125.3万日元④，日本劝业银行分行的资本8 325.9万日元，三和银行（即三十四银行）的资本不详，仍沿用过去的数字。⑤ 这样，1936年末企业实收资本总额约为61 750.4万日元，经推算，投资总额约为230 180.8万日元，减去实收资本和银行贷款推算额中占20%的当地中国人资本，余数214 045万日元即1936年末日本在台湾的投资额。

1936年末，日本在华投资额占各国在华投资总额的52.6%，英国降至22.6%。⑥

---

① 東亞研究所：《日本の對支投資》（下），原書房1974年版，第1048页。
② 详见本书第一章第二节。
③ 台湾省行政长官公署统计室：《台湾省五十一年来统计提要》，第877页。
④ 涂照彦：《日本帝国主义下的台湾》，第328页。
⑤ 台湾省文献委员会：《台湾省通志》第35卷，第81、84页。
⑥ 1936年其他外国在华投资额依据吴承明：《帝国主义在旧中国的投资》，第45页。

表 0-6　1936 年末日本在华投资额估算　（单位：万日元）

	投资额	%
大陆部分		
东北	444 339.7	53.0
关内　事业投资	93 636.7	21.5
借款	85 993	
小计	623 969.4	74.5
台湾地区	214 045	25.5
合计	838 014.4	100.0

4. 1945 年日本投降前的投资额估算

东北　据国民党政府东北物资调节委员会所编的《资源及产业》统计，1944 年，东北总计公司数为 6 878 家，其中日本投资 11 276 百万伪满元（实收资本 5 159 百万伪满元，公司债 4 384 百万伪满元，借款 1 733 百万伪满元），伪满投资 12 872 百万伪满元，合计 24 148 百万伪满元。[①] 按照日人统计：1905—1931 年，日本在东北投资为 175 663.6 万日元，1932—1944 年，日本在东北投资 903 411.5 万日元，共计 1 079 075.1 万日元[②]，与国民党政府的统计相差 48 500 万日元。考虑到利润转化为资本的情况，则这两种估计是相当接近的。1945 年上半年，日本又在东北投资 45 440 万日元[③]，所以总的投资额为 1 124 515.1 万日元。

关内　据吴承明先生估计，1939—1944 年日本在关内投资共增加 42 520 万美元，加上房地产投资约 18 830.7 万美元（1944 年的约 2 亿美元减去 1938 年的 1 169.3 万美元）[④]，合计 61 350.7 万美元，约合 264 819.4 万日元。加上 1938 年的投资额（不计借款）152 185.9 万日元，则为 417 005.3 万日元。

台湾　周宪文的《日据时代台湾经济史》关于 1945 年台湾工业株式会社实收资本的统计是计算了总社在台湾的企业，因此并不全面，兹将台湾接收时的统计列出如下：[⑤]

---

① 东北物资调节委员会：《资源及产业》下卷，中国文化服务社 1947 年版，第 29—30 页。
② 满史会：《满洲开发四十年史》上卷，东京谦光社 1964 年版，第 685 页。
③ 满史会：《满洲开发四十年史》下卷，第 886 页。
④ 吴承明：《帝国主义在旧中国的投资》，第 164、165、174 页。
⑤ 据中国第二历史档案馆（以下简称"宁档"）馆藏档案卷宗号 28-5685-1、28-5685-2，日本投降后，主要工业企业的接收值为 373 444.4 万台元。

表0-7 国民党政府接收台湾厂矿一览

行业	接收厂矿		账面实收资本	
	会社	厂数	总额(万日元)	台股占%
糖	日糖兴业	15	10 995.8	0.46
	台湾制糖	12	6 361.6	0.18
	明治制糖	8	6 100	0.67
	盐水港制糖	8	3 693.8	0.4
电力	台湾电力	34	9 675	2
金铜矿	日本矿业台湾支社金瓜石山事务所	1	5 348.1	无
	台阳矿业瑞芳矿山事务所	1	178.5	无
石油及天然气	日本海军第六燃料厂	3	12 000	无
	帝国石油	1	2 000	无
	日本石油	1	100	无
	台拓化学工业	1	3 700	无
煤矿	基隆炭矿	16	700	18
	南海兴业	5	1 250	1
	台湾拓殖三德矿业所	3	500	无
	台湾产业	2	100	无
	山本炭矿所	2	150	无
	昭和炭矿	1	20	45
	近江产业	2	35	无
	武山炭矿	2	25	无
	展南拓殖田尾炭矿	1	100	无
	台阳矿业	3	1 000	44
	中台矿业	3	200	80
	大丰炭矿	2	120	50
	共荣炭矿	2	100	90
炼铝	日本铝	2	6 000	无
食盐电解	南日本化学工业	1	500	无
	旭电化工业	1	500	无
	钟渊曹达工业	1	500	无
肥料	台湾肥料	2	200	2.5
	台湾电化	2	200	10

续 表

行业	接收厂矿		账面实收资本	
	会社	厂数	总额(万日元)	台股占%
肥料	有机合成	1	600	无
	台湾窒素	1	100	无
电炉炼钢铁	樱井电气铸钢所	1	100	无
	台湾重工业	1	375	无
	钟渊工业	1	370	无
	前田砂铁钢业	1	220	1
	兴亚制钢	1	80	无
	东邦金属制炼	1	1 000	无
水泥	台湾化成工业	1	1 050	无
	台湾水泥工业	1	250	无
	南方水泥工业	1	400	无
合计			76 897.8	1.57

资料来源：宁档 28-5685-2。

注：① 原表合计数为 78 897.8 万日元,据分项合计差 2 千万日元。
② 电力的"厂数"栏单位为发电所,煤矿的"厂数"栏单位为矿坑。

这个实收资本统计也是不完全的,因为第一,上述绝大部分企业的资本额都在 500 万日元以上,没有把较小的工业企业统计在内;第二,没有把工矿业之外的投资包括在内,而实收资本额同实际投资额又相差很远。据战后国民政府接管当局所作的《台湾省行政纪要》统计,除土地部分外,日占当局公务机关的财产 593 件,计 293 850 万旧台币元,企业财产 1 295 件,计 716 360 万旧台币元,个人财产 48 968 件,计 88 880 万旧台币元,三者合计约 110 亿旧台币元。① 日占当局的机关财产和个人财产不能作为在华投资,笔者仅取企业财产的数字。但土地部分除外后,企业财产就不完整了。据《台湾省接收委员会日产处理委员会结束总报告》,企业财产的土地部分价值为 492 790.7 万台元。这样,企业财产总额即为 1 209 150.8 万台元。

---

① 劉進慶:《戰後台湾經濟分析：一九四五年から一九六五まで》,東京大學出版會 1975 年版,第 26 頁。

吴承明先生对1944年关内投资额的估算是经过按照物价指数修正的，大体以1936—1937年的指数为100。东北和台湾的投资额也应经过物价指数的修正，才能较为准确。日本对东北的投资大部分是从日本国内输入设备的，因此，以日本国内的物价指数来修正似乎较为合理。

表0-8　对东北投资额的修正

年份	投资额（万日元）	物价指数 1936年＝100	经修正后的投资额（万日元）
至1936年止	444 039.7	100	444 339.7
1937	34 830	121	28 785.1
1938	43 950	127	34 606.3
1939	110 370	141	78 276.6
1940	101 070	157	64 375.8
1941	182 891.5	166	110 175.6
1942	132 380	179	73 955.3
1943	98 970	190	52 089.5
1944	82 770	212	39 042.5
1945年1—6月	45 440	280	16 228.6
总计			941 875

注：投资额来源：至1936年止的数字见本书前述估算；1937年至1945年6月的历年数字见满史会：《滿洲開發四十年史》上卷，第685页；下卷，第876、886页。物价指数来源：中国科学院上海经济研究所、上海社会科学院经济研究所：《上海解放前后物价资料汇编》，上海人民出版社1958年版，第209页。

对台湾的日本投资额也应修正。因许多企业在1944年都对企业资产作过估值，因此以1944年的台湾物价指数进行修正。该年的物价指数是431.2(1937年＝100)，经修正，1945年日本在台湾的投资额约为280 415.3万台元(1937年币值)。这个数字可能是偏低的。

表0-9　1945年日本投降前的在华投资额估算

（单位：1936—1937年币值万日元）

	投资额	占比%		投资额	占比%
东北	941 875	57.5	台湾	280 415.3	17.1
关内	417 005.3	25.4	合计	1 639 295.6	100.0

通过上述日本在华投资额的估算，可以清楚地看出日本在华投资额增长速度：1902年占各国在华投资总额0.1％；1914年跃居第二位，占22.2％；1931年超过各国在华投资总额的一半；"七七"事变后居于独霸一切的地位。

二、国策性

一般来说，西方国家的政府对于本国企业家向中国进行投资总是大力支持的，但是西方国家的政府对于他们国家的企业家在中国的具体经营活动，一般不直接介入。在这方面，日本不同于西方国家。不仅政府积极地直接参与对华投资，而且到中国来从事投资活动的日本大企业家往往都负有政府的"国策使命"。何谓"国策使命"？请看在满铁征选它的"公司之歌"时获得一等荣誉的小川权太郎的歌词中有这么两段：①

天皇疆土广无垠，
孰内孰外无须分。
日樱华草共甘露，
满洲原野吐芳芬。

绵延铁路织渠网，
生命之水注沟深。
天皇恩德育花朵，
公司使命重千钧。

像满铁这样的国策会社是日本在华企业投资的主干，它是肩负着"天皇疆土广无垠，孰内孰外无须分"这种赤裸裸的帝国主义扩张"使命"而到中国这块土地上来的。他们要实现"日樱华草"共沐日本"天皇恩德"之"甘露"的目的，也就是要把中国置于日本的殖民统治之下。

---

① 草柳大藏：《满铁调查部内幕》，刘耀武等译，黑龙江人民出版社1982年版，第219页。

绪论　日本在近代中国投资的几个问题

　　日本虽然是一个后起的帝国主义国家，但在列强争夺中国这块半殖民地的角逐中却是后来居上：通过甲午战争，获得了中国的巨额赔款，割取了中国的台湾；1900年，积极参与八国联军侵华战争；1905年，通过日俄战争，以战胜国的身份获得了在我国东北南部地区的种种特权；第一次世界大战后，继承了德国在我国山东地区的特权。1931年"九一八"事变发生后，它侵占了整个东北。接着又在1937年卢沟桥事变后发动全面侵华战争，企图把中国的关内地区也像台湾、东北一样置于它的殖民统治之下。

　　日本为实现这一目标，不惜使用了侵略者的两手：一手是实行强权政治，如大隈内阁对中国提出"二十一条"，森恪主张"日本对满洲主权也有权参与"，并"要由日本来承当维持满洲的治安"①，以待时机成熟的时候直接使用武力侵占中国领土。另一手则是拉拢和渗透。在某种国际的和社会历史的条件下，日本统治阶级中的一些人主张让中国"虚拥主权"。至于为什么要采取这种办法，西原借款的经办人西原龟三认为，在当时的条件下，若使用强力压迫中国就范，则日本"至少每年必须负担二十亿日元的支出，更必须甘冒以国家命运作赌注的风险"②。寺内内阁关于西原借款实施方针的第一条说明对华借款"先以稳妥条件提供贷款，在增进邦交亲善的同时，采取促其主动向我提供有利的权益的手段"③。这就是说，第一步先给中国一点小恩小惠，以便从财政经济上笼络中国；第二步再以日元卡住中国的脖子，迫使把各种权益拱手献给日本。同西原借款相呼应的是若槻内阁（第一届1926年1月—1927年4月）所实行的"币原外交"。币原是日本的外务大臣，他提出了一种"多心脏论"的理论："任何一个国家也和一个人一样，都有一颗心脏。日本的心脏是东京，英国的心脏是伦敦，美国的心脏是纽约；如果这个心脏受到打击，那全国就会瘫痪。可是，中国这个国家却有着无数心脏，即使有一两个心脏受到打击，中国的脉搏也不会停止跳动。若想窒息中国，那就势必把它所有的心脏一个接一个地全都击中才行。何时能达到这个目的？这是谁也无法知道的事。"④可

---

①　草柳大藏：《满铁调查部内幕》，第257页。
②　波多野善大：《西原借款的基本设想》，《国外中国近代史研究》第1辑，中国社会科学出版社1980年版，第134页。
③　《胜田家文书》第108册21号。转引自《近代史资料》1981年第2期，第157页。
④　草柳大藏：《满铁调查部内幕》，第238页。

见币原并不是出自对中国友好而反对使用武力,他只是顾虑武力不能奏效而已。事实上不论是西原,或是币原,他们都是为了日本统治阶级的需要,把对华投资作为其整个侵华战略的一个重要组成部分。

为深入探讨日本在华投资的国策性,这里选择日本在华最主要的国策企业——满铁作一些分析。

日俄战争前,沙俄根据1896年6月的《中俄密约》,取得在我东北建造"中东铁路"的权利,由华俄道胜银行经办,开启外人攫取我国筑路权之先例。1898年德国租借胶州湾,强迫清政府同意其在山东拥有建筑铁路的权利,沙俄又乘机威逼清政府承认其于1897年派军舰占领旅顺和大连湾的既成事实,将旅顺划为沙俄的军港,大连为商港,并再攫取修筑中东铁路支线的权利,连接哈尔滨、旅顺和大连。

日俄战争还未分胜负的时候,日本政府就作出了要把中东铁路南满支线夺取到手的决定,并在1904年8月起的一年多时间里不顾清政府的一再抗议,以便利军运为名,擅自在安东(今丹东)、沈阳和新民屯、沈阳之间修筑铁路,以造成既成事实。① 日俄战后,根据《朴茨茅斯条约》(Portsmouth Treaty),日本取得继承沙俄在我东北南满地区建造铁路特权。该条约第六条规定:"俄国政府允将长春(宽城子)至旅顺口之铁路及一切支路,并在该地方铁道内所附属之一切权利财产以及在该处铁道内附属之一切煤矿,或为铁道利益起见所经营之一切煤矿,不受补偿,且以清国政府允许者,均移让于日本政府。"② 在日本外相小村寿太郎在朴茨茅斯同沙俄代表谈判时,美国曾有买下日本从沙俄手中取得的南满地区铁路资产及特权的打算,并与日本草签了一份合同。后因日本外相小村等人的反对,该合同作废。《朴茨茅斯条约》签订后,小村寿太郎和日本驻华公使内田康哉旋即为日本政府全权大臣,到北京逼迫清政府承认日本根据《朴茨茅斯条约》在我东北的权利。由于清政府经受不了日本的高压,终于俯首就范,在1905年12月同日本签订了《中日会议东三省事宜条约》。1906年6月7日,日本政府公

---

① 宓汝成:《帝国主义与中国铁路》,上海人民出版社1980年版,第126页。
② 《日俄朴茨茅斯条约及附约》。王芸生:《六十年来中国与日本》第4卷,北京:生活·读书·新知三联书店1980年版,第202页。

布南满洲铁道株式会社条例，11月设总社于大连，设分社于东京，翌年4月1日正式营业。

　　满铁是"日本特殊权益的重心"①，也是完全由日本政府一手控制的国策会社，满铁的正副总裁、理事和干部由日本政府任免，其业务、经营方针均由日本政府监督和决定，会社的资本总额半数由日本政府占有，至于其他一切事务也无不受日本政府操纵，日人冈松参太郎在《南满铁路股份公司的性质》一文中说，满铁是"假公司之名，行机关之实，代替政府经营南满洲"②。这确实说出了满铁作为日本帝国主义侵略工具的实质。《田中奏折》也说，满铁"借日、支共存共荣之美名，而投资于其地之铁道、海运、矿山、森林、钢铁、农业、畜牧等业，达四亿四千余万元。此诚我国企业中最雄大之组织也。且名虽为半官半民，其实权无不操诸政府。若夫付满铁公司以外交、警察及一般之政权，使其发挥帝国主义，形成特殊会社，无异朝鲜统监之第二"③。这把满铁的侵略本质，以及在侵华活动中的地位和作用说得再明白不过了。

　　满铁第一任总裁、前台湾总督府民政长官后藤新平从帝国主义国际战略的角度出发，认为日俄冲突不会因为日俄战争的结束而告结束，不管第二次战争何时爆发，日本只要能够控制住东北，就能掌握主动。为此，"第一必须经营铁路，第二要开发煤矿，第三要移民，第四要发展畜牧业；其中移民尤为重要。大力经营铁路的同时，在十年当中如能从日本移民五十万人，俄国就不敢轻意[易]发动战争。韩国的宗主权虽然屡成问题，但列强所以不敢过于坚持，就是因为日本移民已占最大多数，业已造成了'不容争辩的事实'"④。后藤的这段话表达了日本军国主义者企图通过满铁经营在我东北推行殖民主义政策，并以此为基础，阻止沙俄势力再度南下的基本国策。所以，满铁问题决非一般的经济问题。

　　关于满铁同日本政府的关系，后藤认为应该仿效东印度公司同英国政府的关系，即不只是进行经济活动，而是要赋有代理本国经营殖民地的广泛权限。为

---

① 郑学稼：《日本财阀史论》，生活书店1936年版，第585页。
② 转引自苏崇民：《满铁史概述》，《历史研究》1982年第5期。
③ 王芸生：《六十年来中国与日本》第8卷，第376页。
④ 草柳大藏：《满铁调查部内幕》，第25页。

此，会社对东印度公司作了专门研究，从中吸取经营殖民地的经验。①

日本既继承了沙俄关于南满铁路同清政府的一切约章，自然也应承认这一不平等条约中的具体规定。比如按照中东铁路的先例，要实行与中国合办，公司的总办由中国方面选派，印章由中国刊发，章程由中国颁布等等，但日本对这些原属不平等条约的具体规定也完全置之不顾。又如满铁和以后由满铁统一经营、统一核算的安奉铁路的年限规定。满铁的年限根据当初清政府同沙俄签订中东铁路支线合同里规定营业期为36年(至1938年)，届时由中国作价收回，或营业80年后无价归还中国。至于同日本签订的安奉铁路条约则规定经营15年(至1923年)即由中国作价赎回。对于这些年限规定，日本无意遵守，1915年日本所提出的"二十一条"蛮横地要求将南满安奉二线展期至99年，虽始终遭到中国方面的坚决反对和不予承认，但日本一直强行霸占。这说明日本对华铁路投资是同其整个侵华利益紧紧地联系在一起的。

满铁设正副总裁各1人，理事7人，监事5人。在寺内正毅任日本首相后，满铁取消了正副总裁制，由关东都督"统裁"满铁业务，并由理事长主持日常工作。过了若干年后又恢复了总裁制。满铁历任长官如下：

表0-10 满铁历任最高长官

一	后藤新平	1906年11月—1908年7月
二	中村是公	1908年12月—1913年12月
三	野村龙太郎	1913年12月—1914年7月
四	中村雄次郎	1914年7月—1917年7月
五	国泽新兵卫	1917年7月—1919年4月
六	野村龙太郎	1919年4月—1921年5月
七	早川千吉郎	1921年5月—1922年10月
八	川村竹治	1922年10月—1924年6月
九	安广伴一郎	1924年6月—1927年7月
十	山本条太郎	1927年7月—1929年8月
十一	仙石贡	1929年8月—1931年6月
十二	内田康哉	1931年6月—1932年7月

---

① 江上照彦：《滿鉄王国：興亡の四十年》，東京サンケイ1980年版，第41页。

续　表

十三	林博太郎	1932年7月—1935年8月
十四	松冈洋右	1935年8月—1939年3月
十五	大村卓一	1939年3月—1943年7月
十六	小日山直登	1943年7月—1945年4月
十七	山崎元干	1945年4月—1945年9月

资料来源：满史会：《满洲开发四十年史》上卷，第287页。

从表0-10可以看到，满铁首脑有的任期长达5年，有的却只有1年多，甚至几个月。涉及满铁首脑人事变动的因素很多，诸如满铁隶属关系的变动、官员的升降调动等，其中最主要的一条，是满铁作为日本的国策机关，日本当局必然根据其具体政策不断变化的需要，来任用最合适的执行者。例如山本条太郎任职前，日本面临产业立国和移民问题，此两者与我东三省关系极大，山本任职，即负有上述使命。①

1912年末，公司职员共4253人，执事共16236人（其中日人7666人，华人8570人），总计20489人，1930年末发展到3万余人，1944年9月更发展至近40万人，其中日人约13.9万人，华人25.9万人。满铁还录用各界"名流"作为"特约人员"。它这么做，一则更便于它自我炫耀，二则是为了让这些"特约人员"为其出谋划策。特约人员的人数在1926年为142人（其中调查部23人），在太平洋战争时期一度超过2000人。

满铁的设备十分先进，其特快列车时速超过130公里。满铁总部有600台打字机在不停地工作着；电话装有自动拨号盘，不用接线就可立即通话；大豆的收购数量、运输里程、运费等均以美国国际商用机器公司制造的电子计算机的穿孔卡片系统来处理。满铁职员中持有俄语二等合格证的有4500人，至于不会说汉语和英语的，则几乎一个也没有。任何日本人到满铁工作，必须参加汉语考试，分为一、二、三等。三等及格者发给奖励津贴5日元；如果三等不及格，则永远是"准职员"待遇。当时在日本高等文官考试及格，进内务省工作的人每月工资75日元，而他如能进满铁工作，工资却有80日元，外加50%的外地津贴，共

---

① *Japan weekly Chronicle*, April, 1928.

120日元,待遇十分优厚。

满铁创办时,资本拟定为2亿日元,分100万股,每股200日元。创办章程规定,"股份所有者,以中日两国政府及中日两国人为限"(第二条)①,这是日本杜绝其他外国插手满铁的一个措施。根据这一原则,日本政府认50万股,合1亿日元,以日本继承俄国的现成的铁道、煤矿和附属财产折价充当;另外1亿日元,由中国政府及中日两国民间募集。中国政府没有认股,中国民间认股者也属寥寥。日人应募虽较踊跃,但一时间要筹措那么大的一笔资金,在日本当时的经济条件下,也很困难,因此就采取了借外债的办法。日本在英国伦敦借债数次,1907年、1908年和1911年在伦敦所发行的债券,达1 400万英镑,到1914年还欠1 200万英镑,其中600万英镑年息5厘,600万英镑年息4厘半。公司所欠债务,约合12 000万日元。公司从借债中实收108 640 241日元。② 至于日本民间出资,到1914年底止,仅2 400万日元。③

满铁所不同于其他日本国策会社的,不仅在于资本雄厚,规模庞大,还在于它不仅是一个经济组织,还是一个对其所经营及附属地区握有行政权的机构。1906年8月1日,日本的交通、财政、外务三大臣发布命令,称:"经政府之许可,关于铁路及附带事业之用地内之土木、卫生、教育等,有行政权。"④需要指出的是:这一行政权的获取并未得到中国方面的同意,完全是弱肉强食的结果。原中俄《合办东省铁路公司合同》第六款规定:"凡该公司建造、经营、防护铁路所必需之地……由该公司一手经理。准其建造各种房屋工程,并设立电线,自行经理,专为铁路之用。"⑤日本帝国主义者把"一手经理"的法文一词歪曲为"绝对的排他的行政权"⑥,从而不顾中国方面的反对,恃其武力攫夺了满铁"附属地"的行政权。日本殖民者于1907年9月公布了"附属地居住者规约",宣布满铁沿线

---

① 王芸生:《六十年来中国与日本》第5卷,第18页。
② 雷麦:《外人在华投资》,第358页。借债额同实收额之所以不同,是因为借债时要按面额打九八扣或九七扣的缘故。
③ 雷麦:《外人在华投资》,第358页。借债额同实收额之所以不同,是因为借债时要按面额打九八扣或九七扣的缘故。
④ 汪敬虞:《中国近代工业史资料》第2辑上册,中华书局1962年版,第342页。
⑤ 王铁崖:《中外旧约章汇编》第1册,三联书店1957年版,第673页。
⑥ 苏崇民:《满铁史概述》。

"附属地"内的住户和租地户必须遵守满铁发布的各项规则,并须向日占当局缴纳税捐。关东都督府则在"附属地"内设立警察机构,维护其殖民统治。满铁"附属地"通过蚕食政策不断扩大,1907年它的面积约为149.7平方公里,以后每十年即差不多扩大一倍。① 这样,满铁就俨然成为我东北地区的"国中之国",成为日本对我国推行殖民政策的大本营。

介绍了国策企业满铁之后,在这里还想介绍一下肩负着日本"国策使命"而到中国来,或在中国从事大规模投资活动的日本人。这些日本人大致有三种类型。

第一种类型是政客。他们对于中日两国的政局变化特别敏感,能够积极主动地推行和贯彻日本政府在华投资活动中的国策使命。典型例子可举后藤新平。后藤生于1857年,是个科班出身的医生。他曾任日本医学院院长,内务省卫生局局长,后来又到台湾任台湾总督府卫生顾问、民生局长、民政长官,1906年11月他出任满铁第一任总裁时正满50岁。

后藤新平富有殖民统治的经验,被日本的头面人物吹捧为"世界上屈指可数的殖民地经营家"②。他的殖民经验是在台湾积累起来的。他认为制订殖民政策必须进行当地传统习惯的调查,而不能把宗主国的法律和制度硬搬到殖民地去。用他的"生物学的殖民政策论"的语言来说,就是不能把长在一边的偏口鱼(比目鱼)的眼睛任意改成为长在两边的家鲫鱼的眼睛。他所主持和制订的《台湾旧习调查》,同《满洲旧习调查报告》和《华北农村习俗调查》被称为"三大习俗调查"。在经济方面,他致力于水力发电等能源开发,以此促进工矿各业的发展,增加日本的财政收入,从而减少统治台湾的军政费用支出。由于他在台湾的统治积累了经验,所以受到山县有朋、伊藤博文、西园寺公望、儿玉源太郎等日本最高层统治者的赏识,被确定为满铁首任总裁唯一适合的人选。

他上任后,即着手满铁的组建。对于争先恐后地向满铁拥来争夺地位和实权的财界和军政界人士的安置问题,是他首先需要解决的。他所安排的满铁主

---

① 苏崇民:《满铁史概述》。
② 草柳大藏:《满铁调查部内幕》,第19页。

要负责人的名单是这样的：他在台湾时的搭档、台湾总督府原财政局长兼事务局长中村是公任副总裁，栃木县知事久保田政周、秋田县知事清野长太郎、铁道省技师国泽新兵卫、京都"帝国大学"法学教授冈松参太郎、三井物产会社长崎分社经理田中清次郎、三井物产会社门司分社经理犬塚信太郎任理事，三菱公司号称日本"煤王"的松田定一郎任抚顺煤矿矿长，享受理事待遇。这个班子可以说是财界和政界人士的杂烩。后藤之所以安排了几名政界人士和法学家任满铁理事，也正是出于满铁不是一个单纯的营利企业，而是一个负有国策使命的殖民机关的考虑。

后藤从一开始就不单纯地经营铁路，他为了贯彻"以王道为旗帜，实行霸道"的殖民政策，在大连和满铁沿线展开了各项经济、学术、教育、卫生等所谓"文明"事业活动。他在大连满铁总部设立了调查课，在东京设置了东亚经济调查局和满鲜地理历史调查部；创办了中央试验所、地质研究所和农业试验场，在旅顺建立了旅顺工学堂（后来的旅顺工业大学），在沈阳建立了南满医学堂（后来的满洲医大），主要培养日本人，也准许少量中国人入学，并建立了医院。然而这些在"文明"招牌下的设施无一不是适应于日本殖民政策的需要。设置调查机构和研究机构是出于后藤区别"偏口鱼"和"家鲫鱼"眼睛的殖民统治理论，旨在掠夺我国的资源，建立学校是为了培养日本殖民统治所需要的人才。即使是建立一家普通的医院，后藤也有他特殊的打算，他要把医院的走廊造得宽些，当有人讥笑说"太宽无用"时，他解释说："如果再发生日清、日俄战争，可以在这走廊里停放伤员的担架。"① 他要求把道路建宽也是出于同样的打算。后藤虽然在满铁只待了两年，却为这个臭名昭著的殖民机关在日本侵华战略中的地位和作用奠定了基础。他的继任者中村是公和国泽新兵卫等继续推行他所制订的方针。

第二种类型是财阀。日本财阀的发展同对华经济侵略和对华投资联系十分紧密。以下以三井、三菱和大仓三个财阀的情况为例，来说明这个问题。

历史最久的三井财阀在甲午战争中给予日本政府的军事侵略以大力支持。资本200万日元、年利不过22万—23万日元的三井银行，竟应募日本政府的战

---

① 草柳大藏：《满铁调查部内幕》，第41页。

时军事公债600万日元,还不包括其他项目的债额。同年三井家八郎右卫门以总家主之名,率同族十家主人,向日本政府要求设立门司兵工厂,自愿将建筑物和机械等捐给日本政府,前后共计金额数十万日元。同时为了适应战争需要,三井财阀于1894年10月设立三井工业部,所管辖的工厂有新町纺织所、大岛制丝所、富冈制丝所、芝浦制作所和钟渊会社,该部还监督王子制纸会社。这些企业都纳入了为侵华战争服务的轨道。①

甲午战争前,三井财阀属下的三井物产会社在中国设有许多以经营进出口贸易为主的商业机构。三井物产会社的首脑益田孝以研究中国经济状况及学习中国语言为名,派出许多留学生分配在中国各地的分店中服务。日本政友会的一些要人,如曾任满铁总裁的山本条太郎、在滨口内阁的外务省中担任要职的森恪等,都曾是益田孝派到中国的留学生。甲午战争中,三井物产会社在上海、天津、牛庄三处的分店曾一度关闭,经营人员返回日本,受日本军事当局密令,回到中国搜集情报。三井财阀在甲午、日俄两场战争中大力支持日本政府,其本身势力也借战争而迅速膨胀。三井财阀虽然在对华企业投资方面亚于大仓财阀,但它在东北、上海等地的进出口贸易经营方面,比其他日本财阀是占有优势的。

由于三井财阀的发展同侵华等战争息息相关,所以人们送了它一个绰号,叫"强盗型财阀"。而另一个财阀三菱也有一个绰号,即"海贼型财阀"。

三菱财阀的创始人岩崎弥太郎的发迹同样与日本对华侵略有着紧密的联系。1874年日本决定侵台时,其最大的轮运公司是邮便蒸汽船会社,当时三菱商会还只是一个成立不久的小公司,资金和运输能力都很薄弱。岩崎弥太郎通过关系同日本政府重臣大久保利通和大隈重信勾结起来。大隈以大藏卿兼"台湾蕃地事务局长"的身份,令三菱商会全权办理日本侵台时的运输事宜,而把实力雄厚的邮便蒸汽船会社撇在一边。日本政府出资771万日元,向外国购船13艘,交三菱使用。翌年日本政府又以三菱"征蕃运输"有功,将13条船送给三菱。另一方面,日本政府又取消了三菱的主要对手邮便蒸汽船会社每年60万日元的补助金。邮便蒸汽船会社很快就垮了下来,被迫向日本政府请求将船舶拍卖。

---

① 郑学稼:《日本财阀史》,生活书店1936年版,第96—98页。

日本政府以32.5万日元买下了可用的18条船,又转手交三菱使用;三菱可分15年偿还船价,年息三厘。这等于是又一次无偿地获得一大笔财产。三菱财阀由此而奠定基础,也因此而被人骂为"海贼"。日本政府支持三菱,也规定了若干三菱必须履行的义务,其中最主要一条是规定三菱须将航路延至上海,开辟定期航路。日本政府则应就三菱所尽的义务每年再补助25万日元。① 上述种种,不难看出三菱财阀与日本政府的关系是何等密切。

在日本财阀中最致力于对华投资的要数大仓财阀。大仓是日本新潟县人,生于天保八年(1837年)。他18岁时在江户(即以后的东京)的一家商店里当店员,以后又在上野自设一家杂货店。到庆应元年(1865年),改营军火生产,制造枪炮、火药以及其他西洋武器,明治维新时军火需求激增,他由此发财。大仓具备一个精明的企业家的远见;日本政体改革以后,他预测剪发易服是必然趋势,因而在日本首创西服店;1874年他随岩仓具视、木户孝允等遍访欧美,认为日本经济的发展势必引起住宅结构的变化,因而回国后在横滨首创砖瓦建筑业;他所从事的军火、洋服和建筑等各业不可能不同西方国家进行贸易,因而他又在日本历史上第一次在国外设立贸易机构,大力经营进出口贸易,例如1880年,他用日本茶叶打开了美国的茶叶市场;以后又率先从事电话、电灯、电车等电气事业。至于大仓喜八郎对华的贸易和投资,则更为积极。在他所控制的财阀组织"大仓组"内特设"支那部",以后又改组为一个独立核算的株式会社,专门开展对华经济活动。大仓组在天津、上海、汉口、沈阳、大连、安东等地遍设分支机构,经营进出口贸易。1906年初,他非法进行本溪湖煤矿的开发,将其势力侵入东北。这比满铁的创立还早了近一年,开日本财阀在东北大规模投资之先河。

三井财阀在日本国内以王子制纸会社控制日本本国的林木及制材、制纸工业,大仓便把手伸到中国来。他看到鸭绿江流域森林富饶,于1904年设立大仓组制材所。日俄战争中他为日军提供了大量军用木料。日军战胜后,大仓的势力便深入安东,至1915年同鸭绿江采木公司合并,成立鸭绿江制材公司。1908年中国通商口岸的经济发生恐慌,中国商人纷纷破产,也威胁到大仓等外国商人

---

① 郑学稼:《日本财阀史论》,第161—163页。

和企业家的利益。为了稳定市场和维护他们的在华经济侵略事业,大仓联络瑞记、礼和两洋行,投资于北洋保商银行,与清政府的资金合并,创办资本达150万日元。袁世凯窃取辛亥革命胜利果实后,不久便制订条例,允许外资投于矿业。大仓便与上海的华商管祥麟、杨廷栋、叶养吾等,合资设立顺济公司,获得江西省丰城、余干、乐平3处14个矿区的煤矿开采权。不久又同华商黄笃镒共同设立五金公司,开采湖南常宁县的铜矿。1916年大仓又投资于华商王祝三在天津设立的裕元纺织公司,充任不记名的股东,后来又借款200万元。1917年大仓与施肇曾、徐树铮合办裕津制革公司,资本100万日元,加工绥远(今内蒙古自治区中部)等地出产的毛皮。第一次世界大战时,沙俄倾全力于欧洲战场,日本势力乘机向中国东北北部扩展。1917年大仓与周自齐合办丰材公司,采伐松花江流域的林木。受一战影响,铅和锑的需要大增,本来独占中国铅矿山的德商礼和洋行,因中国宣布参战而废除契约。于是湖南省水口山铅矿开采权,成为各国军工企业竞相争夺的对象。大仓联合三井、三菱、古河、久原、铃木、高田等实力雄厚的日本公司,于1918年2月设立兴源公司,计划一手包办日本对中国矿山的调查及开采事宜。不久即取得水口山铅矿借款的契约和矿石专卖权。后来明治矿业、住友、藤田和贝岛四家日本企业也加入了兴源公司。到1920年这些日本企业因获得陕西省的煤矿经营权,又设立大源矿业株式会社。1920年大仓取得了江西省乐平锰矿的开采权,翌年设立富乐公司。该矿储量丰富,质地良好,产品运销日本后,解决了日本钢铁业锰钢生产的原料。1921年大仓设立资本210万日元的青岛冷藏株式会社,在济南设总行,在青岛和天津设分行,每月宰畜1 000多头,大多出口日本。1921年7月大仓与吉林督军鲍贵卿"合办"吉林兴林造纸公司,资本500万日元全由大仓一方提供。该公司在吉林省九站设有大规模的制纸工厂,采伐松花江流域的林木做纸浆。1922年大仓投资于共荣起业株式会社,经营东北的木材、造纸和电气工业。同时大仓还把侵略势力扩张到中国的农业领域,1923年和蒙古奈曼王创立华兴公司,开垦东蒙古清河流域的水田。此外,大仓还积极参与鲁山煤矿的合办,并在中华汇业银行、日华鸡蛋公司、开治洋行、湖南大同矿业合资会社、安东制炼所和铜铁公司等企业中有投资。在借款投资方面,有南京临时政府借款300万两、1902年汉阳铁厂借款25万日元、1905

年萍乡煤矿借款250万日元以及其他较重要的借款五笔。① 大仓喜八郎不仅在经济上将其势力无孔不入地侵入中国,而且始终如一地支持日本政府的对外军事侵略,侵台、侵朝、甲午、八国联军侵华、日俄等战争中,他均是日本帝国主义忠实的和有求必应的军火供应商。为此,"日皇赐以从五位勋二等之荣";而作为被侵略的清政府也于1911年"赐以二等第一宝星"。② 1915年袁世凯称帝后,日人川岛浪速以及日本军官土井市之进、小矶国昭等人抬出肃亲王善耆,策划所谓"满蒙独立"的分裂活动,大仓慷慨解囊,于1916年3、4月间贷以150万日元的巨款③,作为肃亲王叛国活动的资金。像大仓这样把经济活动同日本侵华政治需要密切结合起来的人,在日本财阀中是具有代表性的。

为什么大仓财阀的对华投资能获得这样大的发展呢？这可归结为三个原因。首先,大仓财阀在日本本国虽然具有相当规模,但比起三井等财阀来,毕竟资格较浅,基础和实力都次一等,为了避免同三井等财阀发生冲突,他将投资的重心转移到中国。这样,除去日本在华投资中占主要地位的满铁,大仓、日产等成为后起的财阀。其次,大仓具有"远大的眼光"④,他对在中国投资的实际效益有足够的估计,敢于作多方面的巨额投资。第三,大仓同中国当时的统治政权有着广泛而密切的联系。有些企业是他直接同中国的军阀、官僚合办的,并通过后者攫取不少权益。例如顺济公司的设立就是他走了当时农商总长的门路。至于他同张作霖的关系,时人形象地称为"狸与狐"。他与段祺瑞私交颇笃,段执政后,吹捧大仓"三十年如一日,从事中国产业的开发",赠一等大绶宝光嘉禾章。⑤张作霖、段祺瑞等为大仓财阀在中国的扩张打开了方便之门。

第三种类型是主要靠在中国经营企业而起家的日本企业家。最典型的如内外棉株式会社老板川村利兵卫。内外棉成立于1887年,创办时公称资本50万日元,实收仅四分之一。该社之所以取名"内外棉",意思是到国外(即印度和中国)收购棉花,力争垄断国内(即日本)的棉花市场。当时川村利兵卫是这家企业

---

① 参阅郑学稼:《日本财阀史论》,第300—306页。
② 李文权:《大仓喜八郎传》,《中国实业杂志》第3卷第6期,1912年7月。
③ 姜念东:《伪满洲国史》,吉林人民出版社1980年版,第9页。贷款数一说是100万日元。
④ 郑学稼:《日本财阀史论》,第299页。
⑤ 郑学稼:《日本财阀史论》,第296—297、302页。

派驻中国收集棉花产销情报的普通职员,他深入到浙江、上海、南通等地的农村收集棉花产销情报,还在宁波开了一家秋马洋行,经营对日棉花出口业务。不久,他又从单营棉花出口发展到兼营纱布进口。1898年,由于他精明能干而被大阪的总公司任命为董事兼经理,以后又成为这家公司的董事长。但是,他的活动重心仍在中国。1909年川村开始筹备在中国设立纺织厂。这个行动被同事视为"人格的象征"[1],意思是指他善于捕捉甲午战后在华直接投资设厂的有利时机,谋取在华经济利益。事实也确是这样,在川村的"人格"上深深地打着在华"特权"和"掠夺"的印记。他从创办在中国的第一家纺织厂起,到1922年他死去为止,在中国共办了13家纱厂,拥有34万枚纱锭,1920年上期的实收资本增至775万日元,其实际投资额的主要部分是在中国。川村通过残酷剥削中国工人、通过压迫和兼并中国民族工业(如1918年收买华商裕源纱厂,改组为内外棉第九厂)、通过充分享受低税率等在华特权,攫夺了高额的利润。如1920年上半年,内外棉公司的总利润率年率高达60%[2],这是扣除了大阪总公司的管理开支及与该公司在日本国内的企业平衡以后的利润率,单就在华纱厂而言,其利润率还要高出许多。从1917年下期[3]起,到1919年上期,每期的年盈利率都超过了100%,1919年下期的年盈利率达231.8%,1920年上期高达415.4%。[4] 这样的高利率委实是骇人听闻,川村也因此被日人誉为"日本纺织界之伟人"。并在他死后,该公司分别在上海长寿路西康路口和"上海水月学堂"建立了"川村纪念时计塔"(即"大自鸣钟")与川村铜像以资表彰。

川村利兵卫以其不大的资本发展成为日本在华纺织业的泰斗,确实具有典型性。同后藤新平、大仓喜八郎这两类人比较,他同日本政界的直接联系不那么特别密切,他主要是利用了中日两国不平等的社会条件和经济发展机遇,而迅速扩张其势力的。

以上三种类型的日本人数量固然很小,能量却很大,他们掌握着日本对华投

---

[1] 米方:《从"棉虫"川村到"内外棉"》,《上海的故事》,上海人民出版社1982年版,第266页。
[2] 陈真:《中国近代工业史资料》第2辑,三联书店1958年版,第899页。
[3] 企业的会计年度分上期和下期,有时是跨年的,如1917年4月1日至1918年3月31日。
[4] 元木光之:《内外绵株式會社五十年史》,1937年版,附录之一《当社期别监查一览》表。

资的方向。至于侨居中国经营各种中小型实业或商业的日本人也有两类,一类是为非作歹、走私贩毒、无恶不作之徒,其中不乏利用中外不平等关系而发家致富的冒险家和投机商。另一类则是较为本分的工商业者,他们在同中国民族企业的关系中并不处于垄断地位,他们若不致力于改良技术和经营,企业就难以站住脚。例如1906年梁濑绞十郎在营口建立的营口玻璃公司,1913年资本额为2万日元,同国策会社没有直接联系。由于技术问题,企业创办不久就被迫停业。梁濑氏到日本大阪进修技术一年后回营口重新开张,产品质量才有所提高,并逐步打开了销路,企业从1917年起经营成绩大有起色。然而懂得技术和管理的梁濑氏于1929年病故后,企业不振,遂为华商所收买。① 据此可见,在华日资企业中也有中小企业落入华商之手的,但在日本国策会社和大型企业中则无此类情形,相反常见的是它们对中国民族企业的压迫和兼并。而日本在华的国策会社、大型企业同中小企业之间,也存有前者阻碍后者发展的关系。雷麦说,"曾在上海与我接谈过的日本企业家,都说南满铁道公司的大权独揽,足以阻碍东北日侨个人的发展。我相信日本本国,一定也常有同样的批评。"②国策会社、大型企业同中小企业的关系是日本国内垄断资本同中小资本的关系在中国的延伸;前者对后者的阻碍又由于日本政府对前者的片面支持而强化。据日本兴业银行调查,在日本发动侵华战争后的1938年9月,日本国内的财阀势力大大扩张,而中小企业平均减产24%,当时需要救济的中小企业有39万家。③ 战时在中国的中小企业,一方面由于缺乏政治、经济背景和经济实力,另一方面由于它们所属的行业多是一般商业和杂小工业,同日本的侵华战争和战略利益缺乏紧密的联系,因此得不到日本政府和国策企业的有力支持,因而也就不能获得较大的发展。

为了有力地贯彻日本在华投资的基本国策,有效地控制一些国策企业,日本政府除同其他国家一样对中国进行借款投资外,还直接投资于企业。在满铁创办资本2亿日元中,日本政府出资一半。以后随着满铁资本的增加,日本政府对该企业的投资额也不断增加,到1942年末,在满铁总的实收资本108 602.8万日

---

① 《满铁调查月报》,1932年7月号,第255—256页。
② 雷麦:《外人在华投资》,第363页。
③ 守屋典郎:《日本经济史》,周锡卿译,三联书店1963年版,第354页。

元中,日本政府的投资占到50 620.8万日元。①"九一八"事变后,日本政府对东北的工矿等各业另有不少投资,如表0-11所示:

表0-11 日本政府对东北的投资
(1932—1941年) (单位:万日元)

企业名称	设立年份	投资总额	日本政府投资额	系统
满洲合成燃料株式会社	1937	5 000	1 000	帝国燃料兴业
吉林人造石油株式会社	1939	10 000	2 000	帝国燃料兴业
吉林铁道株式会社	1939	1 000	200	帝国燃料兴业
满洲电报电话株式会社	1933	10 000	2 775	日本政府
南满矿业株式会社	1932	1 000	200	日本制铁
密山煤矿株式会社	1941	10 000	5 000	日本制铁
满洲拓殖公社	1937	5 000	700	日本政府
满洲畜产株式会社	1937	2 000	150	满拓
满洲农产公社	1941	7 000	350	满拓

资料来源:陈真:《中国近代工业史资料》第2辑,三联书店1958年版,第532页。

日本政府直接参与企业投资,同时还通过伪满吸收大量中国资金为日本的侵略事业所用。

在关内,日本政府对华北开发、中支那振兴等国策会社也参与投资,如1942年3月底,中支那振兴会社的实收资本4 504.8万日元,其中日本政府的投资为3 254.8万日元,②包括夺自中国的资产。日本政府还对航运业等许多在华国策企业实行补助,提高它们在中国的竞争力,加强其垄断地位。

总之,在华日本国策企业形式上虽然各自独立,但都听命于日本政府的统一指挥,其他日本在华大企业也都受日本的基本国策所左右。

日本对华基本国策决定了其在华投资的全面性和计划性。所谓全面性,是指其在经济侵略意义上的完备性,而不是指对所有行业和每个行业的所有业种都包罗无遗。事实上,在相当长的时期内,日本对中国经济发展十分需要的重、化工业等极少投资,以后因受战争刺激始而对这些行业作了些投资,但门类不

---

① 滿史會:《滿洲開發四十年史》上卷,第288页。
② 中支那振興會社:《中支那振興會社及關會社事業現况》,1942年,第6—7页。

齐全。

日本在华投资的全面性,在日本军事独占的时期和地区表现得特别明显,所有产业部门都掌握在日人手中,且占有垄断的地位。在日本取得独占地位之前,日本投资的全面性往往表现在为保证投资效果所实行的跨行业的联合上。例如棉纺织业,它是日本在关内投资额最大也是屡受中国人民抵货运动冲击的行业。日本对其投资之所以能够站住脚,并且势力日益扩张、发展到在棉业中占垄断地位,固然是企业本身的竭力经营,另外很重要的是跨行业的联合。从企业本身来看,日本企业很重视资本积累,公积金等利润留存率很高,在经营不顺利时,他们就致力于技术改造和设备更新,力争降低成本,使在价格竞销中不致失败。同时,日本在华企业跨行业的联合也起着重大作用。这种跨行业的联合包括原料收购、运输、金融、产品推销等各个环节的日本在华企业。三菱、东洋拓殖、大仓、住友等日本财阀在华北和东北投资从事棉种改良、在华收购原棉的日本洋行同日本在华纱厂密切配合,东棉洋行、日本棉花会社、日本江商会社等在中国的棉货进出口业及中国国内的棉货运输业中拥有很大的势力,以日本在华棉纺织企业家为主体的"印棉运华联益会"同日本邮船会社、大阪商船会社等采取联合行动,降低了印棉运华的运输成本。日本在华金融机构不仅保证满足日本在华纱厂的资金融通,而且还贷款给缺乏资金的中国棉农,以确保日本在华纱厂的原料来源。在销售方面,当遇到中国人民发动抵货运动时,日人依靠其在华金融势力的支持,利用所控制的城乡商业剥削网中某些中国商人的投机心理,采取压低售价或向受抵货运动影响较小的地区推销商品的办法来进行反抵制。由此可见,日本在华棉纺织业的投资活动及其发展与各个有关行业联合经营不无关系。这种联合经营体现了日本在华投资的全面性。

由于受日本基本国策的支配,日本在中国的全面性投资并不流于自发,而是根据周密的计划实行的。以东北为例,在1937年前,满铁是日本在东北投资的主导机关,满铁有关自身的资本、借款、人事、财务、企业经营、利润分配以及对其他企业的投资等所有重大问题,均需由日本政府会同满铁及有关各方进行研究,制订计划后实行。从1937年起,日人在东北进而实行"产业开发五年计划",有计划地进行全面、大规模的投资,妄图把东北建成日本的战略据点。他们认为符合日本战略利益的行业或企业,总是竭尽全力投资经营,即使在一段时期内发生亏损也在所不惜,如东北的钢铁工业和制铝工业等都是如此。1940年总社在东北的企业中,矿业的利润率为－0.7%,在24个行业中占倒数第一位,交通运输业为10.2%,占第18位,金属机械器具工业为9.6%,占第19位,远远比不上其他许多行业,而这三个行业却是日本在当时最为重视、投资最多的行业。① 这说明日本在华投资主要从属于其政治的、军事的和战略经济利益的需要,而不为短暂的利润率高低或市场供求所左右。

资本主义经济从本质上说是无计划的市场经济,但在特殊时期、特殊环境和特殊条件下,并不绝对排除计划性的存在。就日本在华投资来说,由于日本政府直接操纵国策企业,并在相当程度上控制和影响其他日本在华大企业的投资经营方向,这就使日本在华投资蒙上了日本政府计划决策的色彩。在日本军事占领的时期和地区,日本在华投资就更要依据日本政府和占领当局的意旨和计划行事了。

为了使日本在华全面的和有计划的投资收到最大的效果,日人特别重视调查工作和科技工作。

为了避免投资的盲目性,日本在华国策会社满铁所属的满铁调查部、总部在日本并同日本的侵华国策联系得十分紧密的东亚研究所等日本调查机构对中国的国情做了大量实地和翔实的调查。作为日本明治维新百年史丛书之一,由日本原书房1974年再版重印的《日本对华投资》,就是东亚研究所根据其战时调查的资料编写的,最初发表于1941年。满铁调查部更是一个庞大的调查机构,1942年它的工作人员曾超过2 000人。它的分支机构遍布东北、华北、华东、华中等各地。据统计,满铁调查部在四十年中积累资料5万多件,提出的报告达6 200份,②内容涉及中国社会的各个领域。日本在华投资活动正是在这种广泛而周密的调查工作的基础上展开的。

日人非常重视科学技术工作。这包括三个方面:一是关于新技术和新工艺

---

① 伪满通信社:《满洲经济十年史》,1942年版,第371—372页。
② 草柳大藏:《满铁调查部内幕》,第4页。

的研究及其运用于生产;二是已有企业的技术设备更新;三是职工的技术培训。

关于新技术和新工艺的研究及其运用于生产方面,满铁中央试验所是一个典型的例子。这个机构所研究的还原焙磷法和液酸爆破法等处理贫铁矿的新技术,使昭和制钢所从20世纪30年代中期起扭亏为盈。其次如试制并投产的新产品磷酸脂、过热汽筒油和"铁钢一贯作业"新技术等也都是满铁中央试验所研究的成果。日人通过大量开发资源及改进技术科研项目的研究,并将成果运用到实际生产上,致使新企业也不断地出现,从而促进了在华的投资活动。此外,日人对旧企业的技术更新也比较注意,通过利润保留和固定资本折旧来取得资金。据资料反映,1935年和1936年两年在东北,金属机械工业企业的利润保留额对实收资本的比率为6.05%,化学工业5.95%,制材工业16.1%,纺织工业7.1%,电力煤气工业2.5%;1937年在东北,化学工业和金属机械工业企业的折旧率都是6.6%,制材工业10.3%,纺织工业8.8%,电力煤气工业7.6%。① 上文还说过,日本在关内投资的重点棉纺织业的利润保留率和折旧率都很高,这就使他们有充裕的资金进行技术设备更新,明显增强了市场竞争能力,形成对华厂的优势。日人还非常注重企业职工的技术培训,开办技术训练班,实行技术考核及养成工制度,甚至把中国职工送到日本学习技术。如1909年,内外棉会社决定在上海筹建纱厂后,即从上海选派30名中国职工到日本学习纺织技术,一年后回上海工作。② 科学技术本身并没有"正义"或"非正义"的政治倾向,谁重视它,谁就能从中得到好处。重视科学技术与重视调查工作一样,是日人在中国进行全面的和有计划的投资的基础。

三、各个阶段的特点

日本在近代中国投资的历史可以粗略地划分为四个阶段:第一次世界大战前为第一阶段;从一战到"九一八"事变为第二阶段;从"九一八"事变到"七七"事变为第三阶段;从"七七"事变到日本投降为第四阶段。综观四个阶段,日本在华

---

① A. R. Kinney, *Japanese Investment in Manchurian Manufacturing, Mining, Transportation and Communications, 1931-1945*, p. 63、p. 69。

② 元木光之:《内外綿株式會社五十年史》,第37页。

投资总体上是对半殖民地中国输出资本同对部分已沦为其殖民地的地区的投资结合在一起,投资与军事侵占和掠夺又相互交叉。每个阶段的特点又是同日本对华的基本国策和日本在华经济实力联系在一起的。

(一) 第一阶段

第一次世界大战前,是日本在华投资的初创期。而日本所参与的三次战争,即甲午战争、八国联军侵华战争以及日俄战争,则为日本打开对华投资的局面奠定了基础。

日本是一个后起的资本主义国家,在甲午战争前,它还没有足够的实力对中国进行大规模投资。而从1871年中日两国订立通商条约起,中日贸易则有一定程度的发展。1873年两国贸易总额约435.1万海关两,20年后的1893年增至1719万海关两。[①] 为了进出口贸易的需要,日本在中国开始设立进出口洋行、银行和航运机构。如1877年和1878年,三井物产会社分别在上海、天津和香港设立支店,推销日本三池煤炭。1874年日本侵略台湾时,三菱财阀承担了运兵任务。以后日本政府把13条船无偿送给了三菱,为三菱的航运事业奠定了基础。从1875年起,以三菱会社为主的几家日本航运企业开辟多条对华航路,并在中国建立了某些必要的设施。1893年,日本的国策金融机构横滨正金银行在上海设立分行。

日本通过甲午战争,割占台湾,并攫取23 000万两本金的巨额赔偿。日本前外相井上馨说:"在这笔赔款以前,日本财政部门根本料想不到会有好几亿的日元。全部收入只有八千万日元。所以,一想到现在有三亿五千万日元(注:加上利息)滚滚而来,无论政府或私人都顿觉无比地富裕。"[②]日本通过参加八国联军侵华战争,又获得庚子赔款本息共7 600万两。最后,日本通过日俄战争,确立了在东北的势力范围。日本正是通过甲午、八国联军侵华和日俄这三场战争,迅速地走上了帝国主义道路的。

---

① 杨端六:《六十五年来中国国际贸易统计》,国立中央研究院社会科学研究院1931年版,第105页。
② 转引自丁名楠:《帝国主义侵华史》第1卷,人民出版社1961年版,第307—308页。

战争养肥了日本政府,也养肥了作为军火商和政府债权人的日本财阀。大仓、三井、三菱、高田、古河等财阀都获得了暴利。犬塚丰次在《三井与三菱》中写道:"天使我国富豪,借甲午、日俄两大战役而更加致富。……尤其是三井获得最大的利益。……有价证券随着战胜而涨价,使三井银行的资产一下子就膨胀起来。三井物产的奇利不是理智所能想象的。军舰上用的燃料是英国加的夫的煤,由三井物产一手承购。澳大利亚的马也大多由三井物产经手输入,装载大炮、弹药和各种军需品的船只直接开进横须贺军港,以修理为名,停在港内。三井物产还从经办米粮上侵占巨利。战机一动,政府就令它在台湾、朝鲜收买米粮。……还有许多别的方面。总之,战时物价上腾,即能获得非常特别的利益。三井的大富豪基础,就更加巩固了。"[1]日本政府和日本财阀实力的膨胀加速了日本资本主义的发展,日本也有足够的财力来对中国(包括在它所占据的台湾地区)进行大规模的投资活动了。

甲午战争以后,特别是日俄战争以后的日本在华投资,从以适应进出口贸易的需要为中心,逐步发展到其他各个领域,同时也随着进出口贸易额的增加而扩大有关行业的投资。在这期间,日本在华最重要的国策会社满铁设立,开始进行以铁路建设为中心的殖民经济活动,并与日本在我东北的关东都督府、日本领事馆合称为统治满洲的"三足鼎立"的三头政治。[2] 此外,还有一些制造业企业开始建立或通过收买而从事经营,其中主要是东北的油房和上海的纺织厂等。

日本在中国所创办的非国策性的企业虽然起步比较晚,但竞争性特别强。当时日本国内投资的利润率比欧美各国高出两至三倍,如1908年日本国内利润率突破9%,而英、法两国在3%以下,德国也不到4%。[3] 这样,同在中国经营企业,当利润率在5%—9%之间时,欧美投资人能够满意,而日本投资人就决不满足,因为他们在中国投资的主要经济目的,是为了追逐比国内更高的利润。这就决定了日本在华企业的竞争意识特别强。

日本除了在中国直接投资兴办企业外,还采用其他两种重要形式——中日

---

[1] 转引自守屋典郎《日本经济史》,第162页。
[2] 江上照彦:《满铁王国:兴亡的四十年》,第70页。
[3] 汪敬虞:《中国近代工业史资料》第2辑上册,第356页。

合办事业和借款。从1897年到1913年,东北、上海、北京、重庆、安徽等地共有29家中日合办企业,资本在50万元以上的大企业有11家。① 根据《马关条约》等不平等条约,外人只能在中国对外开放的通商口岸设立各种企业,而且有些行业明文规定禁止外人单独经营。为此,日本在企业投资方面如只使用直接投资的一种形式,就会受到种种限制,而"通过合办,日本侵略者便可到非中国人不得开办实业的地方,开办非中国人不能开办的企业"②。这就是说,日人利用"中日合办"的形式可以突破通商口岸的地区限制,并突破某些对他们来说关系很重大的行业的限制。这类日人控制的中日合办企业一般都采取在两国分别注册,以获得双重国籍的做法。这是为了一方面以"中国法人"的资格突破中国对外人在华投资的一些限制,另一方面又以"日本法人"的资格取得外人在华投资的特权。当然,日人通过中日合办企业还可以吸收一部分中国的资金为其所用。

在自办和合办这两种企业投资的形式之外,日本还采取借款的形式对华投资。借款可分为政府借款和企业借款两类。日本通过政府借款以期达到控制中国财政,进而左右中国政治、攫取在华特权的目的。列强为了扩张各自在中国的势力,历来对在中国的债权地位和债权范围是激烈争夺的。各国在华债权地位的变化往往能够反映各国在华势力的消长。日本在这方面的争夺是不遗余力的,一些财阀通过对中国企业借款,从而控制、压迫或者兼并中国企业。日人的借款条件比较苛刻,常使华商难以解脱。例如在1910年和1911年两年,日本三菱公司先后两次借款给华商湖北大冶水泥厂,债款共72万日元,以企业资产作担保。该厂在中国民族工业中实属佼佼者,它所生产的"水泥的质量是非常好的,厂房是现代化的,机器也是德国和英国最好的出品,水泥的生产实际上是由三个德国技师管理的。工厂面临扬子江江岸,背后靠着产石灰的山,它应该是经营得利的"③,但就是因为不能如期归还三菱公司第二、三期的借款本息,被三菱公司强迫中国当局予以发封清理。④

---

① 张雁深:《日本利用所谓"合办事业"侵华的历史》,三联书店1958年版,第190—191页。
② 张雁深:《日本利用所谓"合办事业"侵华的历史》,第15—16页。
③ 《捷报》,1913年5月3日,第535页。转引自汪敬虞:《中国近代工业史资料》第2辑上册,第409页。
④ 事情经过详见《时报》,1913年5月3日。

1909—1911年,以满铁、正金银行、东亚兴业株式会社和三井洋行为债权人的日本对中国政府的借款共有六笔,1913年底的未偿还额共960万美元。此外,正金银行对汉冶萍公司的借款和东亚兴业会社对江西铁路公司的借款,1914年的总额为1750万美元。政府借款和上述两家企业借款积余额合计为2710万美元,①照雷麦的折算率计算(1日元=0.50美元),应合5420万日元,此数据不包括一些小额的企业借款。

这一阶段日本对台湾的投资不容忽视,其时正是"台湾工业化的基础工作时代"②及初步发展阶段。日本刚占据台湾时,还无足够的财力对台湾投资。当地的中国人商业资本和工场手工业资本又都非常弱小,日本不能通过控制和运用当地中国人资本的办法来建立它在台湾的殖民经济体系。日本政界的一些人不主张对台湾财政实施补助,甚至从舍不得花钱的角度提出:"台湾无法统治,莫不如用一亿元把它卖掉。"③但后藤新平等人认为,从长远的观点看,只要大力发展台湾的殖民经济,就能减轻日本的财政负担。他估计日本可以从台湾经济增长中得到相当于它所支出的两倍,甚至五倍的财富。④ 此后,台湾总督府(日占当局)便在日本财政支持下,采取了三项措施:一是统一币制和度量衡。日据以前台湾的币制很混乱,各种外国的银元、清政府所铸银元以及青铜钱同时并用;度量衡也是如此,向无定制。这些对于殖民经济的发展是不利的,因此日占当局首先着手加以整顿划一。二是建设交通。交通事业的发展是台湾殖民经济发展的一个前提条件。台湾总督府建筑了基隆港和高雄港,于1908年建成了台湾纵贯铁路,并致力于邮政、电信、电话等事业的建设。三是奖励工业投资,特别是制糖工业的投资。以日资企业为主体的主要的台湾制糖工业企业都是在这一阶段建立起来的。这几项措施对日本在台湾的殖民经济的发展起了一定的推动作用,

---

① 雷麦:《外人在华投资》,第328、330页;据徐义生的《中国近代外债史统计资料》中华书局1962年版,第44—52页表,政府借款不止六笔,估计雷麦是把债务和债权人相同的借款合并计算的,但肯定未包括1909年1月台湾银行对福建布政使借款5万日元、1911年4月台湾银行对福建度支公所借款库平银5万两、1911年5月三菱洋行川崎船厂对海军部借款34万日元、1911年6月台湾银行周转广东市面借款160万日元、1911年6月台湾银行对福建布政使借款15万日元。
② 林履信:《台湾产业界之发达》,商务印书馆1946年版,第111页。
③ 草柳大藏:《满铁调查部内幕》,第40页。
④ 草柳大藏:《满铁调查部内幕》,第22页。

使台湾的工农业总产值和工业生产所占比重都得到一定的增长。

表 0-12 台湾早期生产总额及其构成
(1902—1912 年)

年份	总生产额(万日元)	各类生产所占百分比(%)				
		农产	工产	矿产	林产	水产
1902	7 175.2	78.0	16.8	2.9	0.1	1.9
1907	9 112.6	81.7	14.1	2.5	0.1	1.9
1912	14 637.4	63.4	32.1	3.1	0.1	1.4

资料来源:周宪文:《日据时代台湾经济史》上册,台湾银行 1958 年版,第 62 页。

根据表 0-12,1902—1912 年的 10 年间,总产值增长了一倍多,工业产值所占比例也几乎翻了一番。但这个时期的工业基本上是农产品加工业,如制糖、凤梨罐头等。

总之,在第一阶段,无论就各种投资类型而言,还是就各个地区而言,日本在华投资都处于初始阶段。到这一阶段的末期,在列强中日本在华投资额已跃居第二位。

(二) 第二阶段

第二阶段的时限是从第一次世界大战起,到 1931 年"九一八"事变止。这是日本在华投资的发展期。这阶段的前半期,即第一次世界大战期间及稍后的几年,西方列强忙于欧战而无暇东顾,日本在华投资扩张得最为迅速。

在寺内内阁任职的约两年期间(1916 年 10 月—1918 年 9 月),对华借款从 12 000 万余日元猛增到 38 645 万日元,[①]其中包括 14 500 万日元的西原借款。这期间的借款投资在日本对华投资中占有重要地位。

这期间的中日合办事业出现高潮,1914—1921 年,新建企业 151 家,占 1931 年前有据可查的合办企业的 70%。[②]

在直接企业投资方面,特点之一是新设企业多。据统计,1903—1913 年的

[①] 王芸生:《六十年来中国与日本》第 7 卷,三联书店 1981 年版,第 238—239 页。
[②] 根据张雁深《日本利用所谓"合办事业"侵华的历史》书末附表统计。

11年中,日本在中国大陆部分新设工厂共154家,而在1914—1921年的8年中,新设工厂达222家,规模较小的还未统计在内。① 这些新设工厂主要集中在山东和津沪等地。欧战期间日人侵占胶州湾,接管了原属德人经营的工厂,并另外增设了一些厂。据1921年3月调查,在山东的中外工厂中,日厂139家,华厂93家,美厂2家;再就全国来看,在各行业中,日本在华纺织厂的增设十分突出,1913年时,全国所有外资纱厂不过10家,而到1920年,单就日本纱厂而言,上海就有22家,青岛3家,津汉等处4家,总数达29家之多。② 企业投资的特点之二是前期所设企业规模迅速扩大。如满铁于1920年将其资本额从2亿日元扩大到4.4亿日元,③致力于港口建设、鞍山制铁所的熔矿炉建造和四洮铁路(指四平街至洮安,即今四平至洮南)工事等事业。

在东北,除满铁外,日本新设和扩建的企业很多。1913年全东北的股份公司仅40家,实收资本566.7万日元,而1920年,增加到446家,实收资本增加到16 758.5万日元。④ 当然,中国人在东北办的工业在这期间也有所发展,但这样大幅度的增长显然主要是日本投资的结果。

在第二阶段的后期,日本在华投资继续增长,但速度有所放慢,且各种投资形式和各个行业存在着不平衡。例如:在借款投资方面,1920年以后的新起债额较前大大减少;中日合办事业也转入低潮;航运业、商业等发展较慢,铁路、纺织等业则发展较快。

从地区结构来说,日本在第二阶段的投资重点是东北和上海。上文已经作过估算,就日本在中国大陆部分的投资而言,1930年末东北占71%,上海占19.3%。两地的日本企业之间有着密切的联络。例如满铁在上海设立了事务所,广事调查及联络工作。在安广伴一郎任满铁总裁任内,制订了满铁如下的新计划:"(一)推广抚顺(即千金寨)煤矿之产量,由每年最多额550万吨,增至750万吨。(二)收并大连轮船会社,以180万元新造五千吨以上之快轮数只,专供大

---

① 陈真:《中国近代工业史资料》第2辑,第421页。
② 杨铨:《五十年来中国之工业》,申报馆编:《最近之五十年》,1923年出版。
③ 到1929年3月底实收资本为3.87156亿日元。见滿鐵《統計年報(昭和三年)》,1930年版,第4页。
④ 《滿鐵調查月報》,1931年10月号。

连上海间之直航,以利运输。(三)调查抚顺煤在上海方面之销路,拟以后每年在上海出售抚顺煤50万—100万吨。(四)修改上海满铁会社之码头,增设上海仓库,并在吴淞新筑码头及仓库。(五)将满铁窑业试验场所制玻璃商品,运供上海市场。(六)将由上海转运大连之棉线、棉布、药料、毛织物、麻袋、面粉等,使之直接输入满洲。(七)利用上海之标金交易,均衡满洲之银价,借以操纵满蒙金融。"①这个计划同上海经济有密切联系,从中也可看出日本投资者对东北和上海两地的重视。

在台湾,日本投资也有持续增长。台湾的工厂数1920年达到2 695家,1930年增加到6 128家。食品工业的工厂数占第一位,1920年为54.0%,1930年达64.5%;其次是窑业及土石业,1920年为17.0%,1930年为10.4%;重化工业和纺织业的厂家很少,1920年纺织工厂只占1.6%,金属工业1.9%,机械工业3.0%,化学工业9.5%,电气、瓦斯、水道业0.8%,1930年纺织业1.0%,金属工

表0-13　1900—1939年台湾出口货和进口货的组成
（年平均占总值的百分数）

	1900—1909年	1910—1919年	1920—1929年	1930—1939年 a
出口总值	100.0	100.0	100.0	100.0
食品	76.2	77.3	82.9	84.5
稻米	23.2	14.5	19.1	25.9
糖	27.8	50.6	50.6	46.8
其他	25.2	12.2	13.2	11.8
其他初级产品	21.1	11.5	9.6	8.6
制造品和杂项产品	2.6	11.2	7.4	6.8
进口总值	100.0	100.0	100.0	100.0
食品和其他初级产品	29.2	38.2	41.5	34.1
制造品和杂项产品	70.8	61.8	58.4	65.9

资料来源：台湾总督府：《台湾贸易年度统计》,各期。转引自[美]何保山：《台湾的经济发展,1860—1970》,上海市政协编译工作委员会译,上海译文出版社1981年版,第34页。
原注a：1937年和1938年除外,因为这两年的贸易资料不完整。

---

① 独秀：《日本在华侵略之新计划》,《向导》周报1924年8月6日。

业1.8％,机械工业2.6％,化学工业7.6％,电气、瓦斯、水道业0.5％。① 这样的工业结构还是以农产品加工业为主体的。

台湾以农业和农产品加工工业为主体的经济结构是完全从属于日本对台湾这块殖民地的经济需要。这从台湾对外贸易中可以看得很清楚。

台湾的外贸是由日人一手控制并以日本为主要对象的殖民地贸易。台湾除供给日本食品外,还供给一定数量的樟脑、樟脑油、煤和酒精等。从日本进口则以棉织品等消费工业品为主,进口机械和运输设备也主要是为了装备日本在台湾投资经营的农产品加工业。

台湾工业技术水平参差不齐。其中有技术设备十分先进的大型制糖厂,也有大量小型手工工场。1920年,使用动力的工厂在工厂总数中还只占41.6％,不到一半,1930年则提高到56.4％。②

总之,这一阶段是日本在华投资非常重要的阶段。日本趁欧战之机,迅速扩张在华经济势力,形成了东北以满铁为中心和关内以棉纺织业为主体的两大投资聚集区,不论其资本、规模以及地理区域,均是老牌西方国家所望尘莫及的。

(三) 第三阶段

在"九一八"事变到"七七"事变期间,日本侵华的总策略是占领全东北,向华北扩张,随时准备鲸吞整个中国。与此相适应的日本在华投资目标,即是把东北纳入所谓"日满经济圈"之内,并继续向华北扩张,同时增强在上海的经济势力以作呼应。

"九一八"事变前后的东北,在日本侵华战略棋盘上的位置是有所不同的。事变前,日本的侵略势力固然已经打入东北,并在列强的争夺中处于明显的领先地位。其在投资方面,并未以已有投资1 799 663.6万日元(包括借款)占各外国在东北总投资额242 869.9万日元中的72.3％之优势而满足。③ 因为东北还不

---

① 周宪文:《日据时代台湾经济史》上册,第65页。
② 周宪文:《日据时代台湾经济史》上册,第70页。
③ 满史会:《满洲开发四十年史》上卷,第80页。这里同1930年末日本在东北的直接投资额的2亿多日元的差额主要是因为包括了借款在内。

是它的独占殖民地,仅是农产品、原料和半制成品的供给地区与日本工业品的销售市场。事变后的情况不同了,东北沦为日本的独占殖民她,日本为了进一步侵略全中国,并准备同苏联、美国和英国对抗,蓄意发展东北的工业,把东北变成它的一个军事基地。所以,事变后的日本在加紧掠夺、吞并中国民族工矿企业和不断加强经济"统制"的基础上,加快了对东北工业的投资步伐,并且如下列统计表所示,主要是通过日本侵华势力大本营满铁而积极进行的。(见表0-14)

表0-14 "九一八"事变后日本对东北投资的渠道 (单位:万日元)

年份	满铁社债及资本实收	满铁关系会社社债及借入金纯增加	一般会社资本实收	伪满洲国公债	合计
1932	6 500	—	1 215.3	2 000	9 715.3
1933	9 090	170	3 835	3 000	16 095
1934	16 600	3 045	6 517.7	1 000	27 162.7
1935	24 600	3 887.5	2 593.6	7 540	38 621.1
1936	13 320.5	3 175	5 944	4 060	26 499.5
合计	70 110.5	10 277.5	20 105.6	17 600	118 093.6

资料来源:滿鐵産業部:《滿洲經濟年報》下册,東京改造社1937年版,第77页。

1937年的情况也相类似。1938年以后情况发生了变化,下文将述及。为适应这种情况,满铁于1933年增资一倍(达8.8亿日元),日本政府仍保持50%的股权。满铁资产从1931年的11亿日元增加到1937年的21亿日元。有人估计,1932年到1937年日本在东北的债券和贷款新投资额共15.04亿日元,满铁占了68%,包括对伪满"国有"铁路投资7.6亿日元和对私人公司投资2.2亿日元。[1] 在1937年以前,日本除了主要通过满铁进行广泛的实业投资外,还通过由日本政府和关东军一手控制的伪满傀儡政权进行投资。1932—1937年,伪满建立了19家"特殊法人"会社,包括满洲中央银行、满洲电报电话、同和汽车、满洲石油、满洲煤矿、满洲金矿以及沈阳兵工厂等。伪满作为这些企业的主要投资者,其资金是用发行日元国库券、向日本银行借款以及由满洲中央银行发行国库

---

[1] 琼斯:《1931年以后的中国东北》,胡继瑗译,商务印书馆1959年版,第143页,注①。

券等办法来筹集的。归结其资金来源,一是借日债,二是搜刮东北人民。日本在东北投资的途径之一是先向伪满进行"贷款",再操纵伪满进行各业投资。其实,这只是把钱从一只手换到另一只手来使用罢了。

到1936年底,日本在东北投资经营的各个行业中交通运输业是最主要的,而工业增长率最快;在工业中,重工业(包括电气工业)和化学工业占了主要地位。

表0-15　日本在东北所控制的经济各部门的资本额

（1931、1935—1936年）　　　　　　　　　（单位：万日元）

	1931年末	1935年末	1936年末
农林业	900	970.5	989.2
水产业	3.5	140.7	140.7
矿业	347.5	4 805	4 827.5
工业	9 093.6	37 915.3	53 323.3
交通运输业	80 317.9	129 003	143 048.2
金融商业	5 698.1	9 774.6	10 219.5
其他	1 746.1	7 632	10 545.4
合计	98 106.7	190 241.1	223 093.8

资料来源：滿鐵産業部：《滿洲經濟年報》下册,1937年,第104页。

表0-16　日本在东北所控制的工业各部门的资本额

（1931、1935—1936年）　　　　　　　　　（单位：万日元）

	1931年末	1935年末	1936年末
纺织业	692.1	1 637.1	2 413.7
金属精炼业	2 533.7	11 564.7	14 394.7
机械器具工业	227.5	1 053.7	1 502.2
窑业	315.2	1 793.2	2 119
化学工业	1 361.4	4 684	7 168.5
食品工业	2 007	3 171.2	4 307.2
电气业	143.7	11 297.7	12 834.5
瓦斯业	1 000	1 000	1 000
制材木制品等	489	605.5	819
其他	324	1 108.2	6 764.5
合计	9 093.6	37 915.3	53 323.3

资料来源：滿鐵産業部：《滿洲經濟年報》下册,1937年,第104页。

日本经济势力向华北扩张,一是通过从属于满铁系统的兴中公司的活动,二是通过纺织、面粉等日本轻工业企业家的扩大经营。兴中公司是满铁势力在华北的延伸,它成立于1935年底。"七七"事变前它所从事的活动主要是将大量的长芦盐运往日本以弥补其工业盐之不足;设立天津电业公司,供给天津日租界民用电和天津、北平、塘沽三地日本工厂的工业用电,设立冀东采金公司,开采遵化一带的金矿;设立塘沽运输公司,运输盐、煤和棉花。日本的纺织业等轻工业资本则在天津、济南和青岛收买华厂,并增设新厂,形成对华厂的相对优势。

日本资本在华北积极扩张的结果是形成了如表0-17所示的优势地位。

表0-17　河北、山东两省主要制造工厂资本国别分配
（1937年6月开业中的企业）　　　　　　　　（单位：万元）

国别	河北省		山东省		两省合计		资本总额的%
	工厂数	资本总额	工厂数	资本总额	工厂数	资本总额	
日本	32	2 175.6	61	15 006.7	93	17 182.3	60
中国	90	4 347.3	162	3 320	252	7 667.3	26
其他外国	24	1 572	6	1 829	30	3 401	12
中日合办	2	468.7	—	—	2	468.7	2
中外合办	1	1.6	—	—	1	1.6	—
合计	149	8 565.2	229	20 155.7	378	28 720.9	100

资料来源：滿鐵調查部資料課：《滿鐵調查月報》1938年6月号,第164页。

日本资本在上述两省的优势主要是棉纺织业的优势,资本总额(不计中日合办企业)达15 800万元,其他行业均属次要。

在上海,扩张最厉害的也是日本纺织业资本。1936年末,总计日本在关内的纺织业投资额达38 164.3万日元,占日本在关内主要事业投资总额的34%,单就工业投资而言,纺织业投资占80.6%,其他工业的投资总和才占19.4%。[①]

总之,在这一阶段,日本在各国在华投资中已占有压倒一切的优势,它除了大力经营在大陆地区的两个据点——东北和上海的投资活动外,还以满铁和上海的日本纺织业资本为背景,向华北地区扩张,形成了对中国资本的相对优势。

[①] 東亞研究所：《日本の對支投資》(下),第1045—1046页。

(四) 第四阶段

这一阶段从"七七"事变起,到日本战败投降止。在这一阶段的开头,日本发动的侵略战争对于日本在华企业的财产是造成一定损失的,据日本方面的估计,此类损失约在2亿—3亿日元左右。所涉及的行业主要是纺织业,其次是航运业。就地区而言,主要是上海、青岛等城市。但这些损失同日本帝国主义对中国侵略和掠夺的战略需要相比,是微不足道的,他们要索取的是十倍、百倍、千倍于此的利益,他们要夺取的是整个中国。日本帝国主义者在占领区内疯狂掠夺我国的资源和企业财产,同时也仗恃着占领者的强权,投资经营各种事业。

"七七"事变后日本在中国大陆部分的投资,仍以东北为主要据点。但日本在东北的主要国策会社,却由先前的满铁变成了满洲重工业开发会社(以下简称"满业")。满业是由鲇川义介任总裁的日本产业会社(以下简称"日产")移驻东北而设立的。日产是新兴财阀的产业,所属企业基本上都是汽车、钢铁、轻金属和化工等同军事工业密切有关的行业,因此竭力拥护日本对华军事侵略,其图谋通过战争扩张势力的野心,比三井、三菱等老财阀更为迫切。1936年秋,日本军部急于在东北发展汽车工业以增强侵华日军的机动作战能力,因此邀请鲇川义介、日本电工会社的森矗昶和钟纺会社的津田信吾访问东北,咨询他们的意见。鲇川认为,与其单独开发汽车工业,不如同时开发各种关联产业,并争取从美国引进资本和技术。他的意见为日本军政界所赞赏。[①] 后者希望拥有军事工业能力的日产财阀能在中国东北充分发展,以扩大日本的战争能力。同时,日本在中国东北不断发现新的矿产资源,如东边道(即从大连至绥芬河的铁路,此处指铁路沿线区域)优质铁矿和煤矿等,要开发掠夺这些矿产资源需要资金,而原来作为日本在东北产业中心的满铁已陷于资金周转困难之中,因此日本当局急于开辟吸收日本产业资本到东北来的新途径。由于这些原因,鲇川义介同日本关东军紧紧地勾结起来。满业成立于1937年12月,资本45 000万日元,由日产和伪满各出一半。根据1937年10月29日关东军司令官植田、伪满总务长官星野和

---

① 江上照彦:《満鉄王国:興亡の四十年》,第162—163页。

满铁总裁松冈三方会谈的结果,过去名义上由伪满管理的许多企业以及满铁经营的重工业企业(包括筹备中的)都移交鲇川义介的满业统一管理。这些企业主要有昭和制钢所、满洲轻金属、同和汽车工业、满洲炭矿、满洲铅矿和本溪湖煤铁等。满铁的势力削弱,而满业的势力崛起了。但由于满铁掌握着铁路、大连等港口和抚顺煤矿,所以,日本对东北的工矿和交通运输业投资的主要部分仍通过满铁进行。例如1937年日本通过满铁所作的这些行业的投资占60%,满业成立伊始,仅占4%;1938年满铁占34%,满业17%;1940年满铁49%,满业28%;1943年满铁又上升到63%,满业则下降到8%。① 通过满铁的部分主要投资于交通运输业,通过满业的部分主要投资于重工业。

以满业为主体的日本产业资本及伪满政府为所谓"产业开发五年计划"的实施投入了大量资本。第一次产业开发五年计划的投资重点是武器、飞机、汽车、车辆等军需产业和铁、液体燃料、煤炭、电力等重要的基础产业,其中以开发军事上所需的铁和液体燃料为主。这项计划的建设资金,最初预定为25亿日元,后经修正,增资为61亿日元,由日本和伪满筹集。技术力量由日本供给,劳工主要从本地及华北征用,重要的机器设备由美、德两国输入。从表0-18中可以看出,1937—1941年日本在东北的投资规模,同时,由于从日本进口大量的机器设备,东北对日贸易的逆差也十分巨大。

表0-18 东北的外贸出、入超和日本在东北的投资
(1927—1941年) (+出超,-入超)

年份	贸易出、入超(万美元)			日本在东北投资	
	同所有国家	同日元集团	同其他国家	万日元	万美元
1921—1931(平均)	+6 186.3	+2 433.8	+3 752.5	175 000	86 415
1932	+5 909.8	+827.4	+5 082.4	9 700	4 789.9
1933	-1 732.4	-3 347.9	+1 615.5	15 100	4 247.6
1934	-4 730	-6 175 6	+1 445.6	27 200	6 936
1935	-5 477.5	-7.159.1	+1 681.6	37 900	11 180.5

---

① A. R. Kinney, *Japanese Investment in Manchurian Manufacturing, Mining, Transportation and Ccmmunications, 1931—1945*, p. 101.

续 表

年份	贸易出、入超(万美元)			日本在东北投资	
	同所有国家	同日元集团	同其他国家	万日元	万美元
1936	-2 543.9	-7 103.6	+4 559.7	26 300	7 613.9
1937	-6 968	-9 916.1	+2 948.1	34 800	10 025.9
1938	-15 632.7	-16 435.2	+802.5	43 900	12 511.5
1939	-25 046.2	-26 220.1	+1 173.9	110 400	28 704
1940	-25 396.7	-25 321.4	-75.3	101 100	23 697.8
1941	-17 218.4	-17 297.4	+79	142 000	33 284.8
1942	—	-10 979.2	—	129 000	31 888.8
1943	—	-9 797.9	—	81 000	20 007
1944	—	-4 163.6	—	82 000	19 335.6
总计	—	—	—	1 015 400	300 638.3
1933—1941	-104 745.8	-118 976.4	+14 230.6	538 700	138 202

资料来源：Cheng Yu-Kwei,(郑友揆)*Foreign Trade and Industrial Development of China*, The Univ. press of Washington, 1956, p.204.

据满铁调查部 1941 年 11 月发表的统计，由于实施产业开发五年计划，矿业和工业的资本额增加迅速，合计法人数 1 896 家，资本额 261 142.7 万日元。其中矿业 148 家，84 627.7 万日元；工业 1 748 家，176 515 万日元。工业中生产资料工业 835 家，118 124.6 万日元；消费资料工业 893 家，36 709.2 万日元；动力燃料工业 20 家，21 681.2 万日元；而工业中 17 家特殊会社和 7 家准特殊会社的资本额占 1 748 家工业企业总资本额的 50%。① 1941 年满业的投资额达 149 800 万日元，②其中相当大的比重是伪满以公司债务和借款形式的投资。

由于工矿业投资的加强，工矿企业实收资本总额在东北所有企业的实收资本总额中所占比例逐年上升，而交通运输业则逐年下降。1934 年工矿业占 35%，交运业 48%；1937 年工矿业升至 45%；交运业降至 39%；1942 年工矿业更升至 60%，交运业更降至 24%。在债券方面，1935 年交运业占 94%，工矿业只

---

① 满史会：《满洲开发四十年史》下卷，第 378 页。
② 东北物资调节委员会：《资源及产业》下卷，第 37 页。

占5%;1938年交运业降至78%,工矿业为13%;1942年交运业更降至64%,工矿业升至16%。①

满业的投资主要是对所属企业的股本投资,其次是贷款,如表0-19所示:

表0-19 满业对附属企业的股本及贷款投资
(1938—1944年)　　　　　　　（单位：百万日元）

年份	贷款		股本		每年总增加数
	现存实数	每年增加数	现存实数	每年增加数	
1938	3	3	247	247	250
1939	66	63	572	325	388
1940	170	104	994	422	526
1941	471	301	1 027	33	334
1942	495	24	1 286	259	283
1943	629	134	1 735	449	583
1944(7月1日)	695	66	1 892	157	223

资料来源：A. R. Kinney, *Japanese Investment in Manchurian Manufacturing, Mining, Transportation and Communications, 1931-1945*, p.109.

但是第一次五年计划实施的结果同日人原先的打算相距甚远,鲇川关于大力发展飞机、汽车工业的设想未能按计划兑现,生铁、煤、化学工业的产量有较大增长,但也没有实现计划。② 至于鲇川想从美国引进资本和技术的设想则完全落空。

在太平洋战争爆发前,日本谋求建立的是所谓靠"日满华经济圈",太平洋战争爆发后,日本的侵略势力远及南洋群岛,便不可一世地妄图建立所谓"大东亚共荣圈"。但从1942年开始的第二次五年计划,由于太平洋战争爆发后,日本所实施的统制政策以及物资供应的日益困难,就更难于执行了。鲇川辞去了满业总裁的职务。于是日本和伪满采取了"加强适应战时产业经济与大陆各地域经济之联系,举凡经济设施之目标,均应考虑战争上之特殊地位,集中全力,供给日

---

① A. R. Kinney, *Japanese Investment in Manchurian Manufacturing, Mining, Transportation and Communications, 1931-1945*, pp50-51.
② 满史会：《满洲开发四十年史》下卷,第378页。

本战时之急需物资"的应变措施。① 第二次产业开发计划的重点：一是新造船舶、扩充造船能力以及增产钢铁与扩充设备，为最大的重点。二是增产煤炭、电气、人造煤油、工作机械、重要机械、铝及非铁金属，并扩充其设备。三是尽量发掘其他产业的生产能力，并从战争扩大的趋势出发，考虑将日本国内的设备疏散到东北、华北等地。1943年以后，日本在军事上节节失利，日本政府为了加强航空力量和增加船舶，将所有产业改为战时状态，设立军需省进行整顿，并指定铁、煤、铝、船舶、飞机为五大超重点产业。这一方针需同时在日本及其所控制的地区加以贯彻。伪满供应日本的钢铁、铝、飞机和粮食增加了。1944年下半年，美军B29轰炸机三次轰炸鞍山的钢铁厂、沈阳的飞机、兵器工厂，破坏较大。日人和伪满进行疏散，将飞机厂迁往哈尔滨、公主岭，并在铁岭开凿巨大洞穴，作为飞机地下工厂，将兵器工厂迁往兰岗、东盛涌。1945年日本败局已定，但仍竭力谋求扩充东北的飞机制造能力，所生产的飞机种类一律改为新式重战斗机。为了增产飞机，日本决定凡东北所缺少的配套工厂，在5月间由日本迁来。由于装载所迁工厂机器设备的船只，多艘遭到美国潜艇袭击沉没，最后迁到东北的工厂寥寥无几。

日本和伪满在东北的投资额增长很快。仅就工矿业而言，除了战时所造成的各种损失外，战后国民党政府资源委员会接收的敌产中，东北部分仍是最主要的。表0-20中日本在东北工矿业的投资原值约合20亿余美元，如以1日元兑换0.23167美元折算，即为863878.8万日元。

在关内沦陷区，日本帝国主义采取各种手段掠夺我国资源和产业，其手段：一是"军管理"。这是日本侵华军直接夺占和控制产业的方式，业务经营则委托日本企业代管。二是"委任经营"。这是日本国策企业在日本侵略军的支持下，在中国夺占和控制产业的方式。三是"中日合办"。这类企业同过去相比，更加有名无实。过去，中日合办企业是日人向内地渗透势力和突破中国对外人经营某些事业所加限制的手法；如今，在日本的军事占领下，这些都不成为问题了，日人之所以还要搞所谓"中日合办"，主要是为了掠夺和控制中国的资金。四是"租赁"。

---

① 东北物资调节委员会：《资源及产业》下卷，第56页。

表 0-20　资源委员会所接收的日本在华工矿产业　　（单位：万美元）

项目	东北		台湾	关内	全中国
	投资值	接收值			
电力	23 487.2	1 533.2	7 058.8	—	—
钢铁	50 987.8	30 582.6	—		
机械	33 902.6	18 015.6	—		
造船	—	—	470.6		
铝	—	—	1 882.4		
金和铜矿	—	—	127.1		
有色金属矿	17 550.9	11 469.4	—		
煤	23 559.8	19 087.8	—		
液体燃料	12 125.5	8 053.6	705.9		
化工	17 051.0	9 572.5	1 882.4		
肥料	—	—	*		
水泥	10 577.5	8 258.8	*		
电气用器	4 705.9	4 247.1	—		
造纸	6 186.6	4 790.4	1 176.5		
制糖	—	—	7 058.8		
总计	200 134.8	115 611	21 176.5	45 600	182 387.5

资料来源：Cheng Yu-Kwei, *Foreign Trade and Industrial Development of China*, p. 266.
原注 * 包括在总数中。

这同"中日合办"一样，是有名无实的。因为这种"租赁"既无需得到原主的同意，又不可能制订和履行合理的租借条件。五是收买。根据敌伪方面公布的资料，除了矿业、电业、缫丝及石景山炼铁厂等为敌所夺占者不计外，日本以"军管理"和"委任经营"方式掠夺中国的工业企业共 316 家，其中面粉厂 59 家、纺织厂 58 家、棉花打包厂 9 家、毛织厂 6 家、丝织厂 8 家，染织厂 12 家、绒布帽纽和针织厂 5 家、火药厂 4 家、酸碱化工厂 7 家、酒精厂 5 家、精盐厂 2 家、制药厂 2 家、火柴厂 28 家、肥皂厂 1 家、油漆厂 4 家、榨油厂 6 家、制糖厂 2 家、造纸厂 13 家、卷烟厂 10 家、皮革厂 2 家、印刷厂 3 家、机器翻砂厂 19 家、金属制品厂 8 家、电器厂 1 家、水泥厂 7 家、树胶厂 11 家、砖瓦厂 4 家、造船厂 11 家、其他厂 9 家。[①] 这些被

[①] 郑伯彬：《日本侵占区之经济》，重庆，资源委员会经济研究处 1945 年版，第 73—77 页。

掠夺的企业在民族工业中属于资本较多,并且对于日本同类企业具有一定竞争力的企业,也即沦陷区民族工业的精华部分。

在上海,从日本侵占到1940年2月,日人在上海新设的企业65家,恢复的企业34家,共99家;而委任经营的中国企业却有90家,所谓"中日合办"、"租赁"及收买的企业113家,合计掠夺的企业共203家,超过其自设的一倍多。①

由于中国民族资本主义相对较为集中的地区基本上都陷于敌手,所以中国的民族资本主义经济基本上都为日人所掠夺。

表 0-21 占领地区与抗战地区的比较

（1938年末）

单位	单位	占领地区		抗战地区		合计
		实数	%	实数	%	
面积	千平方公里	1 497	32.4	3 125	67.6	4 622
人口	百万人	194.5	45.6	231.9	54.4	426.4
耕地面积	百万公亩	3.627	56.8	2 755	43.2	6.382
公路	公里	34 876	39.7	52 986	60.3	87 862
铁路	公里	6 280	84.7	1 136	15.3	7 416
国内贸易	百万元	1 877	82.4	401	17.6	2 278
国际贸易	百万元	1 550	93.9	100	6.1	1 650
纺织锤数	千锤	4 917	92.8	384	7.2	5 301
制粉工厂	袋	74 346	94.0	4 725	6.0	79 071

资料来源:淺田喬二:《日本帝国主義下の中国》,樂游書房1981年版,第106页。
引者注:表中"面积"一项来包括东北、台湾,估计也未包括新疆、西藏等地区。

在沦陷区,日本尽管侧重于掠夺,但为了保证日本的侵华利益,也有必要投入相当的资本,即使对于夺占的企业也是如此。据东亚研究所统计,1938年末,包括民间实业借款和投资业投资在内的日本在关内主要事业投资额从1936年末的111 053.2万日元增加到183 557.3万日元,其中纺织业占22%,银行业占18%,进出口业占14%,矿业占7%,纺织业以外的工业占9%,航运业占5%,投资业占9%,其他占16%。② 同1936年末相比,增加幅度较大的是银行业、进出

---

① 郑克伦:《沦陷区的工矿业》,《经济建设季刊》第1卷,第4期,第255页。
② 東亞研究所:《日本の對支投資》(下),第1045—1046页。

口业和纺织业以外的工业。笔者对日本的统计进行甄别,大致可以得出1938年末日本在关内投资的概况:事业投资(包括直接事业、合办事业等)152 541.2万日元,借款投资92 817.3万日元,合计245 358.5万日元。虽然这儿把借款投资列入,但因日本发动了侵华战争,给中国人民造成巨大的战争损失,中方也就没有偿还借款的义务了。

随着战争的进展,日人在占领区内由全面的开发掠夺转而采取重点经营的政策,主要经营"二白"(棉花和盐)和"二黑"(铁和煤)的开发掠夺,以补日本资源的不足。而在投资方面也有所发展,在华北地区,到1940年9月,包括国策会社在内的日本企业数为421家,额定资本78 100万日元;除国策会社之外的一般日资企业数则为212家,额定资本86 788.7万日元,实收27 165.5万日元。[1] 其中许多国策会社是资本不多的统制组织、共同贩运组合等。华中的情形也相类似。以关内日本投资最主要的城市上海为例,战时日本投资增长是很迅速的。表0-22只限于总社在上海的日本法人的资本情况:

表0-22 上海日本会社数及资本额调查
(1936年—1942年10月)

年份	社数	实收资本及出资额(万日元)	年份	社数	实收资本及出资额(万日元)
1936	137	8 305.7	1940	299	22 355.8
1937	143	8 734.5	1941	342	27 613.3
1938	171	13 645.7	1942年10月	403	36 073.3
1939	248	16 734.2			

资料来源:《上海日本商工會議所年報》,1943年,第256—257页。
注:原资料中一些成立较早的企业的资本额以银元和规银作单位的,一律折合成日元,折合率:0.715两规银=1银元;100银元折合101.4日元。

总社在上海的这些日本企业中,工业企业占有重要的地位,1942年10月,在403家企业中,工业企业173家,实收资本19 443.1万日元、3 490.2万银元和523万规银两。[2] 当然,总社不在上海的日本进出口商业、金融业、航运业和工业在上

---

[1] 郑伯彬:《日本侵占区之经济》,第89页。
[2] 上海日本商工會議所:《上海日本商工會議所年報》,1943年,第258页。

海的投资是很大的,如在1941年,包括总社不在上海的企业在内,日人在沪工厂从战前的一百几十家发展到400家左右。① 太平洋战争后又有新的发展。但就发展趋势而言,总社在上海的企业与总社不上海的企业有着共同的兴衰和联系,前者可以显示总的发展情况。

太平洋战争爆发后,日本接管了在华的英美企业,其中上海接管的工业企业计有纺织厂18家,毛织厂12家,机械厂7家,木材和印刷厂各2家,火柴、造纸、烟草、酒精、玻璃、皮革厂各1家。② 从上述统计中的纺织厂和毛织厂的数家企业看,估计以英美籍注册的中国企业也包括在内。

日本从20世纪30年代中期开始,不仅加紧发展东北、上海等地的工业,以及致力于投资掠夺中国资源和产业的矿业与运输业等,而且对发展台湾的工业也很重视。过去,台湾的日本工业主要是制糖、制罐等农产品加工工业,而战时日本把台湾的工业重点放在金属机械和化学工业上。金属工业的电动机数量从1933年的126台,增加到1941年的1390台,同期的产值从643.5万日元增加到5 911.1万日元,差不多10倍左右。机械器具工业的产值从1933年的558.5万日元,增加到1942年的3 241.1万日元。化学工业的电动机数量从1933年的240台,增加到1941年的1 607台,产值从2 000余万日元增加到7 626.7万日元。③ 尤其是1935年成立的日本铝公司,到1940年,在高雄和花莲的工厂生产了日本铝总产量的六分之一。④ 此外,在战时物资运输特别困难的情况下,为了减少台湾对日本进口货的依赖,化肥的生产增加了,同时,还将日本国内28 964枚锭子旧纺织机器运往台湾,以增加纺织品的生产。⑤

台湾的工业结构从1930年代中期起有所变化,其产值自1921年至1942年,食品工业所占比重由73.68%减为58.35%,但仍占第一位;化学工业由6.28%增至12.83%,金属工业则由2.6%增至6.86%。⑥ 这种变化显示了台

---

① 上海日本商工會議所:《上海經濟提要》,1941年12月出版,第111页。
② 郑伯彬:《日本侵占区之经济》,第99页。
③ 《台湾省五十一年来统计提要》,第773、775、780、782页。
④ 何保山:《台湾的经济发展,1860—1970》,第86页。
⑤ 何保山:《台湾的经济发展,1860—1970》,第84页注②。
⑥ 周宪文:《日据时代台湾经济史》上册,第73—74页。

湾工业的发展趋势。从总社在台湾的工业会社实收资本的情况,也能看出同样的趋势。据表0-23,金属工业、制材工业、化学工业、机械器具工业以及纺织工业的实收资本增长幅度最大,食品工业也有显著增长,但所占比例则从65.5%下降到43.3%。由于台湾工业的发展,1941年台湾的工业总产值超过6亿日元,占全岛各种产业生产总额的一半,这标志着该岛已进入殖民地工业化阶段。①

表0-23 总社在台湾的工业会社的资本额
(1938年、1945年)

工业种类	1938年 会社数	1938年 公称资本(万日元)	1938年 实收资本(万日元)	1945年 会社数	1945年 公称资本(万日元)	1945年 实收资本(万日元)	实收资本增加额(万日元)	1945年实收资本为1938年的%
纺织	14	836.2	388.8	19	2 364.4	1 744.4	1 355.6	499
机械器具	38	533.1	396.9	84	2 208	1 673.4	1 276.5	422
窑业	25	986.0	365.4	41	2 950	2 057.1	1 691.7	563
化学	49	5 554.4	2 034.8	68	13 598	9 066.2	7 031.4	445
金属	11	94.5	36.8	37	4 348	3 700.5	3 663.7	10 056
制材及木制品	29	274.3	143.5	73	6 800	6 443.7	6 300.2	4 490
食品	195	256 58.6	17 688.9	255	41 045	28 329.8	10 640.9	160
印刷及装订	16	178.5	76.1	30	200	130	53.9	171
电气煤气	9	7 743.0	5 618.7	7	18 580	12 068.7	6 450	215
其他	49	497.7	247.6	81	250	224	-23.6	90
合计	435	42 356.6	26 997.5	695	92 343.4	65 437.8	38 440.3	242

资料来源:周宪文:《日据时代台湾经济史》,上册,第75页。

由上可知,这一阶段的日本在华投资,是完全在军事占领的条件下进行的。这种投资同战争掠夺融为一体,并且从属于战争的需要。

四、东北产业结构的变化

在"九一八"事变之前,日本对在中国进行重工业及化学工业投资不是很感

---

① 林履信:《台湾产业界之发达》,自序,商务印书馆1946年版,第5页。

兴趣的。当时从事重、化工业的,主要只有满铁属下的几个企业。"九一八"事变后,随着战争的需要,日本对发展东北以及台湾的重、化工业始予以重视,投资活动主要是从日本将机器设备输往这两个地区,并且不断地扩充和迅速地增加。以东北地区为例:

表0-24 中国东北地区机器输入的趋势

(1932—1936年) (单位:百万日元)

	1932年	1933年	1934年	1935年	1936年
机械工具	6.0	9.5	28.1	34.6	38.9
电器用具	3.9	6.2	11.6	15.3	16.4
电器、电话机及材料	0.6	1.9	2.8	3.5	5.3
车辆、船舶	5.3	22.7	30.9	39.8	39.6
合计	15.8	40.3	73.4	93.2	100.2

资料来源:滿史會:《滿洲開發四十年史》下卷,第496页。

在这里需要指出的是,日本在华,特别是东北地区,工业投资结构的变化,特别是中国东北投资结构的变化,是同日本本国工业结构的变化紧紧联系在一起的。1931年,日本重工业和化学工业的产值还只占工业总产值的33.7%,轻工业占66.3%,到1937年,重、化工业的产值就上升到54.8%,1942年进而上升到70.1%。① 日本轻重工业产值比例的转换,是在侵华战争时期实现的。日本的

表0-25 东北轻重工业实收资本和债券总额比较

(1930—1942年)

	1930		1933		1936		1939		1942	
	实数(万日元)	%	实数(万日元)	%	实数(万日元)	%	实数(万日元)	%	实数(万日元)	%
重工业	16 079.5	85.6	22 526	85.7	38 838	74.1	144 286.1	87.5	219 792.6	82.4
轻工业	2 696.1	14.4	3 770	14.3	13 585.5	25.9	20 578.7	12.5	47 056.8	17.6

资料来源:根据 A. R. Kinney, *Japanese Investment in Manchurian Manu-facturing, Mining, Transportation and Communications, 1931-1945*,第43—44页的数字计算,重工业包括金属、机械、电力、化学、制材等,轻工业包括纺织、食品和杂类工业。

---

① 守屋典郎:《日本经济史》,第342页。

大财阀为了加紧在中国投资建设重工业,积极筹措资金,如三井财阀在1940年一举筹集了在中国投资和扩充这类企业的资金45 000万日元。这种投资的结果从东北轻重工业的实收资本和债券总额的增长中可以看得十分清楚。轻重工业实收资本和债券总额的比例起伏不大,但重工业的绝对增长额远远大于轻工业。到1936年,东北重工业的投资额就赶上了关内日本最主要的棉纺织工业投资额,而这以后就远远超过了。

由于日本大力建设东北的重、化工业,东北同关内的工业化发展速度发生了差异。在关内,1936年的工业生产总值是1926年的186.1%,而东北则为378.0%;在中国大陆(包括东北),从1926年到1936年的工业发展速度年平均为8.3%,而东北地区1931年到1936年的发展速度年平均为9.3%,高于关内发展水平。① "七七"事变后东北的重、化工业发展更快。

1905—1931年的27年中,日本在东北共投资175 700万日元,而1932—1944年的13年中,日本在东北新增加的投资额数量庞大,达903 400万日元。② 前一阶段每年平均的投资额约为6 500万日元;后一阶段每年投下的数额则达69 500万日元,投资的重点是发展以生产生产资料为特征的重、化工业。就此,由日本一手搞起来的东北的重、化工业以及矿业在当时的中国占有优势地位。

表0-26 东北几种主要工矿产品的产量及占全国的比重

(1943年)

品名	产量		占全国生产的%	品名	产量		占全国生产的%
	单位	实数			单位	实数	
煤炭	千吨	25 320	49.4	盐	千吨	883	26.1
原铁	千吨	1 702	87.7	硫酸铔	千吨	92	69.0
钢材	千吨	495	92.7	苏打灰	千吨	59	60.0
电力	设备千基罗瓦特	2 098	83.3	苛性苏打	千吨	6	33.3
水泥	千吨	1 503	66.0	机械	千万日元	55	95.0

资料来源:东北物资调节委员会:《资源及产业》下卷,第129页。

---

① A. N. Young, *China's Nation-Building Effort, 1927-1937-The Frnancial and Economic Record*, Stanford university,1971,pp311、307.

② 滿史會:《滿洲開發四十年史》上卷,第685页。

这种状况对中国经济是否有利呢？

曾任满铁总裁的山本条太郎是从日本国际贸易收支不平衡的角度来考察东北的工业化问题的。在当时，日本同西方国家的贸易交往中，主要输出生丝等农副产品，而输入的主要是机器设备，输入额远远大于输出额。山本说："在当前的日本经济形势中最为苦恼的是一亿五千万到二亿日元的入超，满洲经济，也就是它的执行机关，满铁究竟能在多大程度上来负担这笔入超呢？更进一步地讲，满铁究竟能在多大程度上，增进其本身的利益，并能在多大程度上以其收益来改善日本国际收支的一部分呢？……刚一到任，我就专注于此，并进行了调查研究。其结果使我确信：满洲对日本所能作出的贡献，远比我原来想象的大得多；而且仅仅依靠努力经营满铁，就足以把现在使我们苦恼的亏空——入超的数字过大，在满洲得到补偿。"①这就是说，日本在东北发展重、化工业，是从日本的国民经济利益出发的，企图以此弥补日本外贸的赤字，并刺激日本国内重工业的发展，为日本当时尚未充分在西方打开市场的重工业产品在中国开辟广阔的市场。

日本在东北经营的工业（包括重工业）和矿业并不能成为一个独立的体系，日本占领者把东北经济"和日本经济结合成为一个整体；东北只不过供应原料和半制品，由日本工厂进行最后加工。"②这也就是日人所谓的"日本主产成品主义，满洲主产原料主义"③的殖民政策的涵义。其矿业投资和工业投资完全为日本的经济和政治利益所左右。例如：昭和制钢所虽然从1933年起就开始实行"铣钢一贯作业"的计划，其炼钢和轧钢设备也不断有所扩充，但同铣铁生产始终不相适应，每年都有大量铣铁输往日本进行加工，至于制造军火所必需的低磷铁则基本上都输往日本进行制造加工，尽管日本在东北也建立了一些军火工业。④

再如：日人在东北不重视普通砖瓦业，而非常重视钢铁工业和军火工业等十分需要的特殊耐火砖瓦的生产。日人在东北对耐火砖瓦业投资的主要企业大

---

① 草柳大藏：《满铁调查部内幕》，第249—250页。
② 琼斯：《1931年以后的中国东北》，第201页。
③ 姜念东等：《伪满洲国史》，第289页。
④ 向光源：《东北的钢铁事业》，天津《大公报》1946年12月2日；滿史會：《滿洲開發四十年史》下卷，第481页。

连窑业株式会社的产品,百分之百地供应日本、满铁、其他日资企业,以及日占朝鲜的需要。① 在纸及纸浆生产方面也存在类似的情况,日人并不致力于东北的造纸业投资,因为纸业在侵华战略中不占重要地位。日本采取商品倾销政策,每年把大量成品纸输入东北。但日本对于东北制造木浆企业的投资则颇予重视,②因为它每年都要把一部分木浆产品作为化学原料运回日本国内制造人造丝。

日本在东北的主要重、化工业的投资,如飞机制造业,军火工业、轻金属工业等,则完全是出于侵华战争的需要。用当时一个侵华日军少将的话来说,就是:"满洲重工业在保证作战能力方面,是发挥了作用的。"③举例来说,轻金属工业主要是制铝和制镁,铝和镁是飞机及汽车制造业十分需要而日本又缺乏生产原料的两种轻金属。从矾土页岩中提炼铝和从菱镁土矿中提炼镁,日人在当时从技术到设备都不成熟,处于摸索阶段,生产成本当然就很高。但在日本军方的指令下,日本国策会社不怕亏损,投资基数很高,增资速度更为惊人。1936年底成立的满洲轻金属制造株式会社创办资本 2 500 万日元,几经增资,1942 年 4 月其资本实收额扩充到 9 000 万日元的庞大数字④。日本对铝镁工业的投资体现了不顾盈亏而服从战争需要的战时投资的特点。

日本帝国主义不仅通过投资来实现经济和政治上的侵华利益,而且还吸收中国资金来达到同样目的。1945 年 6 月,日本在东北的投资总额约为 1 127 600 万伪满元(与日元等价),而日本的傀儡——伪满的投资额甚至高于日本,达1 287 200 万伪满元。伪满的投资完全为日本所操纵,而资本来源则是对东北人民横征暴敛和摧残民族工商业的结果,其惯用手段是发行公司债券和强行借款。

东北的轻、重工业比例有一个畸变的过程,在"九一八"事变前,重工业较弱,主要是轻工业,虽然其投资额也并不大,而日本在侵占东北后,特别是在"七七"事变后,在东北大力发展重工业。对于轻工业则采取压制政策,而把日本国内的

---

① 满铁调查课:《满鐵調查月報》,1931 年 10 月号,第 196—197 页。
② 木浆:纸浆的一种。
③ 草柳大藏:《满铁调查部内幕》,第 527 页。
④ 郑学稼:《东北的工业》,上海印刷所 1946 年版,第 76 页。

轻工业产品向东北市场倾销,以解决供求矛盾,从而确保日本国内轻工业产品的销售市场。太平洋战争爆发,日本供应的轻工业产品锐减,东北人民的日常生活因此受到严重影响。1942年东北90家主要的轻工业企业的实收资本总共才4.4059亿日元,只占重工业中机械工业一个部门实收资本(1944年)的一半左右。

五、国际收支:进大于出

从各帝国主义国家在华投资的情况看,中国的国际收支是出大于进,帝国主义从中国攫夺的投资利润和索还的借款本息大于其企业投资额和借款额。

表0-27　帝国主义投资与中国国际收支　　（单位:百万美元）

时期	国际收入			国际支出		
	企业投资	政府借款	合计	投资利润	借款本息	合计
1894—1901年	—	85.1	85.1	—	83.6	83.6
1902—1913年	290.7	335.7	626.4	381.6	491.0	872.6
1914—1930年	651.3	210.6	861.9	1 229.1	628.0	1 857.1
*1931—1937年	93.2	69.5	162.7	398.4	226.0	624.4
合计	1 035.2	700.9	1 736.1	2 009.1	1 428.6	3 437.7

资料来源:吴承明:《帝国主义在旧中国的投资》,第91页。
原注:*不包括东北。

但是日本的情况却不同,它在华投资的国际收支于中国而言是进大于出。

在借款投资(不包括赔款)方面,包括西原借款在内的日本借款,偿还率很低,进大于出显而易见。

在企业投资方面,雷麦估计1931年日本对华投资的总数约达11.37亿美元。在这些投资中,实际由日本汇到中国的,约计6亿美元。满铁的一部分投资是来自英债,因日本承担了还债义务,所以这部分投资额也应看作是从日本汇到中国的。这就是说,总额应超过6亿美元,约为6.6亿美元。而1925—1929年这5年平均每年自中国汇到日本的,约计3 750万美元。[①] 日本在华投资是在第

---

① 雷麦:《外人在华投资》,第412页。

一次世界大战期间迅速发展起来的,这期间的进额较大,虽然这期间的企业利润率较高,但投资基数较小,因此汇回的利润额决不会高于1925—1929年的平均水平。即使从1914年起到"九一八"事变止,日本在华企业即以1925—1929年的平均水平汇回利润,也没有超过66 000万美元的总数,而这种情形是不可能发生的。1914年以前,日本在华企业投资基数更小,1914年才38 501.9万日元,在1906年满铁成立之前,日本在华直接投资额更少,汇回日本的利润当然更是有限的。如果再把日本借款的因素考虑在内,那么在"九一八"事变前,日本对华投资的国际收支于中国而言是进大于出。还可以用1926—1931年日本资本输出和利润收回的数字进行验证:这期间资本输出总额99 416.6万日元,利润收回共79 862.4万日元,两者相差19 554.2万日元。① 由于日本投资绝大部分是投在中国,所以可以证明这一时期的对华投资是进项大于出项。1926年以前的统计数字有待进一步。

"九一八"事变后,在东北,据国民政府接收当局及日本人的统计,1932—1944年,日本对东北投资共906 920万日元,而这期间利润汇回日本的仅321 800万日元。② 进比出多58亿多日元。

在关内的事业投资,1930年末约为64 785.9万日元,1936年末约为93 636.7万日元,增加了28 850.8万日元,平均年增长率为6.32%。而日本在华企业的总利润率是多少呢?1925—1927年关内企业的总利润率为5%左右③,东北地区1929年的总利润率为5.5%,这一年满铁的纯收益特别高,其他年份稍低,所以总利润率约在4%—5%左右。④ 20世纪30年代前六年日本在华企业的赢利情况至少不会比20年代更好,所以1931—1936年间即使日本在关内的企业把5%左右的总利润全部转化为在华投资,同投资增长率相比仍有差距,这意味着在国际收支上仍然是进大于出。"七七"事变后日本在关内投资同经济掠夺结合

---

① 铃木茂三郎:《日本独占资本之解剖》,学艺社1935年版,第341—342页。转引自郑学稼:《日本财阀史论》,第47页。
② 吴承明:《帝国主义在旧中国的投资》,第93页。对于1932—1944年日本在东北的投资额,国民政府同日人的统计稍有出入。
③ 東亞研究所:《日本の對支投資》(上),第45页。
④ 满铁经济调查会:《滿鐵調查月報》,1932年8月号,第36页。

在一起，情况复杂，又缺乏像东北那样较系统和精确的数据，只能作一大致的估计。1936—1944年，日本在华企业投资额的年平均增长率为13.9%。由于关内以纺织、金融、商业等赢利高的行业投资为主，赢利低的重工业和矿业投资较少，所以总利润率应该高于东北。但同一行业的利润率在东北和关内却是比较接近的，如1938年总社在中国的日本纺织会社的利润率平均在30%左右，其他纺织会社则在20%—30%之间①；东北日本纺织会社1940年的总利润率为25.7%②。在缺乏关内各行业利润率资料的情况下，笔者以东北1940年各行业的赢利情况对1938年关内纺织、银行、进出口、矿业、其他工业、航运业、投资业的总利润率进行测算，得出约12.95%的数字（总社在东北的企业1938年的总利润率为11.3%，1940年为10.1%）。这数字同投资额的年平均增长率相差无几（略低）。这说明日人在关内除在战争初期为掠夺资源和恢复生产而投入了一定的资本外，以后基本上是把带有掠夺性的利润所得转化成了再投资，而日本的资本输出则绝大部分在东北。

台湾的情况又如何呢？台湾是日本的食品和原料的供给地区，同时是日本工业品的销售市场，但是这两者并不是等额交换的。除被日本占领的最初十年外，台湾的出口大大超过进口。有人估计，1916—1944年，台湾的出超平均占出口总额的26%，认为日本在台湾投资的相当大部分的利润通过贸易出超的形式转移到了日本。③ 根据《台湾省五十一年来统计提要》（第918—919页）所提供的数字计算，从1896—1945年，台湾对日贸易的净出超为248 790.8万台币元，这个数字可以看作是利润转移。当然，利润转移不限于这种形式，可把利润汇回日本，也可把比贸易出超额更大的款项汇回到台湾。所以，单从贸易出超还不能看出台湾国际收支的总的情况。

从1930—1942年，全台湾各公司的投资额（包括实收资本和公积金，不包括借款和公司债）的年平均增长率约8.4%，平均盈利率（净盈余除以实收资本和

---

① 東亞研究所：《列國對支投資と支那國際收支》，實業之日本社1944年版，第32页。
② 伪满通信社：《满洲经济十年史》，1942年版，第371页。
③ 何保山：《台湾的经济发展，1860—1970》，第36页。

公积金,不计借款和公司债的利息,如把后者计入,利润率还要低一些)为8.03%,[1]两者大致相等。这说明台湾的企业赢利同扩大再生产投资基本相等,台湾的国际收支基本上是平衡的。尽管台湾对日贸易有巨额出超,出超的得益者是日本人,但日本人将大致同出超额相等的款项汇到了台湾。

综观上述,台湾进出大致平衡,关内进项稍大,但为数有限,且东北的进项远远大于出项,所以在投资方面,整个中国的对日国际收支是进大于出。

进项大于出项是否对中国有利呢? 我们当然不应以重商主义的观点来看待这个问题。日本对中国投资的进项并不是对中国的"恩赐",而是在中国培植其政治和经济的侵略势力的。进项大于出项,正说明日本在华侵略势力的急速膨胀。它同前述日本从中国攫夺利益是互为一致的,也是同日本的对华移民政策相一致的,同日本不只是想从中国获得有限的经济利益而想把中国变为他们的独占殖民地的野心是一致的。

六、 同中国工人的矛盾十分尖锐

先看企业内部的情况。日本企业里的中国工人不仅身受阶级压迫,而且身受民族压迫,生活是非常痛苦的。

在东北,日本工人平均每天工作9小时58分,而中国工人平均每天工作11小时28分。[2] 在工资方面,中国工人不仅要受日本资本家的剥削,还要受承包人和工头的层层剥削。下面是工资分配的两种中间剥削情况:[3]

图 0-1 工资分配图

---

[1] 根据《台湾省五十一年来统计提要》第886页的数字计算。
[2] 《满铁调查月报》,1932年11月号,第35页。
[3] 《满铁调查月报》,1933年7月号,第46—47页。

```
会社 --工资额--> 日本承包人 --割14%--> 工头 --割6%-->
二工头3人 <--割6%,每人2%-- 工人平均分配
```

图0-2　工资分配图

东北中国工人的工资比同地区的日本工人低得多,大致在四分之一左右。表0-27是东北中、日工人平均工资的比较:

表0-27　东北中日工人平均工资比较

（1933年上半年）　　　　　　　　　　（单位：每日合日元）

行业	日本工人工资	中国工人工资	行业	日本工人工资	中国工人工资
染色工厂	2.63	0.41	杂工厂	2.61	0.92
机械器具工厂	2.98	0.96	特殊工厂	2.43	0.58
化学工厂	2.45	0.55	平均	2.56	0.66
食品工厂	2.24	0.55			

资料来源:《满铁调查月报》,1933年7月号,第50页。

再来看一看若干行业的具体情况。这里试以煤矿业和棉纺织业为例。

日本占领初期的烟台煤矿工人住屋"臭秽不可逼仰,衣不蔽体,倒地而卧,面目黝黑,仅露白齿,狰狞可畏。闻至[光绪]三十三年三月十五日方可洗脸"①。抚顺烟台煤矿工人的悲苦与奴隶无异。他们大多是被骗来煤矿当苦工的。日本人指派一些人到各处农村招募工人,欺骗他们说每日可得工资两元八九角。受骗应募者不乏其人。及至到了矿上,则如同身陷囹圄。1912年时,该矿以0.22元的日平均工资可以雇到任何数目的中国矿工,而日本国内能与抚顺矿匹敌的福冈三池煤矿的工人,日平均工资为0.60元。在计算抚顺矿工人的平均工资时,如果把工头、领班等人的工资也计算进去,并加上工人实际拿不到手的各种折扣的话,则日平均名义工资比0.22元稍高些,但从早期历年的工人平均工资同工人平均产值的比较统计来看,工人的劳动生产率不断上升,而平均工资则不

---

① 《奉天矿务局委员孙海环调查本溪湖等处矿产日记》,《政艺通报》1907年下编,《艺学文编》卷1,第10页。

断下降。每工每日产煤量从1907年的指数100上升到1912年的112,而每工每日工资却从1907年的指数100下降到1912年的49。① 抚顺煤矿对工人每日要记工账,任意克扣,到发工资的日子再作各种名目的扣除。矿区各处有日本人巡视,对工人稍不如意,即用木棍毒打。煤矿当局为防止工人逃走,在各处路口都派人把守,许多工人逃走被抓获,则惨遭毒打,有的就此丧命。

矿工被当作牲畜一样对待,劳动保护是根本谈不上的。大量的事故只要采取一定的措施就可避免发生,然而,煤矿当局只要煤矿,根本不顾中国工人的安全。1916年4月14日抚顺矿的大山井发生火灾,中国工人死亡150人。1917年1月11日又发生一场更大规模的爆炸,中国工人死亡者达917人之多。② 1928年度煤矿职工(包括不从事采煤的人员)总共为5 467人,以1927年的死伤人数计,每人平均轮到事故2.2次之多;若单以采煤工计算当然就更多。

表0-28 抚顺、烟台煤矿的劳动灾害
(1908—1928年)

年度	事故数	死伤人数	年度	事故数	死伤人数
1908	203	209	1919	4 724	4 800
1909	356	443	1920	5 152	5 277
1910	581	600	1921	3 980	4 081
1911	1 233	1 247	1922	5 167	5 322
1912	1 861	1 864	1923	不详	7 641
1913	2 918	3 184	1924	不详	7 275
1914	3 505	3 650	1925	不详	8 994
1915	3 581	3 879	1926	不详	12 003
1916	3 940	5 412	1927	不详	12 120
1917	3 629	3 982	1928	不详	9 394
1918	4 294	4 902			

资料来源:根据有关各年满铁《统计年报》编制。

棉纺织业的情况也相类似。日厂一般实行12小时工作制,工人的劳动强度很大,工资十分低廉。特别是在包身工制度下的童工的悲惨境遇,更是令人发

---

① 汪敬虞:《中国近代工业史资料》第2辑,下册,第1241页。
② 苏崇民:《满铁史概述》。

指。包身工制度即由"工头从乡间招募幼童,议定每月付其父母每名两元,但纱厂雇用此等幼童之后,该工头每月在每名童工身上能获利四元。然此辈童工所受待遇直与奴隶无异,居住与营养均极可悯,亦不得分毫零用之钱"①。还有一种包工办法是:工头与童工的父母讲定包工年限,然后付给童工的父母一笔微薄的包工费。在日本老板及其走狗的摧残下,这些十岁左右本该享受种种温暖和照顾的中国儿童却为着外国资本的"文明"增值而挤出他们的血汗,过着骇人听闻的非人生活,许多包身工在短短的年月中就结束了他们开始不久的小生命。② 夏衍的《包身工》对这种罪恶的剥削制度作了有力的揭露。办在营口的营口纺织株式会社,工人称它为"第二监狱""人间地狱"。童工进了这个厂,就不能再和自己的亲属见面,吃住条件无比恶劣。日人甚至规定从早7点上工直到晚7点下工前,工人不许上厕所。许多童工被折磨致死。③

除了包身工和童工,其他工人的情况如何呢?上海日本商工会议所对1925年的上海中日纱厂工人工资情况作过一次调查,结果如表0-29:

表0-29 上海中日纱厂工人工资比较

(1925年) (单位:每日合日元)

		日厂		华厂	
		最高	最低	最高	最低
纺纱部	男工	(每月)44	0.38	0.80	0.44
	女工	(每月)28	0.38	0.60	0.32
织布部	男工	0.85	0.30	0.74	
	女工	0.85	0.30	0.54	

资料来源:《上海日本商工會議所年報》,1925年度,第614页。

日厂纺纱部的最高工资是按月支付的,显然为工头所得,而最低工资与华厂相仿。日厂织布部的最低工资更低于纺纱部。根据方显廷对1930年中日纱厂劳动生产率的统计,日厂织布工人每年的布产额平均为华厂工人的3倍,即使其平

---

① 陈真:《中国近代工业史资料》第4辑,三联书店1961年版,第34页。
② 《1924年上海工部局童工委员会报告》,转引自方显廷:《中国之棉纺织业》,商务印书馆1934年版,第139页。
③ 中国人民大学:《中国近代经济史》下册,人民出版社1978年版,第105页。

均工资水平略微高于华厂,其所得报酬仍远远低于其所付出。

上述日人的统计只列出最高工资和最低工资,而没有计算平均工资,其实得最高工资的人数是很有限的,大多数工人所得的是最低或接近最低的工资。日商纱厂采用不断雇用最低工资的工人并裁减相对较高工资工人的办法来降低工资支出。根据1928年上海某日厂工人留厂年限的统计,工龄在3年以上的工人,在纺纱部男工占47.3%,女工占42.8%;在织布部男工占18.3%,女工占22%,其余大部分都是工龄在3年以下的工人。① 工人流动率之所以这么大,主要原因是厂方想降低工资支出而解雇工人。能在工厂干上3年或3年以上的都是技术工。

在东北,华籍工人的待遇远较日籍工人低,这种情形如表0-30所示:

表0-30　东北四家日商纺织厂每日平均工资　　　（单位:日元)

	1926年	1927年	1928年	1929年	1930年
日人劳动者	2.45	3.60	2.43	2.32	2.76
华人劳动者	0.37	0.37	0.42	0.41	0.86

资料来源:《满铁调查月报》,1933年11月号,第263页。

表0-30是名义工资,中国工人实际拿到手的还没有这么多。

诚然,日本纱厂很重视对中国工人的技术培训。例如开办技术训练班,实行技术监督考核等。又像内外棉在上海筹建第一家纱厂的同时,从上海选派30个中国职工到日本内外棉西宫工厂学习技术,一年后再回到上海工作。这种选派骨干职工到日本学习技术的做法,是日本在华纱厂所普遍采用的。但这种技术培训并不意味着中国工人处境的改善,而是意味着中国工人必须付出更多的努力,来提高他们的劳动生产率。

在这期间,中国工人反抗不断。在东北,"九一八"前,中国工人运动连绵不断,包括要求日本企业主增加工资、反对减少工资,要求改善待遇、反对非人地监督和排斥中国工人等。

---

① 方显廷:《中国之棉纺织业》,第147页。

表 0-31　东北中国工人斗争次数
（1916—1930 年）

年份	次数	年份	次数	年份	次数	年份	次数
1916	5	1920	18	1924	29	1928	81
1917	5	1921	7	1925	59	1929	40
1918	20	1922	25	1926	67	1930	35
1919	55	1923	27	1927	94		

资料来源：《滿鐵調查月報》，1932 年 11 月号，第 37—38 页。

每次运动的参加人数：1920 年及以前超过 200 人，1921—1925 年 150 人，从 1926 年起超过 220 人。持续时间：在 1926 年，4—10 日的占 30%，11—31 日的占 11%，1927 年和 1928 年持续时间更有增加。工人运动从起初的自发状态逐渐组织化。1923 年满铁沙河口职工组织了大连中华工学会，组织领导了 1925 年 12 月大连机械制作所的工人罢工和 1926 年福岛纺织厂的工人运动。以后中国共产党的力量进入大连，成立了大连地方委员会。从此大连中华工学会便接受共产党的领导。1927 年 7 月，军阀当局强迫中华工学会解散。1929 年三大邮务工会（哈尔滨、长春、沈阳）、平泰铁路工会组织起来了。1930 年满电乘务员茶话会、四洮铁路同人协进会、沈阳邮务从业员工会等组织成立。这些工人组织的主要斗争对象之一就是东北的日本侵略势力。例如 1930 年 4 月在哈尔滨反帝同盟发动声势浩大的反对日本帝国主义的示威运动等。

关内，上海日商纱厂的工人罢工风潮远比华商纱厂的工人罢工激烈，1918—1929 年，华商纱厂的罢工共发生 58 起，而日商纱厂则多达 119 起，尤以 1925 年至 1927 年最为集中。[1] 早期日商纱厂工人的罢工斗争主要是自发性的，常以捣毁机器为满足，1911 年上海某日商纱厂的工人罢工就是如此。[2] 以后，工人运动与反帝爱国运动结合在一起。1925 年初，上海内外棉纱厂工人在中国共产党的领导下开展了反对日厂当局无理解雇工人的罢工斗争，日厂当局进行镇压，开枪打死中国工人顾正红，激起了中国人民声势浩大的"五卅"爱国反帝运动。英勇的日厂工人成了这场伟大革命运动的先锋，他们纷纷投入这场运动，以张民族之正气。

---

[1] 方显廷：《中国之棉纺织业》，第 194 页。
[2] 汪敬虞：《中国近代工业史资料》第 2 辑下册，第 1301 页。

表 0-32 "五卅"运动期间上海日本企业的工人罢工

厂名	罢工开始日期	有无劳动组合	罢工人数	复工日期	罢工日数
内外棉第一厂	6月1日	有	1 500	8月15日	76
内外棉第四厂	〃	有	3 000	〃	76
内外棉第九厂	〃	有	3 000	〃	76
内外棉第十三厂	6月2日	有	1 500	〃	75
内外棉第十四厂	〃	有	1 000	〃	75
内外棉第十五厂	〃	有	1 500	〃	75
日华纺第三厂	〃	有	3 000	〃	75
日华纺第四厂	〃	有	3 000	〃	75
小沙渡同兴纱厂	〃	有	2 100	8月21日	81
丰田纺织	〃	无	1 200	〃	81
上海纺织第一纱厂	〃	有	1 200	〃	81
上海纺织第一布厂	〃	有	700	〃	81
杨树浦同兴纱厂	〃	有	2 600	〃	81
西华纱厂	〃	有	不详	〃	81
东华纱厂	〃	有	3 000	〃	81
公兴铁厂	〃	有	105	〃	81
兴发荣铁厂	〃	有	300	〃	81
上海纺织第二纱厂	6月3日	有	2 000	〃	80
上海纺织第二布厂	〃	有	1 000	〃	80
上海纺织第三纱厂	〃	有	2 600	〃	80
上海纺织第三布厂	〃	有	1 800	〃	80
裕丰第二厂	〃	有	2 000	〃	80
上海回丝厂	〃	有	600	〃	80
浦东日华第一厂	6月4日	有	2 000	〃	79
浦东日华第二厂	〃	有	2 000	〃	79
曹家渡绢丝厂	〃	有	2 600	〃	79
瑞和毛巾厂	〃	无	80	〃	79
裕丰第一纱厂	6月5日	有	2 000	〃	78
卢澄印刷所	6月6日	无	100	〃	77
大康纱厂	〃	有	2 000	〃	77
江南制革厂	6月7日	有	117	〃	76
成华玻璃厂	〃	无	40	〃	76
船员(日英美三国船只)	6月8日	有	1 300	不详	不详
康泰绒布厂	6月10日	无	200	8月21日	73

资料来源:根据满铁北京公所研究室辑:《中国最近八年间罢工调查》,1927年5月版,第180—196页的统计表制成。

投入"五卅"运动的上海日籍企业的中国工人超过 5 万人。此外,还有一些涉及日本企业的工会组织、劳动组合以及同日本企业的经营休戚相关的行业工人如码头工人等,也开展了罢工斗争。他们的英勇斗争同全市、全国人民的斗争融合在一起,给予帝国主义的嚣张气焰以沉重的打击。以上海的日本纱厂为例,从运动开始到 7 月 12 日止的约 5 周多一点时间内,各类品种的棉纱共减产 48 776 件,各类品种的布共减产 12 187 包,其中以内外棉减产最多。①

万宝山事件和"九一八"事变发生后,上海抵制日货运动的规模甚为壮观。日本人评论当时的上海总商会是"屡屡对各业劝告对日经济绝交,排日色彩浓厚"。② 当时成立的抵货团体有:上海各团体救国联合会、国民救国会、血魂除奸团、铁血锄奸团、爱国除奸团、上海中华救国十人团联合会、少年铁血救国团、抗日救国检查队、锄奸检查队、洗心热血除奸团等。这些团体除领导和组织抵货运动外,还对一些华商发出警告,敦促他们及早投入抵货运动。

在"九一八"事变后的东北和"七七"事变后的关内沦陷区,日本侵略势力同中国人民的矛盾更加尖锐了,华商企业被敌人夺占,工人的生活也更加困苦。就上海工人居住条件而言,1935 年每所工人住房的住户平均为 2.73 户,居住人数为 15.47 人,1938 年则上升到 5.60 户,31.32 人;同时由于物价腾贵,工人生活状况比战前更为恶劣了。③

---

① 滿鐵庶務部調查課:《上海事件に関する报告》,1925 年 10 月,第 127 页。
② 《满铁调查月报》,1932 年 9 月号,第 280 页。
③ 《金曜会パンフレット》第 215 号,1938 年 11 月 30 日,第 12—13 页。

第一章　交通运输业投资

第一节　铁　　路

一、满铁

西方列强对我国铁路投资权的争夺是十分激烈的。甲午战争后,日本几次计划在中国投资铁路,因遭英国阻碍而不能如愿,如1898年日本提出从福建、浙江海岸到江西的铁路修筑计划,即因英国反对而作罢。日俄战争后,日本始以战胜国的地位接收并经营满铁。关于满铁,上文已就它的国策性作了说明,本章主要介绍它的投资经营情况。

满铁的投资主要由交通、工矿和调查三大系统组成,而铁路则是满铁交通系统的中心和基础。满铁铁路,其初期主要是致力于从沙俄手中接收的1 000余公里狭轨铁道的改造,后期主要致力于经营和扩建。由于满铁的极力经营,到1930年3月末止,在东北总长6 085公里的铁路线路中,日人直接经营者为1 112公里,中日合办的240公里,借款等投资的988公里,共2 340公里,占38%。①

---

① 《滿鐵調查月報》,1932年7月号,第26页。

"九一八"事变后,日人势力进一步扩张。到1942年止,满铁所经营的铁道,包括公司路线、伪满洲国"国有"铁道、朝鲜北部铁道等,全长达10 700公里,机车等设备都比较先进。铁路货运主要是运输大豆、高粱、豆饼、杂粮和煤铁等,伪满洲国成立以后,工业原料运输增加很多。满铁的铁路收入主要依赖货物运输,其客货运输收入比为1∶9或2∶8(战争结束时为4.5∶5.5),而英国是4.5∶5.5,德国和法国是3∶7。在满铁的货物运输中,煤炭和大豆的运费收入在1926—1930年期间约占全部货运收入的90%,以后降至70%。但总的来说,满铁货运的利润率很高,一般在26%—28%左右。

"七七"事变发生后,满铁全力投入军事运输。把日本侵略者的兵员、军火、辎重,源源不断地从东北运到华北。日本在华北侵占的5 000公里铁路也交满铁经营。1939年4月,华北汉奸伪政权宣布铁路"国有",成立了日伪"合办"的华北交通公司,满铁在华北所占铁路也转由华北交通公司接管;在华北交通公司的3亿日元资本中,满铁占了1.2亿日元之多。满铁成员是这家公司的主要骨干。1941年7月底到9月中旬,日军进行了所谓"关东军特别演习",满铁以其机动运输能力参与了这次演习。太平洋战争爆发后,军事运输压力更重,加上一部分原走海路的物资改走陆路,满铁的运输能力不胜负担。从1937—1941年,货运量增加一倍,客运量增加一倍半以上,而满铁的实际运输能力只增加半倍。所以只得进一步削减民用运输,但仍与战争形势的要求不相适应。

交通系统的第二个方面是公路。公路运输作为铁路运输的辅助手段,是日本为全面控制我国东北地区而经营的。到1942年止,汽车公路全长约2万公里,以铁道为中心,延伸到人口较稀少的地区。

交通系统的第三个方面是航运业。满铁所管辖的港湾有大连、旅顺、营口、安东和受委托经管的葫芦岛,以及朝鲜的罗津、雄基等港。满铁港湾建设投资最大的是以8 000万日元建设的大连港,因为大连港对日本在东北的殖民经济有着重要的意义,其贸易数量占全东北的80%以上。满铁还以2 000万日元投资朝鲜的罗津港。在日本发动全面侵华战争后,满铁又投下巨额资本建设河北省的葫芦岛,该港是专为输出锦州和热河地区的煤炭而建设的。此外,松花江内河航运从1939年起也由满铁经营,其航路以哈尔滨为中心,伸展到中苏国境的乌苏里江上下游。江上民船全部由满铁的北满江运局强行收买。该局占有船只310条,每年运输量约为70万吨货物和70万人次旅客。

除以上三个方面外,仓库和旅馆业也从属于交通系统。1928年1月成立的旅馆公司拥有资金800万日元。

工矿系统的核心是抚顺烟台煤矿。东北地区每年向日本输出的数百万吨煤炭,主要是抚顺、烟台煤矿的产品。煤矿的油母页岩,是生产重油的原料,满铁经过20年研究,在抚顺建立了规模庞大的重油工厂,该厂于1930年开始投产,并不断扩大生产规模。此外,满铁还从事煤气液化的研究和试制,以及经营以东边道铁矿为原料的制铁厂。

满铁是日本掠夺中国的国策会社,因此掌握中国国情,是它所必然要大力经营的一个项目。满铁调查系统的任务有三个:第一是刺探我国经济情报,第二是刺探我国资源情报,第三是进行自然科学的研究试验。满铁在我国大连、沈阳、长春、上海和北京等地都设有调查机关,广泛收集情报。1937年以后,为了适应日本侵华战争的需要,满铁的调查部门迅速扩大,1942年有工作人员2 000人,每年经费1 000万日元。满铁很重视研究工作,它的中央试验所早在1906年于满铁正式营业之前就成立于大连,专门从事物理化学的研究,为满铁对我国的经济侵略开辟新的领域,满铁的重油工业、煤气液化、制铁、大豆工业、水泥工业、金属工业等生产就是根据中央试验所的研究结果而搞起来的。再以铁路来说,满铁则不断地以新技术进行改良,在1909年建成了长达36.5公里的电气铁路线后,又在抚顺煤矿建成了一段电气铁路。1934年又建成了最高时速达130公里的高速铁路线。

从1906年到1945年,满铁的组织建制有过多次变动,兹将日本投降时的满铁组织概况录示(见图1-1)。

满铁的投资增加很快,公司创立时资本是2亿日元,2亿日元的资本额到1914年尚未收足,情况见表1-1:

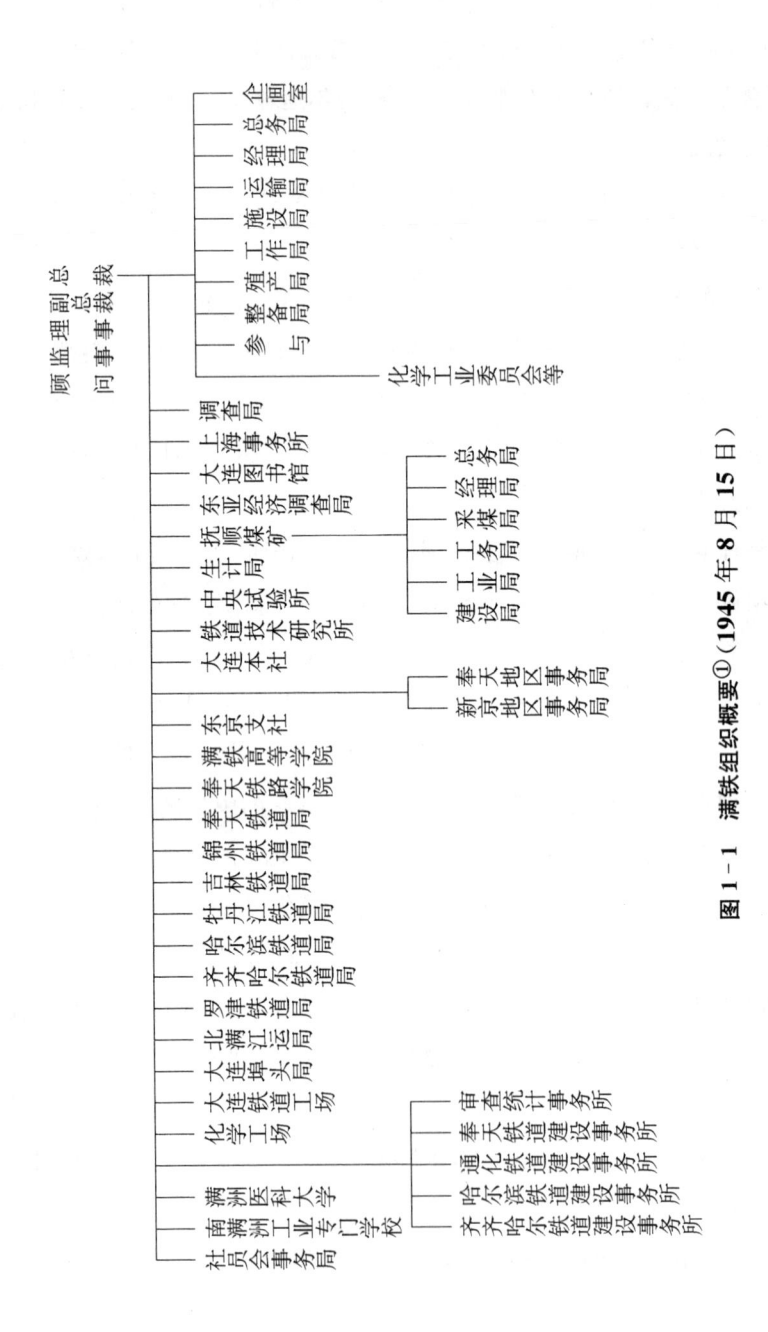

图 1-1 满铁组织概要①（1945 年 8 月 15 日）

① 江上照彦：《满铁王国：兴亡の四十年》第 208—209 页。

表1-1　1914年满铁资本募集情况

	募集开始之日	股数	金额(日元)
日本政府股份(实物折价)		1 000 000	100 000 000
民间股份已募到 第一次	1906.9.10	200 000	20 000 000
民间股份已募到 第二次	1913.7.16	400 000	40 000 000
民间股份已募到 合计		600 000	60 000 000
民间股份未募到		400 000	40 000 000

资料来源：滿鐵：《统计年报(大正四年度)》,1917年出版,第3页。

已募到的民间股份也并未全部实收,实收额还不到一半。

表1-2　1915年满铁募集资本实收状况

	第一次募集股份		第二次募集股份	
	实收日期	金额(日元)	实收日期	金额(日元)
第一次	1906.11.7	2 000 000	1913.9.1	4 000 000
第二次	1912.6.1	6 000 000	1915.10.1	3 998 280
第三次	1912.10.1	4 000 000	—	
第四次	1913.6.1	4 000 000	—	
第五次	1914.5.1	4 000 000	—	
以上计		20 000 000		7 998 280
合计				27 998 280

资料来源：滿鐵：《统计年报(大正四年度)》,1917年出版,第3页。

从表1-2可以看出,满铁资本实际上从日本国内输出的极少,政府所有的部分是从沙俄手里接收过来的,而其他部分主要靠借外债。但笔者在计算日本在华投资时,主要是看最后结果,即投资状况,所以仍然把这种来源于举借外债的资本看作是日本资本。满铁从1908年到1914年的赢利及分配情况如下表：

表1-3　满铁的赢利和分配
（1908—1914年）　　　　　　　　（单位：万日元）

	1908	1909	1910	1911	1912	1913	1914
利益金	211.4	577.2	370.8	366.7	492.6	716.7	754.1
上年度积余	160.2	180.3	231.7	246.5	231.1	215.1	262.5
以上计	371.6	757.5	602.5	613.3	723.8	931.8	1 016.6

续表

		1908	1909	1910	1911	1912	1913	1914
分配	法定公积金	10.6	28.9	18.5	18.3	24.6	35.8	37.7
	政府分配	—	250.0	150.0	180.0	200.0	250.0	250.0
	政府以外股东股息	12.0	12.0	12.0	12.0	54.0	105.8	142.0
	同上第二红利	—	—	—	—	—	17.6	47.3
	特别公积金	150.0	200.0	150.0	150.0	200.0	200.0	250.0
	职员赏金及交际费	18.7	35.0	25.4	21.8	30.0	30.0	30.0
	退职职员慰劳金	—	—	—	—	—	30.0	3.5
	转入下年度的积余	180.3	231.7	246.5	231.1	215.1	262.5	256.1

资料来源：滿鐵：《统计年报（大正三年）》，1916年出版，第55页。
注：政府以外股东股息率为6%，第二红利率1913年为1%，1914年为2%。

除上述利润分配之外，满铁每年还要付给在英国所发债券持有者约570万日元。

因为动用了外债，雷麦计算1914年满铁在中国的投资总额已达21 000万日元。

满铁在第一次世界大战中营业发展迅速，所以在1920年决定增资至44 000万日元，日本官股和民股仍然各占一半。其新增加的12 000万官股主要用来承担在英国发行的债票。1929年3月底的资本实收状况如下：

表1-4　1929年3月底满铁资本实收状况　　（单位：万日元）

种别	实收额	未实收额	计划
日本政府股份	21 715.6	288.4	22 000
日本民间股份	17 000.0	5 000	22 000
计	38 715.6	5 284.4	44 000

资料来源：滿鐵：《统计年报（昭和三年）》，1930年出版，第4页。

原先在英国发行的债券已由日本政府承担，以后又在伦敦发行了新的债券合3 909.2万日元，在日本本土发行的满铁公司债数字更为惊人，到1931年3月底，达25 750万日元。此外，从公司利润中提出的公积金，有18 860万日元。所以，满铁在中国的投资远远高于其资本额，1930年8月满铁在华企业资产为

表 1-5 满铁事业费增加状况
(1907—1930年)

项目	1907年 金额(万日元)	1907年 指数(1907=100)	1911年 金额(万日元)	1911年 指数(1907=100)	1916年 金额(万日元)	1916年 指数(1907=100)	1921年 金额(万日元)	1921年 指数(1907=100)	1926年 金额(万日元)	1926年 指数(1907=100)	1930年 金额(万日元)	1930年 指数(1907=100)
事业费合计	1 404.9	100	11 545.8	822	15 889.5	1 131	47 444.4	3 377	59 392.3	4 228	74 206.9	5 282
其中：铁道	909.9	100	6 579.3	723	7 596.2	835	17 884.8	1 966	22 503.9	2 473	27 023.1	2 970
港湾	52.3	100	982.9	1 878	1 878.8	3 590	3 801.2	7 264	5 410.5	10 339	8 320.1	15 899
矿山	66.5	100	899.7	1 353	1 998.6	3 005	11 563.6	17 386	12 912.7	19 414	11 787.2	17 722
制铁所	—	—	—	—	—	—	3 390.6	762	4 590.2	1 032	2 771.7	623
电气	12.5	100	4 57.3	3 654	510.6	4 080	1 360.8	10 874	—	—	—	—
瓦斯	—	—	98.4	163	146.3	243	345.0	573	—	—	—	—
地方设施	90.2	100	829.9	920	1 554.0	1 723	3 599.5	3 992	7 536.1	8 358	17 627.2	19 549
其他	273.5	100	1 698.9	621	2 205.0	806	5 498.9	2 011	6 438.9	2 354	6 677.6	2 442

资料来源：天野元之助：《满洲经济の发达》。《满铁调查月报》，1932年7月号。

69 080万日元,用于行政及文化方面的财产为10 450万日元,对中国政府的贷款为5 070万日元,三项合计84 600万日元。① 这可以认为是满铁在这时期的在华投资总额。日人天野元之助关于1930年满铁投资的统计列为分类年表(表1-5)。

表1-5中,1930年的数字比雷麦的数字低1亿日元以上,之所以两者相差这么多,可能是天野元之助没有把满铁旁系企业的投资额计算进去。然而,尽管两者在估算上存有差距,但并不影响我们对满铁赢利状况的认识。兹将1915—1928年的利润及分配情况列表如下:

表1-6 满铁的赢利和分配
(1915—1928年) (单位:万日元)

年度	本年度利润	本年度分配额(利润+上年度积余)	法定公积和特别公积	政府分配	政府以外股东分配	公司债偿还基金	其他
1915	808.0	1 064.1	290.4	250.0	208.0	—	30.0
1916	1 010.8	1 296.5	300.5	250.0	240.0	—	30.0
1917	1 492.6	1 968.5	574.6	250.0	317.3	—	36.0
1918	2 219.3	3 009.9	611.0	350.0	520.0	700	47.0
1919	2 437.5	3 219.4	621.9	350.0	661.7	700	71.0
1920	2 739.2	3 554.1	637.0	544.6	888.8	700	65.0
1921	3 138.6	3 857.4	656.9	933.8	920.0	700	76.5
1922	3 508.0	4 078.2	675.4	933.8	1 020.0	700	65.0
1923	3 479.6	4 163.6	674.0	933.8	1 040.0	700	1 18.0
1924	3 455.3	4 153.1	672.8	933.8	1 040.0	700	100.0
1925	3 486.5	4 193.1	674.3	933.8	1 066.7	700	100.0
1926	3 415.8	4 134.1	970.8	933.8	1 200.0	—	150.0
1927	3 627.4	4 507.0	1 083.6	933.8	1 290.0	—	250.0
1928	4 255.3	5 204.9	1 213.0	1 150.9	1 556.5	—	265.0

资料来源:滿鐵:《统计年报(昭和三年)》,1930年出版,第82—83页。
注:① 分配之差额为转入下年度积余。
② "其他"项包括职员退职基金、奖金及交际费和退职职员慰劳金。

满铁从1906年成立到1928年,由于发展迅速,赢利逐年增长,政府配息从

---

① 雷麦:《外人在华投资》,第359页。

2.5%增加到5.3%,民间配息从6%增加到11%。但在1928年以后(主要是在1930年),资本主义社会发生世界性经济危机,国际市场银价大跌;我国国内军阀混战频仍;国民政府持续内战,造成东北金价在1930年大幅度上涨,造成工商百业营业不振。满铁虽然规模大,优越于其他企业,但也无法避免波及。

此外,东北北部以哈尔滨为中心的地区是东北大豆的主要产区,300万吨的年产量中,相当部分是运往国际市场的。当时,一方面面临苏联经营的中东铁路(长春至哈尔滨、满洲里至绥芬河)同满铁展开抢运大豆的争夺战。满铁主要将大豆运至大连港输出,苏联则将大豆运经绥芬河至海参崴输出。苏联人的竞争给满铁造成很大的压力。

另一方面,张学良于1930年开始推行旨在包围满铁的"东北铁路网计划"。该计划强调"让满铁自灭"①,并拟修筑从海林、黑河到葫芦岛与北宁线(北平至沈阳)相连的两条干、支线,借此包围满铁,置其于死地。除此而外,张学良还通过各种行政手段来"包围满铁",如在满铁附属地交界上派驻税卡,对包括满铁运输的货物在内的进出附属地的货物一律征税。征税人员还对到日本商店购货的人征收"买卖日本货交易税",使满铁货运和日本商店陷入困境。再加上东北人民抗日风潮的推动下,在日本企业工作的中国人纷纷发起罢工,使满铁铁路运输在往年的运输繁忙期竟"声息销沉,前途益现暗淡",其他如煤铁诸业,也"已全陷入死境"。以1930年为例,其营业收入比上一年至少要减少2 500万元。② 如此萧条情况,倘从其盈利方面考察,也可见一斑。

表1-7 从盈利额看1930—1931年的满铁

年份	盈利额(百万日元)	指数	年份	盈利额(百万日元)	指数
1926	34.1	100	1930	20.6	60.1
1929	45.5	133	1931	12.5	36.5

资料来源:草柳大藏:《满铁调查部内幕》,第351页。

---

① 江上照彦:《满铁王国:兴亡的四十年》,第108页。
② 《满铁会社一蹶不振》。《矿业周报》第121号。

满铁为应付这种局面,一是采取全面收缩业务的对策,解雇职工3 000人,冻结工资一年,家属津贴、住房津贴减半,新规划的企业一律停办,维修枕木暂停一年,暂停维修3 000辆破损货车,并暂停对民间企业的补助,同时修改了五年预算,但股息分配则减少不多。① 另外,大造"满铁是日本大陆政策的生命线"和"中国铁路包围南满铁路"威胁日本生命线的舆论,并公开叫嚣要成立"满蒙独立国"②,以此施加政治压力和挑起更大的冲突。

"九一八"事变后,满铁势力急剧膨胀。1933年2月,伪满洲国委托满铁经营伪满的所谓"国有"铁路及附带事业,并同意满铁自己建造新路;同年,满铁又与朝鲜总督府订立委托经营朝鲜北部铁路的条约。为适应这种情况,该年满铁决定增资为8亿日元。③ 满铁对伪满铁道投资的比重大于其总社各事业投资。

表1-8　满铁的社内事业投资及对伪满铁道投资　（单位:万日元）

	1932年	1933年	1934年	1935年	1936年	合计
社内事业投资	1 644.7	2 959.9	7 165.2	5 595.0	5 174.9	22 539.7
对伪满铁道投资	—	8 047.8	15 692.2	16 542.6	7 680.4	47 963.0
合计	1 644.7	11 007.7	22 857.4	22 137.6	12 855.3	70 502.7

资料来源:滿鐵產業部:《滿洲經濟年報》(下册),1937年版,第85页。

1938年,满铁根据日本政府指令,把昭和制钢所等大型重工业企业让与新成立的满业经营。它自己则集中力量完成日本政府所给予的铁路交通、煤矿和调查三大任务。满铁于1940年又增资一次,资本增为14亿日元;在这次增资的6亿日元中,有伪满的资本参加。④ 1941年3月底实收资本为95 628.8万日元,大股东是日本政府。⑤

在经营方面,从1932年起,满铁摆脱了困难的局面,企业盈利也显著好转。

---

① 《南满铁道会社铁路与煤炭收入减少》,《矿业周报》第110号;《南满铁路会社收入稍增》,《矿业周报》第115号。
② 苏崇民:《满铁史概述》;江上照彦:《滿鐵王國:興亡的四十年》,第127—129页。
③ 郑学稼:《东北的工业》,第44页。
④ 郑学稼:《东北的工业》,上海印刷所1946年版,第45页。
⑤ 陈真:《中国近代工业史资料》第2辑,第484—485页。

表 1-9 满铁的利润和分配
(1929—1941 年) (单位：万日元)

年度	平均实收资本	利润	利润率(%)	利润分配(%) 政府	利润分配(%) 民间	未分配利润率(%)
1929	38 715.6	4 550.6	11.8	5.3	11.0	不详
1930	38 715.6	2 167.3	5.6	4.3	8.0	-5.8
1931	38 715.6	1 259.9	3.3	2.0	6.0	-15.4
1932	40 382.3	6 128.7	15.2	4.3	8.0	60.4
1933	49 197.7	4 292.1	8.7	4.43	〃	31.0
1934	53 020.8	4 646.7	8.8	4.43	〃	28.4
1935	56 795.5	4 962.4	8.7	〃	〃	27.2
1936	60 215.8	5 017.4	8.3	〃	〃	22.2
1937	65 070.1	7 392.9	11.4	〃	〃	39.9
1938	69 122.2	7 287.5	10.5	〃	〃	53.3
1939	72 626.3	7 784.8	10.7	〃	〃	55.1
1940	81 116.7	7 671.1	9.5	〃	〃	57.3
1941	91 621.9	7 213.1	7.9	〃	〃	46.0

资料来源：陈真：《中国近代工业史资料》第 2 辑，第 894—895 页，利润额依据《滿洲開發四十年史》上卷第 299 页的数字，利润率经过重新计算；1930—1936 年的未分配利润率依据 A. R. Kinney, *Japanese Investment in Manchurian Manufacturing, Mining, Transportation and Communications, 1931-1945*，第 65 页的数字计算。

满铁的投资额大于资本额，其资金来源主要是公司债。公司债主要在日本国内及英国伦敦等地发行。1936 年之前，公司债的发行额规定在已收股份额的两倍以内，并不得超过总资本；1936 年始准许发行公司债为已收股份额的两倍。① 1935 年 3 月末的投资额中直营事业费 7 779.44 万日元，占总资产 43%，其中铁道投资（满铁本线）2 897.77 万日元，占总资产的 16%，占直营事业费的 37.3%。② 以后公司债的发行量又继续增加，1942 年达 20 亿日元。到 1941 年 3 月底，它的投资额又增加许多，具体分类如下：③

---

① 郑学稼：《东北的工业》，第 46 页。
② 中国经济情报社：《中国经济年报》(1935 年)，第 194 页。
③ 郑学稼：《东北的工业》，第 45—47 页。该书原"以上合计"项为 103 039.2，现据分项细数之和，加以修正，总计数也相应修正。满铁的事业涉及许多非交通运输行业。如东北的交通运输业（未包括通信事业），1936 年的实收资本总额为 42 332 万日元，债券 79 387.5 万日元；1938 年实收资本为 649 036 万日元，债券 92 843.7 万日元；1940 年实收资本 74 248.7 万日元，债券 137 490.5 万日元；1942 年实收资本 134 315.9 万日元，债券 188 601.5 万日元。见 A. R. Kinney, *Japanese Investment in Manchurian Manufacturing, Mining, Transportation and Communications, 1931-1945*, p. 44.

事业别	金额 （单位：万日元）	事业别	金额 （单位：万日元）
铁路	44 211.1	制铁厂	605.4
港湾	12 452.9	其他设施	20 442.5
煤矿	18 753.3	以上合计	102 834.9
制油厂	3 114.3	受托伪满"国有"事业	159 534.4
第二制油厂	1 780.6	受托朝鲜总督府事业	2 383.7
煤液化厂	1 474.8	总计	264 753.0

满铁出于控制我东北经济的需要，其事业不仅具有侵略性，而且具有垄断性。它所控制的公司如按投资所占比例的多少来区分，可分为：1. 持股本 100% 的为全部控制公司；2. 持股本 50% 及以上的为部分控制公司；3. 持股本在 10%—50% 之间的为参与管理公司；4. 持股本 10% 以下的为一般投资公司。这些公司是在不同的情况下成立的，有的本来是满铁直属企业的一部分，以后又分离出去成为名义上独立的公司，有的是满铁为了垄断销售市场而策划成立的公司，有的是满铁直属企业的辅助事业公司，有的则是为了伪满经济利益和对华北经济侵略的需要而成立的公司。1925 年，满铁的关系公司有鞍山制铁所、南满洲瓦斯等 42 家。[1] 到 1941 年，满铁的主要关系公司共有 47 家。按行业分，工业有 10 家，盐业 1 家，矿业有 6 家，公用事业 1 家，商业 7 家，兴业、拓殖和农林业 9 家，不动产和土木工程业 6 家，交通运输业 7 家。如按投资所占比例来区分，上述 47 家关系公司中，全部控制公司占 12 家，部分控制公司占 18 家，参与管理公司占 10 家，一般投资公司占 6 家（大同煤矿不计在内）。[2] 这一统计尚未把满铁的关系企业全部包括在内，但已可见满铁对我东北经济命脉的控制。从 1938 年起满铁地位虽被满业所取代，但其在东北以及华北的实力和影响仍不容小觑。

二、其他的铁路投资

日俄战争后，日本除夺取沙俄手中的南满支线外，还攫取了中国一系列铁路

---

[1] 江上照彦：《满铁王国：兴亡の四十年》，第 84 页。
[2] 郑学稼：《东北的工业》，第 55—71 页。原为满铁的主要子公司昭和制钢所已转归满业。

权益。

(1) 安东、沈阳间行军铁路,"仍由日本国政府接管经营"十五年,并将"此路改良",作为"转运各国工商货物"的铁路(《中日会议东三省事宜附约》第六款);

(2) 清朝政府同意"向日本贷借"所需全部造路"款项之半",自行修筑长春至吉林铁路(《中日会议记录》一);

(3) 清朝政府同意"向日本公司贷借资金",价购"日本所筑自沈阳至辽宁省新民市军用铁路"(《中日会议记录》二);

(4) 清朝政府同意"保护南满铁路利益","不敷设与该路邻近和与该路平行之任何干线"(《中日会议记录》三);

(5) 清朝政府声明:"当俄国破坏"原与清朝政府签订的有关铁路的条约,"当强硬要求完全改正其行动",并"采取适当措施",替日本"保证俄国遵守中俄间有关铁路的条约"(《中日会议记录》四)。

安奉线(从安东到奉天的铁路,即今安东到沈阳)和新奉线(从奉天到新民府的铁路,即今沈阳到辽宁新民市)都是1904年日本未经中国同意强行修筑的,当时两条铁路线都是军用的轻便铁路。根据上述第一条,日本不仅强迫清政府追认该路的合法性,而且还取得了将临时性的狭轨军用铁路"改良"为永久性的宽轨铁路的权利。此项工程后来由满铁承包。根据第三条,日本将新奉线作价卖与清政府,并通过贷款,仍对该路实行控制。日本还以借款形式取得了控制吉长铁路的权利。

差不多与日本在我东北强夺路权的同时,日本势力还向我南方广东地区渗透。1904年在日本台湾总督府的策划下,日人对广东潮汕铁路投股,并取得了该铁路工程的建筑和经营权。1911年中国方面加价收回日股,才逐步清除了日本势力。

日本势力介入潮汕铁路,主要目的是为了江西,企图从铁路交通方面控制九江。因此,当1906年我国江西铁路公司修建南浔铁路(从南昌到九江)缺乏资金而举借外债时,日本政府乘虚而入,指使日本兴业银行出面,由日本政府出资,借款白银100万两。日资打入南浔铁路后,相继以借款的关系派遣日本工程师和经济顾问,这样,南浔铁路原材料供应和施工就完全为日人所垄断与控制。

1914年8月,日本对德宣战,进攻胶州湾,强占胶济铁路。后于1922年又同北洋政府订立协定,作为该路归还的赔偿办法,付给日本4 000万日元库券。显然,这4 000万库券不能算作日本对华的投资,因为这笔"借款"是出自强行勒索,带有直接的掠夺性。另外从1923年起,日本把我国每年偿还的庚子赔款,和包括胶济铁路"借款"在内的山东债款的大部分转用于对我国的文化侵略勾当。

从第一次世界大战到1924年止,日本向北洋政府提供了大量铁路借款,企图以此与其他帝国主义国家争夺路权,进而左右我国政治。表1-10突出反映了这种情况。

表1-10 各时期日本在中国路债中所占的比重
(1898—1937年) (单位:万元)

	总计		1893—1904年		1905—1914年		1915—1924年		1925—1937年	
	负债额	%	负债额	%	负债额	%	负债额	%	负债额	%
各国合计	72 311	100.0	8 974	100.0	40 961	100.0	16 243	100.0	6 133	100.0
日本	13 045	18.0	—	—	2 697	6.6	10 348	63.7	—	—

资料来源:摘自严中平等编:《中国近代经济史统计资料选辑》,科学出版社1955年版,第191页。

日本居中国路债债主的第三位,第一位英国,共握有债权25 257万元;第二位比利时,共握有债权13 483万元,英、比两国的借款在时间上比较分散,而日本则十分集中。关于这个问题将在借款一章详细叙述。

在1931年以前,日本对华铁路投资,除满铁外,主要是借款投资。1931年日本强占东北和1937年发动全面侵华战争后,又在其侵占的地区擅自修筑若干铁路,但人力、原材料等大多是掠自我国。据表1-11统计,1887—1938年之间日本在华强行建筑铁路有18条之多。

表1-11 日本掠夺中国路权已成各路
(1887—1938年)

开筑年代	铁路名称	出卖路权者	里程(公里)	掠夺方式	侵占权利种类
1887	台湾铁路①	—	(77.00)	—	—
1904	安奉铁路	—	284.20	擅自建筑	直接经营

续 表

开筑年代	铁路名称	出卖路权者	里程（公里）	掠夺方式	侵占权利种类
1905	潮汕铁路②	—	42.20	入股	—
1905	京绥铁路	清政府	881.06	借款	续借款项权
1905	东清南满支路③	清政府	1 129.00	1898年帝俄强求建筑	直接经营
1907	南浔铁路	—	128.35	借款	担任顾问权
1909	吉长铁路④	清政府	127.74	借款	用人权
1912	四洮铁路⑤	北洋政府	426.11	借款	用人及续借款项权
1922	天图轻便铁道	—	111.00	擅自建筑	直接经营
1925	洮昂铁路	北洋政府	249.20	包工	代理经营
1926	吉会铁路	北洋政府	406.30	包工	代理经营
1927	金福铁路	—	102.00	擅自建筑	直接经营
1929	洮索铁路				
	（1）洮南—怀远段	—*	84.40	包工	代理经营
	（2）怀远—索伦段		250.60	擅自建筑	直接经营
1932	滨北铁路海北段	—	106.08	〃	〃
1932	宁墨铁路		180.30	〃	〃
1932	滨拉铁路		271.70	〃	〃
1933	北黑铁路		302.80	〃	〃
1933	洮长铁路		332.60	〃	〃
1933	锦承铁路	—	436.00	〃	〃
1933	图佳铁路		580.20	〃	〃
1934	叶峰铁路		146.90	〃	〃
1934	林虎铁路		335.70	〃	〃
1935	四梅铁路		82.50	〃	〃
1935	新义铁路		131.50	〃	〃
1935	梅辑铁路		230.50	〃	〃
1937	承平铁路		132.90	〃	〃
1937	绥佳铁路		382.00	〃	〃
1937	汪北铁路		82.40	〃	〃
1938	德石铁路		181.00	〃	〃
1938	海南岛铁路		289.00	〃	〃

资料来源：严中平：《中国近代经济史统计资料选辑》，第184—186页。

注：① 甲午战争后，和台湾一并割给日本。
② 1911年加价收回日股，始清除日本势力。
③ 日俄战争后转入日手。
④ 1917年补充规定，侵占了代理经营权。
⑤ 1917年后，本路实际上在满铁支配下经营。
* 原件为"北洋政府"。

至于1938年后，日本为适应大规模侵华战争需要，变本加厉地掠夺我国路权，试以华北地区为例：

表1-12 抗日战争时期日本在华北的铁道新线建设
(1938—1944年)

	年度	线名	区间	公里数	资源
资源开发用新线	1938	凤山运煤线	南张村—凤山	6.6	煤
	1939	烟筒山线	宣化—烟筒山	11.0	铁矿
	1940	石潍线	轩岗—石潍	2.7	煤
		大台线	门头沟—大台	30.4	煤
		大青山线	包头—吕沟	41.4	煤
		史家沟线	蒋村—史家沟	7.6	煤
		西佐线	马头—西佐	10.6	煤
		石德线	石门—德县	180.7	煤运输
		东潞线	东观—潞安	174.0	煤运输
		八陡线	博山—八陡	9.3	煤
		赤柴线	东太平—赤柴	25.3	煤
		雪花山线	井陉—雪花山	0.5	煤
		凭心运煤线	常口—凭心	2.6	煤
		东章邱运煤线	普集—东章邱	4.0	煤
		黄丹沟线	寿阳—黄丹沟	15.4	煤
		中兴运煤线	山家林—陶庄	4.2	煤
		新河码头线	新河—码头	2.0	煤
	1941	民兴运煤线	凤山线—民兴	2.0	煤
		金岭镇线	金岭—铁山	7.1	铁矿
		龙烟铁矿线	宣化—龙烟	86.1	铁矿
	1943	焦作运煤线	李封—王村	1.2	煤
		罗家庄线	南定—罗家庄	6.6	矾土
		南新泰线	赤柴—南新泰	48.0	煤
	1944	磁山线	邯郸—磁山	44.5	煤
		鹅毛口线	怀仁—鹅毛口	9.5	煤
	计			733.3	
其他	新线		计	426.1	
工程中	资源	同塘线	丰台—沙城	106.0	煤(1944.9中止)
		新泰线	南新泰—新泰	8.0	煤(1944.10中止)
		莱芜线	新泰—莱芜	38.0	煤(1944.10中止)

续 表

年度	线名	区间	公里数	资源
		计	152.0	
	其他	计	127.0	
复线	北宁线		198.4	

资料来源：淺田喬二：《日本帝國主義下の中國》，第422页。

依仗日本侵略势力之淫威掠夺我国华北路权的，主要是华北交通株式会社。该会社于"七七"事变后即酝酿筹备，1939年正式经营，置于华北开发会社之下。1940年11月其实收资本额为23970万日元，其中华北开发会社出资14970万日元，满铁出资7200万日元，伪临时政府出资1800万日元。① 该会社除经营铁路外，还参与航运、公路交通等各种在华交通侵略活动。日本在华北所建的铁路主要是运煤，1938年在总的货运量中，煤占24.1%，从1939年到1944年超过了40%，其中1941年和1942年两年则达到52%以上。②

在华中方面，战争环境下运输结构发生了重大改变，原先运输量占首位的民船运输的地位下降了，而铁路运输的地位则显著上升。以下是江南三角地带的例子：

表1-13 江南三角地带货物运输量

	中日战争前		中日战争期间	
	年/万吨	%	年/万吨	%
铁路	210	23	250	56
汽船	300	32	150	33
民船	410	45	50	11
合计	920	100	450	100

资料来源：淺田喬二：《日本帝國主義下の中國》，第456页。

类似华北交通会社，在华中地区是1939年4月成立的华中铁道会社。该会

---

① 淺田喬二：《日本帝國主義下の中國》，第427页。
② 淺田喬二：《日本帝國主義下の中國》，第445页。

社置于中支那振兴会社之下。在1944年华中铁道会社的实收资本6 400万日元中,中支那振兴会社共出资4 550万日元,占71.1%,汪伪政府出资1 000万日元,其他一些日本企业共出资850万日元。①

日本在台湾也兴建了很多条铁路。早在日本占据台湾之前,从基隆到淡水已经筑有一条约60公里的铁路,据说该路的材料主要来自清政府所拆除的中国第一条铁路——吴淞铁路②。台湾的这条铁路于1889年又加以延长,经由台北延长至新竹。日本窃台后,接管了这条铁路,并以这条铁路为基线加以扩建。1908年日据当局在台中市举行了台湾纵贯铁路的通车典礼,初步完成了岛内的南北铁路交通的干线建设。以后又不断兴建铁路,其综合情况可见表1-14:

表1-14 台湾省官营铁路概况

线路名	开始建筑年月	完成年月	线路长度（公里）	营业长度（公里）	全线建筑费（台币万元）
纵贯正线	1889	1944	983.1	408.5	不详
宜兰线	1917	1924.12	137.0	98.6	1 254.0
平溪线	1929.7	(买收)	15.7	12.9	150.0
淡水线	1900.6	1901.8	29.6	21.2	420
台中线	1899.5	1908.4	125.9	91.4	不详
集集线	1927.4	(买收)	34.6	29.7	373.8
屏东线	1907.4	1923	126.7	60.0	607.0
台东线	1909	1927.3	234.5	174.8	801.5

资料来源:《台湾省五十一年来统计提要》,1946年版,第1147页,根据表424改编。
注:台湾的"官营"铁路指台湾总督府所经办的铁路。

除了日本台湾总督府的官办铁路外,台湾主要的工业行业——制糖行业的各公司所办的民营铁路,也具有一定的规模。

表1-15所列"轨路",是一种很特别的轻便铁路,其轨狭,上置一种以人力推动的轻便车辆,既能载客,又能运货,当时在台湾岛内是很重要的辅助性交通

---

① 淺田喬二:《日本帝国主義下の中国》,第458页。
② 林履信:《台湾产业界之发达》,第101页。

表 1-15 台湾民营铁路概况

种类	年度	路线全长（公里）	乘客数（万人）	载货量（万吨）①	运资总数（万台元）
铁路	1937	509	419.8	486.9	246.5
	1938	521	463.0	674.0	301.0
	1939	522	531.0	651.0	315.8
轨路	1937	1 038	230.1	45.7	128.5
	1933	806	200.2	50.2	115.2
	1939	700	201.4	47.0	116.3

资料来源：林履信：《台湾产业界之发达》，第 104 页。
注①原资料此处单位为"籽"，非重量单位，疑为"吨"之误。

工具。由于这些民营铁路是由制糖公司建造的，其投资也应归入制糖公司的总投资之内。至于台湾总督府的铁路投资，其情形与港口建设投资类似，是以台湾总督府的财政支出款项经营的，与一般的日本投资有所不同。因此，这里只简单地叙述一下台湾的铁路建设情况，而不作投资数字的统计。

笔者对日本在华铁路投资作一个小结。1914 年，满铁投资 21 000 万日元。雷麦统计，到 1913 年年底，中国政府未还日本的铁路债款共 735 万美元，①约合 1 387 万日元。此外，商办江西铁路公司于 1906 年 12 月向日本所借的 100 万两债款是以南浔铁路的股票抵偿，也应算作日本投资，约合 146 万日元。再加上此前该公司于 1902 年借日债 500 万日元和 1904 年向日本东亚兴业会社借款 250 万日元，那么，至 1914 年日本在中国民办铁路的借款投资额共 896 万日元，如果将日本向中国政府的贷款合在一起，共约 2 283 万日元。因为满铁投资包括了相当一部分非铁路事业的投资，如航运业投资等，因此，为避免重复计算，只计算纯粹意义上的南满铁路投资（包括铁路修理厂），为 7 976 万日元②，合共其他借款投资等则为 10 259 万日元。

1930 年日本在华直接铁路投资约 28 532.4 万日元，其中满铁的铁路投资额为 27 669.6 万日元，其他为：一、对天图轻便铁路投资 445.8 万日元，该路

① 雷麦：《外人在华投资》，第 328 页。
② 满铁：《统计年报（大正三年）》，第 19 页。

于1919年开工,1926年完工;二、对金福铁路投资400万日元,该路据日人声称为中日合办,实际上未经中国当局同意,仅有几个中国私人股东,因此不能算作中日合办企业,而是日资企业;三、对辽宁省内的一条铁路投资17万日元,其中满铁出资70%,本溪湖煤铁公司出资30%。① 除了以上直接投资,南浔铁路公司1914年前积欠的旧债和以后又借的新债5 739 650日元,共约1 074万日元。② 至于这一时期中国国有铁路对日债款,历史上有以下几种估计:

表1-16 中国国有铁路对日债款总数的几种估计

估计者	年份	日元	东北所占百分数	其他地区所占百分数
日本银行	1925	117 729 200	66.8	33.2
小田切	1928	155 976 000	64.0	36.0
刘大钧	1928	115 300 000	66.9	33.1
中国铁道部	1929	138 473 000		
雷麦	1930	167 164 500	75.5	245

资料来源:雷麦:《外人在华投资》,第398页。

这些估计之所以参差不同,一是年份不一,二是有的估计不包括利息(如刘大钧和中国铁道部),三是有的估计不包括铁路材料借款(如日本银行),四是由于军阀内战,企业账目混乱等原因,未能得到较为可靠的数字。相对来说,雷麦1930年的估计时间上比较接近,他的分项统计也比较详细,所以这里采取雷麦的数据。这样,1930年日本对华铁路借款投资共约17 790万日元。连同满铁等直接投资,1930年的在华铁路投资总额为46 322.4万日元。

日本对华铁路投资主要是在东北,与其他国家相比,日本在东北的铁路投资具有显著的优势。

日本在东北所控制的铁路不仅在数量上占优势,而且在地理位置上占据着许多重要区域,远非英国能够望其项背。况且"九一八"事变以后,日本又在东北

---

① 雷麦:《外人在华投资》,第365—366页。
② 雷麦:《外人在华投资》,第382页。

表 1-17　东北铁路中各国投资所占比重
(1930 年 3 月末)

投资国别	铁路线长		经营种别
	公里	%	
日本	2 340	38.0	日本经营　　　　　　　1 112 公里 中日合办　　　　　　　240 公里 日本投资(借款或垫款)　988 公里
苏联	1 781	29.5	中俄合办
英国	451	7.5	借款投资
中国	1 513	25.0	官办　　　1 045 公里 官商合办　375 公里 商办　　　93 公里
合计	6 065	100.0	

资料来源:《满铁调查月报》,1932 年 7 月号,第 26 页。

新建了 7 473 公里新路。如果将其与"七七"事变后日本在关内新建的 1 056 公里新路一并考察直接投资额,吴承明所作的估计足资参考。

表 1-18　日本在华铁路直接投资　　　　　　　　(单位:百万美元)

	1936 年	1941 年		1936 年	1941 年
南满铁路	140.0	150.0	"九一八"以后在		
天图铁路	2.2	2.2	东北新建铁路	54.9	224.2
金福铁路	2.0	2.0	"七七"以后在		
溪域铁路	0.5	0.5	关内新建铁路对		
穆陵铁路	1.6	1.6	关内铁路私人投资	0.4	31.7
			合计	201.6	412.6

资料来源:吴承明:《帝国主义在旧中国的投资》,人民出版社 1955 年版,第 168 页。

1936 年的 201.6 百万美元约合 695.2 百万日元(1:0.29),1941 年的 412.6 百万美元约合 1 794 百万日元(1:0.23)。

1936 年末日本对华铁路借款额如下所示①:

---

① 東亞研究所:《日本の對支投資》(上),第 515—516 页。

（一）政府借款额
    1. 本金　　　　47 511 403 日元
                   4 447 580 元（折合 4 581 007 日元）
    2. 利息　　　　10 147 828 日元
    3. 合计　　　　62 240 238 日元
（二）民间借款额
    1. 本金　　　　516 506 日元
    2. 利息　　　　797 777 日元
    3. 合计　　　　1 314 283 日元
（三）总计　　　　63 554 521 日元

这样，1936 年日本对华铁路投资总额约 75 875.5 万日元。

日本发动侵华战争后，中国对日本的铁路借款就无偿还义务了。

第二节　航　运　业

鸦片战争前后，清政府始则闭关自守，拒绝同各国进行通航贸易，及至遭到武力侵略，则一味退让，屈辱弛禁，沿海内河航行权俱为外人攘夺。咸丰十一年（1861 年）清政府自订章程，允许外国轮船在我沿江口岸间运输土货之后，等于开门揖盗，听任外轮往来于我国内河、沿海，操纵我内河航运，压制我国航运事业。日本在华航运业的投资就是在这种背景下开始并发展的。

日本根据马关条约，攫得我国的内河航行权之后，于 1903 年又签订了《中日通商续约》，该条约使日本正式获得在我国沿海的航行权。其实在这之前，日轮早已在烟台和东北地区沿海往来行驶，《中日通商续约》的签订只不过是迫使清政府追认其既成事实而已。[①]

中日间最早的定期航线是 1875 年三菱会社开辟的横滨—上海航线，稍后继

[①]《吕海寰等奏报议约经过》，见王芸生《六十年来中国与日本》第 4 卷，三联书店 1980 年版，第 154 页。

续开辟神户—香港航线。1885年三菱会社与共同运输会社合并,成立日本邮船会社,次年开拓神户—长崎—芝罘—天津定期航路,1889年扩充上海航路,1891年开拓台湾—厦门航路。三井物产会社于1877年在上海设分社,1878年在香港设分社,从事以帆船运输煤炭,1879年混用蒸汽动力船只。至于其他如阿波国共同汽船会社、大仓组、日本汽船会社等也早在甲午战争之前已经在我国华北地区活动。

根据马关条约,宜昌—重庆间、上海—苏州间的长江内河航运向日船开放,1895年日本大东新利洋行即据此开始上海—苏州间80海里的航运,成为日船在长江航运的发端。大东新利洋行于1898年改组为大东汽船合资会社,新开辟了苏州—杭州间、苏州—镇江间航线,航路延长至500海里。

大阪商船株式会社于1898年开辟长江航路,继而又在华南和华北开辟航路。在1905年之前,其长江航路有上海—汉口线、汉口—宜昌线;华南航路淡水—香港线、安东—香港线、福州—三都澳线、香港—福州线、福州—兴化线;华北航路有神户—天津—牛庄线、神户—芝罘—牛庄线以及临时航线。

继大阪商船会社在长江流域开辟航路的是湖南汽船会社。该会社于1902年成立,资本150万日元,政府给予补贴。1903年开辟汉口—湘潭线、汉口—常德线。

日本邮船会社于1903年以150万日元收买英商麦边公司的上海—镇江—芜湖—九江—汉口航路。而大阪商船会社却以3只4 000吨级的大轮船也开辟这条航路,同日本邮船会社激烈竞争,一直延续到日清汽船会社成立时止。日本邮船会社除了经营长江航路外,还经营若干中日间航路和中国沿海航路。

1905年日俄战争后,日本军国主义气焰更加嚣张,发布《远洋航路补助法》,鼓励日本航业向远东,特别是向我国渗透。当时在长江航路方面有大东汽船、大阪商船、湖南汽船、日本邮船四家会社互相竞争。日本方面认为这种状况不利于日本同英国等其他在华外国航业资本竞争,于是经过反复协商,将四家会社合并,于1907年成立日清汽船株式会社。该会社成立时资本810万日元,其股份分配情况如表1-19所示。

表 1-19　日清轮船公司股份分配
(1907年)

出资会社名	持有股数	出资金额（日元）	出资会社名	持有股数	出资金额（日元）
大阪商船株式会社	75 430	3 771 500	大东汽船合资会社	16 431	821 550
日本邮船株式会社	65 800	3 290 000	合计	162 000	8 100 000
湖南汽船株式会社	4 339	216 950			

资料来源：東亞研究所：《日本の對支投資》（上），第430页。

大东汽船合资会社原来即有我国湖南长沙商人的股金，日清汽船株式会社创立之初，立脚未稳，为了便于在我国打开局面，也招有少数中国股本，并以"日清"两字命名，表示是中日两国人合营的企业。及至后来该公司在我国站稳脚根，营业日趋发达，便陆续把中国商人的股份全部收买。①

日清汽船株式会社的总社设在日本东京，社长为白岩隆平，在我国上海和汉口分别设有分社。上海分社管辖天津、广州、镇江、南京、芜湖、九江六个出张所（即办事处）；汉口分社管辖宜昌、重庆、长沙三个出张所和沙市、万县、常德三个驻在员。此外，城陵矶、岳州、湘潭等地设有由中国雇员负责的代理店。上海、汉口分社各设有买办部，雇用华人买办，设大买办一人、副买办一人、三买办一人，大买办管联系业务，副买办管仓库，三买办管承揽客货。另外，日清汽船株式会社还在每艘轮船上设有买办部，而且该部人数在轮船所设的驾驶、甲板、管事、买办等各部中为最多。买办部也设大买办、二买办、三买办各一人。在买办之下，设管货员、官舱茶房、房舱茶房、统舱茶房。

日清汽船株式会社成立后五年中，每年得到日本政府80万日元的补助，这便加强了它在长江航业中的竞争地位，它同英国的太古、怡和以及中国的招商局为长江航运的四大轮船公司。

除了日清汽船会社的势力在我国崛起外，日本还有原田商行（原田汽船会社的前身）开拓日本到青岛的航路，朝鲜邮船会社开拓华北沿海航路，满铁于1908

---

① 江永升、陈鹤皋：《日清汽船株式会社概况》，政协全国委员会文史资料编辑委员会编：《文史资料选辑》第49辑，中华书局1964年版。

年从事抚顺煤的海运出口,三井物产会社则在华南从事海运出口。

雷麦对1914年日本对华航运业投资额作了调查和估计,这个估计包括东北投资,但只限于日本在华内河及沿海的航运业投资,而不包括中日间定期航路的日本投资在内。

表1-20　1914年日本对华航运业投资　　　　（单位:万日元）

南满铁道航运投资	489.3	长江航运	810.0
南满铁道码头工程投资	1 717.5	合计	3 213.8
大连轮船公司	197.0		

资料来源:雷麦:《外人在华投资论》,第422—423页。

在第一次世界大战及稍后的一段期间,日本在华航运业获得了长足的发展,而其他各国的势力或多或少有所削弱。英国的太古、怡和两公司的航运势力在这期间虽然未有根本的动摇,但一些资力薄弱的英资公司(如东方、鸿安)却不能立足,鸿安公司即于1918年出盘给了中国实业家虞洽卿。两家德国公司的长江航路也在此期间放弃了。在长江航运的德国北德公司的船只,在欧战期间被中国政府没收。① 而日清公司在长江航线的轮船吨位则从1914年的25 260吨发展到1918年的32 104吨。② 当然,日本对华航运业在此期间的发展也不是一帆

表1-21　"五四"运动前后日清与招商局营业情况比较

	中国招商局		日本日清	
	轮行次数	吨数	轮行次数	吨数
抵制前(1918年6月至10月): 五个月共计	79	23 889	115	16 210
每次平均吨数	1	302	1	141
抵制后(1919年6月至10月): 五个月共计	91	31 860	116	521
每次平均吨数	1	350	1	4.5

资料来源:马寅初:《如何提倡中国工商业》。《上海总商会月刊》1925年第5卷,第7期,第6页。

---

① 朱建邦:《扬子江航业》,商务印书馆1937年版,第136页。
② 严中平:《中国近代经济史统计资料选辑》,第248页。

风顺的,中国人民抵制日货的爱国运动对日本企图称霸我国航运业的野心是有力的打击。表1-21是1918年和1919年抵制日货运动前后日清公司的营业状况比较。

按表1-21所示,在抵货运动之前,日清公司每次航行的运货吨数虽低于招商局,但也颇为可观。抵货运动中,招商局的营业得以发展,而日清公司则一落千丈,平均每次航行的运货吨数仅4.5吨,几乎等于放空船。

在第一次大战中和战后新成立的日本对华关系轮船公司有大连汽船、原田汽船、川崎汽船、近海邮船、山下汽船,国际汽船、大同海运等各株式会社,在中国设总社的有上海运输株式会社、昭和海运公司,合资会社中村组等。此外,1918年成立的东西伯利亚轮船公司名义上是俄人经营,实际上是满铁经营。1920年设立的天华洋行也是日商所经营的,其长江宜渝线航路得到日本政府的补助,该公司成立时资本120万日元,建造新江轮四艘,其中"天听丸""地行丸"两艘由上海江南造船厂承造,另两艘则在日本大阪建造。[①] 东北松花江航路有日人经营的东亚公司,王洸的《中国航业》说该公司在松花江航运业鼎盛的1926年"获利十余万"[②],可见这是一家不大的航运公司。

在上述日资航运公司中,最值得一提的是大连汽船株式会社。该会社原是满铁运输事业的一部分,1915年分离出来,实收资本50万日元,股份全为满铁持有,后同大连轮船公司合并,实力大增。该社和日清汽船株式会社是日本在华航运业较大的两股势力。该社初创时经营中国沿海的大连—安东—天津线、大连—登州—龙口线两条航路,拥有轮船5艘,总吨位为3 200吨。1921年该社增辟大连—青岛—上海线后,到1928年3月末,连租船一起,共拥有轮船25艘,总吨位达10万吨,资本增长非常迅速。

在从事中日间海运业的日资会社中,近海邮船、川崎汽船和山下汽船是三家较大的会社。

第一次世界大战结束后,日本邮船株式会社为适应营业收缩的需要,把近海

[①] 王洸:《中国航业》,商务印书馆1933年版,第90页。
[②] 王洸:《中国航业》,第95页。

表 1-22　大连汽船株式会社资本的增长
（1915—1931 年）　　　　　　　　　（单位：万日元）

| 1915 年 | 50 | 1923 年 | 300 | 1928 年 | 2 500 |
| 1916 年 | 250 | 1926 年 | 1 000 | 1931 年 | 2 570 |

资料来源：東亞研究所：《日本の對支投資》（上），第 437 页。

和远海航运分开经营，于 1922 年末单独设立了近海邮船株式会社，资本 1 000 万日元。成立初期对华航路是横滨—牛庄线、神户—天津线、神户—牛庄线、基隆—神户线，以后又增加台湾—朝鲜—东北线、大连—长崎—鹿儿岛线、横滨—营口线、若松—大冶线。

川崎汽船株式会社是 1919 年成立的，创办资本 2 000 万日元。成立初期与国际汽船株式会社专门共同经营远洋航线，从 1926 年起开辟近海航路，对华航路是八幡—青岛线和六条不定期航线。

山下汽船株式会社是山下汽船矿业株式会社的船舶部于 1917 年分开后成立的，资本 1 000 万日元。1936 年与满洲海陆运送株式会社合并。1922 年开辟天津航路，1924 年开辟基隆—厦门—汕头—香港—海口—北海—海防线、日本内地—青岛线。

雷麦估计 1930 年在我国沿海和内河的日本航运业投资额[1]如下所示：

```
大连汽船株式会社                   2 570.0 万日元
日清汽船株式会社                   1 012.5 万日元
满铁港口工程及码头投资[2]          8 300.0 万日元
其他航业投资                       1 000.0 万日元
总计                              12 882.5 万日元
```

日本在华航运业的发展，同政府的扶持是分不开的。如日清汽船株式会社成立后的前五年内，政府每年贴补 80 万日元，以后虽有减少，但在 1930 年前后仍有 43.7 万日元的数字。日本政府的补助额是根据不同航路的具体情况支给的，如汉口—上海线 29.3 万日元，汉口—宜昌线 9.3 万日元，华南沿海线 5.1 万

---

[1] 雷麦：《外人在华投资》，第 366 页。大连汽船的数字参照前述 1931 年的数字修正。
[2] 1931 年 3 月底的数字。

日元,而宜昌—重庆线的补助则多少不定。① 朱建邦认为,日清汽船株式会社从1916年到1930年所获纯利七八百万日元,同日本政府在此期间所给予的补贴大致相等,因此若无日本政府的补贴,日清公司便不能赢利。② 1933年,日本政府的补助金又升至78.1万日元,1934年更增至117.5万日元,1935年105.6万日元,1936年49.8万日元。从1928—1936年,日清汽船会社实际上是年年亏损的;即便有了日本政府的补助,1930年到1932年三年,仍然无法弥补亏损。③ 日清公司依仗日本军国主义的势力,进行种种违法活动。据曾在日清汉口分公司做过事的人回忆,该分公司偷漏关税、私运鸦片、勾结军阀、贩卖军火,无所不为,甚至派遣万县驻在员北岛静打入四川军阀杨森幕府,充当"高等顾问"即军火掮客。④

1928年以后,特别是日本侵占东北后,中国人民掀起的爱国抵货运动打击了日本的在华航运业,使其一蹶不振。对华海运锐减,内河航运凋蔽,1928—1930年,仅日清公司一家,即约损失100万元。⑤

1930—1932年,日清公司连续三年大亏本,为历史所仅见。

表1-23 日清汽船株式会社营业情况
(1907—1936年)

年份	船只	总吨数	船舶营业损益(元)	公司营业损益(净损益,元)
1907	14	29 353	363 441	198 402
1909	13	28 396	31 268	559 671
1915	12	27 117	799 044	1 087 278
1919	16	36 084	6 845 393	5 631 005
1925	21	43 930	2 842 188	2 530 106
1929	24	48 868	1 399 985	244 483
1930	27	55 577	86 671	-183 376

---

① 章勃:《日本对华之交通侵略》,商务印书馆1931年版,第217页。
② 朱建邦:《扬子江航业》,第151页。
③ 滿鐵上海事务所:《上海滿鐵季刊》第一年第二号,1937年7月出版,第255页。
④ 江永升、陈鹤皋:《日清汽船株式会社概况》。
⑤ 《统计月报》,南京国民政府立法院统计处出版,1931年,第213、215、216页。

续 表

年份	船只	总吨数	船舶营业损益(元)	公司营业损益(净损益,元)
1931	26	53 838	−449 047	−423 253
1932	26	53 838	−600 289	−931 935
1933	26	53 838	−433 774	14 984
1934	21	44 323	−342 541	253 489
1935	不详	不详	−120 527	208 697
1936	不详	不详	642 129	745 374

资料来源：严中平：《中国近代经济史统计资料选辑》,第252页。

日清公司的发展有两次高潮,一次是第一次世界大战期间,一次是1924—1927年。1928年以后,虽然船只、吨位虽有增加,却基本上一直走下坡路,船舶经营从1931—1935年连续亏损,1930年虽略有盈余,但公司总的收入仍出现亏损。日清公司从1931年以后的营业不振情况,这可取武汉日清汽船会社的货运为例。①

表1-24 武汉日清汽船会社的货运

一、汉口输出货物			
月次	航行次数	运载总吨数	每航平均吨数
1	11	5 880	535
2	11	1 926	175
3	11	2 057	187
4(到25日止)	10	576	58
二、汉口输入货物			
月次	航行次数	运载总吨数	每航平均吨数
1	11	3 554	323
2	11	5 885	535
3	11	3 561	324
4(到25日止)	9	308	34

日清汽船会社无论输出或输入均已成倍,甚至成十倍地下跌,4月份输入货物每航次仅34吨,几乎成了空船。在这种情况下,公司出现营业亏损,势所必然。

---

① 《滿鐵調查月報》,1933年6月号,第269—270页。

表 1-25　中国各港口轮船航行吨位比较
（1928—1932年）　　　　　　　　（单位：百万吨）

	1928年		1929年		1930年		1931年		1932年	
	吨数	%	吨数	%	吨数	%	吨数	%	吨数	%
日本	39.07	26	42.85	27	45.63	29	43.04	26	19.78	14
英国	56.04	36	57.93	36	57.24	36	60.56	37	59.43	43
美国	6.38	4	6.65	4.2	6.49	4	6.18	3	5.38	3
中国	33.04	22	29.89	19	29.20	18	32.70	20	33.89	25

资料来源：樋口弘：《日本对华投资》，北京编译社译，商务印书馆1959年版，第80页。不包括东北和台湾。

从各国在华航行吨位的比较，也可看出日本势力的下降。1930年之前，日本的力量呈上升趋势，英国停滞不前；1931年以后，日本的力量急剧下降，英国和中国则有一定程度的提升。

1935年时，日清汽船会社在长江水域营运的船只共17艘，计35 082吨；日清汽船、大连汽船、大阪商船、朝鲜邮船、阿波国共同汽船和松浦汽船6家会社在中国沿海营运的海船共42艘，计105 922吨。①

东亚研究所在调查和估算1936年日本对华航运业投资额时确定以下四项原则：

（1）与雷麦和樋口弘不同②，对日本在华航运业船舶投资的估算，不仅包括中国沿海及内河航路的船舶，而且包括中日间定期航线上的日本船舶。对于船舶中租船的计算是这样的：如果是日人租日人的，则算在所有主的直接投资下；如系日人租外人的，则省略不计。船舶估价方法：每吨位平均价乘以总吨数。

（2）包括日本在华的小蒸汽轮船、舿船和其他水上船只及设备。

（3）包括在中国的码头、仓库、土地、建筑物、什器等岸上设备。

（4）在中国的其他资产。

根据以上原则，东亚研究所确定1936年日本对华航运业投资额如表1-26：

---

① 满铁调查部：《日本在华权益一览》（油印本），1939年1月，第17页。
② 樋口弘对包括中日间航线上的船舶投资和不包括这种投资作了两种估算，但他认为"从纯粹的在华航运业投资来估计"，则不包括中日间航线上的船舶投资。参阅樋口弘《日本对华投资》，第86页。

表 1-26　1936 年日本对关内航运业投资一览表

会社名	船舶投资			其他投资额（万日元）	合计（万日元）
	只数	吨数（总吨）	评价额（万日元）		
日清汽船	40	45 792	632.9	1 285.9	1 918.8
大连汽船	6	16 499	197.9	752.6	950.5
大阪商船	17	41 666	541.7	981.6	1 523.3
日本邮船	11	41 225	535.9	2 320.0	2 855.9
山下汽船	12	35 000	450.0	5.0	455.0
近海邮船	12	32 928	428.0	32.0	460.0
原田汽船	1	4 109	55.0	10.0	65.0
川崎汽船	4	7 500	97.0	13.0	110.0
阿波国共同汽船	5	5 716	75.0	20.0	95.0
大同海运	4	15 000	195.0	20.2	215.2
朝鲜邮船	2	2 594	33.7	5.8	39.5
松浦汽船	1	1 092	15.0	3.5	18.5
冈崎汽船	1	1 177	15.3	1.2	16.5
以上合计	116	250 298	3 272.4	5 450.8	8 723.2
上海运输			60.0	26.5	86.5
昭和海运			6.0	4.0	10.0
白河艀船			20.0	15.0	35.0
中村组			30.0	20.0	50.0
杂小水运业者合计			25.0	15.0	40.0
以上合计			141.0	80.5	221.5
总计			3 413.4	5 531.3	8 944.7

资料来源：東亞研究所：《日本の對支投資》(上)，第 454—456 页。原资料合计有个别错误，已改正。

根据上表，1936 年日本对华航运业投资近 9 000 万日元，高于樋口弘所估计的 7 000 万日元的数字。

东亚研究所的上述估算在立场和方法上均存在问题。从立场上说，东北的投资额没有包括在内。从方法上说，把中日航线上的船舶算作日本在华投资，是不确切的。因为这些船舶同中国仅是国际贸易或国际客运的关系而已。至于这些航业公司在中国所修建的码头、仓库和各种设备，则应计入在华投资的总额之内。

除了日清汽船会社和大连汽船会社外,有的日本航运业会社既经营中日间航线,也经营中国沿海航线。根据1935年5月的调查统计:朝鲜邮船会社有一艘船走上海—青岛线,船的吨位为1 581吨,有一艘船走大连—青岛线,1 010吨;大阪商船会社有两艘船走天津—大连线,4 392吨,有两艘船走上海—福州线,5 103吨,有一艘船走厦门—广东线,2 588吨,有一艘船走厦门—福州线,1 517吨,有两艘船走厦门—香港线,5 162吨,阿波国共同汽船会社有一艘船走大连—青岛线,1 477吨,有两艘船走大连—芝罘线,3 273吨;松浦汽船会社有一艘船走大连—青岛线,1 836吨,有一艘船走大连—芝罘线,1 092吨。① 以上船只共15艘,29 011吨。到1936年时情况略有变化,如松浦汽船会社的大连—青岛线停航,但估计变化不会很大。这些在中国沿海航行的船舶应列入日本在华航运业投资,计14艘,27 175吨。照1936年东亚研究所的估计标准,应为3 552 972日元。

此外,东亚研究所的统计显然未把大连汽船会社在东北地区的船舶投资计算进去。据1935年5月统计,大连汽船会社共拥有海船23艘,68 650总吨②。因此,需要把东亚研究所的统计差额52 201吨、682.5万日元补上。

根据以上分析,重新列出1936年日本在华航运业投资见表1-27:以上估

表1-27　1936年日本在华航运业的投资　　（单位:万日元）

日清汽船株式会社	1 918.8
大连汽船株式会社	1 633.0
经营中国沿海航线及中日间航线的日本航运业公司的在华投资	3 767.6
其他航运业投资	221.5
满铁港口工程及码头投资①	8 300.0
总计	15 840.9

注:① 1931年3月底的数字。

① 滿鐵上海事務所:《上海滿鐵季刊》,第一年第一号,1937年4月出版,第84—85页。
② 滿鐵上海事務所:《上海滿鐵季刊》,第一年第一号,1937年4月出版,第82页。

算当然是粗略的,因为经营中日间航线的日本航运业公司间或也有在中国沿海开辟航线的,1936年的满铁投资也不够精确,但相对而论,这么估算还是比较合理的。1930年以后日本在华航运业并无多大发展,因此1936年总投资15 840.9万日元这个数字(1930年的估算为12 882.5万日元),是比较能够反映这种历史状况的。

除了满铁在东北的港口工程及码头投资外,日本在华航运业投资的一个中心地点是上海。日本航运公司在上海设分行和总行的有14家,加上代理行,共达25家之多。其中在中日航线上有经营业务的航运公司在上海设分公司的有日本邮船、大阪商船、近海邮船、国际汽船、川崎汽船、山下汽船等公司,还有在上海经营码头、堆栈和转运业的。日清和大连两家主要行驶长江和沿海航线的公司也在上海设有分公司。

日清汽船株式会社在上海置有不动产营业用六层大厦1幢;仓库10座,可贮货物61 000吨,占地约72亩;建设码头1 225英尺,有接送汽油船3只。"九一八"事变后,中国人出于爱国心理,抵制日货,同时也抵制日本的客货运输,由此,日清汽船株式会社的长江航运一度陷于停顿。后来不得不压低运费,甚至奉送客票,但也于事无补。日本政府只好增加补贴金额,勉强予以维持,这种状况一直延续到日本侵华战争爆发。

日本邮船株式会社在上海的主要不动产计有:

表1-28 日本邮船会社在上海的不动产
(1936年)

种类	虹口	汇山	浦东
仓库面积	20.265亩	81.221亩	75.161亩
仓库幢数	8座	16座	4座
码头长度	938.6英尺	912英尺	1 064英尺

资料来源:张肖梅:《日本对沪投资》,商务印书馆1937年版,第84页。

此外,该会社还有小轮船和舢板若干条。

1936年日本在上海航运业投资额究竟多少,确切的数字不易得出,张肖梅的估计是约1 780万日元。

表1-29 上海日商主要航运企业一览

名称	上海分行创办年度	总公司所在地	总公司实收资本(万日元)
日本邮船	1875.2	东京	6 425.0
日清汽船	1907.4	东京	1 012.5
大阪商船	1917.1	大阪	6 250.0
大连汽船	1915.4	大连	1 445.0
大同海运	1930.12	神户	50.0
山下汽船	1922.3	神户	2 000.0①
国际运输	1924.1	大连	170.0
上海仓库信托	1920.3	上海	40.0*
菱华仓库	1919.5	上海	143.0*
上海运输	1917.11	上海	100.0
昭和海运	1927.1	上海	7.2*
平田运输	1934.1	上海	3.0*

资料来源：张肖梅：《日本对沪投资》，第86页。
注：① 实收资本不详，以额定资本额代。
② 原资料有以银两或中国元为单位的，按下列折合率折成日元：1元＝1日元；1两＝1.43日元。

除以上这些轮船公司外，在上海经营航运业务的日本企事业，还有中公司、海运公司、嘉运船舶行、福岛洋行、江运公司、江原商会、清源洋行、三井洋行、共和洋行、新泰洋行、申享洋行等十余家。

日本发动全面侵华战争后，主要的日本在华航运企业并无多大发展，日清汽船株式会社的投资还有所缩减，中日间的一般客货运输也无增加，当时增加的主要是军事运输。由于受到战争的影响，上海等主要港口的出入口船舶数和吨位数都显著降低。

表1-30 上海港出入船舶数和吨位数
(1936年、1939年)

国别	1936年		1939年		%(D/B)
	船只(A)	吨位(万吨)(B)	船只(C)	吨位(万吨)(D)	
英	4 790	602.3	2 054	208.2	34.6
美	583	129	106	2.2	17.1
日	1 442	227.9	803	131.3	57.6
中	5 520	544.8	55	1.1	0.2
计	12 335	1 387.9	3 018	342.8	24.7

资料来源：淺田喬二：《日本帝国主義下の中国》，第480页。

但尽管受到战争的影响,总社在中国的较小型的日本轮船公司则有所发展。东亚研究所统计1938年日本在关内的航运业投资额如下:

表1-31 1938年日本对关内航运业投资一览

会社名	船舶投资			其他投资额（万日元）	合计（万日元）
	只数	总吨数	估价额（万日元）		
日清汽船	36	39 300	537.8	1 013.8	1 551.6
大连汽船	9	23 103	277.3	752.0	1 029.3
大阪商船	10	23 612	307.0	971.0	1 278.0
日本邮船	9	55 936	727.2	2 217.8	2 945.0
山下汽船	15	48 000	700.0	10.0	710.0
近海邮船	8	18 820	260.7	24.0	284.7
原田汽船	1	4 109	55.0	10.0	65.0
川崎汽船	4	12 000	180.0	13.0	193.0
阿波国共同汽船	5	3 313	45.7	13.3	59.0
大同海运	5	20 000	260.0	10.0	270.0
朝鲜邮船	3	3 918	50.9	21.3	72.2
松浦汽船	1	1 092	15.0	3.5	18.5
冈崎汽船	2	2 580	35.8	1.2	37.0
岛谷汽船	1	1 735	22.6	1.9	24.5
三井物产船舶部	5	4 500	58.5	16.5	75.0
以上合计	114	262 018	3,533.5	5 079.3	8 621.8
上海运输			75.0	34.6	109.6
昭和海运			6.0	4.0	10.0
中村组			30.0	20.0	50.0
白河艀船			49.9	16.5	66.4
塘沽运输			175.0	125.0	300.0
青岛埠头				200.0	200.0
上海内河汽船			58.6	39.1	97.7
杂小水运业者合计			35.0	15.0	50.0
以上合计			429.5	454.2	883.7
总计			3 963.0	5 533.5	9 496.5

资料来源:東亞研究所:《日本の對支投資》(上),第472—474页。船舶投资总吨数合计原资料为261 718吨,现据细目相加数改正。

表1-31中的上海内河汽船株式会社是中日合办企业,日方出资97.7万日元,上海轮渡公司和青岛航运业联合会的日方出资合计约10万日元,所以1938年日本在华航运业合办事业投资共计107.7万日元。不过在这一时期中搞起来的合办企业完全是受日方控制的企业,所谓"合办"无非挂名而已。

按照对1936年日本在华航运业投资额校正的同样原则,我们对1938年日本在华航运业投资额也应进行校正,剔除中日间航线上的船舶投资额[①],加上满铁的航运业投资,这样大致可得出16 115.9万日元的数字,与1936年相差无几。

作为近代中国经济中心的上海,在日军占领时期(太平洋战争爆发前),其航运业的货物运输,主要是把本地所生产的工业品运到外地,并作为中间站,转运矿产品,同时把外地的农、林、畜、水产品及一部分工业品运往上海。表1-32是日军占领时期上海内河轮船株式会社的经营情形:

表1-32　上海内河轮船株式会社输送货物的品种、数量和比例
（1个月平均）

		1938年度		1939年度		1940年度		1941年度	
		数量(吨)	%	数量(吨)	%	数量(吨)	%	数量(吨)	%
从各地到上海	农产品	5 323	81.6	8 363	54.0	8 529	39.8	7 450	28.4
	林、畜、水产品	91	1.4	1 357	8.8	3 191	14.9	8 667	33.1
	矿产品	—	—	116	0.7	276	1.3	382	1.4
	工业制品	1 109	17.0	5 641	36.4	9 405	43.9	9 724	37.1
	计	6 523	100.0	15 477	100.0	21 401	100.0	26 223	100.0
从上海到各地	农产品	91	1.9	1 036	6.4	563	2.5	114	0.9
	林、畜、水产品	29	0.6	699	4.3	751	3.3	223	1.9
	矿产品	1 733	36.8	8 057	49.7	12 736	56.8	5 725	48.3
	工业制品	2 861	60.7	6 410	39.6	8 354	37.3	5 792	48.9
	计	4 714	100.0	16 202	100.0	22 404	100.0	11 854	100.0

资料来源:淺田喬二《日本帝国主義下の中国》,第484页。个别合计数字和百分比数字经校正。

[①] 由于不清楚1938年中日间航线和中国沿海航线的具体情况,所以沿线航路仍以1935年为基准,估计这样计算的结果,数字是偏低的。

1938年度,该会社从各地运到上海的绝大部分是农产品,而从上海运出的绝大部分是工矿产品,其中矿产品(主要为煤及石油)是由陆路或海路运到上海后中转的。从1939年度起,各城市通过内河航运输往上海的工业制品则有显著增加。以上虽然只是一家内河航运企业的经营情况,但大致可以反映日军占领时期上海内河航运进出货物结构的轮廓。

华北方面的内河航运系统比较简单,日人却予以重视,不断对河道进行疏浚。例如1939年日本内务省派专员对全长323公里的天津石家庄之间的运河进行实地勘查,计划花6 000万日元进行疏浚,以便使200吨级的船只可以在运河中航行,这一措施的目的是为了加紧掠夺华北的棉花和煤炭,同时作为以石家庄为中心的华北交通建设的一个组成部分。

1939年8月日本在华航运业的国策会社——东亚海运株式会社在东京成立,统一管理日本11家有关会社的业务,资本7 300万日元,全额实收,不久又增资为1亿日元。该社拥有船只59艘,23万余吨,1940年9月扩充至73艘,35万余吨,同时中日间的航线扩充至33条。[1] 东亚研究所的日本人说,这一国策会社的成立,实现了"日本海运的宿愿",即"掌握支那航权"。[2]

1940年2月,为扩展日本占领下的在华航运业,所谓中日合办的中华轮船株式会社在上海成立。

太平洋战争爆发后,日本在南洋各地的侵占区扩大了,船舶由此不敷应用,中国沿海航线大多停驶,只是中日间航线仍竭力维持,但也因战火毁损等原因,变得日益艰难了。同时,长江及内河航运也受到太平洋战争的严重影响。1943年1月,东亚海运、上海内河轮船和中华轮船等会社组织"中支航运统制组合",统制上海到九江间的长江航路,对于煤铁等物资的运输实行低价优先办法。上述三个航运企业还同长运汽船、长江产业、武汉交通、双龙洋行、载生昌汽船等企业组织"武汉航运统制组合",统制九江以上的航线。

在台湾,因岛内多山,当时公路和铁路都不发达,因此台湾对外、对大陆和本

---

[1] 郑伯彬:《日本侵占区之经济》,第239页。
[2] 東亞研究所:《日本の對支投資》(上),第485页。

岛内的客货运输仍依赖于海运。日本在甲午战后窃据台湾，便着力于台湾海运业的投资建设。1937年日本发动全面侵华战争以前，日本政府规定的台湾海运航线一共有17条：与日本之间的航线4条，与中国大陆及朝鲜之间的航线8条，与南洋诸地之间的航线2条，台湾本岛沿岸航线3条。台湾总督府还从事基隆和高雄两个海港的建设。位于台湾北部偏西的基隆港，地势十分险要，日本殖民者利用其地势，不仅把它修筑成良好的商港，还使其成为当时先进的军港，可停靠两万吨的轮船，每年货物吞吐量约400万吨，上下旅客约30万人次。高雄港地处台湾南部蔗糖区的中心，日军占领时期日趋发展，其建筑规模不亚于基隆港。在日本发动侵华和侵略南洋各国的战争时，高雄港被作为军港使用。"七七"事变后，日本不仅加紧对原有基隆、高雄两港进一步扩建，又着手于东海岸的花莲港、东北海岸的苏澳港和西海岸的新高港建设。花莲港第一期工程于1939年完成，耗资740万台元，第二期工程因战事关系没有继续进行。新高港（后改称台中港）第一期工程从1939年4月开始，到1942年结束，耗资1500万台元，以后又继续建设，计划建成后与基隆、高雄和花莲港并列为台湾四大海港。台湾的港口和海运业投资并不是直接来自于日本政府的补贴或日本财阀的资本，而是主要来自于台湾总督府的财政支出。台湾总督府的财政收入中有一部分是来自于对日资企业的课税及一部分以日资为主的所谓台湾公营企业的收入，但也有相当一部分是来自于对台湾农民、台湾中国人资本和土著手工业等的课税及其他收入，因而这种情况与日资直接投资经营就有所不同：第一，台湾总督府的财政支出中有一部分是日资，但这部分日资究竟多少，难以确定；第二，这种日资是日资企业以纳税或赢利方式所进行的再分配投资，与直接形成资本的日本对华投资有所不同。当然，从投资的性质看，这是日本殖民当局对占领区的投资，是日本对近代中国投资的一种特殊形式。

台湾的航线分官定航线和民营航线两种。

日本割占台湾之初，只有运输陆军补给品的专用船只往来于日台之间。1896年4月日本当局命大阪商船会社开辟定期航线，每年给予6万日元的补助金；又命伊万里运输会社开辟台湾沿岸航线，补助邮运费2.2万日元。到第二年，定期航线共开辟了4条，包括日本邮船会社开辟的一条日本直航线，以后续有增加。原来台湾的航运权为英商德记利士轮船公司独占,至此形势发生变化,大阪商船会社等与之展开激烈竞争。大阪商船会社继开辟淡水—香港线后,1899年到1912年止又开辟了安平—香港线、福州—香港线、高雄—广东线、高雄—天津线、台湾沿海线、基隆—神户线6条官定新线,其中主要是大陆与台湾之间的航路。第一次世界大战期间,英、意、荷等国东来船只减少,日本乘机扩大势力,大阪商船会社和山下汽船会社又开辟了官定新线14条。从1924年6月起,在当时堪称大型的万吨级船开始在官定航线上航行。东北沦陷后,东北与台湾之间的货运联系也加强了,台湾对东北的输出物资增加很多。

表1-33 台湾对东北进出口货物的统计
(1932—1933年)
(单位:吨)

出口			进口		
品名	1933年	1932年	品名	1933年	1932年
米	471	—	大豆	40 805	23 312
香蕉	11 294	3 684	小豆	1 057	1 107
蜜柑	6 182	5 858	绿豆	2 224	1 555
凤梨	2 310	—	豌豆	246	401
西瓜	2 921	1 060	胡麻子	107	—
龙眼	25	—	西瓜种子	696	567
包种茶	1 570	39	面	335	383
其他茶叶	198	—	咸鱼	250	—
食糖	831	13 246	棉	15	—
鲜鱼介	665	80	黄麻	559	22
凤梨罐头	1 571	—	麻袋	2 263	2 154
酒精	2 087	2 922	煤炭	23 236	49 319
报纸	1 479	571	水泥	3 327	12 568
坛	354	350	砖	1 181	482
木材	3 598	45	铁	3 269	2 215
轻油	—	225	豆饼	210 790	213 571
糖蜜	—	32	硫安	12 760	12 097
其他	4 962	2 544	其他	1 485	1 625
共计	40 518	30 656	共计	304 605	321 378

资料来源:台湾省文献委员会:《台湾省通志》第33卷,众文图书公司1969年版,第233—234页。原资料1932年的出口和进口总额分别为30 801吨和322 659吨,现据细目相加校正。

台湾对东北的出口量约增加32%。为解决运输船舶问题,大连汽船会社奉命经营高雄—大连线,并将其经营的高雄—天津线分成两条:一条是原来的,另辟一条高雄—上海线；近海邮船会社则奉命将台湾—朝鲜—东北航线改为高雄—仁川线，以此加强台湾与东北之间的直接运输及转口运输。"七七"事变后，台湾与东北及华中、华南的贸易联系有所加强，官定航线也增至20条。太平洋战争爆发后，日本对海运实施全面统制，于1942年3月间公布战时海运管理令，规定日本所有船舶，除特殊航线外均归日本政府管理。这样，台湾的官定航线只剩台湾沿岸航线6条，船舶7艘，以及台湾—海南岛航线。

至于民营航线，实际上也是由日本航运企业经营的。与官定航线的区别在于，它不受日本当局指定而已。其主要企业是近海邮船、大阪商船、山下汽船、三井物产和1929年以后的辰马汽船会社，1929年台湾对大陆的贸易，约占台湾总贸易额的五分之一。其主要输出品为煤、包种茶、乌龙茶、酒精、海产物、棉织物等；输入品为肥料、豆饼、豆类、木材、麻袋、米等。输出的煤、酒精、干咸鱼及棉织物等，是以中国大陆为主要消费地，包种茶输往南洋及国内，乌龙茶大部分输往美国。输入品中，米来自英领印度、越南和泰国，大豆和豆饼来自东北，木材来自福州，麻袋来自我国大陆及印度等地，硫安①来自英国和德国等欧洲国家。

经营台湾与大陆之间贸易的，除日本企业所属的轮船外，还有大量中国式帆船——戎克船②。船只数量相当可观，在日本占领台初期，台湾与大陆间的贸易几乎由众多的戎克船独占。后来现代化的航运业虽发达起来，但戎克船的作用仍不可小觑。以下是台湾戎克船消长情形。

表1-34　台湾戎克船消长情形

年别	只数	吨数	年别	只数	吨数
1896	4 455	17 035	1921	1 533	71 994
1902	2 022	62 058	1926	1 078	50 468
1907	944	34 561	1927	1 044	55 589
1912	971	33 951	1928	905	46 119
1916	1 067	40 176	1929	1 098	47 003

资料来源：台湾省文献委员会：《台湾省通志》第33卷，第241页。

---

① 硫安即硫酸铵。
② 戎克船即沙船。

第三节　汽车运输、航空及通信事业

一、汽车运输业

日本在中国投资汽车运输业的活动比较晚,其原因是"九一八"事变之前,日本诸国策会社为适应侵华需要,在交通方面,主要着眼于铁路和航运业,还顾不上公路建设和汽车运输业的投资。因此,很长一段时期中,日本在华公路运输业投资是一项空白。直到"七七"事变前两三年,日本为大举侵华,才在我华北地区投资公路运输业。1935年6月,满铁所属的从山海关到建昌营间108公里的第一条汽车运输线开始运行,但由于天气多雨和道路修筑不好,所以该线试行后即行停止。同年10月,从山海关到抬头营间70公里的汽车线路开始营业;翌年2月,从山海关到迁安间116公里的汽车运输线开始营业。

1937年4月,华北汽车公司成立。该公司是禀承日本军方旨意设立的,目的在于统一管理华北和蒙疆地区日资汽车运输业。由满铁直接经营,资金由满铁以贷款和补助金的形式交付使用。因此,尽管该公司名义上是一般的株式会社,具有法人资格,实际上完全由满铁控制,是满铁的子公司。公司总部设在天津。

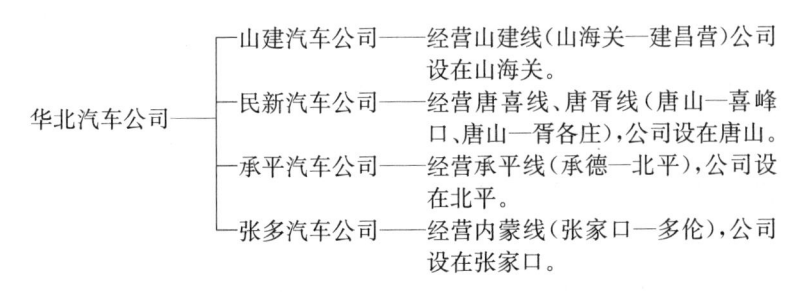

```
                ┌─ 山建汽车公司──经营山建线(山海关—建昌营)公司
                │                 设在山海关。
                ├─ 民新汽车公司──经营唐喜线、唐胥线(唐山—喜峰
华北汽车公司 ──┤                 口、唐山—胥各庄),公司设在唐山。
                ├─ 承平汽车公司──经营承平线(承德—北平),公司设
                │                 在北平。
                └─ 张多汽车公司──经营内蒙线(张家口—多伦),公司
                                 设在张家口。
```

图 1-2　华北汽车公司组织情况

该公司总营业线路长1 257公里。其营业状况见表1-35:

表 1-35　华北汽车公司营业状况
（1936—1939 年）　　　　　　　　　　（单位：日元）

	1936 年度	1937 年度	1939 年度
事业费	96 539.74	3 917 316.08	89 017.25
收入	148 489.00	562 826.40	528 542.14
支出	374 082.60	961 759.56	1 128 017.56
亏损	225 593.60	398 933.16	599 475.42
借款	322 133.34	4 316 249.24	688 492.67

资料来源：東亞研究所：《日本の對支投資》(上)，第 532—533 页。

从表中可知，以纯经济的角度来看，营业成绩很差，亏损严重。作为经济实体来说，这样的企业没有继续存在的理由，但由于负有非经济的使命，所以仍勉力支撑。1936 年的亏损是以满铁的补助金弥补的，从 1937 年起的亏损则由满铁以同事业费相同性质的贷款补足。1939 年 4 月华北交通株式会社成立后，华北汽车公司将其全部业务予以移交，移交时该公司的事业和财产的总估价额为 12 892 857 日元。

1934 年 2 月，一家由日本人私人经营的运输公司北支满蒙联络运输部成立，资本 13 万元，经营从喜峰口到林南仓的 118 公里运输线和从冷口到建昌营的 6 公里运输线。该公司拥有汽车 24 辆。总部设在热河省平泉，在遵化和林南仓则设有分部机构。

1937 年 5 月，一家由朝鲜人经营，但作为日本资本的汽车行旭汽车行成立，专事北平到马阑峪间的汽车运输业务，行所设在北平。

在 1937 年前后，另一家日本人私营汽车行三协自动车部成立于塘沽，从事天津到塘沽 50 公里运输线和塘沽附近地区的运输业务，有汽车 2 辆。

1937 年 3 月，日资东昌洋行投资设立同达汽车行，行址在天津，从事天津到平谷间的货物运输业务，营业线路长 160 公里。该汽车行从天津把杂货和面粉运往平谷，又从平谷把棉花和其他农产品运回天津，运费低廉，营业成绩很好。这家汽车行和别的个人经营的日资汽车行并不负有特殊使命，而且由于规模小，资金薄弱（如同达汽车行只有两吨汽车 2 辆），所以在日本在华公路运输业投资中不占有显著地位。

资本达 3 亿日元之巨的日本国策会社华北交通株式会社,成立于 1939 年 4 月,在天津、石家庄、太原、济南和青岛都设有事务所,营业线路共长 7 000 多公里,拥有客车 485 辆,运货车 673 辆,其他车辆 11 辆,共 1 169 辆。该会社是日本侵略者统制华北公路交通的枢纽机关。

在伪蒙疆地区,共有汽车运输线 8 条,线路总长 1 132 公里,其中以张家口为中心有 6 条,分属 6 家日资小公司经营,6 家公司总资本 8.7 万元,1936 年拥有汽车 11 辆,两吨运货车 21 辆。

华中地区的公路交通,在日人涉足之前就已十分发达,"七七"事变后因战事关系,几乎所有公路交通陷于停顿。日本占领者为恢复前状,从 1938 年 1 月起,以兴中公司的名义经营公路交通业,后又把业务移交给新成立的日本华中都市自动车株式会社。

华中都市自动车株式会社是日本同伪政权"合办"的企业,公称资本 300 万日元,实收 1 527 500 日元。出资情况如下①:

```
            ┌ 现金 ┌ 中支那振兴   1 488 000 日元   (实收一半)
            │      │ 大日本电力   1 379 500 日元   (实收一半)
日方出资    ┤      └ 其他           75 500 日元   (实收一半)
            │ 现物   江南产业       45 000 日元   (全额实收)
            │        合计        2 988 000 日元
            └        实收额合计  1 516 500 日元

            ┌ 现物   伪杭州市政府   10 000 日元
中方伪政权出资 ┤ 现金   其他           2 000 日元
            │        合计          12 000 日元
            └        实收额合计    11 000 日元
```

图 1-3　华中都市自动车株式会社出资情况

在上述"合办"企业中伪政权仅出资 1 万余日元,根本无权过问企业经营。显而易见,无论从政治还是经济上看,都无"合办"可言,伪政权只是日本的附庸而已。该会社在上海、南京、杭州、苏州和镇江五城市营业。

另一日本同伪政权的所谓合办企业华中铁道株式会社成立于 1939 年 4 月

---

① 東亞研究所:《日本の對支投資》(上),第 540—541 页。

末。该会社是中支那振兴株式会社的子会社,除经营铁道事业外,在华中地区也从事长途汽车业务。营业线路共16条,长907公里。

在南方,1939年1月日军占领广州后,福大公司即开始营业,资本约35万日元。日军占领汕头后,福大公司随至该地营业,投资约4.4万日元。日军占领海南岛后,台湾拓殖会社在全岛开始经营公共汽车事业。此外,在广州附近日人还设有二、三条公共汽车路线。

表1-36 日本在华汽车运输业的投资
(Ⅰ)按所谓投资性质分 (单位:日元)

	1936年末	1938年末
直接事业投资	357 129	9 265 810
所谓"合办"事业投资	—	1 516 500
合计	357 129	9 782 310

(Ⅱ)按地区分

地区	1936年末	1938年末	1939年末①
华北	357 129	8 265 810	9 136 151
华中	—	1 516 500	2 526 120
华南	—	—	393 569
合计	357 129	9 782 310	12 055 840

资料来源:東亞研究所:《日本の對支投資》(上),第544—545页。
注:①原资料中1939年末的数字系该年新投入的资本数字,属明显错误,已予校正。

日本窃据台湾后,很重视台湾的公路建设,最初以南部为重点,逐步向中部、北部推广。这正同日本占据时代台湾政治、经济的发展互为一致。日占当局通过财政拨款所修筑的主要公路有纵贯公路、苏花公路、新店礁溪公路、南回公路、屏东台东公路、新高公路等。到日本投降时,台湾各种公路的总里程为17 171公里①。许多公路的工程费开支颇为可观,如苏花公路的工程费450万日元,新高公路的工程费预算927万日元,但未及完工,日本便投降了。

---

① 台湾省文献委员会:《台湾省通志》第33卷,第24页。

台湾的公路运输业务开始出现于1912年，最先都由民营汽车公司经营，后来日占当局强制将与铁路平行及对政治、经济关系较大的路线一律收归日占当局经营，到1939年止，其经营的路线长达370.9公里。1942年日人为适应军事需要，将全岛民营汽车公司合并为客运26家、货运7家，并对客货运价实行统一管制。

二、航空业

日本对华航空业投资比汽车运输业投资更晚，迟至1936年底。英、美、德三国早在日本之前，就对我国航空业进行投资。1919年，中国当局向英国借款1 803 200英镑，作为航空事业投资；翌年又向英国第二次借款100万英镑。1929年中国最初的航空公司成立后不久，美国资本就进入该公司，1930年成立了中美合办的中国航空公司。1931年中德合办的欧亚航空公司成立。1933年中国资本经营的西南航空公司成立，法国资本通过该公司购买飞机等途径介入。日本资本于1936年11月投资于中日合办的惠通航空公司，该公司在天津成立。以上除了向英国借款外，外国资本渗透我国航空业的情况总括以下：

表1-37 中国航空公司的资本构成

公司名	创立时期	创立时资本额（万元）	经营形式	出资比例
中国航空公司	1930.8	1 000	中美合办	中55%，美45%
欧亚航空公司	1931.3	300	中德合办	中2/3，德1/3
西南航空公司	1933.10	150	中国独办	—
惠通航空公司	1936.11	270	中日合办	初期，中出资50万元，日出资220万元，待增资后中日各半

资料来源：東亞研究所：《日本の對支投資》（上），第553页。
注：中国航空公司1929年成立时是中国资本，翌年合办；欧亚航空公司1936年资本为900万元；西南航空公司的中国政府与民间的出资比例为3比7，此外有法国资本介入；惠通航空公司就在创办这一年增资至450万元。

惠通航空公司经营的航空线路有天津大连线、北平天津榆关锦州线、天津北平承德线、天津北平张垣张家口线、北平沈阳线共五条线路，总长2 500公里。

1938年末，在日本占领下，以惠通航空公司的原有业务为基础，成立了中华航空株式会社，该会社是以大日本航空株式会社、伪政权和日本强占下的惠通公司作为发起人,在北平成立的,资本 600 万日元。名义上为"中日合办",12 名公司董事中有 5 名中国人,但该公司同上述许多公司一样,是日本强占下的畸形产物,不能算作合办企业。

表 1-38 中华航空公司创立时的资本构成

出资者	出资额(万日元)	出资者	出资额(万日元)
伪临时政府	130	大日本航空株式会社	100
伪维新政府	200	惠通航空公司	100
伪蒙疆联合委员会	20	合计	600

资料来源:東亞研究所:《日本の對支投資》(上),第 561 页。
注:大日本航空会社为全额实物出资;惠通航空公司的日方部分为实物出资。

"七七"事变后,大日本航空株式会社开始经营中日间航空线路,有东京到青岛、东京到天津、东京到北平的航线和福冈到上海、福冈到南京的线路。东亚研究所的统计把该会社在中日航空线上的飞机价格也算作是对华投资额,以此计算出 1938 年末该会社对华投资额 100 万日元。笔者以甄别航海业投资额的同样原则,把这 100 万日元剔除不计。因此,1938 年末日本在华航空业投资仅为 200 万日元。

1938 年末日本占领当局公布了中华航空株式会社法,使之成为国策会社,享受在华的种种特权,统制沦陷区的非军事性航空事业。这家企业因能无偿占用中国的机场和其他土地,因此积极增辟航线,最多时达到 20 余条。

在东北,日伪于 1932 年设立了满洲航空株式会社,资本初为 385 万日元,后增至 6 000 万日元。该会社除经营航空运输外,主要从事飞机制造业。

至于台湾本地以及台湾到日本的民用航空业务,是由日本航空输送株式会社从 1935 年起开始经营的,台湾本地并没有成立航空公司。1941 年 9 月,台湾本地的民用航空线因缺油而停航,1943 年 9 月,日台间民用航空线停航。

三、通信事业

日本在华投资的通信业,分邮政和电政两部分。

(一) 邮政

日本在甲午战争后,尾随西方列强在中国各通商口岸创设了书信馆。1903

年日本与德国不顾清政府的反对,强行在南京开办邮局。日俄战争期间,日本为及时沟通同国内的消息,在中国东北设立了野战邮便局。日俄战后,日本关东都督府对野战邮便局进行改组和整顿,成立了邮便电信局,从事邮政事业。

日本在华的邮政业务,其内容十分广泛,除一般邮递外还办理许多特殊的业务。

其一是刺探、递送我国情报。日本递信省技师中山龙次,曾经做过北洋政府交通部顾问,在我国刺探了大量政界的机密情报。他在一份送交日本当局的秘密报告中说,日本在华"通信机关,在军事上、外交上,有密接关系",如果他们在中国所得的情报经由中国的邮政机关送出,就难免受到中国的检查而被发现,这样日本就会蒙受很大的损失。①

其二是办理汇票和储蓄业务。日本在华邮政通过这两项业务吸收我国民间资金。据估计,在20世纪20年代,日本在华邮政所经办的我国国内汇兑出入数,平均每年约有1 200余万元。②

其三,日本在华邮局还为日本奸商非法运输违禁品,从日本等地秘密输入吗啡、鸦片、金丹、红丸等毒品,又从中国把制钱现银偷运出去,从中牟利。

因此,1931年根据太平洋国际会议的决定,各国在华客邮先后自动撤销时,唯独日本仍顽固坚持。当时日本在华有邮政总局1所,邮政分局8所,邮便局41所,邮便所5处,邮政取扱所20处。

(二) 电政

电政是指海底电线、有线电报、无线电台、电话和借款。

甲午战争时,福州、台湾间原有一条海底电线,日本侵占台湾,便夺占了这条水线。

根据1913年的日本水线登岸合同,日本政府出资,陆续修筑了几条海底电线。到1934年止,日本在中国所从事的以及同中国有关的海底电线情况如下:(1)芝罘大连线(即烟台大连线),为中日合办;(2)青岛佐世保线,中日合办;(3)大连佐世保线,日本独办;(4)大连长崎线,日本独办;(5)上海长崎线,日本独

---

① 章勃:《日本对华之交通侵略》,商务印书馆1931年版,第310—311页。
② 章勃:《日本对华之交通侵略》,第310页。

办;(6)福州淡水线,日本独办。① 芝罘大连线原系沙俄铺设,日俄战后为日本所得。经由清政府与日方交涉,日本才同意为中日合办,约定该线在中国领海内7英里长之电线,属中方所有,其余则属日方。

青岛佐世保线原为烟台青岛上海水线,日本占领青岛后将该线割裂,并接通青岛和佐世保。中国方面要求全线交还,日方才同意中日合办。

日俄战争中,日俄两国为了军事上的原因,都在东北设立有线电局,架设有线电报通信网。战后,根据中国当局的要求,沙俄把中东铁路界外的电线作价由中国收回,而日本则故意拖延。到1908年9月日本同中国订立电约,强迫中国方面同意日本"借用"安东、牛庄、辽阳、沈阳、铁岭、长春6处通到满铁界内的电线,而将其他满铁界外的无用电线交由中国方面作价收回。不仅如此,安东等六条借线按条约规定到1923年期满,但日本单方面要延展到1930年,还修改了其他电报条款。由于中国既不同意又惧怕日本的力量而未予与议,因此所谓"借用"就无条件和无期限地延长了。

在无线电台方面,日本是各国中在华设台最多的国家。1922年6月,日本以当时先进的无线电设备设立了大连无线电局,专营陆上通信;又设大连无线电分局,专营海上通信。日本在我国东北、华北、华中各地遍设无线电通信网,设台的城市计有北平、天津、汉口、青岛、旅顺、大连、秦皇岛、济南、庙岛、安东、沈阳、满洲里、珲春等地。北平的电台设在日本使馆内,沈阳则设在满铁界内的公主岭,汉口则设在日本租界内。

在电话方面,日本在东北的电话建设也起源于日俄战争。当时架设了许多临时性的军用电话,战后,关东都督府在原有的电话线基础上继续加以改善和扩展,先在大连、辽阳、沈阳、铁岭、新民、公主岭、旅顺和柳树屯建设市内电话,并供居民使用;以后随着东北经济的发展,又在长春、抚顺、四平街、本溪湖、鞍山等二十来个城市中建设市内电话。继而,又设市际长途电话,大连长春间设435英里电线,沈阳安东间设170英里电线,并与对岸朝鲜的新义州接通;沈阳、安东同朝鲜的汉城、仁川间均先后架设长途电话线。据1926年日本递信省调查,日本在

---

① 高叔平、丁雨山:《外人在华投资之过去与现在》,中华书局1947年版,第27页。

东北设有电话总局 2 所,分局 30 所,公共电话 99 所;电话线共长 23 000 里;日本在东北的电话用户共 14 816 家,机数 16 046 台。可见首先是满足在东北的日本人的需要,一般中国居民所能使用的电话工具微乎其微。

东北一家由日人控制的大型电报电话公司——满洲电报电话株式会社,经营成绩颇为可观,从 1933 年至 1936 年,每年赢利额均在 300 万日元左右,未分配利润率在 30%至 48%之间。① 而其实收资本,1936 年为 3 625 万日元,并发行债券 1 500 万日元;1940 年实收资本增至 5 562.5 万日元,债券 4 885 万日元,1942 年实收资本更增至 10 000 万日元,发行债券 9 105 万日元。②

日本在华邮政和电政投资(除借款)由于分散和变化较大,所以很少有历史统计资料。东亚研究所在排除了上述投资的主要地区东北后,统计出 1936 年末的数字如下:

表 1-39 日本政府在中国关内通信业财产的地区分布

(1936 年末) (单位:日元)

地区	海底电线评价额	电信局关系财产	合计
华北	328 000	9 105	337 105
华中	1 888 000	528 019	2 416 019
华南	480 000	—	480 000
合计	2 696 000	537 124	3 233 124

资料来源:東亞研究所:《日本の對支投資》(上),第 589 页。

表中的合计数字是很小的,不能反映日本在华通信业投资(除借款)的全貌。

"七七"事变之前,虽然日本在我东北有许多直接经营的通信事业,但在关内,这类投资却基本上受到限制,所以主要以借款形式进行投资。

中国的邮政事业从其建立伊始,便一直处于艰难之中。民国以后,军阀连年内战,给邮政事业造成更大破坏。从 1928 年到 1934 年,军政机关所欠电报费达

---

① A. R. Kinney, *Japanese Investment in Manchurian Manufacturing, Mining. Transportation and Communications*, 1931—1945, p. 65.

② A. R. Kinney, *Japanese Investment in Manchurian Manufacturing, Mining. Transportation and Communications*, 1931—1945, p. 44.

2 000万元以上,从民国以后中国邮政业每年亏损达五六百万元以上。① 因此,中国当局不得不频繁地举借外债。

(1) 第一次有线电信借款:1918年4月30日,北洋政府交通及财政总长曹汝霖向日方借得有线电报借款2 000万日元,期限5年,年利8厘,以中国政府所有的全国有线电报的一切财产作担保。日方出面的是中华汇业银行,实际出资的是日本兴业、台湾和朝鲜三银行。日方借款的条件是:中国政府在本借款有效期内,关于有线电信事业,拟再向外国借款时,事先须同中华汇业银行商量;拟聘用外国电信技师,或购买材料,日本享有优先权。②

从借款担保的内容和借款的特别条件,我们可以看出日本企图通过有线电信借款来控制我国的有线电信事业,并在列强的竞争中争取主动。

(2) 第二次有线电信借款:1920年2月10日,北洋政府交通部向东亚兴业公司借款1 500万日元,从事有线电报各项事业的改良和扩充,期限13年,年息9厘,以中国政府有线电报的全部财产及收入担保。该项借款后来连利息都不能按时偿还,因此又指定沿南满的各电报局所收电报费、大连芝罘间海底电线的收入以及天津电报局拨款等作为还息之用,但仍不敷支配。到1925年止,本息积欠共华币1 104万余银元③,超过当年从日本借取的实收数。以后利滚利,数字更加膨胀。

(3) 交通部电话借款:1916年交通部因急需偿还津浦、京汉两路借款到期本息及其他款项,假借电话借款名义,向中日实业公司借得100万日元,又于同年续借200万日元,期限都是两年。但到1918年,不仅本息无力偿还,且需巨款以改良和扩充电话事业,这项改良和扩充同该年有线电报的改良和扩充实出于同一计划。因此,交通部于1918年同中日实业公司改订1 000万日元的借款合同,按97.7%交款,期限3年,年息8厘,以电话局、长途电话局及扩充后的全部财产、收入和营业权,以及设立的吴淞、武昌、福州、广州、张家口和北平的6处无线电台,以及价值500万日元的国库券,一起作为担保。交通部收到该项借款

---

① 中国经济情报社:《中国经济年报》(1934年),第214页。
② 王芸生:《六十年来中国与日本》第7卷,三联书店1981年版,第149、171页。
③ 贾士毅:《民国续财政史》(四),商务印书馆1933年版,第248页。

后,即还掉先前所借 300 万日元的本息,电政项下用去 190 余万日元,以后又先后拨付本借款各期利息 180 余万日元,余下 300 多万日元则移作别用,因此电话事业未能真正予以改良和扩充。这反映了北洋政府的腐败。有关背景将在借款一章详细讨论。该项借款的本息都不能如期偿付,因此只得于 1923 年 6 月与日方成立展期合同,规定由交通部按月筹还,并指定吉长铁路余利项下拨款付还,但都未能如约兑现。到 1925 年底止,该项借款本利约合银元 1 361.9 万元。①

(4) 海军部无线电信借款:1918 年 2 月 21 日,北洋政府海军部向日本三井洋行借款 536 267 英镑,期限 30 年,年利 8 厘,以用于建设一大型的无线电台。其功率和设备,可保证同日本和欧美的大型电台直接通电,以后即建成双桥无线电台。该电台由三井洋行具体承办,并规定借款的特别条件是:三井洋行担保此项借款的本利由电台的赢利偿还,承办人(即三井洋行)独自负有偿还一切开支的责任,如收入不敷开支,其应偿还的本息也由承办人负责,"惟中国政府于三十年内须付承办人以管理之全权",并"须允许与外国各电台及海口轮船通报"。② 显而易见,日本是以借款为名,行控制之实,中国机要的海军无线电台,都由日人负管理全权,中国还有何主权可言。

此外,日本占领下的伪政权也向日本借有若干外债。

这些借款到 1930 年年底和 1936 年年底的本息积欠情况如下:

表 1-40　1930 年年底日本对华电信借款投资　　（单位：万日元）

借款名称	承借者	欠本	欠息	合计
第一次有线电信借款	中华汇业银行	2 000.0	1 060.0	3 060.0
第二次有线电信借款	东亚兴业公司	1 022.2	543.0	1 565.2
交通部电话借款	中日实业公司	1 000.0	988.0	1 988.0
海军部无线电信借款	三井洋行	不详	不详	521.9
总计				7 135.1

资料来源:第一次、第二次和交通部借款见贾士毅:《民国续财政史》(四),第 262 页;海军部借款见雷麦:《外人在华投资》,第 400 页。

---

① 贾士毅:《民国续财政史》(四),第 247 页。
② 王芸生:《六十年来中国与日本》第 7 卷,第 145 页。

表 1-41　1936 年年底日本对华电信借款投资　　（单位：万日元）

借款名称	本利合计积欠额	借款名称	本利合计积欠额
第一次有线电信借款	3 980.0	海军部无线电信借款	919.2
第二次有线电信借款	1 986.3	汉口电报局预纳金	0.1
交通部电话借款	2 988.9	总计	9 874.5

资料来源：東亞研究所：《日本の對支投資》（上），第 587—588 页；原表中伪冀东政府借款 1 481 496 日元剔除。原表中尚有借与武汉电信局的 277 日元。

在上述借款中，第二次有线电信借款和交通部电话借款属于有确实担保的借款；海军部无线电信借款属于不确实担保借款，第一次有线电信借款虽然在合同上写有以中国政府"全国有线电报之一切财产及其收入"作为担保的条文，但规定过于笼统，不能落实，因而该借款也属于不确实担保借款。

在计算日本在华投资总额时，上述电信借款列入中国政府借款一项中一并计算，至于上文提到的数字不完全的日本政府在华电信业财产，则列入日本政府在华财产一项内一并计算。1936 年日本在华电信业投资的这两类数字共达 10 197.8 万日元。

"七七"事变后，日本在其所占领的地区同伪政权搞了一些所谓合办企业：

（1）华北电信电话株式会社　1938 年 7 月，该会社作为日本同华北伪中华民国临时政府"合办"的企业，在北平创立，额定资本 3 500 万日元。成立后即着手经营华北电政总局。该会社日方实际出资额 625 万日元。

（2）伪蒙疆电气通信设备株式会社　1938 年 3 月，该会社作为日本和伪蒙疆政权"合办"的企业成立于张家口，公称资本 1 200 万日元。该会社日方实出 150 万日元。

（3）华中电气通信株式会社　1938 年 7 月末，该会社作为日本和伪中华民国维新政府的"合办"企业设立于南京，资本 1 500 万日元。该会社日方实出 500 万日元。

以上三会社的日方实际出资额共为 1 275 万日元。

在借款方面，由于日本发动侵华战争，中方已无偿还义务，但为统计的完整，这里仍把 1938 年电信事业借款存留额列出：

表 1-42 1938年日本对华通信业借款投资　　（单位：万日元）

借款名称	本利积欠	借款名称	本利积欠
第一次有线电信借款	4 340.0	汉口电报局预纳金	0.1
第二次有线电信借款	2 002.8	青岛电报局预纳金	0.2
交通部电话借款	3 132.1	伪临时政府借款	105.8
海军部无线电信借款	919.2	合计	10 500.2

资料来源：東亞研究所：《日本の對支投資》(上)，第601—602页。
原资料中尚有武汉电信局供托金277日元。

1938年日本在华通信业投资总额约12 098.5万日元。在统计日本在华投资总额时，为避免重复计算，借款和政府财产列入专项一并计算。

第二章 矿业投资

第一节 沿革和投资额

日本在华投资中,矿业投资占据重要地位。1931年前后日本在华投资8亿余日元中,矿业投资1.8亿日元,居第二位,仅次于铁路。

光绪年间,清政府所办的矿业企业,包括官督商办企业在内,多因经营不善而亏蚀甚巨。中国商人视投资由清政府所控制的矿业为畏途,加上甲午战争后中国主权进一步丧失,清政府不得不同意允许外资投于中国矿业。1896年,中美合办的门头沟煤矿开办,资本100万元,开外人对华矿业投资之先河。1898年,德人借口曹州教案所缔结的胶澳条约,取得山东的淄川、坊子和金岭镇三矿矿权。

日本对华矿业投资稍迟,甲午战争后还只是从中国购买矿石原料。当时日本大力发展钢铁工业,八幡制铁所为了取得铁矿石原料,1899年同大冶铁矿签订为期15年的矿砂购买合同。1904年日本兴业银行借款给汉冶萍公司300万日元,并与之签订为期40年的购买矿砂、生铁合同。自此以后十余年间,日本兴业银行、横滨正金银行和三井物产会社曾多次借款于汉冶萍公司,其总额约2 800万日元。

综观日本对华矿业投资的活动大致可以分为四个时期。

一、第一期(1905—1918年)：奠定基础时期

1905年日俄战争以后，日本凭恃武力夺取了我国最重要的煤矿抚顺煤矿，由满铁经办。以后满铁欲壑难填，又陆续把持了辽宁省瓦房店煤矿、辽阳烟台煤矿、吉林宽城子煤矿的经营权。1910年中日合办的本溪湖煤铁公司成立，占有辽宁本溪湖的煤铁两矿，经营本溪湖矿的日本财阀为大仓组。

东亚最大的煤矿抚顺煤矿被满铁接管以后，满铁很快成为炙手可热的企业，其股票"极端风行"，为国内外商人所追逐。抚顺矿当时每天产量3 000吨，一半供满铁本身需要，一半出口，①满足日本国内的需要。为了扩大转运和销售的能力，满铁还准备以100万日元在大连修建一个煤栈。

1912年，中日合办的彩合公司经营辽宁牛心台煤矿，日方出资者为满洲炭矿株式会社。大仓组并于1912年开采辽宁庙儿沟铁矿。

1912年，日本高木合名会社对湖南省狮子腰矿山提供借款5.5万日元。1912—1913年间，中日实业公司的势力也积极向陕西省延长油田渗透。

雷麦估计1914年日本在华矿业投资(包括日资独办和中日合资)共5 826.1万日元②。1914年台湾的矿业公司只1家，资本75万台币元③。至于这家台湾的矿业公司中，日资占多大比例，则并不清楚。据矢内原忠雄估计，由日人控制的台湾企业中，一般日资占80%，而台湾人出资占20%。这样，75万台币元中，日资即占60万台币元。

1914年第一次世界大战爆发，德日为交战国，原属德人经营的山东淄川、坊子两煤矿和金岭镇铁矿被日军占领，不肯归还中国，而交由日人经营，到1922年才改由中日合办。

1914年，大仓组借口矿师被杀要求赔偿，强占新邱大兴和大新两煤矿。

1915年，日本提出"二十一条"，强迫中国政府同意由日本取得更多的在华矿权。其第二号第四款称，"中国政府允将在南满洲及东部内蒙古各矿开采权，

---

① 汪敬虞：《中国近代工业史资料》第2辑上册，第46—47页。
② 雷麦：《外人在华投资》，第322页。
③ 台湾行政长官公署统计室：《台湾省五十一年来统计提要》，第878页。

许与日本国臣民"①。日本所要求的各矿主要有：辽宁海城、盖平、辽阳鞍山等地铁矿、辽宁本溪湖什付沟煤矿、辽宁锦县南池塘煤矿、通化县铁厂山煤矿、吉林和龙县杉松关煤铁矿、本溪湖牛心台煤矿、辽宁海龙县杉松关煤矿、吉林附近的缸窑煤矿、吉林桦甸县夹皮沟金矿等。由于中国人民的坚决反对，日本没能马上获得这些矿的矿权。但1915年日本强占了吉林五道口煤矿，又采取由华人于冲汉出面而实际由满铁经营的办法接办了辽宁辽阳的鞍山铁矿和大孤山铁矿，该两矿后归满洲制铁株式会社经营。是年，中日合办的吉林延吉天宝山铜矿也获准开办，中日各出资50万元。

1915年，日本古河石炭矿业会社同经营湖南省绿紫坳铜山矿的华商兴湘公司，签订提供153 300日元借款的合同。

1916年，中日合办的安徽怀宁煤矿获得开采权，由中日实业公司经营，实权完全操在日人手中。同年，日人三谷末治郎与华人孙际午合资，经营河北临榆煤矿，资本100万日元；日人臼井忠吉和华人陈福全合资成立华胜公司，经营河北杨家坨煤矿，臼井出资10万元。

1916年，日本对华矿业借款很多，该年签订的借款合同计有：古河石炭矿业会社对山东省振华矿务公司提供桃科山探矿费借款3.3万余日元；古河石炭矿业会社对华商朱五丹提供上述振华矿的矿务收买费借款1万日元；兴亚公司对中国政府提供湖南省水口山等矿的经营资金借款500万日元；中日实业公司对安徽省裕繁铁矿公司提供企业资金借款171.2万日元；大仓组对南京华宁公司提供南京秣陵铁矿开发资金借款100万日元。

1917年，中日合办的顺济矿业公司在上海成立，大仓组出资430 700日元，经营江西的丰城和乐平煤矿。同年，在日本国内经营赤池煤矿和明治糖业公司的日商安川敬一郎，投资经营锦西煤矿的华商通裕煤矿公司，实行渗透；安川敬一郎对汉冶萍公司提供125万日元的借款合同签订；古河石炭矿业会社又同华商朱五丹签订提供57万日元借款的合同。

1918年，满铁开始开采辽宁辽阳的樱桃园铁矿，该矿后归满洲制铁株式会

---

① 王芸生：《六十年来中国与日本》第6卷，第74—75页。

社经营。同年,吉林间岛的老头沟煤矿议定中日合办,中方由当地实业厅出面,1936年该矿由满铁接办。辽宁省政府和日人饭田延太郎也于是年合办辽阳的弓长岭铁矿,1938年卖与昭和制钢所。1918年日支炭矿汽船会社继承了河北省中日合办的泰记煤矿公司的采掘权,该社出资13万元,东洋拓殖会社出资17万元,共投资30万元。

1918年也是日本对华矿业借款频繁的一年,该年签订的借款合同计有:三井矿山会社对安徽省福利民铁矿公司提供借款360.9万日元,高木合名会社对华裔饶孟任提供江西余干煤矿采掘资金借款5万两;中日实业公司对湖南省志记、私记两家锑精炼厂提供事业资金借款15万日元;中日实业公司对湖北省开源矿务公司提供事业资金借款20万元;中日实业公司对华商谢重齐提供湖南省诸矿山经营资金借款45万日元;由三井、古河、大仓、铃木、高田五会社同等比例出资组建兴源公司,对湖南省政府提供水口山的铅和亚铅扩大采掘资金借款30万日元。

从1905年日本强占抚顺等矿到1918年短短的十余年间,我国东北和华北的许多宝藏被其攫取,有的矿则被日资渗透和控制。所以在这段时期内,日本基本上奠定了在华矿业投资的基础。

二、第二期(1919—1925年):以借款为主的时期

这一时期的日本对华矿业投资以借款为主。1919年日本对华矿业借款所签订的合同有:安川敬一郎对汉冶萍公司提供借款125万日元;大仓组对江西富乐矿业公司提供事业资金借款26.7万日元;古河石炭矿业会社对华商张福生提供安徽泾县煤矿采掘资金借款7万余日元;大仓组对南京华宁公司提供借款467 450日元。除了借款之外,是年大仓组和藤田组设立南定矿业所,从事山东淄川华坞煤矿的开发,实收资本125万元。

1920年签订的借款合同有:中日实业公司对安徽裕繁公司提供事业资金借款250万日元;以日本五财团合组的兴源公司向北平民康公司下辖同宝公司提供资本借款50万元,供其经营山西大同煤矿。三井物产会社对广东官煤局提供借款10.5万元。

1921年签订借款合同的有:古河石炭矿业会社对华商张福生提供借款约

11万日元;三菱商事会社对河北龙烟铁矿公司提供事业资金借款6.1万日元。除借款外,是年12月,由日资控制的日中公司接办原由朝鲜人经营的辽宁凤城青城子铅锌矿。

1922年中日合办的鲁大矿业公司成立,实收资本250万元,中日出资各半。日方出资者为山东矿业会社。

1923年签订的借款合同有:中日实业公司对安徽裕繁公司提供借款250万日元;大仓组对河北正丰煤矿公司提供事业资金借款150万日元;大仓组对北平同宝公司提供借款约34.8万元。

1924年成立了两家中日合办的企业。一家是旭华公司,资本20万元,中日出资各半,日方出资者是山东矿业会社。旭华公司从事山东章丘煤矿的开发。另一家是博东煤矿公司,资本60万元,中日出资各半,日方出资者是东和公司。博东煤矿公司从事博山煤矿的开发。此外,中日实业公司还对华商韦明,提供湖南志记锑化炼厂经营资金借款11.1万日元。

1925年斋藤硫曹制造所同西沙群岛实业公司签订合同,提供广东省西沙群岛的磷矿及海鸟粪肥采掘费借款89.7万余日元。该项借款合同的记载,也证实了西沙群岛历来就是中国的领土。是年为便于开发山东坊子煤矿,成立了一家善芳公司,资本36.2万日元,矿区从鲁大公司借款。

这一段时期的借款同第一次世界大战期间的借款相似,从地区上看主要是关内,从借款对象看主要是中国民间商人。

三、第三期(1926—1936年): 在东北继续扩张而在关内相对收缩时期

这段时期的开始,由于"五卅"反帝爱国运动的巨大影响以及北伐战争等因素,日本在关内的矿业投资(包括借款)基本上处于收缩状态。以后又由于"九一八"事变、万宝山事件和华北事变等日本侵华事件,不断激起中国人民的正义斗争,日本在关内的矿业投资在这段时期内也就没有扩展,许多合办企业处于瓦解之中。但由于日本在东北的矿业发展较快,所以20世纪20年代后期的日本在华矿业仍维持在相当可观的规模上。此以日本在华矿业中主要的煤矿业生产为例。

表 2-1　日资及中日合办煤矿的生产额
(1926—1928 年)

	1926	1927	1928
日本资本产煤额(吨)	6 890 080	8 220 790	7 656 752
占全国总产额的比率(%)	29.9	34.0	30.5

资料来源：谢家荣、朱敏章：《外人在华矿业之投资》,中国太平洋国际学会 1932 年版,第 48 页。
注:"日本资本产煤额"包括日资企业的产煤额及中日合资企业产煤额的半数。

在东北,日资及日资支配企业的煤铁产量仍占绝对优势。

表 2-2　全东北煤及铣铁产量中日资企业所占比重
(1926—1930 年平均)

品种	全东北产量(万吨)	日资企业产量(万吨)	%
煤	873.6	713.8	81.7
铣铁	28.4	28.4	100.0

资料来源：《滿鐵調查月報》,1932 年 7 月号,第 12 页。
注：生产煤的日资企业为抚顺及本溪湖;生产铣铁的企业为鞍山及本溪湖。

这一时期,日本在华矿业投资也有一些新的内容。1925 年和 1927 年,横滨正金银行对汉冶萍公司贷款合计 1 130 万日元,其中一部分是以前期未还利息转作债本加上的。1935 年中日合办的泰记公司以 60 万日元代价收买华商柳江煤矿公司,1936 年中日合办的山东省招远玲珑金矿公司成立,日方出资者为鬼怒川兴业会社,出资 65 万日元。

1930 年,日人开采吉林和龙的石人沟铜矿,后改由满洲矿业会社经营。"九一八"事变后,日本在东北强占了不少矿,如西安煤矿、滴道煤矿、复州煤矿、八道壕煤矿、倒流水金银矿等。伪满洲国建立后,又连续接管、收买和占据了北票煤矿、蛟河煤矿、漠河金矿等 28 处大小不等的矿区。

这一期间,日本在东北矿业的主要投资者仍是满铁。截至 1931 年,满铁对东北煤矿的投资达 11 787.2 万日元,它所经营的抚顺煤矿 1930 年产煤 740 万吨,烟台煤矿 1930 年产煤 15 万吨。鞍山铁矿的熔铁炉和制铁厂也属于满铁的矿业投资,计 2 771.4 万日元。据雷麦的估计,1930 年日本在华矿业投资(不包括借款)为 17 493 万日元,其中东北为 16 521.3 万日元,占 94.4%。[①]

---

① 雷麦：《外人在华投资》,第 378、379 页。

台湾的矿藏也十分丰富,已经探明的有金、银、紫铜、水银、硫磺、铁、镍、煤炭等 80 多种,其中主要为砂金、金、铜、煤炭和煤油。1930 年台湾的矿业公司有 32 家,资本总额 2 834.4 万台币元,实收资本 1 698.7 万台元。① 对实收资本根据日八华二的投资比例计算,日资可估计为约 1 359 万台币元。

"九一八"事变后,日本在东北的矿业投资数很难同其他的投资区分清楚,因此暂缺。但日本在东北的矿业活动则比以前规模更大。1935 年日本借伪满政府的名义对东北矿业实行统制,成立了完全由日本资本和日本人员控制的满洲矿业开发会社,并由伪满洲国公布所谓"矿业法",规定 23 种重要矿物,除满洲矿业开发会社之外,任何人或团体均不得领有矿业权,以此实行矿业垄断。当然,规定只是针对中国人而言的,日本财团在东北的活动并不受限制。如 1935 年及其以后,新成立的日本矿业会社很多,同满洲矿业开发会社一起掠夺我国矿业资源。"九一八"后到 1936 年止,东北地区新成立的完全由日本控制的主要矿业公司计有 8 家:为满洲滑石会社(1932 年)、满洲炭矿会社(1934 年)、满洲采金会社(1934 年)、满洲矿业开发会社(1935 年)、满洲金矿会社(1935 年)、满洲铅矿会社(1935 年)、延和金矿会社(1935 年)、岫岩矿业会社(1936 年)。到 1943 年和 1944 年,这八家会社的资本额总计为 45 355 万伪满元(与日元同值)。② 1936 年末东北矿业实收资本共 3 782.5 万日元,债券 1045 万日元。③ 上述八家会社中,满洲炭矿会社(简称"满炭")是日本在华主要的矿业国策会社之一,与满铁和本溪湖矿构成东北矿业的三大系统。

日本在东北的矿业中,有些在"九一八"前经营不善的企业,在"九一八"后却转趋兴旺。如 1918 年成立的南满矿业会社过去是经常出现亏损的企业,多年未实行利润分配,"九一八"事变后赢利额却节节上升,到 1937 年上期,年利润率竟达 52.4%,股息分配达 8%,同年下半期实收资本额由 51 万日元猛增到 116.2 万日元。这以后该企业的赢利和分配一直维持在较高的水准上。但也有许多企

---

① 台湾行政长官公署统计室:《台湾省五十一年来统计提要》,第 878 页。
② 陈真:《中国近代工业史资料》,第 2 辑,第 646 页。
③ A. R. Kinncy, *Japanese Investment in Manchurian Manufacturing, Mining, Transportation and Communications, 1931-1945*, p. 44. 此处"矿业"只包括金矿、煤矿及其各种提炼工业。

业，包括新建的企业，在日本独占东北的时期经营情况仍然不好。在东北的所有行业中，矿业是赢利情况最差的行业之一。

在关内，1936年日本的矿业投资仍以合办企业为主。这些合办企业大多经营不善，有些处于停产状态，但实际投资额则较前有所增加。据东亚研究所统计，1936年末关内中日合办煤矿业（鲁大、博东、旭华、泰记、杨家垞）的实收资本共557.5万日元，日方实际投资额为1 238.4万日元。[①] 实收资本额同实际投资额相差很大。

除了煤矿业的合办企业外，1936年末招远玲珑公司的140万日元实收资本中，有80万日元是鬼怒川兴业会社投入的，这也计入合办事业投资。所以，1936年末日本对中日合办企业的投资总额为1 318.4万日元，中日合办企业的资产总值1 844.2万日元。

中日合办企业的经营情况一般是比较差的，经营山东鲁大、旭华两矿的日资山东矿业株式会社的成绩尚属可观，也只有4%—5%的利润率。鲁大矿的成绩在合办企业中是较好的，1934年和1936年度的收益同实收资本之比为7%—10%，若同资产总值相比则只有2%多一点。1935年，该矿由于大规模塌方及水灾等影响，经营发生亏损。

表2-3　1936年末日本对关内矿业直接投资一览　（单位：万日元）

企业名	所在地	业种	实收资本	投资总额
坊子南北炭矿合资会社	山东省坊子	煤矿业	35	45.0
善芳公司	山东省坊子	煤矿业	30	36.2
南定矿业株式会社	山东省淄川	煤矿业	125	125.0
中日起业公司	河北省唐山	耐火黏土及其他	2	2.6
临榆矿业公司	河北省临榆	采金、重晶石及其他	20	26.0
中公司[②]	上海	铁矿业	10	11.7
计			222	246.5

资料来源：東亞研究所：《日本の對支投資》（上），第180—181页。

---

① 東亞研究所：《日本の對支投資》（上），第173页。
② 中公司的名称，原文如此。

1936年末,日本在开滦矿务局的投资额为49 686英镑,其中满铁投资49 097英镑,占绝大部分,三井物产会社的南条金雄投资588英镑。日本在开滦的投资按当时汇率折算,约合851 760日元。

此外,日本在关内也占有一些小矿的矿权,作为其直接的矿业投资。

有些日本在华矿业企业在1936年是否继续经营以及经营情况均不清楚,如1919年设立的中增商事株式会社,经营铜铁矿,实收资本15万日元;1922年设立的天津华石公司,经营石材业,实收资本7万日元;1921年设立的中外矿业株式会社,经营金银铜铝矿业,实收资本300万日元。以上三家公司地点都在天津。

1936年台湾的矿业公司24家,资本总额4 841.6万台元,实收资本4 473.6万台元①。同1930年相比,企业数减少,而资本额却增加,说明台湾矿业企业的平均规模扩大了。该年实收资本中的日资以八成计算,为3 578.9万台元。

台湾矿业资本的来源,一部分来自日本本土,一部分来自台湾本地。几家煤矿公司的情形如下:

表2-4 台湾矿业资本的来源
(1936年) (单位:万日元)

公司名称	资本		住在日本者之投资额	住在台湾者之投资额	住在其他地区者之投资额
	公称	已缴			
基隆炭矿	700	700.0	453.1	246.6	0.325
台阳矿业	500	400.0	14.1	385.9	—
新高炭矿	250	62.5	3.7	58.8	—
台湾炭业	100	30.0	3.7	26.3	—
顶双溪炭矿	100	25.0	0.8	24.2	0.025
总计	1 650	1 217.5	475.4	741.8	0.35
百分比		100%	39.04%	60.93%	0.03%

资料来源:周宪文:《日据时代台湾经济史》下册,第169页。

从日本输入的资本约占39%,本地资本约占61%。但本地资本也是以日资为主

---

① 台湾省行政长官公署统计室:《台湾省五十一年来统计提要》,第878页。

的。这些矿业企业的经营权完全为日人所控制,这一点是确定无疑的。日本自侵占台湾后,致力于掠夺台湾矿业资源。第一次世界大战后期煤价高涨,日本财阀大仓组、藤田组、三井、芳川、赤司等先后在台湾设立十余家煤矿公司,其中三井的投资最多。据1929年调查,资本超过50万日元的煤矿公司,由日人主持的为11家,实收资本1 453.5万日元,由台湾人主持的仅2家,实收资本仅78万日元。三井系经营的基隆煤矿和台湾矿业会社的煤产额占全台湾煤产总额的54%,三井系并占有全台湾煤产总额中60%的贩卖权。又如台湾金矿的开采,完全由台湾银行控制。1897年后,田中长一郎和藤田组分别开采金瓜石矿山和瑞芳矿山,1901年木村久太郎开始经营武丹坑金山。这三个金矿所需的运营资金由台湾银行提供,所产金货则由台湾银行收购,也供应一部分给其他日本银行。以后武丹坑金矿山停产,瑞芳矿山于1920年移归三井系的台阳矿业株式会社经营,金瓜石矿则于1926年移归金瓜山矿石株式会社继承。这些企业完全由日人控制。

四、第四期（1937—1945年）：全面扩张时期

"七七"事变后,东北作为日本侵华战争的一个基地,从掠夺的迫切需要出发,其矿业投资有较大的发展。1937年成立的矿业企业有7家,1938年9家,1939年18家,1940年8家,1941年4家,1942年3家,1943年4家,共53家,小企业还不计在内。根据1943年和1944两年的统计,这53个企业的资本总额为91 676.8万伪满元,其中较大的企业是满洲矿山会社（资本15 000万伪满元）、东边道开发会社（资本14 000万伪满元）、密山煤矿会社（资本15 000万伪满元）、扎赉诺尔煤矿（资本5 000万伪满元）和阜新煤矿（资本5 500万伪满元）等[①]。以主要股东身份控制这些最大的矿业会社的,是日本在东北的主要国策会社——满洲重工业开发会社。先期设立的满炭和本溪湖煤铁等企业,在满业成立后,也由满业收买,而成为它的子公司。1938年东北的金、煤矿及其提炼工业的实收资本为16 018.8万日元,债券2 045万日元。以后增加迅速,1940年实收资本为81 682.7万日元,债券7 445万日元;1942年实收资本达134 303.6万日元,债券

---

① 陈真:《中国近代工业史资料》第2辑,第646—650页

9 470万日元。①

在关内沦陷区,日本一方面把大批矿山企业置于其控制之下,一方面又设立了一些新的企业。被日本侵占的煤铁矿主要有大同、淮南、龙烟、井陉、正丰、六河沟、阳泉、寿阳、中兴、华丰、华宝、西山、富家滩、焦作诸矿;此外,石景山制铁厂、太原铁厂、阳泉铁厂、太原铸造厂等同矿山联系在一起的工厂也被日本侵占。

1938年日本为统制华北经济而设立的华北开发会社,在矿业方面投资设有北支产金、华北矾土以及与大同煤矿有矿业关系的子公司等企业。中支那振兴会社则设有华中矿业会社。同这两个国策会社等有关系的矿业企业如下表:

表2-5 抗日战争时期关内国策会社关系矿业一览 (单位:万日元)

会社名	采矿物	开发地点	设立年月	实收资本(公称资本)	日方出资者
华中矿业	铁及其他	安徽省各地	1938年4月	1 500(2 000)	中支振兴、日本制铁
淮南煤矿	煤	安徽省怀远	1939年6月	701.3(1 500)	中支振兴、三井、三菱
龙烟铁矿	铁	宣化	1939年7月	702.5(2 000)	华北开发
北支产金	金	河北省长城一带	1938年4月	50(200)	华北开发、住友
华北采金	金	河北省长城一带	1938年4月	10(10)	北支产金
华北矾土矿业	矾土页岩	河北省	1939年10月	380(500)	华北开发
大同炭矿	煤	大同	1940年1月	2 000(4 000)	满铁、华北开发
山东矿业	煤	山东省	1923年5月	225(500)	满铁、其他

资料来源:東亞研究所:《日本の對支投資》(上),第189—190页。

台湾日本财团盐水港制糖会社系统的宏鑫采金、满业系统的大陆矿业两会社为开发河北省金矿而设立。宏鑫采金公司成立于1937年7月,是一家所谓的中日合办企业,实收资本50万日元,盐水港制糖会社出资一半。此外,东洋拓殖

---

① A. R. Kinney, *Japanese Investment in Manchurian Manufacturing, Mining, Transportation and Cnmmunications, 1931-1945*, p.44.

会社于 1938 年 1 月出资 75 万日元,强迫河北省长城煤矿与之"合办";山东矿业会社强迫山东省官庄煤矿与之"合办"。这种"合办"实与吞并无异。在太平洋战争之前,在日占区内,除了河北省开滦和门头沟两煤矿尚有英国资本立足外,其他外国矿业资本的势力全部退出。即使对开滦煤矿,日本也在 1938 年 9 月强行投资 500 万元。太平洋战事爆发,日、英变成交战国,开滦、门头沟两矿就都置于日本的完全控制之下了。

"七七"事变后,日本在关内直接投资新建的矿业企业有:河北省临榆裕新煤矿公司,成立于 1937 年 5 月,实收资本 15 万日元,出资者为日商佐伯仙之助;冀东地区大陆矿业株式会社,成立于 1938 年 2 月,实收资本 125 万日元;冀东地区北支矾土矿业所,成立于 1938 年 7 月,实收资本 30 万日元,由兴中公司和长城矿业会社出资;总社设在青岛的中华矿业株式会社,成立于 1938 年 5 月,实收资本 25 万日元;总社设在青岛的亚细亚矿业株式会社,成立于 1938 年 7 月,实收资本 50 万日元。

日本把夺占的矿山置于他们的"军管理"之下,大部分交给兴中公司具体经营。在兴中公司经营的 54 家中国企业中,计有煤矿 21 家和焦炭工厂 1 家,共 22 家,占总数的 40.7%[①]。重要矿山中仅山西大同煤矿由满铁经营,安徽淮南煤矿由三井经营。对于"军管理"的矿山,日本方面为了更有利于生产和劫掠,也投下一定的资本。据统计,到 1938 年底为止,日本对关内夺占的煤矿投资约 397.5 万日元,支配资产额为 3 153.2 万日元,对龙烟铁矿及石景山制铁所等四家同铁矿业相联系的工厂共投资 1 020 万日元,支配资产额为 1 709.8 万日元。[②]

日本在侵华战争期间通过各种手段掠夺了我国大量煤铁资源和各种稀有金属,其中大部分被掠回日本国内,或供应日本操纵的伪满及关内的伪政权。这里仅以铁矿石为例:

在供应日满数量中尤以输日量居多。1943 年中国铁矿石产量共为 482.8 万吨,日本输回国内 311.6 万吨,伪满使用 54.7 万吨,合计 366.3 万吨;日人夺

[①] 根据淺田喬二:《日本帝国主義下の中国》,第 214 页的数字计算。兴中公司劫取的其余 32 家企业是:电灯厂 17 家,铁矿 4 家,制铁工场 5 家,精盐工厂、化学工业所、造船所各 1 家,棉花事业关系 3 家。

[②] 東亞研究所:《日本の對支投資》(上),第 198—202 页。

回国内的占供应日满数量的 85％①。

表 2-6　日本对中国铁矿石的掠夺
(1939—1942 年)　　　　　　　　　　　　（单位：万吨）

	矿山	1939 年度 产量	1939 年度 供应日满数量	1940 年度 产量	1940 年度 供应日满数量	1941 年度 产量	1941 年度 供应日满数量	1942 年度 产量	1942 年度 供应日满数量
伪蒙疆									
龙烟铁矿	烟筒山	33.7	16.5	30.2	29.8	60.5	37.4	81.0	42.4
	庞家堡	—	—	—	—	—	—	11.3	—
华北									
日本钢管	利国	—	—	5.7	2.4	6.9	7.3	8.6	5.0
	金岭镇	—	—	—	—	—	—	3.1	2.0
山西产业	定襄	—	—	3.0	—	3.5	—	4.8	—
	东山	—	—	3.3	—	3.2	—	0.6	—
华中									
华中矿业		48.7	40.4	66.4	71.4	147.5	119.4	148.2	137.7
日本制铁	大冶	19.0	18.6	40.0	29.4	110.1	86.5	144.9	141.3
海南岛									
石原产业	田独	—	—	16.0	16.8	35.6	26.1	89.4	80.5
日本窒业	石碌	—	—	—	—	—	—	8.4	5.1
总计		101.4	75.5	164.6	149.8	367.3	267.7	500.3	414.0
供应日满数量占产量的％			74.5		91.0		75.3		82.8

资料来源：淺田喬二：《日本帝国主義下の中国》,第 250 页。

在矿业借款方面,1925 年以后基本上没有什么新的借款,只有横滨正金银行对汉冶萍公司的借款延续到 1930 年。1936 年和 1938 年日本对华矿业借款中很大部分是利息额,有的借款的利息额超过了借款本额。这些借款的债权者为横滨正金银行、中日实业公司、大仓组、日本兴业银行、三井矿山会社、斋藤硫曹制造所、古河石炭矿业会社、高木合名会社、三菱商事会社 9 家日本企业。1936 年末矿业借款未偿还本利合计为 9 134.7 万余日元,1938 年末则约为 9 636.5 万日元。如果按业别分,那么铁矿业借款占首位,接受借款的有汉冶萍公司、裕繁

---

① 根据淺田喬二《日本帝国主義下の中国》,第 276 页的数字计算。

公司、福利民公司、龙烟铁矿公司等,借款契约额约为 5 376.8 万日元及 250 万两,1936 年末未偿还本利合计 8 214.6 万日元,1938 年末则为 8 645 万日元。其次是煤矿业借款,接受借款的有民康公司、同宝公司、顺济矿业公司、正丰公司、开源公司及华商张福生、饶孟仙等,借款契约额较铁矿业少得多,为 236.6 万日元、109.8 万日元及 8.46 万两,1936 年末未偿还本利约 579 万日元,1938 年末则为 627.4 万日元。其他如磷矿(西沙群岛实业公司)、铅矿(湖南省水口山)、锰矿(富乐公司)、铜矿(兴湘公司)、锑矿(韦明)及采矿准备金借款(朱五丹、谭启瑞、振华公司)的借款契约额共计约 399.3 万日元及 78.3 万两,1936 年末未偿还本息共约 341.1 万日元,1938 年末则约为 364 万日元。①

"七七"事变后,日本对台湾的金、煤、石油等矿业投资也扩大了,并加强了统制。但因许多矿山被总部不在台湾的日本企业所掌握,因此 1938 年在台湾登记注册的矿业企业的资本额比 1936 年大幅度下降,公称资本 2 295.5 万台元,实收 1 695.2 万台元,均下降一半以上,而企业数却由 24 家增加到了 35 家。② 控制台湾金矿的主要是日本矿业株式会社台湾分社,控制煤矿的主要是 1940 年成立的台湾石炭株式会社,控制石油的主要是日本矿业和日本石油两家企业。

台湾矿业的职工人数,从 1898 年的 2 255 人增加到 1942 年的 48 590 人,后者为前者的 21.54 倍。1940 年台湾矿业职工人数最多,是 1898 年的 25.24 倍。职工人数中以台湾籍工人居大多数,常占 90% 以上,少数年份不低于 70%,此外则是日本籍职工。③

第二节　各矿种简况

一、煤

煤是日本在华矿业投资的主要矿种。中国的煤矿储藏量十分丰富,据 1939

---

① 東亞研究所:《日本の對支投資》(上),第 183—184 页。
② 台湾省行政长官公署统计室:《台湾省五十一年来统计提要》,第 878 页。
③ 周宪文:《日据时代台湾经济史》下册,第 171 页。

年满洲煤矿公司估计,东亚煤矿储藏量共为 3 960 亿吨,其中华北和伪蒙疆两地合计 2 480 亿吨,占东亚总储量的 62.6%;东北约 176 亿吨,则占 4.5%。① 东北煤矿虽不及华北等地丰富,但日俄战争以后,日本在东北的势力很强,满铁又是一个国中之国,其势力范围中有不少煤矿。因此日本对中国的矿业投资首先从东北开始,逐步向华北、山东以及其他地区扩张。

日本最早侵占的煤矿是辽宁抚顺和辽阳烟台煤矿。抚顺千金寨煤矿是1901 年华商王承尧得清政府允准着手开采的,企业名华兴利煤矿公司。王承尧同另一华商翁寿为矿山的经界争执不已,王便引进华俄道胜银行股银 6 万两,以沙俄的势力赢得了这场争讼。但在日俄战争后,日军占领该矿,声称该矿系沙俄独办资本而应作为日本的战利品予以没收。软弱的中国当局虽几经交涉,但日本方面蛮横地坚持不让。

烟台煤矿于 1895 年由英国人投资经营,1899 年沙俄东清铁路的势力渗入,逐渐占据统治地位,并设立中俄合办的天利公司经营该矿。1901 年八国联军侵华战乱中,该矿设备全部毁坏。后经修复,在 1905 年日军占领前,该矿日产煤约 200 吨。

根据日俄《朴茨茅斯条约》第六条的规定,俄国将包括抚顺、烟台煤矿在内的南满铁道沿线附近的一切煤矿移让于日本;同年 12 月,日本在中日北平会议上又强迫中方签订了《中日会议东三省事宜正约及附约》,其第一款对《朴茨茅斯条约》的有关规定予以肯定。② 日本就此攫取抚顺、烟台煤矿。

1906 年满铁成立,由日本政府"批准"经办抚顺、烟台和炸子坑三矿。1909年 9 月清政府同日本缔结《东三省交涉五案条约》,其第三款又再次肯定日本政府有开采抚顺、烟台两处煤矿之权③,使日本侵占合法化。1911 年 5 月日本又同清政府签订《抚顺烟台煤矿细则》14 条,规定了满铁经营这两座矿山的权利和义务。实际上满铁成立伊始就已经营两矿,在 1912 年对抚顺矿已投资 920 万日元,日产量从 360 吨增加到 5 000 吨。以后继续投资,并建造煤气发电厂,并在矿区附近建造市镇。1918 年抚顺矿日产煤 7 000 吨。1919 年随着矿区人口的

---

① 詹自佑:《东北的资源》,东方书店 1946 年版,第 147 页
② 王芸生:《六十年来中国与日本》第 4 卷,第 202、220 页。
③ 王芸生:《六十年来中国与日本》第 5 卷,第 214 页。

增加和生产的发展,日人制订了10年计划加紧对该矿的开发。1926年和1927年两年的日产量高达25 000吨以上,位居中国各矿第一。抚顺、烟台矿的产煤量占东北产煤总量的2/3以上。

表2-7 抚顺、烟台煤矿产煤量及在东北所占比率
(1925—1930年)

年份	1925	1926	1927	1923	1929	1930
全东北出煤量(万吨)	717.7	814.0	896.0	947.7	992.5	1 004.1
抚顺、烟台矿所占比率(%)	82	81	79	75	74	68

资料来源:《满铁调查月报》,1932年7月号,第53页。

从1931—1936年,抚顺(包括烟台)矿每年产量800万吨以上,1936年的年产量在900万吨以上,1937年和1938年两年超过1 000万吨,这以后有所下降,1939年略不到1 000万吨,1940到1942年800多万吨,1943年750万吨,1944年只有630余万吨。① 之所以产量下降,主要是因为该矿采掘已逐渐进入矿坑深部,而当时又缺乏深部采掘设备。该矿在东北煤矿业中的垄断地位也发生了变化。

表2-8 东北的煤矿生产
(1936—1944年)

年次	满铁系统产量(万吨)	对1936年的比率(%)	其他煤矿产量(万吨)	对1936年的比率(%)
1936	1 025	100.0	342	100
1937	1 034	101.0	405	117
1938	1 002	98.0	597	174
1939	992	96.7	948	277
1940	838	81.7	1 274	372
1941	827	80.7	1 592	465
1942	833	81.2	1 584	463
1943	750	73.0	1 782	521
1944	632	61.6	1 927	563

资料来源:东北物资调节委员会:《资源及产业》下卷,第83页。

---

① 满史会:《满洲开发四十年史》下卷,第113页。

由于抚顺煤矿产量的下降,东北的煤产量从1942年起增加缓慢。1936—1941年,东北产煤总量从1367万吨增加到2419万吨,增加了1052万吨,平均每年增加210万余吨,而从1941—1944年,平均每年只增加约47万吨。1944年的总产量是2559万吨。日人对于他们侵占和掠夺抚顺矿十分得意,日人藤冈启说:"抚顺市俨然和德国的克房伯相等,成为一个大劳动者的都市了。"①

抚顺煤矿的产品从一开始即同英国资本控制的开平煤矿的产品在销售市场上展开竞争。1911年9月抚顺煤在华北市场上的价格从12元跌至10元,而开平煤则以9元出售。② 由于价格竞争,抚顺、烟台矿的利润率有所下降。

表 2-9　抚顺、烟台煤矿早期利润率
(1907—1913年)

年份	资本(万元)	盈利(万元)	利润率(%)	年份	资本(万元)	盈利(万元)	利润率(%)
1907	65.6	56.4	85.98	1911	1 179.9	268.9	22.79
1908	403.7	124.0	30.72	1912	1 202.4	193.1	16.06
1909	673.3	152.8	22.69	1913	1 404.1	190.8	13.59
1910	904.8	193.3	21.92				

资料来源:汪敬虞:《中国近代工业史资料》第2辑,上册,第383页。

抚顺煤最大的销售市场是东北各地,其次是向日本出口,再次是关内中国各地以及朝鲜等国。1928年和1929年两年抚顺和烟台煤的销售情况如下:

表 2-10　抚顺、烟台煤的销售情况
(1928年、1929年)　　　　　　　　　　(单位:吨)

销售地	1928年	1929年	销售地	1928年	1929年
东北各地	3 540 667	3 492 226	南洋	191 861	223 172
日本	1 849 427	1 887 287	台湾	9 798	10 323
中国北部	170 626	166 712	船舶用	711 207	705 351
中国南部	967 090	1 101 728	合计	7 885 866	7 991 785
朝鲜	445 190	404 986			

资料来源:《大公报》,1931年2月22日。

---

① 徐梗生:《中外合办煤铁矿业史话》,商务印书馆1947年版,第245页。
② 汪敬虞:《中国近代工业史资料》第2辑,上册,第176页。

1930年由于受世界经济危机以及金融市场"金贵银贱"的影响,抚顺、烟台煤的销售遇到很大困难。1—9月,向日本输出约118万吨,比前几年减少了几成,连同东北各地的减销额,约共减销50余万吨。至于原有销售市场也发生需求锐减的情况,虽委托三井洋行极力维持和开拓上海、汉口、香港、马尼拉等新市场,但仍供过于求,矿区内"积煤如山"。在这种情况下,为了扩大销路,不得不降价出售。① 后经日本当局和满铁主管部门共同协议,决定1931年的销售总额为680万吨,除对日输出180万吨数额外,余者以扩大国外市场、改变付款办法等来销售,借以维持抚顺、烟台煤的销售地位。"九一八"事变后,日伪对煤铁矿产需求越来越大,抚顺煤不再遇到供过于求的难题。日本对东北的煤铁等矿产实行日益严格的统制,抚顺煤仍主要满足日本在东北的需要,及对日出口。

抚顺煤矿除以采煤为中心外,还经办总发电量达28万基罗瓦特(千瓦)的发电厂和机械制造所、工程事务所、运输事务所、化学工业所等企事业机构。同时因抚顺煤矿煤层上蒙着一层很厚的油母页岩,又先后设立两家制油厂,对油母页岩进行加工。

日本在中国独占经营的主要就是抚顺、烟台煤矿。"九一八"事变后日本在东北独占经营的其他煤矿规模较小,但总的采掘量却相当可观。

中日合办的煤矿企业在东北有本溪湖矿,在山东胶济路沿线有鲁大、博东、旭华等公司,河北省有泰记、杨家坨等公司。其中主要是本溪湖矿和鲁大矿②。鲁大矿是关内中日合办煤矿中比较稳定的一个矿,其产量也相当可观。

鲁大矿是1914年日本攻占胶州湾后从德人手中夺取的。1914年和1915年两年该矿受战事影响,产量剧减,以后又逐步上升。1925年受"五卅"运动影响,产品销售困难,因此1926年产量又有所下降。

台湾的煤矿生产在台湾所有矿产总值中位居第一,除供应本岛消费外,每年还向大陆及日本、朝鲜等国输出不少。因台湾煤的质量不太好,所以日本进口不

---

① 《抚顺煤行销极感困难》、《日煤在东北销路顿减之势》,《矿业周报》第121号,1930年12月7日。
② 本溪湖煤铁矿的情况划入铁矿业叙述。

10%,1936年则一律定为5%。而日本在华经营的煤矿非但无杂税之忧,即使正税也常拖延或逃漏。

第三,在运输方面,高挂外国旗的运输抚顺煤或开平煤的轮船可以通行无阻,载运外国煤的火车可以得到各种保护,而华煤则无此种保护,在运输设施等方面也远远落后,因此运费高昂。上述三点决定了日本在华经营的煤矿的成本低廉。

第四,在销售方面具有压倒性的竞争力。20世纪30年代前几年,世界陷于经济危机,中国煤矿业销路呆滞,也被卷入不景气之中。在争夺销售市场的角逐中,抚顺煤和一部分从日本进口的煤恃其成本低廉,作大幅度的跌价竞销。1936年5、6月间,抚顺煤的成本(包括运费和关税)每吨计10.65日元,而在中国关内市场的销售价平均跌至9.75日元。一部分进口日煤的成本每吨8.85日元,却以8日元的价格销售。这种在西方国家属于违法的倾销行为,在当时的中国却能畅行无忌。各地区的竞销情况如下:

表2-12 各地区的煤销售价

(1936年6月) (单位:每吨元)

销售地	国煤	抚顺煤及进口日煤平均	销售地	国煤	抚顺煤及进口日煤平均
上海	(中兴煤)15	9.8	汉口	(济汉公司)13	10
青岛	(博山煤)12	7.8	天津	12.7	10

资料来源:朱楚辛:《中国煤矿和矿业会议》,《申报周刊》第23卷3期,1936年6月14日。

1931年行销上海的360余万吨煤中,抚顺煤和进口日本煤共133.7万余吨,占36.9%,超过开滦煤(36.6%)而居第一。1933—1935年中,国常年煤的总消费量为2500余万吨,其中在华日资开采的煤约占20%以上,由日本直接输入的煤约占4%或5%,[①]在工业集中的大城市这种比例更高。东北煤炭在"七七"事变后实行战时统制配给,使用量增加最多的是关东军的军用煤和铁路用煤,其次是钢铁业和电业用煤。

---

① 范师任:《振兴国煤之我见》,《中国实业》第1卷5期,1935年5月15日。

二、铁

我国的铁矿矿藏十分丰富,从当时已经探明的铁矿的地区分布来看,东北居首位。但东北的铁矿以贫矿居多数,含铁分在50%以上的富矿仅弓长岭、本溪湖、东边道的大粟子和七道沟等几处。中国东北和华北的主要铁矿都先后落入日本人之手。

在本溪湖煤铁矿中日合办之前,日人对我铁矿资源进行控制和掠夺的主要目标是大冶铁矿。本溪湖煤铁矿是在大仓喜八郎于1905年开始实际占有的五年后,于1910年由清政府批准合办的。创办资本为银元200万元,中日各半,中方矿权股作价35万元,实出股银65万元。该矿初时仅以采煤为目的,但不久大仓又探明矿区附近蕴藏有丰富的铁矿,便协议扩大矿区,中日双方于1911年各增资100万元,实出70万元,从事铁矿开采。1914年又增资300万元,中日双方各实缴75万元。这样,连矿权股在内,公司实收资本共490万元。1915年正式出铁,年产铁矿石约5万余吨。到1917年增至约10万吨。该矿设有炼铁设备,1917年的产量3万余吨,以后逐渐增加。

本溪湖矿所出的煤、铁矿石质地都很好。煤的火力旺、耐烧、油大,并可炼焦,1930年在东北的市价虽较高,达13日元一吨,但仍十分畅销。至于铁矿石的质量,可同著名的大冶铁矿媲美,适于炼钢,日本人买去多作为制造枪炮的原料。此外,该矿还出产当时稀少的低磷铁,这种材料富于弹性,又不易爆炸,最适宜制作枪炮里膛,其产量虽不高,但十分珍贵。

1930年该矿资产共达1 500万日元,矿工约7 000人,日出铁矿石500余吨,主要向日本输出。1931年炼铁约11万吨,1936年增至13万吨,置有200吨及180吨的熔铁炉各一座,1937年更增至15万吨,两座熔铁炉都改建成了250吨级。该矿资本增加很快,满业成立后对该矿投资4 000万伪满元,1939年6月全矿资本增至1亿伪满元,大仓组和满业各占40%,伪满占20%。增资后,又增建600吨熔铁炉两座。本溪湖煤铁矿名义上只是一个矿,实际上是一个采煤、采铁、炼铁、炼钢、轧钢等连续作业的综合企业。

本溪湖煤铁矿的营业很发达。1916年的盈余为100万元,分红时科长一职即可分得一千数百元,中日双方的总办和督办的酬劳在万元以上,股东分得的股息共约 60 万元。"七七"事变后日人为了大力发展东北的采煤和钢铁事业,对于该矿赢利分配较少,主要保留在企业内用于扩大再生产。

日人在东北控制的另一大铁矿是鞍山铁矿。鞍山铁矿蕴藏量虽丰富,但绝大部分为贫矿,含铁 50%—60% 的富矿很少,在这一点上不如大冶、龙烟、本溪湖等矿,但该矿交通便利,开采和运输都具有有利条件。首先发现该矿的,据说是木户孝允的儿子木户忠太郎,1909 年 8 月当他发现鞍山铁矿时,他的身份是满铁地质调查所所长。

1916 年鞍山铁矿由北洋政府批准中日合办。谈判合办时,中方代表是亲日的外交部沈阳特派员于冲汉,日方为镰田弥助。合办期规定为 60 年。中方曾要求在条约上规定该矿遵照《中国矿业条例》和《公司条例》办理,即以中国法规为经营依据。而日方想沿袭本溪湖公司按合同办理的前例而不予同意,双方几经交涉,最后仍照日方的意图缔结了条约。这家合办企业名鞍山振兴无限公司,创办资本只有 14 万日元,以后主要靠向满铁借款来扩大生产,到 1923 年时借款已在 500 万日元以上。该矿产量 1926 年约为 105 万吨,1927 年 89 万吨。所产铁矿石完全由日资鞍山制铁所收买。收买契约的签订是日本对于冲汉和张作霖行贿的结果。该矿陆续置有 300 吨熔铁炉两座、400 吨及 500 吨熔铁炉各一座,具有日产 1 500 吨生铁的生产能力。

1933 年 5 月,在日本全面占领东北的情况下,昭和制钢所出资 3 460 万日元,收买了鞍山振兴无限公司。原定 60 年的合办合同,只实行了 17 年,而这 17 年的"合办"也是名不副实的。昭和制钢所收买该矿后,积极经营,大肆扩充规模,其生铁产量占日本钢铁业的第二位,钢产量占第三位。

同鞍山铁矿相近的辽阳弓长岭铁矿也经历了一个由中日合办到日本独占的过程,而该矿在合办时的中方当事人是辽宁省当局,而不像鞍山铁矿那样有商股在内,所以"九一八"事变后,就被昭和制钢所无代价地侵占了。

"七七"事变后,关内的许多铁矿都遭日军侵占,包括河北宣化龙烟铁矿、南京凤凰山铁矿等。

海南岛的铁矿储藏十分丰富。日本侵占该岛时,大量投资开采铁矿。据抗战结束后国民政府接收机关统计,日窒海南兴业会社投资 22 698.4 万日元,日本制铁会社投资 1 000 万日元,海南原铁会社投资 625 万日元,石原产业会社投资 3 884 万日元,共 28 207.4 万日元。①

日本在我国铁矿生产中的垄断势力比煤矿更强。据统计,1912—1937 年日本通过自办、合办、借款以及军事占领控制的铁矿,其产量占全国总产量 99% 以上②。这种垄断势力在"七七"事变后有增无减。

三、其他

(一) 石油

日本在中国所从事的石油开采和加工提炼工业主要在东北和台湾两地。近代中国石油矿藏的探明量还很小,英美等国为了维持和发展其在我国的石油产品市场,总是宣扬中国是贫油国。当时辽宁、热河的油母页岩却已探明有较丰富的储量,仅抚顺一处,储量即达 55 亿吨,如以每吨平均含油 5.5% 计,即有约 3 亿吨原油,不过提炼成本较高。满铁理事赤羽说:"抚顺的页岩油,可以供日本每年 600 万桶,至 300 年而不尽。"③20 世纪 30 年代初,抚顺炼油厂每年可产重油 6 万吨。本溪湖和鞍山也有油母页岩矿,1934 年鞍山石油生产居东北之冠,约 67.5 万桶,本溪湖年产 2 万桶。

日本人在台湾探采石油矿,早在 20 世纪初就已经开始。先后在台湾西部沿海各地打了 250 多口井进行钻探④,出油虽不多,但前景很有希望。天然气的产量很丰富,抗战结束时每日产量达 10 万余立方米,供工厂和居民使用。

日人在台湾建造高雄炼油厂,在东北建造辽宁锦西炼油厂,对所开采到的原油进行加工提炼。高雄炼油厂于 1937 年 4 月开工,每日可炼原油 7 000 桶。锦西炼油厂在日本投降时尚未完工。此外,东北的锦州、四平街、永吉三地还有合成及煤炼油设备,也未建造完工。

---

① 宁档 28,5685/(一)。
② 严中平:《中国近代经济史统计资料选辑》,第 129 页。
③ 李紫翔:《中国基本工业之概况与其前途》,《东方杂志》第 30 卷 13 号,1933 年 7 月。
④ 日据时代总的出油量约 1 370 万桶。

除了采矿和炼油外，日人在上海、南京、汉口、青岛、天津、基隆和广州等地建有储油设备，共可储油71.3万桶。

(二) 金

日人在中国的金矿开采，主要也在东北和台湾。

东北的金矿主要在黑龙江省各地，吉林也有一些。东北的金矿产量，1928年为26 650两，1929年减少很多，为14 000两，1930年39 400两，1931年29 890两。① 这些金矿在"九一八"事变后全由日本控制。1932年后日人又在珲春、安东等地发现了几个金矿。

台湾自古就以产金闻名国内，台湾岛内的一些地名，如金包里、金瓜石等就是以产金而得名的。台湾的金矿集中在台湾岛的北部地区。

日本刚侵占台湾时，由于人民的不满和反抗，社会秩序失去常态，金矿附近的台湾人往往任意采取砂金，正规采金则陷于停顿。1895年9月，日占当局仿照清朝旧制，设砂金署，颁布采金条例。但因限制较宽，招致"滥掘"，引起山坡崩塌，交通和农业受很大影响。于是日占当局于1896年1月起禁止一般台湾人采金，只把这种特权授于少数同日占当局关系特别密切的日本财阀和商人。

1903年，台湾的金产量达503公斤，1935年的采金价值达349.4万台元。1931年金矿区的面积为13万公亩，1940年增加到68万公亩，其中最主要的矿山为金瓜石、瑞芳和牡丹坑三处。此外，砂金则散布于基隆、九份、大竿竹、大粗坑等地的溪中；东部的达基里溪谷也发现了较大的砂金矿源。

日本矿业会社于1933年4月接办台湾最主要的金瓜石矿后，即于同年9月开始建设金矿全泥鲭化厂和金铜矿浮游选矿厂，先后于1935年和1936年竣工。尽管如此，从1933年至1945年，在日本矿业会社的控制下，金瓜石矿仍只生产半成品，而将其送至日本冶炼完成。

在关内，山东招远的玲珑金矿公司也从事金矿采掘。

---

① 滿鐵經濟調查會：《滿洲產業統計》(1932年)，1934年3月出版，第49頁.

(三) 银及其他

日本很少在中国从事单项的银矿开采,可以举出的有吉林天宝山银矿。该矿于1890年由办理珲春招垦事务的候选通判程光第招集商股一万两开采的。翌年正式由清政府批准,成立天宝山矿务局,由程光第任总办。可以说,这是一个小型的官督商办企业。该矿初开时成绩颇好,但不久即产量锐减,经营发生困难。1896年亏损5万两银子,而被饬令停办,1900年又遭焚毁。1901年程光第派人到上海与美商隆达理订立天宝山合办草约,拟组织中美合办的华美公利公司,重新办理此矿。中美合办刚被批准,日俄战争爆发,前议也就取消,但程光第因亏空款银1万余两,无法交待,就私自向日商中野二郎借款6万两,并订立中日合办合同。中野二郎未等合同正式批准,就到矿区擅自开采,约莫一年之后,即1907年10月中国当局将该矿封闭。日本驻华公使和驻吉林领事不断向中国当局提出合办要求,并要求赔偿中野二郎损失计30万元。对此,双方交涉了几年,一直没有结果。直到1915年,日本驻华公使介绍日商滨名宽祐与程光第合办,所提出的合办条件包括:中野二郎的损失由合办公司负责赔偿;中国政府给予免税等特别利益。中国政府拒绝了免税等要求,也不同意程光第经办该企业,改荐刘绍文,并由中国政府派人监督。这样,中日合办才告成立。

其他有一些日本在华经营的矿业企业也兼采银矿。但这些企业的采银情况均无详细的统计资料。

湖南湘乡谢重斋兄弟于1889年组织广益福锑矿公司,开采龙山锑矿,后因锑价下跌,企业经营失败,谢氏兄弟只得将龙山广益福公司及伏溪等分公司共六处产业,加上杨滩庆记炼厂抵押于中日实业公司,借款40余万元,以1923年为赎还期。但谢重斋因矿务衰落,忧劳成疾,于1922年冬去世,所欠中日实业公司债务无法清偿,只得让日人租办,而由中日实业公司管账。该矿就此完全落入日人的掌握之中。

我国东北除了煤铁矿产外,还有许多其他矿物资源如下表所示。

表 2-13　东北各项矿产产量
（1928—1932 年）　　　　　　　　（单位：吨）

矿石别	1928 年	1929 年	1930 年	1931 年	1932 年
铁矿	710 286	985 671	832 229	922 649	993 143
铣铁	283 667	294 158	348 054	342 270	368 181
团矿	26 600	42 220	48 240	40 880	48 470
硫化铁矿	4 266	5 057	3 028	3 919	3 620
金矿（砂金）	26 650(两)	14 000(两)	39 400(两)	29 890(两)	—
铝矿	366	1 450	—	—	—
铜矿	—	750	840	—	—
锰矿	444	723	609	270	60
菱苦土矿	25 454	31 681	29 016	36 034	55 386
滑石	35 000	40 000	25 726	42 890	44 316
白云石	89 324	103 235	116 925	97 777	89 906
石灰石	471 710	629 502	688 489	545 131	477 350
石棉	86	113	110	171	120
硅石	20 597	19 624	20 000	22 327	26 989
长石	770	1 216	500	868	1 781
方解石	3 470	1 230	1 000	304	875
耐火黏土	60 481	68 651	53 664	35 476	51 799
油母贡岩	—	—	981 004	1 245 094	1 412 554
原油（岩油）	—	—	47 815	61 081	70 631
焦炭	343 741	388 307	485 312	418 625	416 305
煤	9 509 563	9 893 574	10 040 652	9 048 703	7 108 282

资料来源：滿鐵經濟調查會：《滿洲産業統計》(1932 年)，第 48 页。

上表中的耐火黏土是钢铁工业和军火工业不可缺少的原料。1898 年俄国租借辽东半岛，出于修筑旅顺炮台需要，开始从事耐火黏土炼瓦的生产。日俄战争后，日人对耐火黏土采掘给予一定注意。先是向华商购买。1911 年日人川上好太郎同华商订立购买黏土的契约。后来日人樱井豪、桥本万三郎、福井米次郎、佐志雄等也相继与华商签订购买黏土的契约，并不久成立采矿企业。1916 年 6 月日人华津耕次郎同华商孙以华、李仁育设立中日合办的大东磁土公司，资本 10 万元，从事耐火黏土的采掘。1929 年 2 月日资复州矿业株式会社成立，继续以往日人在该地黏土采掘、加工和贩卖等经营。复州矿业会社的总社设在大连市，在辽宁复县五湖嘴设出张所，资本 50 万日元，实收 41.3 万日元。该社在日本国内设有三处代理贩卖所,大阪两处(福井组工业名会社和广濑安伸商店)、福冈一处(植山平次商店)。以日本人经营为主的五湖嘴地区的耐火黏土出产量在东北全境是占绝大比例的,可见表2-14:

表2-14 东北耐火黏土产量
(1918—1930年) （单位：吨）

年份	1918	1919	1920	1921	1922	1923	1924	1925	1926	1927	1928	1929	1930
五湖嘴	27 567	18 258	4 794	9 715	3 199	6 426	38 505	25 796	34 371	38 352	53 763	62 603	48 163
烟台	—	—	—	—	—	—	—	—	2 692	4 501	11 520	6 282	1 440
本溪湖	—	—	—	—	—	—	—	—	865	811	1 172	1 235	580
计	27 567	18 258	4 794	9 715	3 199	6 426	38 505	25 796	37 928	43 664	66 455	70 120	50 183

资料来源:《滿鐵調查月報》,1931年9月号,第27页。
注:可能由于调查方法和调查途径的不同,本表1928—1930年的数字与前表有出入。

"九一八"事变后复州矿业会社的耐火黏土采掘量不断增加,1937年达263 100吨[①]。

白云石是炼钢的重要耐火材料,又是制造玻璃和建筑的原材料,在东北不少日商都经营这种矿石的采掘。1930年大连地区经营者有八幡制铁所、相生由太郎、福井米次郎、是枝定助、南满矿业株式会社、山崎仪一、山崎长七、庄国四郎、末松商店等;旅顺地区经营者有南满矿业株式会社等。1930年大连地区和旅顺地区日人经营的白云石产量为106 125吨。东北的白云石(包括华商采掘的)出口主要是向日本输出,这可以举东北最主要的港口大连港为例:

表2-15 大连港白云石输出数量
(1926—1930年) （单位：吨）

输出方向	1926年度	1927年度	1928年度	1929年度	1930年度
日本	3 116.6	2 983.1	3 789.0	3 875.0	3 000.0
朝鲜	47.0	157.6	99.0	29.0	42.0
中国关内	0.2	28.9	4.0	29.0	12.0
总计	3 163.8	3 169.6	3 892.0	3 933.0	3 054.0

资料来源:《滿鐵調查月報》,1931年10月号,第130—131页。
注:原资料1926年度的总计数为3 158.8,现据细目相加之和校正。

---

① 滿史會:《滿洲開發四十年史》下卷,第273页。

表2-15中,向中国关内的输出额同对日出口额相比较,其数量之小,几乎可以忽略不计。日本八幡制铁所对购买我国东北的白云石特别感兴趣,1924年该所购入的67 364吨白云石中,我国东北出产的为42 364吨,占63%,而每吨单价仅1.67日元,质优价廉;朝鲜产的白云石每吨单价5.75日元或6.32日元,福冈产的5.75日元,东北产的仅占其1/3还不到。① 这样的贸易带有很大的掠夺性。

还有一种非金属矿石硅石也是重要的耐火材料和玻璃制造工业的原料。主要产地在东北旅顺附近的将军山和金州附近的大孤山。在这些地区经营硅石采掘的日人企业在1931年之前主要有四家。

其一,末永组。该企业成立于1908年,本所设在大连,工场设在旅顺将军山,资本5万日元,组织形式为合名会社,企业代表是末永丰太郎。该企业除经营硅石采掘及输出外,还经营满铁煤的特约贩卖和满铁的贮煤场等。

其二,大正洋行。该洋行1920年成立于大连,工场在旅顺将军山,资本10万日元,是日商大岛甲槌独资经营的企业,除硅石采掘、贩卖外,还经营木材贩卖。

其三,福井组。该企业1906年成立于大连,设有大阪、富山、鞍山支店,并在东北普兰店、复县五湖嘴、大石桥和兴城县设有出张所。该企业属日商福井米次郎独资经营,除硅石及白硅石采捆外,还经营黏土、长石、滑石、萤石、白云石,菱镁矿、锰等多种矿产的采掘、贩卖;硅石产区主要在大连附近的大佛山和转山头一带。

其四,福昌公司石材部。大连的福昌公司的资本总额为100万日元,是从1924年开始采掘硅石的,采掘场在大连附近。

此外,日资大连窑业株式会社也经营少量的硅石采掘。

这些企业开始时产量很小,1918年时的产量还不到两千吨 1925年达到13 897吨②。1926—1930年末永组等几家日资企业的硅石采掘情况如下:

---

① 《滿鐵調查月報》,1931年10月号,第144页。
② 这仅是用作耐火器材原料的硅石产量,不包括用作玻璃及陶瓷器原料的硅石产量。

表 2-16　东北硅石生产量
（1926—1930 年）　　　　　　　　　　　　（单位：吨）

采掘者	1926 年	1927 年	1928 年	1929 年	1930 年
福昌公司	8 000	6 000	4 000	2 500	2 700
末永组	10 440	3 102	4 809	8 473	10 983
大正洋行	2 800	4 000	5 700	6 700	5 500
大连窑业株式会社	1 543	528	600	211	43
合计	22 783	13 630	15 109	17 884	19 226

资料来源：《滿鐵調查月報》，1931 年 9 月号，第 42 页。

注：① 本表只是用作耐火器材原料的硅石产量，不包括用作玻璃及陶瓷器原料的硅石产量。
② 福井组的产量不详。
③ 鞍山制铁所 1928 年所用硅石 748 吨、1929 年所用硅石 1 441 吨不包括在本表内。
④ 原资料 1928 年合计数为 15 169，现据细目相加之和校正。

东北出产的硅石也同白云石等矿产一样，大部分是向日本出口的。这也可以大连港的硅石输出情况为例：

表 2-17　大连港硅石输出量
（1926—1930 年度）　　　　　　　　　　　　（单位：吨）

	1926 年度	1927 年度	1928 年度	1929 年度	1930 年度
总计	3 722.9	5 204.0	3 484.0	2 132.0	1 719.0
一、日本各地	2 687.0	4 751.4	2 889.0	1 704.0	1 567.0
二、中国关内	1 035.9	439.4	505.0	418.0	138.0
其中：上海	997.7	428.8	595.0	398.0	138.0
天津	38.2	7.0	—	20.0	—
其他	—	3.6	—	—	—
三、朝鲜	—	13.2	—	10.0	3.0
四、欧洲	—	—	—	—	11.0

资料来源：《滿鐵調查月報》，1931 年 9 月号，第 43 页。

1924 年八幡制铁所购入的硅石 23 224 吨中，中国的旅顺硅石 5 748 吨，占 24.7%，每吨单价 4.80 日元，中国的龙头硅石 2 055 吨，占 8.8%，每吨单价 3.40 日元，而日本国内所生产的硅石单价一般为 13.40 日元。

东北的铅矿主要是杨家杖子和青城子两矿。1935—1944 年，杨家杖子铅矿平均年产量为 50 853 吨；1940 年 6 月—1944 年 6 月，水铅矿产量为 433 126 吨。

青城子矿1941年开采量是3 800吨，1943年为7 500吨，1944年为5 500吨；该矿还开采亚铅和黄铁矿等。除了上述两矿外，间岛延吉的天宝山、安东的桓仁矿山和岫岩矿山也都是铅矿开采地。

东北的钼矿也产于杨家杖子，1944年的产量为74%品位的精矿980吨，全部运往日本，供陆海军使用。石墨主要产于密山柳毛矿山，1943年的产量为22 000吨，大部分运往日本，供制造电极用。

东北丰富的矿产资源在"九一八"事变后都落入了日人的手中，"七七"事变后关内沦陷区的各种矿源也都被日人劫夺。日本对中国矿业的全面霸占是他们推行"以战养战"政策的基础之一。

第三章 纺织工业投资

第一节 棉纺织业

一、沿革及投资额

纺织业是日本国内主要工业部门,也是日本对华投资的主要工业部门之一。

自甲午战争后直到第一次世界大战前,这段期间日本把中国作为其国内商品的倾销市场,对中国输出大量的棉纱和棉布,在华所设纱厂并不多。1895年曾有日商试图在上海杨树浦设立东华公司纺织工厂,厂址业已选定,机器也向日本国内订购。但锅炉运到上海,主办人又认为与其在华设厂,倒不如设厂在本国更为有利而终止。以后华人经营的兴泰公司因营业不善,债务累累,1902年底以三井物产会社上海支店长山本条太郎为主的一些日商趁机予以收买。上海另有一家华人经办的大纯纱厂,1905年又由山本条太郎以5万两银子代价租办一年,成绩颇好,第二年也由三井物产会社收买,改名为三泰纺织会社,不久又与前购的兴泰厂合并为上海纺织株式会社,兴泰厂为上海纺织第一厂,三泰厂则为上海纺织第二厂,由三井物产会社统一经营。

上海纺织会社的经营颇为成功,在1914年的一次股东大会上,董事会主席报告了从1909—1914年上海纺织会社的经营成绩:净利1 355 086两,折旧

248 268 两,已付股息 645 070 两,准备金 450 000 两;对该厂实收资本 1 000 000 两而言,五年中盈利等于其 135%,折旧等于其 25%,股息等于其 65%,准备金等于其 45%,每年平均利润率为 27%。因此决定把公司资本增加到 200 万两,以便增建厂房,添置机器,扩大生产规模。

1907 年在上海建成投产的九成纱厂,原为中日合资经营的企业,不久归日商独办,改称日信。

由于上海纺织会社获利丰厚,1911 年日本内外棉会社的川村利兵卫也在上海建成了内外棉第三厂。该厂初创时约有纺纱机 54 台,每台有纱锭 388 枚。在该厂的落成典礼上,上海道袁树勋还到场讲了话。他提到棉纱工业的重要性,并提到"日本在这一特殊事业上的成就"。他说,建造这样一个纱厂对于居住在上海的各国居民及日本人"都是有好处的",并"希望这个事业会有很大的繁荣"。①

除了直接设厂外,日本财阀大仓组于 1912 年向华商南通大生纱厂投资 20 万两②。

1914 年 3 月,日本在华纱厂力量次于英国而居第二位,英厂 5 家,共拥有纱锭 193 668 枚,织机 800 台,日厂两家,拥有纱锭 95 872 枚,织机 886 台,此外正在建造中的纱锭数有 6 万枚,因此同英国的实力相差不是太远。1914 年底日本在华纱厂的资本总额约 780 万日元③。日本的在华棉纺织业投资虽起步晚于英、美、德等国,然其发展速度则引人瞩目,相对言之,它比以纺织业著称的英国还略胜一筹。

到 1918 年,日本在华棉纺织业增加纱锭 20 万枚左右。内外棉在大战期间新设了三个厂,收买了一家原由华商经营的纱厂;上海纺新设纱厂、布厂各一家;在上海新成立了一家日华纺织会社,收买美商鸿源纱厂。而日商从华商手里盘下的日信纱厂复又被华商收买,改称恒昌源纱厂。因此,大战期间日本投资的纱厂仅增加 6 家。原因是当时日本国内纺织机械的工业还无基础,机器主要来源

---

① 汪敬虞:《中国近代工业史资料》第 2 辑,下册,第 197 页。
② 严中平:《中国近代经济史统计资料选辑》,第 137 页。
③ 雷麦:《外人在华投资》,第 322 页。

于英美,而英美注力于军火生产,不能正常和迅速地向日本供应纺织机械。所以日本棉纺织业投资者未能更多地在华设厂。

第一次世界大战后,日本的棉纺织业出现了两个情况:一是日本国内棉纺织业萧条,开工不足,工作时间缩短,纱锭封闭率高达20%[1]。二是1918年中国当局重新厘定进口棉货税则(1919年8月实施),改变了旧税则进口棉纱仅征单一从价税的规定,而实行棉纱在45支以下的,以担为单位,征从量税;45支以上的,则征从价税的新税则,使日本输华的棉纱负税有所增加。

表3-1 每担棉纱之进口税
(1918—1930年)

年份	货币单位	17支及17支以下	18—23支	24—35支	36—45支	45支以上
1918	海关两	1.28	1.38	1.90	2.18	5%
1922	海关两	2.00	2.20	3.00	3.40	5%
1928	海关两	3.00	3.30	4.50	5.10	7.5%
1930	金单位①	5.30	5.80	7.90	8.90	7.5%

资料来源:方显廷:《中国之棉纺织业》,南京国立编译馆1934年版,第7页。
原注:①每金单位值美元4角。

以上两种情况都促使日本棉业经营者更积极地采取对华输出资本的方针。再则中国是一个同日本签订了不平等条约的国家,劳动力价格低廉,工时较长,原料丰富,条件确实要比日本国内设厂优越。

1921年和1922年是日本棉业经营者在华设厂的最盛时期,计在上海新设了东华、大康、丰田、公大、同兴和裕丰6家株式会社;在青岛新设了富士、大康和隆兴3家株式会社;又增设了东华第二厂、日华第三厂、上海纺第三厂、内外棉第十二厂和第十三厂5家纱厂及内外棉一家布厂。从纱锭和布机数来看,1918年日本在华纱厂的纱锭数即已超过英国,是年在中国境内的棉纺织业共有纱锭141.9万枚,英国占17%,日本占21%,中国占62%。到1921年,华商和日商纱厂都有大发展,至年底全国共有纱锭326.6万枚,其中已开车者196.6万枚,日

---

[1] 王子建:《日本之棉纺织工业》,社会调查所1933年版,第12页。

商占86.7万枚;未开车者130万枚,日商占50万枚。1922年2月底,全国共有布机16 200台,计华商10 600台,日商3 000台,英商2 600台。①

华商纱厂在这一时期表面上比日商纱厂占有优势,呈现一种欣欣向荣的景象,实际上有不少纱厂被日人资本打入,甚至受其控制。有的华商纱厂初开办时即有日资渗透,而为了经营便利,由华商出面办理,企业也以华商面目出现;有的华商纱厂因资金困难而抵押于日商。有人说,这是日本"企图垄断吾国棉织业之伏兵,较以日商名义在华设厂者,更为阴险而可怕,实吾国棉织业进行前途之暗礁"②,事实正是这样。下表即反映了日本对我棉业的渗透和控制的状况。

表3-2 日本在中国棉纺业里的投资
(1912—1932年)

投资机构	时期	被投资的中国纱厂	投资方式	投资额	投资的结果
大仓组	1912	南通大生纱厂	?	200 000 两	
中日实业	1917	上海申新纱厂	借款	400 000 元	
中日实业	1917	天津华新纱厂	借款	500 000 日元	1936年由钟渊收买
中日实业	1919	济南鲁丰纱厂	借款	600 000 日元	
大仓组	1921	天津裕元纱厂	借款	2 900 000 日元	1936年卖与钟渊
东洋拓殖	1921	天津裕大纱厂	借款	3 947 778 日元	1925年被东拓接收经营
东亚兴业	1921	上海宝成一、二厂	借款	5 000 000 日元	1925年被拍卖
东亚兴业	1922	上海申新纱厂	借款	3 500 000 日元	
东亚兴业	1922	上海华丰纱厂	借款	1 000 000 日元	1926年为日华收买
东亚兴业	1922	上海大中华纱厂①	借款	1 500 000 两	
裕丰纺织会社	1932	唐山华新纱厂	合办	3 000 000 元	1936年由日厂接办

资料来源:严中平:《中国近代经济史统计资料选辑》,第137页。
原注:①借款一说并未成立。

日本对我棉纺织企业的借款等投资,主要集中在1921年和1922年两年,两

---

① 穆湘玥:《中国棉织业发达史》,申报馆编:《最近之五十年》,1923年出版。
② 穆湘玥:《中国棉织业发达史》,申报馆编:《最近之五十年》,1923年出版。

年投资的结果,使不少华商纱厂日后为日商所兼并。

1923年后日本国内的纺织业投资已呈饱和状态,其对华资本输出仍积极进行。1923年日本长崎纺织会社在青岛设分厂,名宝来纱厂,钟渊纺织会社也在青岛设立钟渊纱厂分厂。同年,日华在上海增设第四厂,内外棉在上海增设第十四厂和第十五厂。1924年日本棉花会社在汉口设泰安纱厂,满铁会同富士瓦斯会社在辽阳设立满洲纺织会社。同年上海同兴增设第二纱厂。1925年满铁又同富士瓦斯会社在大连设满洲福纺会社,内外棉则在金州开设支店,建成纱厂两家。同年日华收买华商宝成一、二两厂,公大收买英商老公茂一厂。

第一次世界大战前在中国的德、美纱厂,其势力在大战爆发后全都退出了中国,德商瑞记纱厂卖与英商,美商鸿源纱厂卖与日商。英商势力在大战前对日商居于优势,大战中则踏步不前,老公茂又被日商吞并,因此其优势丧失殆尽,被日商远远超出。

1914—1925年,日本在中国共建立纱厂33家。其中设于1914年2家,1917年3家,1918年2家,1919年和1920年各1家,1921年5家,1922年8家,1923年和1924年各4家,1925年3家。同期,华商纱厂设立53家,英商纱厂设立1家。华商纱厂虽处于领先地位,但其基础却无日商纱厂扎实:其一,表现为华商纱厂财力不足,向日本财阀借了不少外债。其二,表现为华商纱厂的规模不如日商纱厂大,53家华厂共有纱锭1 768 500枚;平均每家厂33 368枚,而33家日厂共有纱锭1 268 176枚,平均每家厂38 430枚,比华厂多4 000余枚。其三,表现为华厂的联合程度不如日厂高,52家华厂隶属于40个公司,每个公司约有1.33家厂,而33家日厂隶属于17个公司,每个公司约有1.94家厂,其中内外棉拥有工厂最多,达13家,而且公司与公司之间为了同中、英纱厂竞争,又多采取较有力的联合行动。

日本在华棉纺织业的投资除设立纺织厂外,还设立控制原料生产和交易的洋行及其他机构。三菱财团为了在中国就地得到适用于他们的棉花原料,于1916年以石家庄为中心,在华北各地实施改良棉种的计划,以收购改良棉为条件向农民发放棉花良种。1918年东洋拓殖会社也在山东向日籍"和顺泰"棉花商店贷款20万元,委托其在胶济路沿线推广优良棉种和收购改良后的棉产品。

此外还有大仓、住友等日本财阀在东北也设立满洲棉花会社，专事辽河流域的棉花改良及收购。这些经过改良的棉产品，不仅向日本输出，同时也供应给日本在华各棉纺织厂。

除了控制棉花生产和收购，日本的东棉洋行、日本棉花株式会社和江商株式会社还在中国设立繁密的分支机构，以垄断中国的棉货进出口事业以及中国国内的棉货运输业。1925年底，日本纺织联合会会长、日本合同纺织株式会社社长谷口房藏和日本棉花株式会社社长喜多又藏在上海发起组织一个综合原料供应和运输公司的垄断组织，这个组织后来被称为"印棉运华联益会"。该会的骨干主要是在华日籍棉纺织企业家，虽有部分英商和华商加入，但完全受日商制约。印棉运华联益会与日本邮船会社、大阪商船会社以及大英轮船公司三家船行签订合同，规定凡厂家或棉商从印度购棉，全部由三船行承运，而三船行在运费上则作一回扣，以适当降低棉花成本。

日本在华纱厂同日籍棉商之间的联系十分紧密，后者受前者所控制。如在我国最大的进口棉转运市场山东济南市，日籍棉商洋行有日本、东棉、瀛华、大同、瑞丰等十余家，这些洋行大多不必自备资本，主要业务是在华商花行同青岛日本纱厂之间进行接洽。青岛日本纱厂对原棉的需要量占济南棉花市场的60%，济南日籍洋行每天把棉市的价格和品种等情况通报青岛日本纱厂，而青岛日本纱厂则把对原棉的需要情况及青岛市况通报济南的洋行，济南的洋行据此决定当天棉花的收购量和收购价格。济南的日籍洋行完全受青岛日本纱厂控制，而济南的原棉市场则完全受日籍洋行控制，华商纱厂和华商花行吃亏不小。日籍棉商不仅控制像济南这样的原棉转运市场，还在产棉季节直接到棉花产地向农民收购棉花，为了在棉花产地控制收购，日本棉商借助于日本在华金融机构的力量，在棉花生产季节大量贷款给缺少资金的农民，性质类似定洋，这样农民在棉花收获后就不得不出售给日商了。由于日本在华投资所具有的综合性和其无孔不入的渗透性，它就能以控制者的身份在中国扎下根来。

从1925—1931年，日本在华棉纺织业投资不再是新设企业，而是在原有基础上扩大生产规模。1925年日本在华纱厂拥有的纱锭共1 268 176枚，线锭58 744枚，布机7 205台，到1931年，纱锭增加到1 715 792枚，线锭增加到

232 236枚,布机增加到15 983台。① 若以资本系统来分析,则内外棉的实力高居首位,日华等次之。据有人统计,1930年前后,内外棉所拥有的纱锭数约占日本在华纱厂总拥有量的27%,线锭占38.3%,布机占12.5%②。

1930年末日本在华棉纺织业的投资额,雷麦估计总数为19 565.3万日元,其中东北地区为1 233.1万日元,上海为14 400万日元。③

上海是日本在华纺织业的中心,而东北的日资纺织业则比较薄弱,同在第一次世界大战中发展起来的中国民族棉纺织业相比,处于劣势。1907年前,东北的华商纺织厂共6家,日厂1家,到1921年,华厂增加到24家、日厂7家,到1931年,华厂更增至119家、日厂4家。④ 东北主要的日本纺织企业是:1921年在沈阳设立的沈阳纺纱厂,1923年在辽阳设立的满洲纺织会社,同年在大连成

表3-3 东北日本四大棉纺厂概况
(1926—1930年)

年份	1926	1927	1928	1929	1930
四工厂实收资本	620万银两 750万 沈阳大洋	736万银两 750万 沈阳大洋	775万银两 750万 沈阳大洋	775万银两 800万 沈阳大洋	787.5万银两 800万 沈阳大洋
公积金	17 500银两 125万 沈阳大洋	17 500银两 160万 沈阳大洋	17 500银两 210万 沈阳大洋	17 500银两 250大洋 沈阳大洋	17 500银两 220万 沈阳大洋
纱锭(枚)	94 176	94 176	99 776	128 776	145 528
棉纱年产量(件)	48 310	59 657	53 187	69 248	85 067
棉布年产量(包)	13 230	11 396	17 049	16 439	26 639
职工人数 日 华	104 5 015	62 4 767	52 5 079	49 5 992	72 6 645

资料来源:《满铁调查月报》,1933年11月号,第261页。

---

① 严中平:《中国棉纺织史稿》,科学出版社1955年版,第177页。
② 戴露晨:《中国纺织业近况》。《中外经济月刊》第8卷第5期,1932年。
③ 雷麦:《外人在华投资》,第370—371页。
④ 郑学稼:《东北的工业》,第156—157页。该数字包括织布厂在内。

立的满洲福纺会社,1924年在金州成立的内外棉分厂。东北的棉花质量很差,不能纺细纱,若购用美棉或印棉,成本高昂,产品就缺乏竞争力,甚至不能与日本国内棉纺织业和上海等地的日商纱厂产品在东北市场上竞销,因此,满洲纺织会社和沈阳纺纱厂一度停工。但是,尽管如此,在东北这四个厂的实力仍然不小。

在这期间,东北的手织业仍相当发展,据满铁调查,1929年,营口、长春、铁岭、沈阳、安东、哈尔滨等地共有手织工场792家,织机7 085台,年产量2 619千匹。①

"九一八"事变后,日人在东北加强了过去较为薄弱的纺织业投资,原来华商经营的营口、辽宁两家纺织公司,改为日伪和日鲜"合办",其实完全由日人控制。日人在东北吞并华商纱厂,以强权限制非日人设立纱厂,实行统制,而对他们自己的纱厂则大事扩充。

表3-4 东北日本纱厂规模的扩充
（1930—1936年）

年份	纱锭数（枚）	织机数（台）	各厂拥有的织机数(台)			
			内外棉	满纺	沈阳纺	营口纺
1930	—	834	—	504	330	—
1932	159 852	1 005	—	505	250	250
1934	158 540	1 445	—	505	320	620
1935	214 540	2 551	1 008	509	320	714
1936	257 180	3 051	1 008	1 009	320	714

资料来源:滿史會:《滿洲開發四十年史》下卷,第434—435页。
注:原资料中1935年的织机总数为2 547台,现据细目相加之和校正。

1936年上列日厂的纱锭总数比1932年增加了约10万枚,织机则增加了两千多台,发展速度是较快的。

除了上述日厂之外,还有1937年初开始生产的瓦房店帝国加丹会社所属的加丹工厂也有纱锭30 000余枚。

---

① 滿史會:《滿洲開發四十年史》下卷,第416页。

第三章 纺织工业投资

日本在东北大力经营纺织业的同时,还加紧在华北等地区的活动。尤其是《何梅协定》签订以后,日本在华北的经济侵略更为扩张。在纺织业方面一是极力增设新厂及扩充设备,二是以贱价收买华商纱厂。

日本在华北的纺织业投资以青岛和天津为重点。在青岛日人以新建和扩建为主。1931年日本在青岛的纱厂有6家,即内外棉青岛支店、钟渊公大第五厂、大康纱厂、富士纱厂、隆兴纱厂和宝来纱厂,共拥有纱锭363 652枚,布机4 436台。在1932—1936年期间,除不断扩充已有厂的设备外,还新建布厂富士、隆兴两家;设分厂的有上海纺、丰田两家;新建的纱厂有同兴纱厂一家。到1936年青岛日商纱厂的总纱锭数增加到520 340枚,布机增加到8 784台。1931年青岛华商纱厂只一家即华新纱厂,该厂无织布设备,纱锭43 564枚,占日商当时拥有量的约九分之一强;1936年青岛的华商纱厂仍只华新一家,纱锭48 044枚,虽然比1931年稍有增加,但只占日商拥有量的9.2%,布机500台,只占日商拥有量的5.7%。由此可见,青岛棉业已完全由日商垄断。

在天津,日本的棉纺织业投资是以收买华厂为主,1931年以前,日本在天津没有纱厂,仅以借款形式对华商纱厂投资。1931—1936年,日人致力于对华商纱厂的收买。华商裕元、华新纱厂因欠大仓组和中日实业会社的债务无力清还,1936年由钟渊收买,改名公大第六、第七厂。华新纱厂的代价是120万元;裕大纱厂因无力偿还东洋拓殖会社的债务,1925年被拍卖,到1932年由日本中古、伊藤忠两会社合组的大福公司接管;宝成第三厂于1936年由东洋拓殖会社和伊藤忠会社合组的天津纺织公司收买,次年改名天津纱厂。1931—1936年,日本纱厂从无到有,拥有纱锭168 407枚,布机1 000台,形成了相当规模的棉纺织生产系统。而华商纱厂所拥有的纱锭203 556枚减至66 416枚,布机1 098台减至310台,均减少三分之二左右,生产规模反而小于日商纱厂。原来天津的六大华商纱厂中仅存北洋和恒源两家还勉强维持,但资本薄弱,经营也很困难,日商东洋纺织会社和大仓组对这两家华厂也虎视眈眈。1935年天津又新办了一家华商达生纱厂,设备虽较新式,但规模很小。

对于华商纱厂被日资兼并,中国棉业企业家和各界人士都忿忿不平,认为这是中国当局对民族资本缺乏保护的结果。荣宗敬说:"实业部救济高唱已届3

表3-5 天津华商纱厂被日商兼并概况
(1936年)

	资本		纱锭		线锭		布机	
	元	%	枚	%	枚	%	台	%
已被日商兼并之裕大、裕元、宝成、华新四厂合计	14 021 900	63.4	168 407	71.7	5 876	53.4	1 000	76.3
在挣扎中之北洋、恒源、达生三厂合计	8 100 000	36.6	66 416	28.3	5 140	46.6	310	23.7

资料来源：郑森禹：《中国棉纺织业的危机》，《东方杂志》第33卷第20号，1936年10月。

年，而于事实则百无一补。"①华新纱厂被日商收买后，该厂原总技师桂步聪说："曾向京棉统会（南京棉业统制委员会）求救济，要求50万加入股份，被拒绝，向银行贷款亦无望，社会局虽调查，劝勿卖日人，但亦无法援助！"②

日商各厂共同计划，打算在天津组织日本对华经济侵略的综合机关，而以该地为日纱产销的中心地，实行全国性的统制，供给伪满、华北、西北、华中、华南等地市场。因此野心勃勃，计划在短期内迅速扩大天津棉纺织业投资，将纱锭扩大到80万枚。

同天津邻近的唐山华商华新纱厂于1932年由日本裕丰纺织会社投资300万元，变为中日合办，而1936年则由日商收买独办。

日商在上海也积极扩充设备，纱锭从1931年的1 253 108枚，增加到1936年的1 331 412枚，布机从13 685台增加到17 283台，增加也很可观。但从全国范围来看，这一时期日本在华棉纺织业投资，着重在华北地区。

日本全面侵华战争之前的三年内，上海日商纱厂的赢利情况呈上升趋势。1935年中国棉花减产，棉制品供不应求，价格上涨，加以日商惯于垄断市场和进行投机，所以除东华、日华两厂相对经营较差外，其余各厂均获厚利，库存全部出清，景象很是兴盛。上海纺自1934年上半期起，各期盈利都在100万元以

————
①② 郑森禹：《中国棉纺织业的危机》。

上,1936年上、下两期,利润率都在30%以上,派息率12%。内外棉和公大营业成绩也很好,每期获利都在100万元以上;内外棉各期派息率为12%,公大派息率为15%。丰田纱厂各期盈利都在30万元以上,1936年上期达63万元,利润率25%,下期盈利更增至70万元,利润率28%,两期派息率都是7%。裕丰纱厂1936年上期盈利75万元,利润率20%,下期盈利82万元,因下期资本增加,所以利润率反而有所降低,为15%;两期派息率都是8%。同兴纺织厂1935年下期盈利44万元,1936年上期盈利50.2万元,利润率9.5%,派息率7.1%,1936年下期盈利55万元,利润率增至10.6%,派息率8%。日华纺织厂是日商在沪纱厂中经营较差的一个厂,1935年下期亏损不小,经内部整顿和管理人员更动后,1936年上期获利20万元,但仍不能派息。东华纺织厂的成绩也较差,常有亏损,1935年下期亏损很多,1936年上期出现转机,盈余5 000元。

表3-6　8家在沪日商纺织会社平均营业成绩

(1934—1936年)　　　　　　　　　　(单位:百万日元)

年份	实收资本	利润额	利润率(%)	派息率(%)
1934年上期	81.2	7.533	18.7	9.2
1934年下期	81.2	7.750	19.1	9.2
1935年上期	82.5	7.756	18.8	9.7
1935年下期	82.5	5.861	14.2	9.2
1936年上期	84.7	7.476	17.7	12.2
1936年下期	87.2	7.967	18.3	12.2

资料来源:张肖梅:《日本对沪投资》,商务印书馆1937年版,第61—62页。

在日本纺织业资本的打击下,各地华商纱厂的境况同天津相似,有的破产倒闭,有的岌岌可危。造成华商纱厂停工减工现象的原因,除前述原因之外,就是日商对原料的垄断。原棉种植是日本推行"农业中国,工业日本"殖民主义政策的一个重要内容。当时日本的棉纺织品已在南洋、印度、非洲及至整个世界市场上同英国激烈竞争,而日本棉纺织业所需要的棉花却大部分依靠从美国、英领印度以及埃及输入,华棉输日比例很小,如1934年日本棉花总输入额约有18亿磅，其中华棉仅占 2.4%①。在这种情况下，如果英美拒绝棉花供应，日本棉纺织业就将一筹莫展。因此，日本处心积虑地扩大华棉输日的比例和垄断中国的棉花市场。

上文已经说过，日商早就着手在我国农村改良棉种，并控制收购，这一时期更是大规模地进行。在东北，日人制订了 15 年计划积极扩充棉产，目标是年产 40 万包。在华北，日人设立了农事试验场，大力改良棉种。1933 年，日人在山东成立了山东棉花改良会。1936 年日本外务省又派日本驻济南总领事西田具体负责山东棉花的改良事务，并向中国山东当局和朝鲜交涉，在胶东租借地招募农民，实行贷款，种植良种棉花。1935 年华北事变以后，天津日本驻屯军投资 2 000 万元，并派遣日籍技术员，加强棉花种植。同时日本外务省还决定把日本在华北的文化事业费增加到 700 万元，借以在该地成立自然科学研究所，作为植棉的技术中心。并应大日本、金滕和东洋三家日本纺织会社的要求，聘请满铁的棉业技师改良棉种，借朝鲜总督府棉籽 10 万斤，在我华北主要棉产地河北、山东、山西三省试种，规定每省贷给农户种植费用 3 万元。山西省地方政府在日本的要挟下，"全省强迫种棉，不种即问罪，如有损失，政府赔偿，推行人员敷衍者以遗〔贻〕误罪论"②。在华中方面，上海的日信洋行也于 1936 年派员直接赴苏北主要棉产地南通，向当地棉作试验场调查棉花青苗生长情况，并在收获季节直接在产地收购，以供上海的日商纱厂之用。其他如东棉洋行、内外棉等，也都派员到苏北各县收购新棉。

日本控制了华北和东北的几乎全部、江南一部分的棉花种植收购、交易市场和运输，不仅使日本在华纱厂的棉花供应得到满足，并且还有一部分中国棉花输往日本，而华商纱厂的原棉供应却不能满足，必须依赖进口。由于世界市场的棉花价格较贵，同时由于日纱的在华倾销，造成纱价大幅度下跌。这样，花价和纱价形成了很不合理的"花贵纱贱"的格局，更使华商纱厂濒临绝境。

关于这一时期日本在华棉纺织业投资的情况，日本东亚研究所从几个方面

---

① 罗琼：《中国棉纺织业的新趋势》。《中国国民经济》，中国问题研究会 1937 年版，第 70 页。
② 罗琼：《中国棉纺织业的新趋势》。前揭书，第 71—72 页。

作过统计，先看设备情况：

表 3-7　日本在华棉纺织业设备的发展
(1902—1936 年)

年份	纱锭（枚）	指数	织机（台）	指数(1913 年=100)
1902	149 608	64	3 546	100
1913	233 448	100	3 546	100
1924	1 062 288	455	5 325	150
1928	1 374 123	589	10 673	300
1931	1 701 748	729	15 069	425
1934	1 889 792	810	20 281	572
1936	2 141 216	917	29 134	822

资料来源：東亞研究所：《日本の對支投資》（上），第 213 页。
注：1931 年及以后的数字不包括东北，全表不包括台湾。

上表 1931 年之前的统计与严中平的统计①相比较，1928 年和 1931 年的数字两者比较接近，1924 年的数字差别也不是很大，至于 1913 年的数字则相差很大。由于年代相隔久远，统计上出现差别是在所难免的，即使是对当年的情况进行调查，得出的结果也会因人而异。严中平的数字来源于《纱厂一览表》，而东亚研究所在战时所作的调查主要是通过日本在华资本系统进行的，其数字也许更可靠一些。

从 1934—1936 年，日本在华棉纺织业投资有较大发展，在中外棉纺织业投资总额中所占比例有显著提高，1934 年日本占 52.5%，1936 年则占 62.8%。②

关于资本额和资本构成的变化，东亚研究所统计了 7 家总社在中国的纺织会社的情况。

此表在时间上延续到了 1938 年。三项数字都是逐年递增的，递增幅度最大的是借入资本。根据东亚研究所的统计，这 7 家会社 1936 年的当期纯益共约 1 280.8 万日元，每社平均约 183 万日元。这只是统计了 7 家总社在中国的纺织会社，所以是不全面的。内外棉会社、大康纱厂所属的大日本纺织会社、公大各

---

① 严中平：《中国棉纺织史稿》，科学出版社 1955 年版，第 177 页。
② 《中国棉纺织业之过去及将来》，《中行月刊》1938 年 8 月号。

表 3-8 日本在华纺织业资本的构成
(1934—1938 年)

年份	实收资本		社内蓄积资本		借入资本		合计	
	金额（万日元）	%	金额（万日元）	%	金额（万日元）	%	金额（万日元）	%
1934	5 070.0	52.3	3 009.5	31.0	1 621.2	16.7	9 700.7	100.0
1935	5 570.0	51.3	3 172.2	29.2	2 130.9	19.5	10 873.1	100.0
1936	6 070.0	49.2	3 759.3	30.4	2 520.8	20.4	12 350.1	100.0
1937	6 370.0	43.1	4 015.4	27.2	4 402.8	29.7	14 788.2	100.0
1938	6 820.0	40.5	4 149.3	24.6	5 904.4	34.9	16 873.7	100.0

资料来源：東亞研究所：《日本の對支投資》(上)，第 242—243 页。

厂所属的钟渊纺织会社等，总社都在日本，它们的投资占日本在华纺织业投资不小的比例。

樋口弘估计 1936 年末日本在华纺织业投资为 3 亿日元[1]，而东亚研究所在《日本在华投资》和《各国对华投资和中国国际收支》两书中，估计 1936 年末日本在华纺织业投资为 38 164.3 万日元[2]，其中都不包括东北。由于东亚研究所的调查比较广泛和细致，所以本书在这里采取它的估计。根据满铁产业部的统计，1936 年末东北的纺织业资本仅 2 413.7 万日元[3]，远不能同关内的规模相比。台湾地区的纺织业资本数字更小，1937 年仅 504.7 万日元[4]。东北和台湾纺织业的实际投资额肯定大于资本额，同时，其中有一小部分是中国民族资本。

战前，上海纺织业中计日厂 30，华厂 30，其他外厂 4，合计 64，占关内纱厂数的 43.6%，纱锭 2 667 156 枚，占关内的 52.3%[5]。

在日本发动的侵华战争中，他们自己的在华纺织企业也遭到相当程度的损失。以地区而论，主要为上海和青岛。上海方面损失最大的日商纱厂是丰田纺

---

[1] 樋口弘：《日本对华投资之新动向》，《中外经济拔萃》第 3 卷 3 期，1939 年 3 月出版。转引自陈真：《中国近代工业史资料》第 2 辑，第 392 页。
[2] 東亞研究所：《日本の對支投資》(下)，第 1045 页；《列國對支投資と支那國際收支》，第 29 页。
[3] 滿鐵產業部：《滿洲經濟年報》下册，1937 年版，第 104 页。
[4] 林履信：《台湾产业界之发达》，第 56 页。
[5] 上海日本商工會議所：《上海經濟提要》，1941 年 12 月出版，第 96 页。据中国纱厂业公会统计，华厂为 31 家。

织厂和日华纺织厂。丰田在上海的第一第二两厂、日华的浦东工厂和华丰工厂毁损最重。其他损失较重的是上海纺、东华、裕丰和大康等四家会社。总计上海方面日商纱厂设备被毁坏的,有纱锭227 556枚、线锭40 920枚、布机4 341台。后来日华的纱锭31 424枚、线锭14 920枚、上海纺的纱锭1 680枚、布机697台又经修复,继续使用。所以,如就设备的完全毁坏来说,上海方面约共折合纱锭200 000枚、线锭26 000枚、布机3 600台。上海中、日纺织厂受战争损失情况如下:

表3-9　上海纺织业在1937年日本侵华战争中的损失

	厂数	资本(元)	纱锭	织机
华人纺织				
完全破毁	2	330万	59 400	128
损失重大	4	1 370万	219 656	1 834
损失轻微	13	2 482.7万	449 426	5 092
安全存在	11	2 215.9万	385 932	1 700
日人纺织				
完全破毁	2	300万	50 656	736
损失重大	7	3 930万	349 924	5 337
损失轻微	5	2 720万	409 084	5 998
安全存在	16		553 392	5 212

资料来源:上海日本商工會議所:《上海經濟提要》,第97页。

国民政府军队在撤离青岛时,炸毁9家日商纱厂的全部机器设备,计纱锭614 204枚、线锭53 016枚、布机11 544台,价值约12 000万—13 000万元。除上海和青岛外,日商损失较显著的还有汉口。日商的泰安纺织厂虽未被炮火毁坏,但在战争开始后,被中国军队占领并改名为华安纱厂,隶属国民政府军政部,制作军衣。国民政府军队撤离武汉时,该厂也随即迁往重庆。泰安共有纱锭24 816枚、布机380台。总计日商纱厂因战争而受到的损失,纱锭在80万枚以上,线锭在9万枚以上,布机约1.6万多台。在日军侵占以后,青岛和上海的日商纱厂在日本政府和占领当局的扶持下,大力从事纱厂的恢复。青岛战火方息,日本纱厂即开始第一期的"复兴工事",目标是建成39万枚纱锭、3.2万枚线锭和 7 100 台织机的生产能力。青岛的恢复计划中,纱锭的 54% 是日本国内停开纱锭,41% 是已经订购纱锭,5% 是其他公司订购而转让过来的纱锭。上海方面也有"复兴"计划,丰田和日华两家企业共计划恢复纱锭 76 388 枚、线锭 21 320 枚、织机 1 439 台。后经两三年的恢复工作,即全部建成投产。日商纱厂在"复兴"中,得到日本政府的大笔补偿资金。在青岛恢复计划的资金调度方面,1938年 2 月 1 日大阪《每日新闻》曾经报道说:"资金的 4 000 万元,大都是公司债或实交股金,不足之数以政府的保证赔偿向银行抵押借款,再有不足,向政府申请低利贷款。"①据日本外务省"在华居留民复兴调查委员会"1938年 10 月的报告,单青岛的国光纺织、丰田纺织和上海的日华纺织三企业就得到日本政府的补偿金 1 095 万日元;日本银行并"融通"以大笔"复兴资金",1938 年 11 月日本议会通过了《在华日人企业复兴资金融通损失补偿法》,决定由日本兴业银行和横滨正金银行担任"融通"之责。② 日本政府的"补偿金"和日本银行的"复兴资金"是在对我国大举军事侵略和掠夺的背景下拨出的,同战前投资有所不同。但为了分析战时日本在华企业的发展趋势,我们把接受"补偿金""复兴资金"之类的企业不排除在日本对华投资之外。

战争头三年,日本在华纺织业投资总额从绝对数字来看起落不大,以会社来统计如下:

表 3-10　日本在华纺织业会社别投资额　　　　　（单位：日元）

会社名	1937 年 6 月	1938 年 6 月	1938 年 5 月
丰田纺织厂	32 804 162	10 591 019	15 298 484
日华纺织	28 294 510	22 126 185	22 961 630
东华纺织	3 672 755	3 457 664	3 444 784
岸和田纺织	390 000	390 000	2 140 000
天津纺织	1 693 501	5 465 696	7 762 988
国光纺织	4 940 000	—	3 064 710
同兴纺织	17 359 807	11 794 831	15 565 998

---

①　山崎广明著、韦特孚译:《中日战争期间华北日本纱厂的经营情况》,上海社会科学院经济研究所编:《经济学术资料》,1980 年第 9 期。

②　樋口弘:《日本对华投资之新动向》,转引自陈真:《中国近代工业史资料》第 2 辑,第 411 页。

续　表

会社名	1937年6月	1938年6月	1938年5月
大日本纺织	45 810 472	49 385 005	59 516 556
日清纺织	9 603 377	4 136 443	5 839 028
上海制造	72 471.716	85 695 172	101 303 556
裕丰纺织	29 537 841	29 885 833	30 163 437
泰安纺织	5 605 498	5 388 798	—
双喜纺织	487 823	2 830 776	4 659 324
富士瓦斯	9 293 485	10 328 767	12 947 398
吴羽纺织	344 427	419 618	594 502
上海纺织	32 146 563	25 371 166	30 122 051
内外棉	82 261 165	68 229 262	82 394 146
裕大纱厂	201 648	370 728	716 547
合计	376 918 750	335 866 963	398 495 139

资料来源：東亞研究所：《日本の對支投資》(上)，第226—227页。

1938年，东北地区除原有的5家纺织企业外，又收买或新设了3家织布厂，资本总额135万日元。到1940年又新成立了6家纺织企业，计有3家已开工的企业满洲制丝会社(资本500万日元)、德和纺织厂、东棉纺织会社(资本1 000万日元)和3家未开工的企业满洲天满纺织会社(资本600万日元)、南满纺织会社(资本1 000万日元)、拓殖纤维工业会社(资本500万日元)。这一年全部开工企业共拥有精纺机488 964枚，织机7 812台；未开工企业投产后，还可增加精纺机104 960枚，织机2 483台。① 是年总社在东北的纺织工业实收资本增至5 202.5万日元②。但因东北缺少原棉，进口又日渐困难，因此在日本投降前，东北的日伪棉纺织业一直处于困境之中。

日商纱厂在战时参与了对华商纱厂的掠夺。日本对其所占领地区的华商纱厂，采取"军管理"和"委任经营"两种方式进行掠夺。在华北方面，由于华商纱厂都在内地的小城市中，日本占领者无所顾忌地进行掠夺，直接置于军方的管理之下。原料的分配、成品的处理全由军方派人负责，利润也归军方所得；而由在华

---

① 郑学稼：《东北的工业》，第166—167页。
② 伪满通信社：《满洲经济十年史》，1942年版，第371页。

日商纱厂派技术人员负责生产业务。这就是所谓"军管理"。在华中和华南方面，由于华商纱厂大多集中在大城市，太平洋战争前英美等西方国家的在华势力还有一定的市场，日本既要掠夺，又想稍事掩饰，因此采取所谓"委任经营"的办法，即先由在华日商纺织会社对日本占领区内的华商纱厂进行协调分配，然后分别同华商纱厂的业主进行"接洽"，在某种条件下由双方"合办"，或由华商"委托"日商经营；如果华商业主拒绝这样的"合作"，或业主已离走，日本军方就命令将华商纱厂交日商经营。这里"合作""合办""委托"都是以侵略者的强制为前提，因此绝大多数华商纱厂的业主都拒绝"合作"，这些厂也就由日本军部"委托"给日商经营了。对于"委任经营"的厂，日商有管理全权，利润也归日商所得。其实，当时日本军方同日本财阀勾结得非常紧密，几乎是融为一体，"军管理"和"委任经营"只是掠夺形式上的区别而已。

在日本占领区内的华商纱厂，除去有外资关系及损毁过巨难以复工的以外，1936—1938年，华北有14个厂，华中有40个厂，华南有广东纺织厂，共55个厂，都被置于日本"军管理"和"委任经营"之下①。

太平洋战争发生后，日军占领上海租界，租界中有13家加入英美籍的纱厂被日军控制。由于当时日本正在南洋等地同英美交战，希望缓和同中国人的矛盾，因此于1942年5月解除了英美籍中7家华商纱厂的军管理，归华商经营。对已经实行军管理和委任经营的工厂，日本也部分陆续地归还华商经营，1938至1939年间归还了崇信、振华、民丰、大成、恒大、苏纶、丽新等厂，其中振华厂为日商收买，恒大改为日华"合办"。1941年又归还了仁德、鼎鑫、广勤、振新、大丰、振业、中一等7厂，其中大丰为日人收买，鼎鑫、振新、中一改为日华"合办"。1942年8月后，又归还了一批华商纱厂。但是在归还的纱厂中，设备条件尚较完好的，大多数被日商收买或者"合办"，至于设备一般的，则已被日本洗劫一空，严重损坏，难以复工。

日本在台湾的棉纺织业很不发达。第二次世界大战爆发后，日人为台湾军用被服自给，才开始重视台湾的纺织业，还曾将日本国内的一部分旧设备运到台

---

① 严中平：《中国近代经济史统计资料选辑》，第144—145页。

湾进行生产。但总的来说,台湾的纺织业仍是十分薄弱的,在日本旧设备运台之前,台湾纺织工业稍具规模者仅有一家,纺锭一万余枚,产品包括棉、毛、麻三种。台湾纺织业受战火毁损又十分严重,战争结束时设备所剩无几。

二、资本系统

日本在中国投资设立纱厂的纺织会社,有的总社在日本,有的总社在中国。总社在日本的有大日本纺织会社、内外棉会社、日清纺织会社、长崎纺织会社等。内外棉会社虽总社在日本,但在日本本国仅设两个厂,在中国却设了十多个厂。这些日本的纺织会社大多以日本财阀为背景,因而实力雄厚,更兼相互穿插,融为一体,在近代中国经济生活中,形成一股巨大的力量。

日本在华纺织业的投资主要有八大系统,即日华、内外棉、钟渊、同兴、大康、丰田、裕丰和上海纺。现简要地把各系统的情况介绍一下。

(一) 日华纺织会社

该社企业原是英商鸿源纺织公司,于1918年7月由日商和田喜多收买而设立的,当时资本1 000万日元,有纱锭53 056枚,布机500台,分为浦东第一和第二两厂。

1921年华商经营的上海宝成第一、第二两厂以全部财产作抵押,向日本东亚兴业会社借款500万日元,年息12%,到1925年2月债务本息高达530万日元,宝成厂无力偿还,翌年即由东亚兴业会社拍卖,买主即为日华纺织会社的和田喜多,厂名遂改为喜和第一、第二厂。

1922年7月华商经营的上海华丰纱厂向东亚兴业会社借款100万日元,年息11.5%,限期两年还清。1923年12月,华丰厂自知无力还债,就同东亚兴业会社订立新合同,把工厂委托给日华纺织会社经营,1926年被日华收买,改称日华第八厂。

喜和第一、第二厂后改为日华第五、第六、第七厂。日华又于1921年增建第三、第四两厂。

日华纺织系统共有8个厂,均在上海。

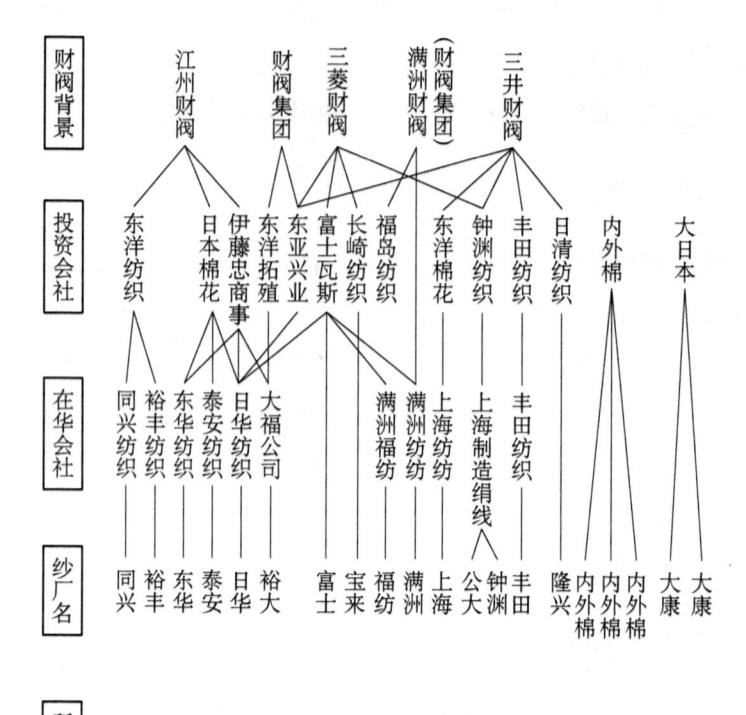

图 3-1　日本在华棉纺织厂的资本来源
（1931 年）

资料来源：严中平：《中国棉纺织史稿》，第 179 页。

"一·二八"事变中，位于吴淞的日华第八厂因遭受炮火，损失甚大。1937年日军进攻上海时，浦东方面战事激烈，第一、第二两厂基本被毁。后来这些厂都渐次恢复。1944 年，日人将杨树浦东华纱厂与日华合并而成立杨树浦工厂，设纱锭 47 120 枚、线锭 1 200 枚。后又增设东华铁工厂，制造纺织机械。日华纺织会社的历年经营情况如下：

日华纺织会社除 1925 年度下期（亏损 12.9 万日元）和 1935 年度外，其余有统计的年度都是盈利的。1925 年度下期的亏损显然是受了"五卅"运动冲击的结果。从那时起，一直到抗日战争爆发，日华厂虽然在大多数时期是盈利的，但利润率不高，同 1925 年前的情况大不相同。至于在日本全面侵华战争期间日华

表3-11　上海日华纺织会社历年经营情况
(1918—1941年)

年度	实收资本（万日元）	利润（万日元）	年利润率（%）	股息率(%)
1918	31.6	3.8	12	不详
1919	400	80	20	不详
1920	600	240	40	不详
1926	880	52.4	6.0	上期未派息,下期0.6
1935	880	-82.7	-9.4	未派息
1940	972.1	904.7	93.1	上期10.0,下期12.0
1941	1 700	1 121.9	66.0	12.0

资料来源：陈真：《中国近代工业史资料》第2辑,第901页。

厂所获的暴利,显然带有掠夺性,并非单纯经济力量所致。

(二) 内外棉会社

内外棉会社的总社设在日本大阪,开始时专营印度棉的输入业务,后来随着业务的拓展,转而经营纺织业。1911年在上海设支店,创办纺织厂。其在华事业发展很快,在上海陆续设有9个纺织厂,两个加工厂,在沪西一带购置土地900余亩,又从1917年起陆续在青岛设立4个纺织厂,从1924年起陆续在金州设立了3个纺织厂。在上海的第九厂是1918年收买华商裕源纱厂改组而成的。

内外棉会社历年经营情况如下：

表3-12　内外棉株式会社历年经营情况

期别	实收资本（万日元）	公积金（万日元）	借款（万日元）	利润率（%）	分配率（%）	固定资产（万日元）	每锤固定资产价值（日元）
1887年下期	12.5	—	—	8.2	6.9	0.7	
1911年下期	187.5	186.1	4.5	0.3	10.0	301.2	57.02
1912年下期	250.0	183.3	—	54.1	20.0	322.7	56.14
1913年下期	312.5	193.3	114.0	29.6	15.0	474.8	53.05
1914年上期	312.5	198.3	311.5	18.3	15.0	488.0	53.49
1914年下期	312.5	201.3	282.0	8.0	10.0	492.3	53.91

续 表

期别	实收资本（万日元）	公积金（万日元）	借款（万日元）	利润率（%）	分配率（%）	固定资产（万日元）	每锤固定资产价值（日元）
1915 年上期	312.5	204.3	200.0	25.6	12.0	457.8	49.83
1915 年下期	312.5	209.3	97.8	27.4	12.0	705.9	49.12
1916 年上期	312.5	214.3	126.5	29.2	15.0	697.8	46.49
1916 年下期	375.0	224.3	47.0	44.4	20.0	678.7	44.96
1917 年上期	375.0	239.3	—	61.1	25.0	633.7	41.79
1917 年下期	375.0	259.3	—	117.0	35.0	583.9	38.41
1918 年上期	375.0	309.3	111.4	133.7	45.0	535.2	35.20
1918 年下期	375.0	379.3	—	117.7	45.0	515.2	33.89
1919 年上期	375.0	434.3	190.0	154.1	50.0	928.0	41.16
1919 年下期	375.0	514.3	—	231.8	60.0	896.2	37.81
1920 年上期	500.0	614.3	90.0	415.4	162.0	805.4	33.98
1920 年下期	775.0	764.3	—	102.9	60.0	752.8	31.66
1921 年上期	775.0	864.3	100.0	101.5	60.0	743.7	31.29
1921 年下期	775.0	964.3	—	131.3	60.0	690.9	29.07
1922 年上期	775.0	1 064.3	—	127.1	60.0	671.5	28.25
1922 年下期	770.0	1 164.3	13.9	127.5	60.0	841.5	32.28
1923 年下期	775.0	1 344.3	—	63.1	40.0	1 886.7	48.38
1924 年下期	1 050.0	1 404.3	—	48.7	30.0	1 864.7	47.49
1925 年下期	1 325.0	1 434.3	—	16.0	15.0	2 067.2	53.01
1926 年下期	1 325.0	1 469.3	506.1	20.7	15.0	2 097.6	50.69
1927 年下期	1 325.0	1 499.3	—	21.0	12.0	2 116.9	52.43
1928 年下期	1 325.0	1 554.3	—	25.9	12.0	2 296.7	50.41
1929 年下期	1 600.0	1 654.3	—	28.1	12.0	2 285.7	46.18
1930 年下期	1 600.0	1 714.3	—	24.4	12.0	2 722.5	49.82
1931 年下期	1 600.0	1 774.3	—	41.1	22.0	2 982.6	49.69
1932 年下期	2 025.0	1 804.3	—	23.4	12.0	3 466.1	49.45
1933 年下期	2 450.0	1 801.3	250.0	22.0	12.0	3 365.5	47.47
1934 年下期	2 450.0	1 804.3	100.0	23.3	12.0	3 473.0	46.85
1935 年下期	2 450.0	1 804.3	100.0	22.6	12.0	3 360.1	44.87
1936 年下期	2 450.0	1 804.3	—	26.4	12.0	3 515.2	43.92
1937 年上期	2 450.0	1 804.3	—	32.4	20.0	3 344.5	39.92

资料来源：摘自元木光之《内外綿株式會社五十年史》，1937 年版，附录之一"当社期别监查一览"表。

内外棉的盈利情况是非常可观的。从表 3－12 中也可看出，尽管盈利分配十分丰厚,但该企业很重视资本增值和公积金的积累,因此企业总是握有相当数量的流动资金,有时虽也借款,但能很快还清。内外棉是日本在华棉纺织业中经营情况最为顺利的一家。

(三) 钟渊纺织会社

钟渊纺织会社的总社设在日本东京,资本达 18 000 万日元,创立于 1888 年。总社的名称也改过多次,先后称作钟渊实业、钟渊产业、钟渊工业株式会社,最后定名为钟渊纺织株式会社。其资本来源起初为三井财阀,后来转归生命保险资本系统。

钟渊系统最早的在华投资是 1907 年在上海成立的上海制造绢丝株式会社,该企业系中日合办,资本为规银 40 万两,分别注册于北平农商部和上海日本总领事馆。上海制造绢丝株式会社成立时有绢丝纺织机 5 100 锭,到 1909 年又增设细丝纺织机 9 组。后因经营顺利,1922 年翻建新厂房,可设绢布织机 200 台。同时又在上海平凉路开设公平纱厂,开始进行棉纺生产,因厂名与华商公平纱厂相同,就改名公大第一厂,此后钟渊系统的在华纱厂都以"公大"命名。1925 年原中日合办的上海制造绢丝株式会社由钟渊纺织系统单方面接办,增添设备,改称公大第三厂,仍纺绸丝。1925 年 5 月钟渊以 200 万日元收买因负债而被迫拍卖的英商纱厂老公茂,改称公大第二厂,当时纱厂的设备有细纱车 114 部、纱锭 45 516 枚、织机 515 部。1927 年后,钟渊又扩建公大第二厂,并改组成立公大第四厂。1937 年抗日战争全面爆发以前,钟渊系统在上海的四个厂共有纱锭 140 804 枚,线锭 416 枚,毛锭 2 700 枚,抽丝机 1 470 锭,织机 2 366 台。

抗日战争中,在日军占领区内,钟渊系统又相继设立公大第五、六、七、八、九各厂及附属事业,分布于上海(第九厂)、嘉兴(第八厂)、天津(第六、七两厂)、青岛(第五厂)等地,又投资于江南制纸株式会社和一达漂染厂等企业。设在上海的公大第九厂是生产苛性苏打的。在上海还设有公大造酸厂(制造硫酸)和公大皮革厂。在天津设公大天津皮革厂。在张家口设公大张家口毛绒厂,从事兽毛加工业务。在察哈尔张北县设公大张北工厂,生产亚麻类织物。

江南制纸株式会社和一达漂染厂均设于上海,钟渊资本占大部分,前者资本总额700万日元,钟渊投资636万日元;后者资本总额300万日元,钟渊投资210万日元;其余为中国私人投资。这两个企业都不能算作中日合办企业。

钟渊资本系统在各地还投资于许多其他企业,由天津、沈阳、台湾等地办事处负责经营。这些企业,有的全部由钟渊投资,有的由钟渊作主要投资人。

由上可知,钟渊系统的在华投资,在上海和天津是以纺织业为主,但在其他许多地方则不是这样;它的投资带有综合性,是因地而异的。

钟渊资本的利润率很高。以上海的几家纺织厂为例,1934年的总利润率超过40%,从1935年起,实收资本总额从1 000万日元增至1 500万日元,日占时期其利润率直线上升,从1940年上期到1942年上期的年利润率都超过120%,1942年上期的年利润率高达149.9%。这些公大纺织厂很注重资本积累,利润保留率远远大于利润分配率,1938年上期开始的三期中,上海厂的利润总保留率为100%,以后各期都超过80%。①

(四) 同兴纺织株式会社

该会社成立于1920年5月,是总社在中国的纺织会社,资本1 500万日元,总部设在上海。该会社的投资经过比较简单,1920年成立同兴一厂,1924年成立同兴二厂,1936年筹备在青岛设厂,1937年正式建成投产。抗战爆发后,该会社又在上海收买华商五丰印染厂的房屋机械,与华商大丰纱厂"合资经营"同兴小川工业公司。但青岛同兴纱厂和同兴小川工业公司两企业均因抗战影响而失败。

同兴纺织会社1921年的实收资本375万日元,从1925年下期起增资至1 050万日元,从1938年下期起又增资至1 500万日元。

(五) 大康纱厂

大康纱厂是由大日本纺织株式会社投资经营的。该会社的总部设在日本兵库县,资本达14 700万日元。1921年首先在青岛成立大康纱厂,次年在上海也

---

① 陈真:《中国近代工业史资料》第2辑,第903页。

设立了大康纱厂,1937年则在天津设立大康纱厂。1938年,上海华商恒丰纱厂由日本占领当局实行"军管理",后交上海大康纱厂"委任经营"。1940年上海大康纱厂以500万日元收买上海华商振华纱厂。大康纱厂除了自身经营外,还有若干投资,一般占所投资企业的资本的一半。投资总额为515万日元(不计振华纱厂)。

(六)丰田纱厂

丰田纱厂是三井财阀的丰田纺织株式会社投资所设,1919年建立于上海,创办人是丰田纺织会社业主、丰田织机的发明人丰田佐吉。资本1000万两,实收半数。丰田纱厂初创时有纱锭25 000枚,1921年由于三井系统的东洋棉花会社以及丰田家族资本的补充投资,扩大了生产规模,纱锭增加33 000枚,织机增置1 000台。1932年丰田建立第二厂,拥有纱锭44 964枚、线锭6 400枚。以后随着业务的逐渐发展,到1937年,丰田纱厂鼎盛时期,纱锭增至102 000枚,线锭达16 400枚,织机2 150台,成为当时在中国规模较大的纺织厂。但在"一·二八"事变中,大部分毁于炮火(第二厂未遭损失),后经修复,仅剩布机900余台,同往昔鼎盛称雄的丰田纱厂不能同日而语了。

丰田业主同钟渊业主一样,不仅经营纱厂,且有范围广泛的多种投资,其中非纺织业的投资大于纺织业投资。丰田纱厂的主脑人物丰田佐吉虽然是搞技术起家的,但同大多数日本冒险家一样,对扩大在华投资抱有浓厚的兴趣,并分别在汽车业、机械制造业、化工橡胶业等领域作了大量投资。

(七)裕丰纺织株式会社

1922年8月,日本东洋纺织株式会社,在上海杨树浦路建造纱厂,配置细纱机纱锭25 600枚,线锭15 488枚。次年5月,东洋纺织株式会社以资本1 000万日元在华单独成立裕丰纺织株式会社,专事该厂经营,并于8月又增设第二厂,配置细纱机纱锭24 000枚。1930年10月,又增设第三厂,配置细纱机纱锭35 140枚,次年,裕丰第一厂添置纱锭4 400枚。1932年6月,增设裕丰第四厂,配置细纱锭28 000枚、布机1 012台。以上四厂共有细纱机纱锭117 140枚,线锭15 488枚,布机1 012台。1935年10月,又增设裕丰第五和第六两厂,其设备除将第二厂的全部纱锭24 000枚移来使用外,另增添细纱机纱锭29 860枚和布机1 984台。1936年8月,裕丰第一厂添置细纱机纱锭8 400枚,线锭12 320枚。同年10月又修建和配备第二厂,配置纱锭36 000枚和线锭21 840枚,不久重新开工。

裕丰纺织会社除在上海设厂外,还于1936年底在天津设裕丰第一厂,配置细纱机纱锭52 384枚和布机1 024台。1937年10月,又成立天津第二厂,配置细纱机纱锭50 000枚,线锭7 260枚,布机1 008台。

在日本全面侵华战争前夕,上海方面的裕丰工厂共有纱锭191 400枚,线锭49 648枚,布机2 998台;天津方面的裕丰两家厂在1937年10月共有纱锭102 384枚,线锭7 260枚,布机2 032台。在日本军国主义行将灭亡的1944年,由于钢铁来源枯竭,日本政府命令在日本本土及在中国等地生产民用产品的工厂"献铁",拆卸生产机器以充作制造军火的原料。因此,战争临近结束时,上海方面的裕丰厂的总纱锭数降至117 656枚,线锭降至27 472枚,布机减少不多,为2 736台。虽然该厂在1945年又购入梳毛用精纺机35 210锭,装配在裕丰第一和第六两厂内,但未及开工,日本即宣告投降。

裕丰纺织会社创办资本1 000万日元,于1929年5月收足,1938年底决定增资为3 000万日元,实收一半。裕丰也有广泛的投资,分别投在上海、汉口的有:永丰企业公司[①]、中央造船所、东亚航空工业株式会社和武昌制炼所等。

裕丰的利润率是日本在华八大纺织系统中属于偏低的,略高于日华纺织会社的同期利润率。从1929年下期到1937年上期平均利润率为8.4%,工业利润率为8.8%,从1938年下期起,由于侵华掠夺,利润率有显著上升,最高的1940年下期利润率达到18.2%,工业利润率为16.8%。[②] 1942年以后由于原料缺乏、开工率不足等原因,利润率急遽下降。

---

① 该公司包括江湾永明实业公司、苏州永明实业公司、罗店永福工艺社、常熟琴丰工业社、嘉定永嘉工业社、南翔永大实业公司、上海金星永记造纸厂、吴淞和丰面粉厂、上海球手烟草公司、上海华中和兴组等。

② 山崎广明著、韦特孚译:《中日战争期间华北日本纱厂的经营情况》。

（八）上海纺织株式会社

上海纺是日本在华纺织业投资最早的企业，1902年年底即在上海收买并经营兴泰纱厂，1908年将兴泰（后为上海纺第一厂）和三泰（后为上海纺第二厂）合并，正式成立上海纺织株式会社，资本为银100万两。这两个厂先前只营纺纱，没有织布设备，1911年4月第二厂增设织布车间，1913年第一厂也增设织布车间，其时资本增至200万两。1919年又添设第三厂，次年该厂资本增至400万两。从1908年到1920年短短的12年内，资本增加了3倍。1925年后，由于受"五卅"运动冲击，日人在华设厂势头减弱，主要致力于原有厂的扩建和技术更新。但上海纺却是例外，不断增设新厂。1927年设第四厂，1930年设第五厂，1931年又在第五厂内增设织布分厂，1936年在青岛设厂，上海纺总资本增至法币1 200万元。全面侵华战争爆发后，上海纺又在天津设厂。到战争结束时，上

表3-13 上海纺织株式会社经营情况
（1902—1942年）

年度	实收资本	利润	利润率	红利分配（%）
1902	300 000两	160 000两	53.3	不详
1909	300 000两	149 477两	49.8	15
1910	300 000两	136 861两	45.6	8
1911	300 000两	132 226两	44.0	8
1912	1 000 000两	361 378两	36.1	不详
1934	900万日元	254.4万日元	28.3	10.0
1935	900万日元	261.3万日元	29.0	上期15.0，下期10.0
1936	900万日元	283.8万日元	31.5	12.0
1937	1 200万日元	170.1万日元	14.1	25.0
1938	1 200万日元	706.4万日元	58.9	上期30.0，下期37.5
1939	1 200万日元	1 342.9万同元	111.9	50.0
1940	1 200万日元	2 094.7万日元	174.6	上期20.0，下期30.0
1941	1 200万日元	4 255.0万日元	354.6	30.0
1942上	1 598.3万日元	4 454.4万日元	554.2	普 30.0 特 15.0

资料来源：摘自陈真：《中国近代工业史资料》第2辑，第900页；1912年的数字系据汪敬虞：《中国近代工业史资料》第2辑上册，第205页。
注：原资料中1934年至1939年的红利分配率少算了一位，系对日文中"割"（10%）理解为1%之误。

海纺的总资本为2 500万日元,共分50万股,日籍股份占其中的76.3%,其余则为中国人和欧美人所持有。107名中国股东持有50 963股,其中在"七七"事变前持有的为10 500股,"七七"事变后收购的为40 463股。70名欧美股东共持有67 632股,其中在太平洋战争前持有的为61 922股,太平洋战争后收购的为5 710股。欧美股东中以英国人占绝大多数。从上海纺的股权构成来看,日本人利用了约占上海纺总资本四分之一的中国人和欧美人的资金,同时又牢牢地掌握着控制权。

表3-13中缺1913—1933年度上期的数字,但从这一阶段上海纺不断地设新厂扩大生产来看,其赢利情况估计不差。

上海纺对其他企业的投资情况比较简单,但数字不小。到日本战败清理时,上海纺的投资总额为3 300万日元(账面原值),超过了它自身的资本额。它的投资在上海有600万日元,所设企业有上海麻工业株式会社和浦东上章制绒株式会社;在青岛则投资于一家苏打工厂,投资额高达2 700万日元。

以上是日本在华八大纺织资本系统的简况。

三、生产和销售

日本在华纱厂的生产情况,较诸华商纱厂有三个占优势的特点:(一)生产规模大,资本雄厚;(二)技术先进;(三)劳动生产率高。

如果除去日本在华企业的行业内部与行业之间的联合、协作的有利因素,单从日本在华纱厂平均的资本和规模来看,日厂也胜过华商纱厂一筹。

表3-14 中日两国纱厂平均资本比较 I
(1930年)

	华商纱厂	在华日商纱厂
统计厂数	74	43
资本与公积金总计	126 908 222元	148 919 916元
每厂平均	1 714 976元	3 463 254元

资料来源:根据方显廷:《中国之棉纺织业》第231页,第76表的修正数字计算。

1930年日商纱厂的资本与公积金的平均额约为华商纱厂的两倍。华商纱厂在经营中的一个普遍的困难是资本薄弱,流动资金短绌,常常依靠借款度日,因此受到外资银行或中国官营银行的牵制,这点即使是中国第一大民族棉纺织资本集团——荣氏集团也不能幸免。

表 3-15 中日两国纱厂平均资本比较 II
(1933 年)

	华商纱厂	在华日商纱厂
统计厂数	81	29
资本总额(元)	146 463 914	91 263 636
公积金总额(元)	4 944 572	18 773 143
资本与公积金合计(元)	151 408 486	110 036 779
每厂平均(元)	1 869 241	4 784 208

资料来源:根据华商纱厂联合会 1933 年 6 月出版的《中国纱厂一览表》计算。原统计中,日商纱厂资本中 117 380 000 元,公积金 23 743 206 元,系内外棉、大日本、日清纺、长崎纺四家总社的数字,由于难以区分在华投资确数,故一并除去,不予列入,厂数也相应减除。

从上表可以看出,日商纱厂的资本与公积金增值迅速,平均是华商纱厂的 2.56 倍,而其公积金又特别充裕,能确保企业的资金周转。华商纱厂的公积金少得可怜,每个企业仅有几万元。

中日纱厂公积金的悬殊反映了经营方针的差别。中国纱厂投资人对于股息、红利等利润的分配往往要求多多益善,不重视资本积累、设备更新和扩大生产。而日本纱厂却完全相反,非常重视公积金、设备更新和扩大生产的关系。如内外棉历年分红一般只占盈利的 50%左右,盈利率高的年份分红率在 30%—40%,确保企业有足够的资本积累。①

日商纱厂的资本增值是不断进行的,据称 1934 年日商纱厂的平均资本达到华商纱厂的 4.5 倍②。到中日战争爆发,华商大企业或被掠夺,或遭毁损,新办的企业虽不少,但规模却很小,因此日商纱厂优势更加明显。

华商纱厂的生产设备不仅在数量上落后,在质量上也是落后的。华商纱厂的主要机械设备约有三成是 19 世纪末中国棉业发轫时期的,很少有技术较为先

---

① 元木光之:《内外绵株式會社五十年史》,统计图表之一。
② 郑森禹:《中国棉纺织业的危机》。

表 3-16　华商纱厂同在华日商纱厂规模比较
(1933年)

	华商纱厂		在华日商纱厂		日厂为华厂的%
	总数	每厂平均	总数	每厂平均	
厂数	88	1	41	1	
纱锭	2 637 413	29 971	1 790 748	43 677	145.4
线锭	135 860	1 544	272 700	6 651	430.8
布机	19 081	217	17 592	429	197.7
电力(千瓦)	88 020	1 023	73 418	1 791	175.1
汽力(马力匹)	36 802	428	2 430	59	13.8
工人数	180 731	2 177	63 837	1 557	71.5

资料来源：根据华商纱厂联合会 1933 年 6 月出版的《中国纱厂一览表》编制。原动力(电力、汽力)有 2 家华厂未计入，此值为 86 厂的平均数值；工人人数有 5 家华厂未计入，此值为 83 厂的平均数值。

进的大牵引力精纺机和自动布机，有些新办工厂也使用旧机器。日商纱厂精纺机等一般折旧年限为 20 年，每年提折旧费 5% 左右，而华商纱厂平均最高只提 1%，优先发放的是官利。华商纱厂的经营者常常抱怨机械陈旧：20 年以上的产品占 50%，10 年以上的产品占 40%。而 1934 年在上海的日本纱厂 250 万枚锭子中，有 120 万枚是最新式的设备。日厂的织布设备也十分先进，都是自动织机，平均每个工人可管理 5.8 台，而华厂的每个工人只能管 2.4 台老式织机，① 华商纱厂的资金常常连原材料的购买也不敷支出，当然就谈不上购置价格高出老式织机三四倍的自动织机。另外华商纱厂的机器不仅陈旧，而且杂乱，五花八门，缺乏统一的规格，这势必造成产品规格的不统一。

由于机械性能的差异，华商纱厂所产棉纱，以 10 支、12 支、16 支和 20 支为主，主要供旧式织机使用；而日商纱厂主要生产 20 支纱，此外 32 支、40 支和 42 支纱也有相当数量的生产。以 1929 年度为例，华厂 20 支以上(包括 20 支)的纱的产量占其总生产量的 37.5%，而日厂则占 75.8%。② 华厂也力争向细纱方面发展，上海的永安和统益两家纱厂已能生产 60 支和 80 支的细纱。日厂生产 60 支以上细纱的，有上海纺和内外棉两家企业。

---

① 中国经济情报往：《中国经济年报》(1934 年)，第 109 页。
② 根据戴露晨《中国纺织业近况》(《中东经济月刊》第 8 卷，第 5 期，1932 年出版)中的统计数字计算。

日厂在生产上细纱占了优势,在细纱外销上更占优势。从1932年度到1935年度,在全国中、日、英纱厂的外销纱中,华厂在23支纱以下占优势,而超过23支到35支的细纱,日厂外销量都在50%以上,超过35支到42支,日厂都在74%以上,超过42支,日厂除1933年度为72.2%外,其余年度都在82%以上,1935年度最高,为86.7%。①

在织布方面,虽然日厂在粗布和细布的绝对产量上都超过华厂,但在细布生产上的相对优势更大。至于混合布,华厂所生产的含细纱50%以下的低级混合布产量占优势,而日厂所生产的含细纱50%以上的优质混合布产量占优势。②日厂之所以多产优质纱和优质布,同其技术设备条件的相对优越有很大关系。

日商纱厂由于资本雄厚、生产规模大、技术设备先进等优越条件,劳动生产率高于华商纱厂。

表3-17 在华日商纱厂与华商纱厂工作效率比较
(1930年)

项　目	全体	华商纱厂	在华日商纱厂
每个工人之纱锭效 Ⅱ	19.30	16.05	24.14
每个工人之织机数 Ⅲ	0.73	0.58	1.10
每个工人所需原动力(千瓦)Ⅰ	0.6262	0.5301	0.8281
每枚纱锭所需原动力(千瓦)Ⅱ	0.0358	0.0355	0.0361
每台织机所需原动力(千瓦)Ⅲ	0.5132	0.5249	0.4980
每个工人每年之纱产额(包)Ⅱ	10.70	9.85	11.95
每枚纱锭每年之纱产额(包)Ⅰ	0.618	0.692	0.501
每枚纱锭每年之纱产额(包)Ⅱ	0.554	0.614	0.495
每个工人每年之布产额(匹)Ⅲ	414.19	261.73	786.38
每架织机每年之布产额(匹)Ⅲ	564.71	447.52	717.34
每个工人每年之消棉量(担)Ⅱ	37.95	34.55	43.00
每枚纱锭每年之消棉量(担)Ⅰ	2.204	2.453	1.806
每枚纱锭每年之消棉量(担)Ⅱ	1.97	2.15	1.78

资料来源:方显廷:《中国之棉纺织业》,第107页。
注:"Ⅰ"为对116家棉纺织厂的统计;"Ⅱ"为对70家仅经营纺纱生产的纱厂的统计;"Ⅲ"为对43家织布厂的统计。

---

① 严中平:《中国棉纺织史稿》,第216页。
② 严中平:《中国棉纺织史稿》,第378页。

从表 3-17 中可知,日厂的资本有机构成高于华厂,即使不考虑设备的技术因素,仅从数量上看,日厂每个工人所管理的纱锭数、织机数以及所配备的原动力均高于华厂;同时劳动生产率也高于华厂,每个日厂工人每年所生产的纱、布数量比华厂工人多。虽然华厂每枚纱锭的产纱额高于日厂,但日厂产纱以细纱为主,生产难度较大,且其数量又由于每个日厂工人所管较多的纱锭数而得到弥补。

日商纱厂在生产技术和劳动生产率等方面优于华商纱厂,但比日本国内的纱厂仍有差距。

表 3-18 华商、在华日商和日本国内纱厂劳动生产率比较

年份	平均每人占有纱锭数(锭/人)			平均劳动生产率(件/人)		
	华商纱厂	在华日商纱厂	日本国内纱厂	华商纱厂	在华日商纱厂	日本国内纱厂
1929	15.33	25.33	34.69	8.86	18.89	34.52
1935	19.19	32.39	53.05	15.07	26.19	50.12

资料来源:清川雪彦著、韦特孚译:《日商纱厂在中国棉纺工业技术发展过程中的优势地位与影响》。上海社会科学院经济研究所编:《经济学术资料》1981 年第 1 期。
注:换算率:布机 1 台=细纱 15 锭,棉布 1000 平方码=棉纱 1.55 件。

之所以形成上述情况,原因之一是日商纱厂所使用的机械相当大一部分是日本国内生产的,而日本国内纱厂所使用的纺织机械大都是英国等一些国家的产品,英国机械较之日本纺织机械要先进一点,这是技术设备的因素;另一因素是中国的社会条件与日本不同,在华日商纱厂经常受到中国人民反帝爱国运动的冲击,并且受到市场等条件的限制。

面对劳动生产率的劣势,华商纱厂作了极大努力想迎头赶上,主要措施是加强工人劳动强度。荣宗敬于 1935 年 1 月曾说,他的纱厂 1933 年每万锭须雇工人 440 人,而当时仅用 270 至 280 人。但这仍同日厂有相当距离,1934 年底日厂每万锭仅雇工人 180 人。

华商纱厂的努力并没有完全白费,其劳动生产率逐年有所提高,1933—1934 年华厂工人出纱生产率较 1931—1932 年提高 11%,较 1932—1933 年提高

8.1%,在数量上超出日厂,这是华厂落后于日厂的唯一补偿。① 但考虑到出纱的质量等综合因素,考虑到日厂工人出布生产率遥遥领先的地位,所以日厂工人总的劳动生产率仍高于华厂。

日商纱厂具有资金雄厚、技术设备先进和劳动生产率高三大优点,因此其生产成本低于华商纱厂。根据中国棉业统制委员会1935年对20支纱生产费用的调查,除棉花成本外,华商纱厂同日本在华纱厂的生产成本差距甚为悬殊。

表3-19 每件20支纱制造费用比较

(1935年) (单位:元)

项目	中国厂商	日本纱厂	中国厂比较多出之额
工资支出	10.50	5.80	4.70
动力支出	5.50	4.80	0.70
机械修理	1.80	0.60	1.20
其他修理	0.40	0.40	—
消耗品支出	1.70	0.50	1.20
包装费用支出	1.50	1.20	0.30
职员薪水支出	1.20	0.60	0.60
其他杂费支出	1.50	0.50	1.00
卫生设备支出	0.30	0.50	-0.20
合计	24.40	14.90	9.50
营业费			
运费支出	0.20	0.20	—
营业费支出	2.50	2.00	0.50
各种租税及利息	15.00	2.70	12.30
保险费支出	0.20	0.10	0.10
其他杂费	1.50	0.50	1.00
合计	19.40	5.50	13.90
总计	43.80	20.40	23.40

资料来源:朱西周:《日本在华纺织工业的近况》,《中行月刊》第11卷第6期,1935年12月出版。
注:原表中国厂商多出费用合计为13.30元,显系计算错误,现校正。

由于日商纱厂劳动生产率高,所以可以相对地少雇工人和职员,因此工人工资和职员薪水支出较少,这个项目的节省占有不小的比例。兼之设备新,所以在

---

① 中国经济情报所:《中国经济年报》(1934年),第110页。

动力支出费、机械修理费和消耗品支出等方面，均较节省。又由于日厂资金雄厚，有作为"国策会社"的日本在华银行等作后盾，所以可以不必像华厂那样靠高息借款度日，节约了利息支出。据1933年调查，七省华商纱厂生产20支纱平均每包负息13.12元①，可见华商纱厂利息负担之沉重。1933年春有一位华商纱厂经营者说："我们厂家所负利息，总在八厘至一分，他们（日厂）在三厘以下，所以在抵制日货时期，上海日商纱厂，家家赚钱。而三井银行仍认为日厂现在已处困难应特别帮忙，所以放款利息又特别减轻一二厘。且上海日本纱厂营业，完全由江商、东棉、日信三家洋行操纵，此三家洋行有银行为后盾，而银行背后又有政府为后盾。近来华商抵制日货，三家洋行授意各厂，请改制行销华北方面织物，由三家洋行负责代为装运销售，一面对各厂购进棉花，从前三十天付款，又延长改为六十天。"②日厂本来资金就比华厂充裕得多，借款又仅需支付薄息，当然就占据了极有利的地位。日商纱厂制造费用的低廉，是其上述诸项优越条件的综合结果，而不应单纯归结为"经营方法"问题。

日商纱厂产品的成本低于华厂，这使它们能以低廉的价格在中国市场上倾销。中国当局并不采取积极措施保护民族工业。中国政府从1931年2月1日起施行一种新的统税税则，该税则为两级从量税：对23支以下的粗纱，每包征税8.58元；对23支以上的细纱，每包征税11.625元。这种税则表面上似乎粗纱负税较轻，但折成从价税，32支纱和42支纱的负税都比10支纱的负税轻，42支纱的负税比16支、20支纱的负税轻③，实际上粗纱负税略重。而粗纱主要由华商生产，细纱主要由日商生产，这种统税税则归根到底对日商产品有利。

1931年9月之前，日商纱厂的产品同华厂产品的价格上下差别不很大，互有高低。即使是"五卅"运动后一段时期的跌价，其幅度两者也大体持平，日厂价格甚至还略高于华厂，例如1924—1928年，16支纱的平均价格，日厂一直略高于华厂。④ 从1931年9月开始，日厂产品则以远低于华厂产品的价格作大幅度

---

① 王子建、王镇中：《七省华商纱厂调查报告》，上海商务印书馆1935年版，第220页。
② 转引自严中平《中国棉纺织史稿》，第218—219页。
③ 严中平：《中国棉纺织史稿》，第220页。
④ 方显廷：《中国之棉纺织业》，第124页。

跌价竞销,使华厂也被迫降价,并不胜负担降价所造成的损失。

表 3-20　华纱、日纱价格变动比较
（1931—1932 年）　　　　　　（单位：每包规元两）

日期	华纱（20 支金城）	日纱（20 支蓝凤）	差额
1931 年 6 月	189.00	187.50	1.50
7 月	189.00	186.50	2.50
8 月	194.00	185.63	8.37
9 月	191.25	176.00	15.25
1932 年 6 月	167.75	136.75	31.00
7 月	164.00	134.75	29.25
8 月	171.00	136.00	35.00
9 月	169.25	139.50	29.75
10 月	164.25	133.00	31.25
11 月	156.40	135.00	21.40

资料来源：张白衣：《中国纺织业论》。《中国经济评论》第 2 卷,第 10 号,1935 年 10 月出版。1932 年 8 月和 11 月的差额经校正。

中国人民的抵货运动给了日商纱厂很大冲击,但为什么大多数日商纱厂在抵货运动中仍能获利？此中原因除了其产品成本低廉,经得起跌价竞销,以及日厂有政治、经济的强大靠山等因素外,最根本的在于这些日商纱厂的产品已经在中国市场占据着垄断地位,它们的产品在一定程度上具有不可取代性,中国市场有对其依赖的一面。不计日本进口纱、布,日本在华纱厂所生产的纱占全国总销售量的 30% 左右,而布产品则占全国总销售量的 60% 左右,[①]特别是其中的细纱和细布则占有更大的比例。这种销售地位是华厂不可能在短时期内就能取代的。

在抵货运动中,上海的外地客商深恐以后买不到日货,竞相购囤,不仅日纱现货一抢而光,日厂抛出的期货也达 12 万包,期货期限最长达 9 个月之久。抵货反引起"抢货"。在一段时期中,华中华南地区曾封存日厂产品,许多华商不得不向英国采购,在价格、运输、期限等方面都有诸多不利,因而不愿长期抵制日货。而日厂一面增加向南洋等地出口,一面又用冒贴华商商标、增加华北市场的

[①] 严中平：《中国棉纺织史稿》,第 215 页。

销售量、低价竞销等方式维持了相当数量的销售量。尽管这样,中国人民在抵货运动中所显示的伟大力量仍应给予极高评价,抵货运动对日商纱厂毕竟是沉重的打击。

"七七"事变后,上海租界内华商纱厂的产品价格要比日商纱厂贵三分之一,如日厂 20 支纱每包售价 300 元,华厂每包则高达 400 元。由于价格差距悬殊,华商布厂或袜厂即使在当时中日交战的情况下,也很难摆脱低价日纱的诱惑。当时有人说,上海的国货可以分为两等:第一等,用日本原料、中国人工、中国资本造成的;第二等,是日本原料、日本制造而由中国资本和人工加以装潢的。至于中国原料、中国人工、中国资本制造的国货,那真是凤毛麟角,可遇而不可求,因为经营工商业的人不会那样傻! 于此可见日货在上海市场的地位。

第二节　其他纺织业

其他纺织业包括毛纺织、制麻、制丝、染织等。

一、毛纺织业

日本在中国所设的毛纺织企业很少。1918 年在沈阳设满蒙毛织株式会社,1935 年在上海杨树浦设针织毛线厂,1936 年左右成立康德毛织会社和满洲毛业股份公司,此外还有上海纺织株式会社兼营毛纺织生产和其他一些较小的企业。

有的进出口企业也附设小型毛纺织工场。日本在天津有两家这样的工场,一家是井泽洋行绒毡处,1928 年设立,资本仅 5 万元,生产绒毡;一家是中国物产公司,资本也只 5 万元,生产绒毡。①

满蒙毛织会社名为中日合办,实际上 90% 是日方资本。当时,日本国内的羊毛原料全仰赖于澳洲,为了在便于控制的中国东北地区实行替代措施,日本政府决定成立该企业,由关东厅、满铁、东拓联合出资,目的是利用中国的羊毛和骆

---

① 《満鐵調查月報》,1938 年 3 月号,第 49—50 页。

驼毛为原料,制造毛呢绒线等。该企业成立时初定资本为1000万元,1924年遭受火灾,损失严重,减资为300万日元,但因火灾后元气丧失,企业一直处于不景气之中,1931年再减资为40万日元。"九一八"事变后,该企业在日本占领当局的直接扶持下,重新发展起来,当年即增资为100万日元,不久又增资为250万日元,全部收足,并在天津设办事处,收购关内羊毛。1936年7月该企业增资为300万日元,是年又第二次增资为550万日元,1937年6月再增资为1000万日元,重新恢复到初创时的资本额,并在沈阳、北平、绥远、天津、名古屋和冈崎设有工厂,在中国国内的四家工厂主要是对所收购到的羊毛进行选毛、洗毛和打包诸项羊毛整理工作,再把经过整理的羊毛运到沈阳。1940年,该企业又增资为2000万日元,实收1250万日元。该企业是当时中国最大的毛纺织企业。

满蒙毛织会社历年实收资本和利润情况如下:

表3-21 满蒙毛织会社历年经营情况

(1918—1942年) (单位:日元)

年度	实收资本	利润	利润率	利润分配(%)	附注
1918下	2 500 000	58 783	4.7	4.1	公积金3 000
1919	2 500 000	163 180	6.5	6.0	公积金8 600
1920	3 000 000	181 154	6.0	上期6.0,下期5.4	公积金9 100
1921	3 500 000	56 232	1.6	—	
1922	4 250 000	-32 358	-0.8	—	
1923	5 000 000	-1 001 218	-20.0	—	
1924	3 475 000	-2 281 521	-65.7	—	
1925	1 950 000	-341 393	-17.5	—	
1926	1 950 000	-312 752	-16.0	—	
1933下	400 000	82 000	41.0	4.0	
1934上	903 000	111 000	24.6	优8.0 普4.0	
1937上	5 500 000	405 000	14.7	优8.0 普6.0	保留率53.3
1940上	11 899 000	2 114 000	35.5	9.0	保留率70.7
1941上	12 500 000	2 279 000	36.5	9.0	保留率71.0
1942上	16 747 000	2 790 000	38.3	9.0	保留率69.5

资料来源:陈真:《中国近代工业史资料》第2辑,第905—906页。

从 1922 年到"九一八"事变前,该会社经营情况一直很差,资本额一再收缩,1923 年实收资本 500 万日元,到 1933 年减至 40 万日元。"九一八"事变后经营情况才陡然好转,年年获取厚利。

1935 年日人收买华商元益纺织厂,改名为永兴毛织厂,添置机器,增建厂房,主要生产针织毛线。该厂生产规模较小。

据 1934 年 11 月调查,上海纺内设有毛纺锭 1 610 枚,其他设备不详,毛纺生产于 1933 年开始,主要生产驼绒线。后来纺锭增至约 2 000 枚,产品品种也有增加,粗细毛绒线及"开司米"织物均能制造,每日产量 3 000 磅左右,出品无固定商标,售价也较便宜。1937 年羊毛价格骤涨,因成本高昂,上海纺随即决定停止其毛纺生产。

1937 年宏康毛织厂成立于上海,规模很小,织机仅 30 台,还有一部分染整机器。1940 年稍事扩充,1944 年 10 月又与永兴、中和、华兴等厂联合,成立中华毛织株式会社,受日本军部管理,织造军用品。

中和厂的前身是华商王作霖于 1928 年在上海创设的民和纺织厂,当时有毛纺锭 2 520 枚,纺毛钢丝机 6 套,及洗染等其他成套设备,产品有天鸟牌 68 棉毛纱及全羊毛纱。1939 年 6 月被迫租与日人山崎荣岳私人经营,改名为中和毛纺织厂。翌年日人又强行予以收买,1941 年改组为中和毛纺株式会社,资本 50 万日元。1944 年并入中华毛织株式会社。

华兴厂的前身是上海华商中国毛绒纺织厂,日本侵占上海后为日商中华毛织株式会社强迫租用,改名为华兴毛绒厂。中国毛绒纺织厂为陈志廉创办,是一家较好的华商毛纺厂,有纺锭 1 952 枚,原料采用澳毛,产品为国产名牌——皇后牌绒线,质量较好,售价虽高于外货蜜蜂牌绒线,但在市场上十分畅销,这在当时的国货产品中是难能可贵的。

在东北地区,日商毛纺企业除了满蒙毛织会社外,尚有康德毛织会社和满洲毛业股份公司。康德毛织会社设于哈尔滨,实收资本 300 万日元。该企业原为华商裕庆德毛织公司,后由钟渊纺织会社收买,于 1937 年改名。满洲毛业股份公司设于长春,额定资本 200 万日元,实收 50 万日元,是日本与伪满汉奸于 1936 年"合办"的企业。该企业完全由日人控制。日方出资估计占 50%,即 25 万日元。

二、麻纺织业

日本在华麻纺织业投资主要在东北地区。东北大豆的出口,每年需要新麻袋 4 000 万只,旧麻袋 3 000 万只。这 7 000 万只麻袋,价值约 2 000 万日元。先前,东北麻袋的主要来源是印度。日人为在东北争夺麻袋市场,于 1917 年在大连设满洲制麻株式会社,1922 年又在沈阳设沈阳制麻株式会社。这两家会社利用当地的青麻和棉麻原料,生产麻袋、麻纱和麻布。但由于产品成本较高,经受不住廉价的印度麻袋竞争,不得不陷于停工。

伪满成立后,采取了"保护关税"政策,对印度麻袋的进口垒起了一堵高墙,日伪制麻业这才发展起来。1934 年达到年产麻袋 1 000 万只的生产水平;1939 年为 1 162 万只。1936 年,满洲制麻株式会社合并沈阳制麻株式会社,设立满洲制麻会社。1937 年,日本又因其"取消"在伪满的治外法权的表面文章的需要,把位于日本治内的大连满洲制麻会社同位于沈阳的沈阳制麻会社分开。东北地区日伪制麻企业的情况如下:

表 3-22　东北日伪制麻企业

会社别	资本(万日元)		成立期
	额定	实收	
满洲制麻	500	不详	1917
满洲麻袋	2 000	1 000	1940.12
满日亚麻纺织	1 500	1 200	1934.9
日满纺织	500	250	1941.4
辽阳纺麻	300	300	1937.8
沈阳制麻	300	150	1922
东洋精麻加工	200	200	1939.8

资料来源:郑学稼:《东北的工业》,第 169 页。
注:原表中无"满洲制麻会社",现列入;原表中"沈阳制麻会社"的成立期为"1927 年",现据书中第 168 页的叙述改为"1922 年"。

由于伪满的关税壁垒,以上各家制麻会社的经营均属顺利,历年赢利较为平稳。

东北以外地区的日本制麻业，主要是东亚制麻株式会社和在侵华战争中设立的日华麻业株式会社。

东亚制麻株式会社于1916年8月成立于上海，是中日战争前除东北之外的唯一日商黄麻纺织厂，资本250万日元，主要股东是日棉实业株式会社和日清纺织株式会社，华股约占2%。该厂拥有纺锭3 040枚、线锭128枚、麻袋织机85台、麻布织机63台，生产麻袋、麻线和打包麻布等麻类产品，销售于上海、东北两地以及在华各日商棉纺织厂。该厂原料取自印度，太平洋战争后印度原料断绝，就改用杭州络麻和天津麻，并在杭州设置络麻浸洗工场和仓库等，对所收购的原料进行初加工和贮存。

日华麻业株式会社成立于1939年7月，资本600万日元，成立初期主要并不是一个生产企业，而是一个在战时为了掠夺中国麻类原料和麻类织品而设的收购中心，其仓库遍设南京、镇江、南通、杭州、蚌埠、芜湖、安庆等地。1944年该企业所附设的位于上海沪太路原华商永新制麻厂所在地的工厂开工，生产军用麻袋；该附设工厂的机器系掠自英商怡和纱厂所属的麻纺工场，有纺锭2 420枚、麻布织机114台和麻袋织机25台。

台湾的纺织工业中以麻纺织工业发生最早。日人将日本北海道的亚麻种子输入台湾，在台湾种植，并设立亚麻工厂10所，制成初级产品亚麻纤维后，再输往日本最后加工成麻纺织品。但台湾本地也以黄麻制成米袋及糖袋，日据时期最高年产量曾达2 100万只。

三、制丝业

日本在华制丝业在中日战争前，规模是很小的。1917年，日商三井洋行在汉口创设中日合办的三井丝厂，采用意大利式丝车，不久因经营不善而停业，1922年由华商收买，改名为成合丝厂。1920年，日人小川爱次郎在汉口设立用日本式设备装备的中华丝厂。在同一时期，日商在山东组织山东亚蚕丝组合，采用日本式缫丝机，但该组合经营并无起色，一度几乎陷于停顿，后来得到日本制丝企业片仓株式会社帮助，改称日华蚕丝株式会社，经营几年后，情形才逐渐好转。该企业1922年在张店设分厂，1925年在苏州设瑞丰丝厂，事业逐步扩展。

1927年又在浙江的长安镇设立长安改良模范丝厂,采用日本式丝车,1928年在无锡设模范丝厂。在四川,日商新利洋行的日人官坂九郎与在该洋行任职的华人陈某等于1913年在重庆创设又新丝厂。该厂成立后,其采用煮茧机的生产方法曾风行一时,多为他厂所效尤,但成功者很少。

日华蚕丝株式会社虽然在中国东南一带有好几家制丝企业,但显然远远比不上中国的民族制丝工业。单以无锡一地来说,第一次世界大战后民族制丝业有很大发展,1928年到1937年,丝厂由20家增加到50家,丝车达15 000部,其产品在国际市场上享有盛誉。以无锡为中心的苏南制丝业活跃了农村经济,带动着数十万蚕农的生机,苏南鲜茧年产量达60余万市担,桑园总面积110万亩。日本在侵华战争中,对苏南的中国民族制丝业破坏很大,烧了许多丝厂,掠夺了一些厂的机器设备,而对另一些厂则实行强迫租用。1938年4月,日本设立中华蚕丝组合,企图强占我各丝厂。因受到中国各方面的积极抵制,因而未能完全达到目的。日方又改变手法,在无锡组织所谓与华商"合作"的惠民公司,在各地强迫廉价收购丝茧。日本统制华中占领区经济的国策会社中支那振兴会社成立后,惠民公司与中华蚕丝组合合并,扩大规模,成立华中蚕丝公司,到1939年4月,该公司资本总额为1 000万元,股东中以中支那振兴会社出资最多,其他如片仓制丝、钟渊纺织、日华兴业等会社均有相当数量的投资,并吸收了一部分中方人士的资金。

华中蚕丝公司是日本统制华中制丝业的中心。在生产方面,为获取优质原料,该会社在蚕茧产区设立制种场,把优良的蚕种分发蚕农,以改良蚕丝质量。这样的制种场在浙江设有34处,在江苏设有95处。嘉兴、杭州、苏州、无锡、镇江等地设有蚕种冷藏库。该会社除了分发优良蚕种外,还在镇江设有蚕业讲习所,招收中日两国国籍的学生,讲授养蚕技术。毕业后,日本学生派到各地丝厂工作,中国学生派到各地农村担任养蚕指导工作。收购方面,该会社在蚕茧产区广设茧行,到1940年夏,共设有茧行340家,日本占领当局严禁蚕茧运沪,然后压低价格,强迫收购。部分运沪的蚕茧则强征以苛税后,统售给上海的日商丝厂作原料,华商及其他外商丝厂均因缺乏原料而停工。日本对珠江流域蚕茧产地的统制办法也相类似。

日本对于所掠夺的华商丝厂,也同棉纺织厂一样,实行军管理和委任经营两种办法。据1941年调查,华中各地委任经营的丝厂共20家,丝织厂1家。日本还增设新厂30多家,约计缫丝车1万部,织绸机1000台。

1940年世界生丝市场萎缩,因而日本在侵华战争中的制丝业也处于萧条之中,太平洋战争发生后,该业完全失败。

在东北地区,日俄战争后日人即从事柞蚕丝的对日出口,以后又设厂对柞蚕丝进行加工,然后再运销日本。第一次世界大战中丝价猛涨,日人因而在东北设置了多处柞蚕丝制造厂,一次大战后丝价跌落,柞蚕丝制造业随之一蹶不振。

台湾的养蚕业始于郑成功收复台湾之后,由于汉人迁居台湾者渐多,养蚕业也被带到了台湾,但范围极小,大多数地区还不事桑蚕。因此清康熙三十三年(1694)蓝鼎元在《台湾游记》中说:"台地不事桑蚕,不种棉苎,故民多游惰,妇女衣绮罗,裙珠翠,好游成俗,桑麻之政不可缓也。"①既"不事桑蚕","绮罗"又从何而来?是否全靠贸易进口?似有不明白处。但桑蚕业不很普遍是可以肯定的。刘铭传在台主政时大力奖励桑蚕事业,使之有较大的发展。日本窃据台湾后更加以推广,并着手改良品种。

1914年,在台湾总督府的鼓励下,台北市日丸旅馆老板出资5万日元设立台湾蚕丝株式会社,是为台湾近代制丝业的发端。因原料缺乏和丝价低落等原因,该企业于1930年停歇。采用足踏丝车的制丝企业虽时有建立,但除了以机械丝车更新设备的个别企业外,绝大部分不能维持长久。1938年日人则松荣民在台北发起组织商纱䌷生产组合,翌年组织菊元制丝工场,全部采用机械缫丝车,经营颇为顺利。不久以后,菊元制丝工场合并于新竹纺织株式会社。

四、染织业

上等的纺织品在染色之前须经精炼工艺加工。我国土法是以桑柴灰精炼。1912年日人在上海创设中华染色精炼公司,用新法精炼。营业很好,华商也纷

---

① 台湾省文献委员会:《台湾省通志》第32卷,第158页。

纷仿效。中华染色精炼公司起初规模很小,后来逐渐扩充,1931年2月定名为中华染色整炼株式会社,资本20万日元。以后又不断扩大规模,1941年6月增资为100万日元。

日商伊藤忠洋行和吴羽纺织株式会社联合投资50万日元,收买华商大安染厂,改名为兴华染色厂。该厂初期生产仅为布匹的漂白和上浆,每月产量5 000匹。1940年又增设染色设备,每月漂白及上浆达15 000匹、染色6 000匹,1944年8月增设丝织机14台。1945年2月因原料缺乏而停止染色,同时添置木织机60台,专织军毯,每月产额13 000码,到日本战败为止。

1934年,在日商川岛卯小郎的主持下,日本东京都的川岛工厂分出一部分机器,移到上海河间路,设立美华印染厂,资本25万日元。该厂成立后,营业十分发达。川岛卯小郎见上海工厂比东京都工厂更能获利,因此把东京都工厂的全部设备都运到上海,设立美华第二厂,于1937年7月完工。战事一起,美华一、二两厂全部毁于炮火,直到1939年才着手重建,1940年完工。1945年4月增资为100万日元,主要股东除川岛外,还有东洋棉花株式会社、上海纺织株式会社等。

1939年7月,在上海设立了一家华张公司,资本50万日元。当年9月向日本居留民团租用"业主不在之房屋",设织布机24台。翌年1月又向日本居留民团租得"业主不在之土地"30余亩加造厂房,增设布机50台,添设漂炼印染全套设备。1943年8月改名为华张染织株式会社,并增资为200万日元。营业分为织造和漂炼两部分:织造部制造被单、蚊帐布等,年产量约两万匹;漂炼部进行人造丝和真丝织品的漂炼和印染加工,年产额约24万匹。该厂的印花绸布在太平洋战争前畅销印度各地,太平洋战争发生后因销路阻断,印花业务也随之中断。

上文说过的钟渊资本系统投资的一达漂染厂,也经营纺织品漂染业务。

五、其他

(一) 康泰绒布厂

该厂于1920年10月在上海设立,资本35万日元。产品为双喜、花女、骆驼、北斗、七星等牌号的卫生衫和汗衫,行销上海、武汉、北平、天津以及南洋各地。以后多次增资,1933年资本为70万日元,添置了印染设备。该厂的各项产品在当时享有美誉,因价廉物美,很受国内外市场欢迎,东北和南洋一带的销售量都很大。"八一三"战事中,该厂毁于炮火,后经重行集资修复,于1939年完工投产。1944年6月,该厂由日本海军部接管,转向军用品生产。

（二）四家制带厂

上海制带厂有三个厂,加上小林纱带厂,共四个厂。上海制带一厂是日商于1942年7月吞并一家华商制带厂而成立的。上海制带二厂成立于1945年4月,专为日本海军生产鞋带和军用带。上海制带三厂是日人吞并华商三友织造厂而改名的。小林纱带厂成立较早,1927年由小林洋行上海支社创办,该厂的制带设备,部分是收买当时的日商上海纱带厂而得,计锭绳机30台,以后又添设锭带机20台。

综观上述五类棉纺织业之外的日本在华纺织业投资,大部分是资本较少、规模较小的企业,并不是日本在华纺织业投资的重点。同中国同类企业相比,有的占有一定的优势,如毛织和染色,有的则处于劣势,如制丝。当然,在侵华战争爆发后,情况有所不同。

根据东亚研究所的统计,1936年末除棉纺织业外的其他纺织业投资额为617万日元,1938年末则为969.3万日元。[①] 在上述投资额中,毛织、制丝、制麻三类的情况如下：

表3-23　日本在关内毛织、制丝,制麻的投资额　　　（单位：日元）

	1936年末	1938年末		1936年末	1938年末
毛织	466 890	2 747 905	制麻	2 602 874	2 595 176
制丝	2 500 000	3 649 850	合计	5 569 764	8 992 931

资料来源：東亞研究所：《日本の對支投資》（上）,第255—256页。

---

① 東亞研究所：《日本の對支投資》,附表⑱。

台湾的纺织业很弱小,并且在统计时没有把棉纺织同其他纺织业区分开来,因此这里省略不计。东北地区1936年末其他纺织业的投资额根据粗略估算,毛织为875万日元[1];制丝不详(数字很小,可以忽略),制麻为1000.9万日元[2],共计1875.9万日元;1938年末的毛织为1325万日元,制麻为1629.6万日元,共计2954.6万日元。所以就全国来说,1936年末日本在华其他纺织业投资额为2492.9万日元;1938年末为3923.9万日元。

---

[1] 康德毛织会社计算在内。
[2] 满日亚麻纺织会社的数字是1937年上半期的实收资本额。

第四章 食品和造纸工业投资

第一节 食 品 工 业

一、制粉

我国南方人一般以米食为主,而北方人则以面食为主。但我国旧式制粉业技术落后,制品粗劣。鸦片战争后,国外面粉涌入中国市场,外商还在我国不少城市设立机器制粉厂。这一方面严重地排挤了中国自产面粉的市场,另一方面则促使一些华商制粉厂采用新的制粉技术和设备。

日商最早在中国经营的面粉厂是1915年在上海从英商手中买下而改名的三井面粉厂[①],资本20万两。1922年该厂除经理山西武十郎外,雇有职员10人,工人65人,拥有机磨16部,每昼夜出面粉2 500包,出麸皮350包,在当时是一家中等规模的厂。该厂产品行销东北、关内各大城市,还有部分出口。

第一次世界大战前,除了三井厂外,日籍或有日资关系的面粉厂还有:1906年在铁岭成立的满洲制粉株式会社,资本100万元,每日制粉能力为

---

① 1896年由德商创办,厂名为"增裕"。参阅《上海日本商工會議所年報》1922年度。

96 600公斤①;1905年在汉口成立的中日合办和丰面粉公司,资本60万元,每日制粉900袋;1907年在汉口成立的东亚制粉株式会社,资本48.7万元,每日制粉能力为52 900公斤;1911年在哈尔滨成立的马诺克斯面粉厂,资本6万元,每日制粉能力为16 380公斤,该厂是日俄合资企业;1913年在哈尔滨成立的北满制粉株式会社,资本13.2万元,每日制粉能力为45 864公斤。②

  东北的面粉市场初由俄国人独占,日俄战争后,由于美国面粉的进口竞销,当地中国民族机器面粉工业的兴起,俄人便失去了南满市场的统治地位,尤其是日本人开办的满洲制粉株式会社更是俄国人劲敌。满洲制粉株式会社成立初期经营并不十分顺利,1910年该企业得到横滨正金银行的特别贷款20万日元,解决了资金方面的困难,营业逐渐好转,沈阳所有出售面粉的店铺都有该厂的产品。1912年11月,该厂在长春建造分厂,翌年6月建成投产。1918年满洲制粉株式会社增资至300万日元,又在哈尔滨和济南设立最新式的工厂,设备全部从美国进口。哈尔滨工厂于1919年5月建成投产,济南工厂于1920年1月建成投产。

  从第一次世界大战爆发,到1920年左右,中国民族机器制粉工业发展迅速,新成立的面粉厂有54家,资本额在100万元以上的有7家,无论就厂数或企业规模而言,同在华外资工厂相比,都具有明显的优势。在这一时期,日人在华面粉业稍有发展,新成立的企业以中日合办为主。1916年天津成立了中日合办的寿星面粉公司,每日制粉3 000袋;1917年傅家甸成立了中日合办的万福兴面粉厂,资本25万卢布,每日制粉2 500普特③;1918年青岛成立的青岛制粉会社,每日制粉1 200包,1919年在开原成立了中日合办的亚细亚制粉会社,资本35万元,每日制粉2 000普特;1919年在河南新乡成立了中日合办的通丰面粉公司,资本50万元,每日制粉5 000包;1920年在长春成立的中华制粉株式会社,也是中日合办,资本125万元,每日制粉4 000袋。

  到1923年,除因经营不善或抵货运动而停歇者外,包括中日合办企业在内,

---

  ① 汪敬虞:《中国近代工业史资料》第2辑,上册,第286页。一说该企业成立于1908年,资本300万元,每日制粉2 000袋。见陈真《中国近代工业史资料》第4辑,第381—385页。
  ② 汪敬虞:《中国近代工业史资料》第2辑,上册,第286页。一说该企业成立于1918年,见陈真《中国近代工业史资料》第4辑,第381—385页。
  ③ 普特,沙皇时期俄罗斯主要计量单位之一,1普特=40俄磅≈16.38千克。

日商在东北铁岭、哈尔滨、开源、辽阳、长春、大连等处，共拥有 10 家机器面粉厂（中日合办的 4 家），在关内上海、济南、青岛、沧县等处共拥有 4 家机器面粉厂。

从 20 世纪 20 年代开始，由于外国面粉进口数量激增，中国民族制粉业一落千丈，日本在华制粉企业也处于停滞状态。这是由于日人认为采取对华输出面粉的方针对其更为有利。如 20 世纪 30 年代初，日本国内市场的面粉价格是每包 3.1 日元，对华出口每包可得日本政府贴税 0.6 日元，日商以 2.5 日元（折合华币 2 元）的价格在中国市场上销售即可获利，而华厂产品远较日货昂贵，因此难以与之竞争。日商既能以此得利，就不考虑在华增设工厂了。

"九一八"事变后，中国主要的面粉市场和小麦原料供应地东北，完全由日人控制了。在全国 148 家华商面粉厂中，东北有 60 家，占 40.54％，这些企业在日人统治下遭受到倒闭或减产的厄运。关内的华商面粉厂也因此陷入困境，1934 年包括减产的工厂在内，仅余 66 家。上海的华商面粉厂本来一直是以东北为主要的销售市场的，东北沦陷后，销售量逐年减少，到 1935 年，除营口还销售少量的上海面粉外，其他市场均为日粉所占领。[①] 日本在东北的面粉业大大发展了。1934 年由日本各财阀联合出资设立的日满制粉株式会社控制了东北的制粉业。它首先从伪满中央银行手里接办了原由中国东三省官银号经营的东兴第一、二、三火磨厂和庆泰祥等共 4 家面粉厂，接着又收买了美国花旗银行所有的松花江第一、二、三厂，又在齐齐哈尔、海拉尔、绥化、海伦、佳木斯等地兼并了几家面粉厂。到 1938 年，日满制粉株式会社已在东北拥有 11 个厂，每日制粉能力 40 300 包。据调查，1938 年全东北制粉厂在营业中的共约 65 家，日生产能力 136 200 包，其中属于日本人投资的有 24 家，生产能力 81 580 包，占生产能力总数的 59.9％。[②] 1930 年时，东北的制粉工业中，日资企业的产量仅 2 336.4 万斤，产值仅 161.1 万日元，而华商面粉厂的产量却有 41 440.3 万斤，产值达 2 762.4 万日元，占有压倒的优势。"九一八"后，这种对比就逐渐逆转了，在生产成本上，日厂也占有优势。

---

① 上海社会科学院经济研究所经济史组编：《荣家企业史料》上册，上海人民出版社 1962 年版，第 368 页。
② 哈尔滨市工商业联合会编：《哈尔滨制粉业史料》，1959 年油印本，第 19 页。

表4-1 东北中日制粉厂生产成本比较

	每袋生产费(伪满元)	指数(日厂=100)		每袋生产费(伪满元)	指数(日厂=100)
日满制粉一厂	0.435	100	华商义昌泰	0.520	119.5
华商双合盛	0.463	106.4	华商天兴福二厂	0.550	126.4
华商裕昌源	0.470	108.0	华商成泰益	0.590	135.6

资料来源：哈尔滨市工商业联合会编：《哈尔滨制粉业史料》，1959年油印本，第19页。

华厂生产成本高，既有技术方面的因素，也有税金方面的因素。日满制粉厂每袋只缴1角钱的税，而华厂须缴1角3分2厘5[1]，这种不平等在日本占领下是难以避免的。

1938年8月由于战时面粉输入渠道堵塞和小麦原料短缺，伪满当局公布"小麦及小麦粉需给调整及价格统制应急施要领案"，对小麦和面粉实行"统制"，具体措施是：决定各厂的产量；统制各厂所需小麦的数量；统一卖价等。当然，日伪的"统制"政策必然对日资系统面粉厂给予充分的保证和种种的优惠，这样就使统制东北制粉业的日满制粉会社的经营状况颇趋稳定，利润率和利润分配均保持在相当的水平上。[2]

在1941年满铁调查部对伪满制粉业的统计资料中，确定为日资系统的工厂有下列诸家：

表4-2 东北的日本资本系统面粉厂
（1941年）

工 厂 名	所在地	依统制法的生产能力（每天袋）	额定资本（万日元）	设立年月	1940年面粉产量（袋）
黑瑷联合面粉厂	瑷珲县	850			90 035
日满制粉齐齐哈尔工场	齐齐哈尔	2 000	20.5	1937.11	341 955
日满制粉海伦工场	海伦县	2 400			234 434
日满制粉绥化工场	绥化县	2 000			199 877
日满制粉松花江第一工场	哈尔滨	4 000	} 1 000	1934.6	} 1 301 954
日满制粉松花江第二工场	哈尔滨	9 200			
日满制粉松花江第三工场	哈尔滨	4 000			

---

[1] 哈尔滨市工商业联合会编：《哈尔滨制粉业史料》，1959年油印本，第20页。
[2] 陈真：《中国近代工业史资料》第2辑，第909页表。

续 表

工 厂 名	所在地	依统制法的生产能力（每天袋）	额定资本（万日元）	设立年月	1940年面粉产量（袋）
康德制粉哈尔滨工场	哈尔滨	3 200		1938.5	
日满制粉佳木斯工场	佳木斯	2 400			256 724
康德制粉牡丹江工场	牡丹江	4 000		1938.1	304 431
增兴庆火磨	宁安县	1 500	25.4		24 202
裕东制粉株式会社	宁安县	1 050	40		12 326
日满制粉牙克石工场	牙克石	2 000			36 620
振昌火磨	昂昂溪	3 000			202 182
康德制粉新京工场	长春	4 000		1937.12	288 671
满洲日东制粉株式会社	长春		200	1936.8	288 671
康德制粉四平街工场	四平街	4 000	200	1937.12	323 323
东洋制粉四平街工场	四平街	4 000			333 784
亚细亚制粉株式会社	开原	2 460	100		
东洋制粉沈阳工场	沈阳	4 000	200	1937.10	388 372
康德制粉铁岭工场	铁岭	2 500			
日满制粉锦州工场	锦州	4.000			207 510

资料来源：摘自郑学稼《东北的工业》，第198—203页表。对原表中各厂所属的资本系统作过校正。

在关内，中国民族机器制粉工业原已经打下了较坚实的基础。1936年关内103家近代机器制粉厂日产能力344 588包中，民族资本占厂数的98.06%，占总生产能力的98.20%，外资所占均不到2%。[①] 其中日人投资经营的主要企业是东亚制粉株式会社。该企业在青岛、天津和济南设有工厂。1936年度企业实收资本700万日元。[②]"七七"事变爆发，民族资本遭到空前浩劫，除部分为炮火所毁外，被日军侵占的有57家，日产能力143 600包（其中英商一家，日产2 200包）。[③]

日本侵略者占领华北后，成立了"华北小麦协会"，对小麦实行强制性统购；又于1939年5月成立"中支制粉联合会"，统制苏、浙、皖地区的小麦收购和制粉生产。中支制粉联合会于1943年5月更名为"粉麦专业委员会"，1944年6月又更名为"粉麦统制委员会"，对麦、粉的统制越抓越紧。粉麦统制委员会副主

[①][③] 杨浧、袁叔慎：《日本帝国主义在侵华战争中对中国民族面粉工业的疯狂掠夺》。上海社会科学院经济研究所：《经济学术资料》1982年第11期。

[②] 東亞研究所：《日本の對支投資》（上），第279页。

任委员并上泰忠在记者招待会上说:"战争成为长期化之今日,粮食问题之解决,盖成为当务之急。本会之责任,愈臻重大……虽一粒之小麦,吾人也必须收买之。"①

1940年上海日人经营的面粉厂有:三兴面粉公司所属共5个厂、东福面粉厂和强身面粉厂。这几家厂的生产能力共为每日制粉33 000袋。长江中下游日人强占经营的面粉厂有:无锡的华友面粉九丰工场、华友面粉茂新工场和华友面粉康丰工场,芜湖的华友面粉益新工场,常州的恒丰面粉厂,镇江的镇江面粉厂,南京的有恒面粉厂,扬州的明记面粉厂。以上8家厂的生产能力为每日制粉25 800袋。在幸存的华商面粉厂方面,上海租界内有8个厂,生产能力为每日制粉92 000袋;长江沿岸有6个厂,生产能力为每日制粉7 600袋。这14家厂的生产能力共为每日制粉99 600袋,超过日人所掌握的工厂(每日制粉58 800袋),但日人把长江中下游地区的小麦产地和陆上运输完全控制起来了,以致华厂陷入原料不足的严重困难之中。

表4-3 日占区长江沿岸面粉厂小麦收购量
(1940年) (单位:万市担)

	华商厂	日人控制的工厂		华商厂	日人控制的工厂
上海	—	312	共计	70	504
其他地区	70	192			

资料来源:《上海日本商工会议所年报》,1940年度,第77页。

上海租界内的华商厂在国内市场上断了小麦原料的供应,战时从国外海运进口也非易事,因此无法继续经营,有的厂则化整为零,在上海近郊各地进行小规模制粉生产。所以,这时日人控制的面粉厂占了垄断地位。

在制粉业中,除了面粉厂外,在上海等一些大城市内,日本人还经营一些淀粉厂。这类厂一般都不是国策会社所经办,规模比较小。以上海为例,1942年日人所掌握的淀粉厂的情况如下:

---

① 转引自杨淦、袁叔慎:《日本帝国主义在侵华战争中对中国民族面粉工业的疯狂掠夺》。

表 4-4　日本人在上海掌握的淀粉厂

厂名	组织形式	公称资本	厂名	组织形式	公称资本
瑞新淀粉公司	合资	3万元	宏昌洋行	株式	5万日元
保宣淀粉厂	独资	1万元	大华淀粉厂	独资	2万日元
利华淀粉化工厂	独资	1万元			

资料来源：满铁上海事务所调查课：《上海工业实态调查资料概括表》（油印本，约1942年）。

其中瑞新淀粉公司历史最长，成立于1926年8月。除日厂外，同时期还有华厂9家，其中一家最大，为大兴实业社，公称资本45万元，其他均小型。

日本在台湾的制粉工业肇始于1908年，日人利藤氏在台中利用水力创设制粉精米厂，是台湾第一家动力制粉企业。1919年该企业又改组为海南制粉株式会社，并在基隆设立新式制粉工厂，使用当时最先进的设备，由国外输入小麦，大量加工生产。原来在台中的制粉精米厂则从海南制粉会社分离出去，改组为朝日制粉株式会社，用台湾本地出产的小麦进行加工，这是日本占据时期台湾最大的两家制粉厂。至于台湾本地人经营的制粉厂则规模小，设备落后，缺乏竞争能力。

二、制糖

日本在华制糖工业主要在台湾，其次在东北。

制糖业是日据时代台湾民营工业的重点。因为日本本国的制糖工业并不发达，大部分食用糖依赖进口，所以日本侵占台湾后不久，就很重视台湾制糖业的发展。1900年台湾制糖株式会社成立，资本100万日元，是为台湾新式制糖工业之嚆矢。日本政界元老井上馨在1901年台湾制糖会社的一次股东会议上宣称："余以弥补日本经挤上输入品之一部分为主要施政方针，所以首先希望在台湾制造砂糖，以供〔日本〕内地之需。"河野信治也认为："糖业之盛衰不独有关本岛之财政，且为日本殖民政策成败之所系。"[①]可见日本殖民主义者对于发展台湾糖业特别重视。台湾制糖会社的工厂于1902年1月正式开工，由台湾总督府给以补助。

尽管日本殖民者为了本国的利益而急于发展台湾的制糖业，但在日本占据

---

① 陈真：《中国近代工业史资料》第2辑，第567页。

初期台湾制糖业却是减退。日人新渡户稻造认为其原因是："(1)由于日本占领台湾时的兵荒马乱,而使地方豪族回至大陆所引起的资本逃避;(2)由于军事行动的蔗园荒废;(3)由于军事行动的死伤及因建筑铁路工程等工作人员的增加,而使蔗园劳动力缺乏;(4)由于因开筑军路而征收土地及治安关系而禁止道路两旁一定区域内种植甘蔗,而使蔗园面积减少;(5)课税的苛重;(6)制糖利益为糖商所垄断而生产者没有好处,同时生产者则苦于工资高昂,不胜负担。"①显而易见,日本的侵略破坏了台湾的旧式中国民族制糖业。而日人就是在这样的条件下开始竭力扶植以日本资本为主体的新式制糖工业体系的。除早先所设的台湾制糖株式会社外,从1905年到1909年,盐水港、新兴、明治、东洋、林本源、新高、帝国等大的制糖会社以及大日本制糖会社的台湾工场相继成立,规模较小的糖厂——"改良糖廊"也发展较快。1900—1913年间设立的规模较大的新式制糖厂如表4-5所示:

表4-5 台湾近代制糖会社的发展
(1900—1913年)

会社名	总社地点	设立年月	创办资本（万日元）	计划设备能力（吨）	创办资本系统
台湾制糖(株)	阿猴	1900.12	100	300	日本内地
维新制糖(合)	盐水港	1902.7	20	40	中国台湾
新兴制糖(合)	凤山	1903.4	84	150	中国台湾
贺田组制糖	花莲港	1903.5	不详	60	日本内地
南昌制糖(合)	阿猴	1903.7	60	60	中国台湾
麻豆制糖(合)	盐水港	1903.10	50	60	中国台湾
盐水港制糖(合)	盐水港	1903.12	30	350	中国台湾
台南制糖(合)	台南	1904.5	35	180	中国台湾
明治制糖(株)	蒜头	1906.11	500	1 500	日本内地
ペイン商会制糖场	三嵌店	1906.11	20	300	英国
大东制糖(株)	归来	1906.11	500	1 000	日本内地
大日本制糖(株)	五间厝	1906.12	1 200	1 200	日本内地
东洋制糖(株)	水掘头	1907.1	500	1 000	日本内地
F.S.D会社	三嵌店	1909.1	80	850	英国

① 周宪文:《日据时代台湾经济史》上册,第77页。

续 表

会社名	总社地点	设立年月	创办资本（万日元）	计划设备能力（吨）	创办资本系统
林本源制糖（合）	溪州	1909.6	200	750	中国台湾
高砂制糖（株）	旗尾	1909.6	250	1 200	台湾当地日本
苗栗制糖（株）	后垅	1909.8	50	350	台湾当地日本
北港制糖（株）	北港	1909.8	180	1 000	台湾当地日本
新高制糖（株）	大湖	1909.10	500	1 000	日本内地糖商
台北制糖（株）	台北	1910.6	300	500	台湾当地日本
帝国制糖（株）	台中	1910.6	500	1 050	日本内地糖商
中央制糖（株）	南投	1910.7	500	750	台湾当地日本
辜显荣制糖	连交厝	1910.7	100	500	中国台湾
斗六制糖（株）	斗六	1910.7	300	500	台湾当地日本
永兴制糖*（株）	噍吧哖	1910.11	60	300	中国台湾
埔里社制糖（合）	埔里社	1910.11	30	300	台湾当地日本
台东制糖（株）	卑南	1912.9	350	350	台湾当地日本
台南制糖（株）		1913.3	300	420	日本内地糖商

资料来源：涂照彦：《日本帝国主義下の台湾》，第 284 页。
原注：*永兴制糖由日资台南制糖收买，继承全部事业。

在这些新式企业中，中国民族资本的企业也是不容忽视的，其中以林本源制糖和新兴制糖两家实力最强。前者于 1913 年时的资本增至 300 万日元，后者 1905 年时资本增至 60 万日元。由于新式企业的设立，台湾的糖产量逐年增加，1902 年度产糖 5 000 万斤，1910 年度则增至 45 000 万斤。从 1904 年起的 5 年间，每年甘蔗收获量平均为 13.2 亿斤，制糖 100 余万担。1910 年为对付下年度可能出现的生产过剩，各大糖厂联合成立了台湾糖业联合会的卡特尔组织，对于生产限额、价格和输出等问题作出统一的协议。台湾总督府则于同年 8 月暂时限制各厂增加产糖能力，并且禁止设立新厂。同时为了增加出口，设法使大阪商船株式会社新设自打狗（高雄）经上海、大连而至天津的补助命令航路，又于次年 4 月在上海设台湾银行分行，对于台湾糖的输出金融业务，以特低的利率予以协助。

1913—1915 年，台湾糖的对日输出起伏不定，对其他国家和地区则没有出口。由于生产受到限制，在日占当局的支持下，大的日资企业对中国民族工业和对小的日资企业的兼并大规模地展开了。

表4-6　台湾制糖业的兼并集中
（1907—1920年间）

集中会社	被兼并会社	资本系统别	被合并年月
（一）台湾制糖	① 大东制糖	日本内地	1907.5
	a. 南昌制糖	中国台湾	1907.4
	② 王希壁制糖场	中国台湾	1909.6
	③ 台南制糖	中国台湾	1909.10
	④ 怡记制糖	英国	1912.1
	a. F.S.D	英国	1911.8
	b. ペィン商会制糖场	英国	1911.8
	⑤ 埔里社制糖	台湾当地日本	1913.8
	a. 埔里社制糖（合）	台湾当地日本	1911.6
	⑥ 台北制糖	台湾当地日本	1916.8
	⑦ 加禄堂制糖	不明	1917.5
（二）明治制糖	① 麻豆制糖（合）	中国台湾	1907.8
	② 维新制糖（合）	中国台湾	1911.7
	③ 中央制糖	台湾当地日本	1913.6
	④ 大和制糖	中国台湾	1920.11
	a. 辜显荣制糖	中国台湾	1919.12
（三）盐水港制糖	①（旧）盐水港制糖（合）	中国台湾	1907.3
	② 高砂制糖（合）	台湾当地日本	1910.11
	④ 台东拓殖	台湾当地日本	1914.6
	a. 贺田组制糖	台湾当地日本	1911.4
	b. 台东拓殖（合）	台湾当地日本	1912.12
（四）东洋制糖	① 斗六制糖	台湾当地日本	1914.8
	② 北港制糖	台湾当地日本	1915.3
（五）帝国制糖	① 南日本制糖	台湾当地日本	1916.8
	a. 苗栗制糖	台湾当地日本	1912.3
（六）* 台南制糖	① 永兴制糖	台湾当地日本	1913.3
	② 宜兰制糖所（合）	台湾当地日本	1916.8
	a. 宜兰殖产	台湾当地日本	1915.8

资料来源：涂照彦：《日本帝国主义下の台湾》，第293页。
原注：*此处（六）项之台南制糖与（一）项中台湾制糖兼并之企业同名，但非同一企业。
引者注："a"、"b"企业是由上列被兼并会社所合并的企业。企业名后注以（合）者为合资组织。

这种大规模兼并运动的结果,造成了大的日资企业对于台湾制糖工业的垄断地位。以1915年度为例,台湾、明治、盐水港、东洋、大日本5家制糖会社的实收资本共4 640万日元,占台湾全部制糖工业实收资本6 202.5万日元的74.81%;5家会社的生产量达23 824.5万斤,占台湾制糖工业总产量313 038万斤的76.11%。

从1916年开始,由于世界糖产量受大战影响显著减少,糖价上涨,台湾糖出口激增,输往中国大陆、香港,以及印度、加拿大、澳大利亚、瑞士、芬兰、西班牙和土耳其等世界各地。台湾的制糖工业出现了"黄金时代",许多会社的股息高达100%,最高的新高制糖会社竟达200%。日资大企业的繁荣同台湾总督府的扶植有密切关系。自1903年至1925年,总督府所支出的糖业补助金总额为1 270万日元,有关糖业的事务及事业经费约1 200万日元,两者合计达2 470万日元,此外还无偿配给蔗苗24 600万株。① 随着大资本企业的发展,使用人力和畜力的传统制糖业逐步淘汰,使用小型机械设备、生产能力为20—30吨的所谓"改良糖廍"也只经历了一段不长的繁荣时期,而由大机器生产取代,占据统治地位。1901—1902年,新式糖厂产糖额仅占2.07%,改良糖廍产糖额占97.93%,1907—1908年,新式糖厂产额升至27.66%,改良糖廍占19.70%,旧式糖廍降至52.64%;1922—1923年,新式糖厂占98.10%,改良糖廍占0.70%,旧式糖廍占1.20%。② 1923年以后新式糖厂、改良糖廍和旧式糖廍的产糖量所占比例基本上维持在1922—1923年的水平上。

1920年以后台湾制糖工业中,大资本对中小资本的兼并仍继续进行,台湾最大的中国民族制糖工业企业林本源制糖公司于1927年2月被日资企业盐水港制糖会社兼并,新兴制糖公司也在1939年被大日本制糖会社兼并。1927年9月成立的昭和制糖会社,1936年底的实收资本额为700万日元,是一家不小的企业,而其最大的股东是台湾南部的富豪陈中和,但该企业却由台湾银行控制,并于1941年被台湾制糖会社兼并。1902年台湾制糖会社的资本只有100万日

---

① 周宪文:《日据时代台湾经济史》,上册,第79页。
② 周宪文:《日据时代台湾经济史》,上册,第81页。

元,而到 1928 年,它发展到拥有 12 个工场、6 300 万日元资本的巨大企业。而台湾整个新式制糖工业,1928 年也发展到 11 家会社、47 个工场,资本总额达 28 286 万日元。其中,三井系的台湾制糖会社,三菱系的明治和盐水港制糖会社,日糖兴业株式会社系的大日本、新高和东洋制糖会社占着垄断地位,它们的实收资本和制糖量均占全台制糖工业的 80% 以上。

表 4-7 台湾 6 家制糖会社 1920 年上期的盈利与分配

会社别	实收资本(万日元)	赢利额(万日元)	分配额(万日元)	分配率(%)
台湾制糖	2 083.5	1 533.1	1 041.8	100.0
明治制糖	995.0	845.0	491.2	98.7
大日本制糖	1 412.5	826.0	494.4	70.0
东洋制糖	1 255.0	1 328.4	750.8	70.0
盐水港制糖	1 125.0	1 238.5	562.5	100.0
帝国制糖	1 050.0	783.9	525.0	100.0
合计	7 921.0	6 554.9	3 865.7	

资料来源:涂照彦:《日本帝国主義下の台湾》,第 304 页。

这些糖业垄断企业都是由日本国内的金融垄断所控制,这从制糖会社的资本来源可以看得十分清楚。1936 年底台湾制糖会社的实收资本为 4 308 万日元,其中居住日本国内者的投资额占 93.14%;明治制糖会社的实收资本 3 920 万日元,其中居住日本国内者的投资额占 97.01%;盐水港制糖会社的实收资本 1 743.8 万日元,其中居住日本者的投资额占 92.24%;帝国制糖会社的实收资本 1 800 万日元,其中居住日本者的投资额占 95.65%。[①] 这些由日本国内金融垄断资本所控制的台湾糖业为了攫取高额利润,当然决不局限于制糖工业的投资,而具有以糖业为中心的综合投资的特征。这一特征随着大企业的兼并以及企业本身的资本积累、规模逐渐扩大而表现得十分明显。制糖离不开原料,这些大企业就致力于对蔗园的扩大经营。制糖离不开运输,这些企业就投资经营铁路、公路和航运业。在台湾,铁路干线是官营的,而地方铁路支线则全由制糖会社经营。第一次世界大战后,航运业大有利可图,帝国、盐水港、台湾制糖三会社

---

① 周宪文:《日据时代台湾经济史》,上册,第 83 页。

就购买轮船，经营本社业务所需要的运输，兼营一般海运业。这些大企业还致力于制糖的多品种生产、副产品生产和产品销售等方面的投资。他们除了经营自己投资的蔗园外，还极力控制农民的甘蔗生产，常用的办法是以"耕作资金"的名义，预付一笔定钱给缺乏资金的农民，而接受了这种"耕作资金"的农民，就必须种植甘蔗以供糖厂之需了。农民由于贫困，所借资金常充作生活费用，并且寅吃卯粮，越借越多，难以清偿，终于成为这些制糖企业的"债务奴隶"，他们在甘蔗种植量、价格等方面完全听凭制糖企业控制，而台湾最大的新式工业——制糖业的日本垄断组织的势力就渗透到台湾经济的各个方面了，并且还向台湾之外的地区扩展。

随着大企业的发展，台湾的糖产量更有长足的发展。1931年度砂糖生产总额为98.9万吨，1938年度达141.87万吨。① 台湾成为世界第五产糖区（英领印度、古巴、荷领东印度、菲律宾、台湾），台湾与荷领东印度的爪哇及菲律宾，列为太平洋地区的三大糖产地。台湾制糖工业在全台各种工业中独占鳌头，1935年它的产值达16 406.8万日元，占年产值在100万日元以上的各工业部门产值总额的60.9%。②

1939年以后台湾制糖工业发展水平最高时，共有新式制糖公司9家，工厂52处，拥有29 200万台元的庞大资本和1亿台元以上的公积金。③

台湾垄断性的各大制糖会社获利均十分丰厚，以台湾制糖会社为例，从1933年下期到1942年下期，利润率在34.2%至55.1%之间，股息率在1933年下期至1935年上期为10%，从1935年下期起增至12%，企业利润保留率也在70%左右。明治制糖会社的情况也相类似。④ 据1939年调查，台湾六大制糖会社中：台湾制糖会社的利润率为44.65%，股息率12%；大日本制糖会社的利润率为34.5%，股息率12%；盐水港制糖会社的利润率为20.2%，股息率8%；明治制糖会社的利润率为40.0%，股息率12%；帝国制糖会社的利润率为20.0%，

---

① 台湾省行政公署统计室：《台湾省五十一年来统计提要》，第814页。
② 周宪文：《日据时代台湾经济史》，上册，第72页。
③ 林履信：《台湾产业界之发达》，第63页。
④ 陈真：《中国近代工业史资料》第2辑，第911—912页。

股息率10%;昭和制糖会社的利润率为20.7%,股息率10%。①

台湾糖的出口绝大部分输往日本,在满足日本国内的需要后,才输往其他地区。在绝大多数年份,对日输出的糖额占台湾糖产总额的60%以上,许多年份超过了80%,对日输出在台湾对外输出中所占份额更大,一般要占到90%以上。② 这种情况充分说明以糖业为主体的台湾畸形的工业结构是完全从属于日本本国经济需要的,是日本殖民统治的结果。

东北的日资新式制糖工业出现得比台湾晚,规模也比较小。1914年,日人在铁岭、公主岭、长春、四平街、开原、沈阳和苏家屯等地设立甜菜试验场,并在甜菜栽培试验尚未得到明确结果的情况下,于1916年在沈阳成立了南满洲制糖株式会社,资本2 000万日元③。1922年在铁岭设分厂。不料甜菜栽培试验失败,原料须从远地运来,因此成本昂贵,加上其他一些原因,企业于1926年5月停顿,后得三井财阀资助,再图复兴,仍经营乏术,不得不从1927年起停业。

日人侵占东北以后,着力于发展东北的制糖工业,由台湾的制糖垄断企业——台湾、明治、大日本、盐水港诸会社所属的资本系统联合投资,于1935年设立满洲制糖株式会社,创立资本1 000万日元,后增至2 000万日元,实收1 500万日元,由昭和制糖会社的社长赤司初太郎主持社务。该会社是一个制糖工业的投资会社,它与伪满当局合作,在沈阳、铁岭设立制糖厂,又接办原为中国官营的呼兰糖厂,"七七"事变后又设立新京工场和吉林工场。生产原料先是从台湾和爪哇输入,又从波兰购买甜菜种子,由当地农民培养试种,以后逐渐以甜菜原料替代甘蔗原料。

1933年大阪糖商高津氏在东北北部的阿什河收买最初由波兰人创办的阿什河糖厂,1942年更名为北满制糖株式会社,资本200万日元。

满洲制糖会社的沈阳、铁岭和呼兰三工场的生产能力为每昼夜处理甜菜共1 450吨,北满制糖会社为400吨。1938—1940年度两会社的生产情况如下:

---

① 林履信:《台湾产业界之发达》,第72页。
② 周宪文:《日据时代台湾经济史》上册,第79—80页。
③ 一说为1 000万日元,此处据《满铁调查月报》,1932年10月号,第64页。

表 4-8　东北日资制糖两会社的生产状况
（1938—1940 年度）

	满洲制糖会社			北满制糖会社		
	1938 年	1939 年	1940 年	1938 年	1939 年	1940 年
收获面积（町）	10 972	16 610	17 332	5 918	5 981	4 320
甜菜使用量（千斤）	177 548	226 693	249 432	60 065	64 734	82 452
产糖量（担）	186 857	225 940	321 952	71 406	67 159	97 291
原材料利用率（%）	10.50	9.97	12.86	11.28	10.57	11.80

资料来源：伪满通信社：《满洲经济十年史》，第 374 页。

据 1943 年统计，伪满每年的糖产量不过二三十万担，而实际输入量为 150 余万担，远远不能自给。

东北之外，明治制糖会社于 1924 年 7 月在上海杨树浦路设立明华制糖厂，资本 360 万元[1]，1936 年度的投资额为 4 185 559 日元[2]，1942 年 6 月的资本额为 500 万日元。[3]

除了企业投资外，东亚兴业株式会社还自 1920 年 5 月至 1927 年 12 月对在济南的华商制糖业溥益实业公司作贷款投资，贷款本金共 356.8 万日元，到 1936 年止，利息累计达 481.4 万日元，本利合计 838.2 万日元。[4] 溥益实业公司是 1920 年 5 月成立的，那就是说，成立伊始便接受日人贷款，以后又因长期无力还本付息，企业监督权便操诸日人之手。

三、酒、饮料、罐头、蛋品、调味品

东北人嗜饮烧酒，日人在东北的制酒工业主要是制造烧酒，除了烧酒，还有各种酿造酒，如日本酒、啤酒、黄酒等。日本侨民喜喝日本酒，所以日本酒的制造大多集中在以大连为中心的满铁沿线。1919 年 8 月生产日本酒的满洲制酒株式会社成立，资本 100 万日元，后于 1929 年解散[5]。此外，还生产一些药酒、葡

---

[1] 张肖梅：《日本对沪投资》，第 69 页。
[2] 東亞研究所：《日本の對支投資》（上），第 279—280 页。
[3] 滿鐵上海事務所調查課：《上海工業實態調查資料概括表》（油印本）。
[4] 東亞研究所：《日本の對支投資》（上），第 309 页。
[5] 《滿鐵調查月報》，1932 年 10 月号，第 65 页。

萄酒、果子酒等。1926年大连有日人投资的酿造厂3家①。据1931年6月《安东县志》(卷6)记载,日人在该县投资设立了两家饮料厂,一为资本30万日元的满洲饮料株式会社,用电力制造大宗清洁饮料水,另一为大下酒造厂,专造清酒,年产12 000石。1933年8月,满洲造酒会社在沈阳成立,实收资本100万日元,制造高粱酒和绍兴酒。1934年5月满洲麦酒会社在沈阳成立,实收资本200万日元,制造啤酒和饮料,1935年的年产量为20万箱(每箱4打),占伪满年产总额的三分之二。伪满生产的啤酒和饮料不能自给,每年要从日本输入10万箱左右。满洲麦酒会社的营业成绩尚属可观,利润率和分配率不断有所上升。

表4-9 满洲麦酒会社经营状况

	实收资本 (万日元)	使用资本 (万日元)	利润额 (万日元)	利润率 (%)	分配率 (%)
1937年上期	200	504.3	18.6	16.8	6
1937年下期	200	481.9	5.7	5.5	6
1938年上期	200	838.4	18.9	18.8	7
1938年下期	200	668.4	18.6	18.6	8
1939年上期	200	833.1	21.8	21.8	9
1939年下期	200	940.9	31.4	31.3	9
1940年上期	200	1 241.3	36.8	36.7	9

资料来源:伪满通信社:《满洲经济十年史》,第389页。
注:1939年上期利润额同利润率不符,原表中如此。

1934年9月,樱属酒类会社在沈阳成立,实收资本50万日元,制造清酒及清凉饮料。

1935年1至8月,日伪在东北新设的制酒、制冰工厂共13家,实收资本总额748.2万日元。②

1936年4月实收资本250万日元的哈尔滨麦酒会社成立于哈尔滨,制造啤酒、日本酒和清凉饮料。该会社属资力雄厚的大日本麦酒会社系统,它通过兼并中小企业的办法,求得自身的迅速发展。该企业于1937年2月兼并大满洲忽布

---

① 孔经纬:《日俄战争至抗战胜利期间东北的工业问题》,辽宁出版社1958年版,第11页注①。
② 孔经纬:《日俄战争至抗战胜利期间东北的工业问题》,第51页。

麦酒股份公司,同年9月又兼并大兴公司。它是东北北部主要的制酒企业。1936年7月亚细亚麦酒会社在沈阳成立,实收资本100万日元,制造各种酒类和清凉饮料。1937年8月八王子酿造工业会社也在沈阳成立,实收资本50万日元,制造清酒、清凉饮料和调味品。1941年12月,满洲千福酿造会社在沈阳成立,实收资本100万日元,制造各种酒类和饮料。

东北的调味品工业是不发达的。1913年在鞍山成立了一家规模不大的鞍山酱酒合资会社,生产酱油。1923年3月在大连设立了一家大连化学工业社,是一匿名的合资组织,生产味之素,主要原料是小麦粉、豆饼和盐酸。1926年该会社合并于日本铃木商店,易名昭和工业株式会社。东北沦陷后,日人在东北经营的调味品工业有一定的发展,主要企业有大连酱油株式会社、满洲野田酱油株式会社和株式会社沈阳酱园,1936年这三家企业所生产的豆酱产值61.1万余日元,所生产的酱油产值105.7万日元。①

1913年在沈阳成立了两家制罐公司,一家是井原工场,一家是满洲制罐公司。

在投资于东北的制酒、调味品、制罐等食品工业的日本资本中,影响较大的是铃木味之素财阀(即铃木商店)。铃木财阀对东北的投资是以食品工业为主体的。它对以生产味之素为目的之一而设立的满洲农产化学工业株式会社、哈尔滨啤酒会社以及满洲造酒会社三个食品工业企业的投资占它在东北全部投资额的90%;它对商业的投资也同食品贩卖密切相关。所以有的日人认为,"铃木味之素财阀对满洲的投资是他在日本内地所经营事业的延长"。②

同东北日本新式食品工业形成对照的是中国本地以手工为主的食品业。同纺织业的情况类似,这种本地食品业由于劳动报酬极低,许多落后的家庭手工劳动根本不计成本,1938年实收资本利润率为122%,全部动用资金利润率为16%,而新式企业的前项为20%,后项仅6%。③

---

① 伪满通信社:《满洲经济十年史》。第384页。
② 陈真:《中国近代工业史资料》,第2辑,第530页。
③ A. R. Kinney, *Japanese Investment in Manchurian Manufacturing, Mining, Transportation and Communications, 1931-1945*, p. 120.

台湾的凤梨罐头工业有相当的发展。台湾的这一工业创始于1902年,是年日人冈村庄太郎在凤山设立冈村凤梨厂。1906年日本罐头工业资本家滨田富三郎在彰化(翌年迁员林)设立滨口凤梨厂,年产5万罐。1911年工厂扩充到拥有7个分厂,年产346 481罐。1922年东洋制罐株式会社在高雄设厂,到1925年拥有分厂35所,年产罐头6 585 994罐,生产技术也大有改进。1925年台湾总督府从岛外引进优良的凤梨品种加以培养推广,并从机械、资金等方面扶植新式凤梨制造厂,刺激这一工业的发展。1930年,凤梨罐头厂增加到81家,创历史最高记录。厂数的骤增使原料的争购和产品的争销等方面均出现了严重的混乱。1931年9月台湾共同贩卖会社成立,对全行业的供、产、销实行统制。但在这一组织中,各企业盈利的分配额是同该企业资本的大小成正比计算的,因此中小企业对这样的统制产生不满。1934年7月统制取消。1935年台湾总督府因凤梨罐头生产过剩和行业的混乱,下令将全部工厂解散,另行成立台湾合同凤梨株式会社,将各厂合并、改组隶属其下。原各厂所属的农场则合并为台湾凤梨拓殖株式会社。台湾合同凤梨株式会社是完全由日人控制的。1936年该会社公称资本5 900万日元,实收500万日元,其中住在日本国内的资本家和企业的投资额为4 492 050日元,占89.84%,"住在台湾者"的投资额为507 950日元,占10.16%。① 而"住在台湾者",并非一定是中国人,其中也有日本人。这同其他台湾企业的情形是相似的。1937年台湾合同凤梨会社又把台湾凤梨拓殖会社合并过来,成为垄断全台湾凤梨的生产、加工和销售的独占组织。1938年凤梨罐头产量达167万余箱,创历史最高记录,1942年以后产量逐年大幅度减少,1944年工厂毁坏甚多,产量仅8万余箱。

台湾凤梨罐头本地消费有限,绝大部分输往日本,小部分输往中国大陆地区,此外,有少量输往欧美、加拿大等国家。

日本在关内投资的中心地区——上海,有不少日人经营的各类食品工业,但这些企业多半规模较小,没有大财阀作背景。这些数量众多的小制造业在同华商企业的竞争中并不占有明显的优势,在中国人民抵货运动的风潮中,遭到灭

---

① 周宪文:《日据时代台湾经济史》上册,第87页。

顶之灾的,不是日本财阀大企业,而正是这些根底浅薄的小制造业。例如在"一·二八"淞沪之战时,日资各类小制造业多陷于停业破产的困境之中。表4－10摘录抗战前日人在上海经营的饮料、罐头、蛋品、调味品等杂食品工业企业排列成表:

表4－10 上海日商杂食品工业制造厂一览
(1937年以前)

厂别	上海创设年度	资本(元)	出品
原田商店	1918.6	50 000(日元)	酱油、豆酱、纳豆①
乌喜酱色厂	1929	3 000	酱色
小玉酱油厂	1929	3 000	酱油
滩屋造酒厂	1928	10 000	酒
大和造酒厂	1924	15 000	酒
东方制冰厂	1922.12	200 000	冰及饮料
日支鸡卵公司		10 000	蛋品
吉田洋行	1926	3 000	海味
渡边洋行工厂	1929	2 000	海味
河野工厂	1930	5 000	海味
罐头食品厂	1931	5 000	罐头食品

资料来源:张肖梅:《日本对沪投资》,第68—69页表;東亞研究所:《日本の對支投資》(上),第280页表。
注:①蒸后发酵的大豆。

这些企业经营状况一般都不稳定,社会条件的变化对它们影响颇大,有的企业长期不派息。东方制冰会社虽然资本实力相对较为雄厚,但经营亦属平平。

表4－11 东方制冰会社营业成绩

年份	利润额(元)	利润率(%)*	年份	利润额(元)	利润率(%)*
1931	24 900	16.7	1934	26 000	17.3
1932	33 500	22.3	1935	5 600	3.7
1933	4 500	3.0			

资料来源:张肖梅:《日本对沪投资》,第76页。
注:*按实收资本计算的。这几年该会社从未分派股息。

第四章 食品和造纸工业投资

1936年东方制冰会社的实收资本为15万元,而推定投资额为376 886元。① 之所以投资额大于资本额一倍多,同企业把利润转为公积金,而不实行派息有直接关系。

日军侵占上海以后,日本人在沪经营的各类食品制造企业显著增加。据1942年6月调查②,日本人在沪生产豆酱、酱油的企业有14家(包括被日本人"合并"的华商企业两家),其中规模较大的有上海理化学工业株式会社(资本20万日元),原系华商企业而被日人"合并"的永和酱油号(资本15万日元),其他企业的资本都在数万日元以下。同期日人经营的味精等调味品工业的企业还有3家,其中最大的是中华调味料制造株式会社,资本10万日元,雇用男女工人各14名;天香、天利两厂原系华商工厂,而为日本人所夺占。同期日人在沪制酒厂有12家,其中株式会社5家,独资经营7家。5家株式会社是:东亚酿造株式会社,资本50万日元;东亚酒精饮料工业株式会社,资本30万日元;日本清酒酿造酒精饮料株式会社,资本17.5万日元;北海遭兴农公社在沪分厂,总社资本1 200万日元,生产麦酒;中国麦酒会社,资本60万日元。独资企业中规模较大的是家纳喜酒造厂,资本30万日元,其余各厂的资本均在5万日元以下。③ 生产清凉饮料的工厂7家,其中成立于1922年底的东方制冰会社规模最大,资本额已增至100万日元;大日本麦酒株式会社,资本40万日元;东亚饮料株式会社,资本10万日元;东亚酒精饮料工业株式会社也生产清凉饮料;此外是两家个人经营的企业和一家合名企业,资本额都很小。同期经营食品冰冻、加工、保藏的企业有4家,除东方制冰会社和它的虹口冷藏库外,还有扬子蛋业冷藏株式会社,资本500万日元;上海仓库信托株式会社,资本200万日元;前川制作所上海出张所,资本7万日元。同期制茶工厂有6家,它们是:属于三菱财团的三菱茶厂和三菱商事制茶工场分工场;属于三井财团的福利茶叶公司,资本25万日元;大仓洋行制茶工场,资本14.5万日元;岩井洋行大新茶公司,资本10万日元,系个人经营;兼松洋行制茶厂,资本5万日元,系个人经营。

---

① 東亞研究所:《日本の對支投資》(上),第279—280页表。
② 以下企业数和资本数均见滿鐵上海事務所調查課:《上海工業實態調查資料概括表》(油印本)。
③ 其中辰己屋酒造所资本额不详。

上海之外其他关内城市的日资杂食品工业企业,在厂数、规模和经营状况等方面都不及上海,且因规模较小,而无完整的统计。日资杂食品工业相对较为集中的城市是青岛和天津。在青岛,大日本麦酒会社于1916年设立青岛啤酒公司,1936年度实收资本额为70万日元,投资额则为198.8万余日元。此外,还设有大连制冰会社,实收资本20万日元。① 较小的企业还有:青岛食料加工合资会社,生产酱油;日支鸡卵公司,资本1万日元,每年生产蛋粉200吨。1938年12月,在青岛成立了"中日合办"的东亚蛋业株式会社,生产蛋粉。企业资本250万日元,实收249.3万日元,中日出资各半。② 在天津,1930年1月成立了天津制冰冷藏株式会社,实收资本20万日元,投资额达35.4万余日元;1933年3月成立味真味公司,资本4万日元;1935年3月成立天津工业株式会社,实收资本30万日元。③ 此外,天津还设有生产日本酒的山本洋行和宫崎洋行。宫崎洋行还在汉口设立了分行。1938年2月在天津成立了"中日合办"的东洋酿造株式会社,制造日本酒和麦酒。企业资本150万日元,实收一半,日方出资1 660股,中方出资1 350股。④

关内其他地区的日资杂食品工业中,蛋品加工业较有发展。早在1900年,就有日人在九江城外张古巷开设蛋品加工厂,厂名为东京公司。1921年关于蛋品加工业的统计如下:

表4-12 关内日资新式蛋品加工企业一览
(1921年2月)

地点	厂名	每日碎蛋能力(万个)	地点	厂名	每日碎蛋能力(万个)
汉口	煊记	14	济南	新华	30
济南	东亚	50	张店	大仓	?
济南	中华	30	青岛	大星	15
济南	大星	10	青岛	大仓	10

资料来源:彭望恕:《中国最近之蛋粉业》,《农商公报》第79期,1921年2月15日。

---

① 東亞研究所:《日本の對支投資》(上),第279—280页。
② 東亞研究所:《日本の對支投資》(上),第325—326页。
③ 東亞研究所:《日本の對支投資》(上),第279—280页。
④ 東亞研究所:《日本の對支投資》(上),第325—326页。

表4-12中汉口的煊记蛋品加工厂是三菱资本系统的。1937年日人占领武汉后,汉口的蛋品加工业有一定的发展,三井资本等也在汉口设立了蛋品加工厂。据日本侵华战争时期华北开发会社产业部总务课所作的华北的蛋业情况调查,河北省有日资蛋品加工厂1家;山东省则有3家,资本总额130万元。

四、卷烟工业

1937年以前,日本在华卷烟工业并不发达,长期在中国占垄断地位的,是英美烟公司等西方卷烟垄断资本。日人在华卷烟业投资最早是在东北。1906年11月日本东亚烟草株式会社集资100万日元在我国东北及朝鲜设立卷烟工厂,1917年增资至300万日元,1920年增资至1 000万日元。该会社在沈阳、营口、大连等地设厂。其营口工厂设立于1909年,当时雇用日籍职工30名,华籍职工220名。到1930年,职工人数增加很多,日籍20名,华籍男700余名、女200—300名,共千人左右。其产品销路原先主要在东北各地,后来发展到关内及远销南洋各地。产值1922—1926年平均每年为300多万日元,1928年达到创纪录的552.1万余日元。[①] 1906年与规模巨大的东亚烟草会社同时成立的,还有沈阳的三林烟草公司,资本仅2万日元。1921年在沈阳还成立了大安烟草公司,资本50万日元,是中型企业。[②] 在营口,除东亚烟草会社的工厂外,总部在天津的中和公司也设有卷烟工场,工场资本40万日元。

表4-13　东北各国卷烟销售量百分比
(1928年)

国别	企业名	%	国别	企业名	%
英美	英美烟	41	中俄	南洋兄弟	2
	永泰和	11		中俄	10
	老巴夺	9		秋林	2
日	东亚	23		其他	2

资料来源:《滿鐵調查月報》,1932年10月号,第70页。

---

① 《滿鐵調查月報》,1932年7月号,第259—261页。
② [日]上海每日新聞社:《上海經濟年鑑(第一回)》,1924年12月出版,第292页。

据1930年调查,日人在东北的卷烟企业共有6家,年产值361.9万日元,占全东北产量的22%。[①] 在东北实力最强的还是英美烟公司,该公司在沈阳、哈尔滨、辽阳等地设立分厂,产量占压倒优势。

在上海,1937年前日人卷烟业的势力比东北更弱。战前上海的八大外商卷烟公司是：以实力最强的英美烟公司为首,其次为美商的大美、花旗、美迪诸公司,再次为希腊商的锦华、杜柯、健身诸公司,最末为意商的宝大公司。日人并未创办过工厂,只是东亚烟草株式会社于1917年收买了希腊商安利泰制烟厂,作为它的在沪分厂,其实力在上述八大外商公司之后。1931年前东亚烟草会社还在天津、青岛等地设立分厂。1936年关内日人投资经营的卷烟工业企业如下表所示：

表4-14 关内日人主要卷烟企业
(1936年)

企业名	所在地	设立年月	资本(万日元)	推定投资额(万日元)
米星烟草	青岛	1921.12	70	75
合同烟草	青岛	1927.11	800	80
东亚烟草	上海	1924.9	10	华东地区 500
东亚烟草	天津	1917.7	100	
东亚烟草	青岛	1936.10	50	
东洋叶烟草	上海	1919.10		12.9

资料来源：東亞研究所：《日本の對支投資》(上),第281页。

日人侵占东北后,由于人数众多的日本各界侵略者的大量消费等原因,东北卷烟需求量激增,而其生产本来就不敷需求,此时差额就更大了。因此日伪当局一面鼓励农民种植改良烟叶,一面大力扶植日人的制烟工业。这样,东亚烟草会社等日本企业的势力日益上升,而原来在东北独占鳌头的英美烟公司的势力渐趋衰退。

1934年日本野村财阀在长春设立满洲烟草会社,公称资本1 200万日元,实收840万日元。1937年,满洲东亚烟草会社收买原东亚烟草会社在沈阳成立,

---

[①]《滿鐵調查月報》,1932年7月号,第52页。

实收资本2 500万日元。1937年7月实收资本100万日元的太阳烟草会社在沈阳成立。1939年协和烟草会社在长春成立,公称资本500万日元,实收一半。同年在哈尔滨成立了一家华丰烟草会社,实收资本49万日元。

1936年2月拥有巨额资本的启东烟草会社在沈阳成立,该会社的制烟厂原属英美烟公司系统,是被日伪当局强行改为伪满法人的,企业虽由日人控制,但主要并非日人投资,因此应将其排除在日本在华企业之外。另外还有辽宁烟草公司,成立于1920年,是华商投资的,资本3.6万元,1939年日人通过强行追加投资(增资至36万日元),夺占了该企业,改名为沈阳烟草会社。

在关内,华商和各国在华卷烟业的势力消长也十分显著,其情形同东北相类似。战前占着垄断地位的颐中烟草公司(即原英美烟公司,1935年改名)虽不像华商厂那样多为日人所夺占,形式上各厂仍保存着,但在日军占领地区,各厂所需的原料、动力和销售市场却发生严重困难。颐中公司曾企图通过王克敏等汉奸为其出力解决困难。而对日本侵略者来说,侵华战争是他们排挤其他西方国家在华势力的最好时机,当然不会允许自己扶植的傀儡去干同自己利益相违背的事。日人利用日本原先在我国的东亚等卷烟会社以及新组建的机构,分地区独占各该地区的卷烟工业。例如在华中方面,组织中支那烟草组合,借军事力量对原料实行统购统销,成立中华烟草株式会社,作为组织生产的统制机构,对原有的各日资工厂实行统一管理,并强行收买一部分华厂,成立华中配给组合,对卷烟工业的供、产、销等实行统制。1940年末,上海日资卷烟企业的情况如下(包括已被收买的华厂):

表4-15 上海的日资卷烟企业
(1940年末)

厂名	资本(万日元)	卷烟机(台)	月生产额(万支)
东洋叶烟草	1 000	46	41 860
东亚烟草	3 000	42	35 280
共盛烟草	100	9	7 560
合同烟草	100	5	3 500
东映烟草	20	1	350
大陆烟草	140	4	2 100

经营"。(6)新东亚兴业有限公司,资本 30 万日元(实收 1/4)的合资会社,由台湾的日人投资经营,月生产能力约 50 吨,品种有尘纸、毛边纸和各种包装纸。(7)井上制纸厂,资本 65 000 日元,个人经营,月生产能力约 50 吨,品种有尘纸、手纸、包装纸等。(8)高林板纸厂,个人经营,月生产能力约 60 吨。另外一家正在筹建的工厂是夺自华商的民丰造纸厂,资本 150 万日元,是由日本军方及兴亚院组织的民丰造纸厂经营委员会负责经营。该厂设在浙江嘉兴县,营业所则在上海黄浦滩路。民丰厂于 1941 年建成投产,专制卷烟纸,月生产能力约 700 箱。①

1941 年度,日人投资或控制的工厂的实收资本总额约 800 余万日元,而十四五家华商工厂的资本额总共为 700 余万元法币,另有一家外人造纸厂的资本为 25 万美元。② 从投资额上看,日厂尚未占据优势,但比抗战前日人在沪造纸业的原有基础,日人的势力是大大地扩张了。这一点从造纸厂的产量和销售额方面可以看得很清楚。

表 4-17 上海造纸业国籍别产量及销售额
(1941 年)

国籍别	产量		销售额	
	吨	%	万日元	%
日	22 000	59.5	2 100	67.7
中及其他	15 000	40.5	1 000	32.3
合计	37 000	100.0	3 100	100.0

资料来源:根据《上海日本商工會議所年報》,1941 年度,第 92 页的数字计算。

日人工厂大多采用当时较为先进的设备,产品质量较好,有些品种是华商工厂不能生产的。

东北的日人造纸业发展规模较大。早在 1900 年,日人原田留五郎在营口旧市街经营小规模的制纸工场。满洲制纸会社成立后对该厂作了投资,满铁及关东厅也贷予建筑物资和机械等,助其扩大规模。该厂定名为营口制纸合资会社,资本 10 万元,其产量和产值如下表所示:

---

① 上海日本商工會議所:《上海日本商工會議所年報》,1940 年度,第 82—83 页;1941 年度,第 92—93 页。
② 上海日本商工會議所:《上海日本商工會議所年報》,1941 年度,第 92 页。

表 4-18　营口造纸厂的产量和产值

(1923—1929 年)

年份	产量(贯)	产值(日元)	年份	产量(贯)	产值(日元)
1923	19 375	16 582	1927	37 957	50 594
1924	32 736	26 656	1928	78 543	67 030
1925	?	8 550	1929	27 037	34 011
1926	?	3 469	1930	停业	

资料来源：《滿鐵調查月報》,1932 年 7 月号,第 254 页。
注：1 贯＝中国 6.283 库平斤。

1917 年 12 月,王子制纸株式会社在吉林设立中日合办的富宁股份有限公司,资本 200 万日元,实收 35 万日元。因交通不便,该公司计划修筑自镜泊湖畔至中东路海林站约 70 公里的汽车道路。后因经营条件发生变化,该公司遂告辍业。继富宁公司成立之后,还有日本大仓系统的丰材公司也试办造纸。

1919 年 5 月鸭绿江制纸会社在安东成立,资本 500 万日元,实收 350 万日元,属大仓资本系统。该企业的机械和技术比较先进,通过两年多筹备,于 1921 年 10 月正式投产。第一次世界大战结束后,各资本主义大国又展开了争夺世界市场的竞争,欧美纸浆向东亚市场大量倾销,日本除联合本国同业削价竞争外,还指定包括鸭绿江制纸会社在内的三家日资制纸厂暂时停工,以便减少日货的囤积。停工期限是自 1922 年 8 月至 1926 年 7 月,共四年。会社停工期间,从事以机械制造代替旧式手工制造中国纸(手滤纸)的研究,获得成功,而且试制品的质量优良。这样,工厂复工后就改变单一生产纸浆的经营方针,增加了制造中国纸的生产项目。该厂的纸品介于欧洲和日本的有光纸与中国的手滤纸之间,兼备两者的优点,因此销路很广。该厂所生产的毛边纸和宣纸等,一半销于满铁沿线各地,一半销于上海、天津、山东等地。1933 年后,因东北需要量激增,故停止销往关内市场。

1920 年 12 月满洲制纸株式会社在大连成立,资本 50 万日元,制造粗纸。在战后世界纸浆生产过剩的危机冲击下,该企业一直处于经营困难之中,1930 年度的产值仅 65 474 日元。1933 年松浦制纸会社将其全部收买。

1930 年抚顺制纸株式会社收买营口制纸合资会社,经过 4 年的整顿扩充,于1934年在抚顺成立。同年12月,王子制纸株式会社通过伪满中央银行之手,取得了原属华商的安东六合成纸厂的控制权。

木浆是造纸、人造丝的主要原料,1932年以后随着东北纸产量逐步增加,日人投资经营的木浆制造业也得以迅速发展。1936年钟纺资本系统投资设立的东满洲人造丝木浆株式会社,该社原生产人造丝木浆,为了适应东北纸张扩大生产的需要,也增设造纸业务,生产印刷用纸、账簿用纸、包装用纸,纸的年产能力约为4590吨,同年,日人还在营口设立康德苇制木浆株式会社。该会社买下了锦州盘山两县濒临渤海湾的芦苇区,利用苇草代替木材制造木浆。这个企业也是钟纺系统投资的,起初的目的是生产人造丝用苇浆,但开工后原料成本过巨,只得停止制造。1942年2月增设制纸工厂,生产纸烟盒用的厚纸,年产能力约5000吨。

第二年,即1937年,三菱财阀在间岛开山屯设立满洲木浆工业株式会社;三井财阀的王子纸业托拉斯在牡丹江桦林设立日满、木浆株式会社;川西财阀在吉林敦化设立东洋木浆株式会社。以上三个会社由伪满的森野局配给木材原料。

1937年发明以大豆秆制造纸浆的酒井伊四郎与伪满和满铁共同筹设满洲豆秆木浆株式会社,企业设于大豆产区开原,1940年正式开工。企业初创时主要制造人造丝用的豆秆浆,后因成本高昂,于1941年6月起改制纸浆,并增设制

表4-19 东北日资及日人控制的木浆会社

(1940年)

企业名称	资本系统	资本(万日元)	设立年月	工厂所在地
满洲木浆	三菱	1 000	1936.5	桦林
日满木浆	王子	1 000	1936.9	敦化
东洋木浆	川西	1 000	1936.9	石砚
东满洲人造丝木浆	钟纺	750	1936.6	开山屯
鸭绿江制纸木浆	王子	500	1919.6	安东
康德苇制木浆	钟纺	500	1936.10	营口
满洲豆秆木浆	伪满、满铁、酒井	1 000	1937.9	开原
锦州木浆	王子	3 000	1939.6	锦州

资料来源:郑学稼:《东北的工业》,第136页。剔除原表中"满洲特殊制纸"一家。

纸工厂。产品以印刷纸为主,质量较好。后适应市场需要而改制牛皮纸,以木材为原料,年产供制造牛皮纸用的纸浆 1.5 万吨。

1939 年,又设立了以芦苇作原料的锦州木浆株式会社。这个企业是日本王子纸业托拉斯投资的,利用苇浆制纸,年产能力约 17 750 吨,是东北制纸能力最大的工厂。该企业的技术装备十分先进。所用原料是辽河上游盘山、锦县等处所产的芦苇。产品以印刷纸为主,其余为感光纸,制图纸和包装纸等。

以上 8 家企业 1940 年共产木浆 13.8 万吨,平均每家在 1.5 万—1.8 万吨的水平。① 伪满第一次产业开发五年计划规定到 1941 年木浆产量要达到 40 万吨,其中 30 万吨用木材制造,7 万吨用芦苇制造,3 万吨用豆秆制造。但这个产量指标无法实现,1941 年只生产了 6.8 万吨,1943 年也只有 7.6 万吨,1944 年 6.4 万吨。②

除以上生产木浆的企业外,还有不生产木浆而单营制纸的工厂。1936 年 10 月在沈阳成立了满洲纸工株式会社,实收资本 738.7 万伪满元,制造烧纸,年产能力为 1.29 万吨。1937 年 11 月,满洲纸业沈阳工厂成立,实收资本 51 万伪满元,制造烧纸,年产能力 1 100 吨。同年 11 月,大连裾野制纸所成立,实收资本 66.6 万伪满元,制造各种粗纸。同年 12 月安东造纸株式会社成立,实收资本 2 232.4 万伪满元。这个企业利用当地的麻织旧衣为原料,制造卷烟纸,年产能力为 1.783 万吨。1940 年为适应伪满产业开发五年计划的需要,该企业增添设备,扩大生产规模,所生产的卷烟纸能保证东北地区自给。1938 年 7 月哈尔滨照国制纸株式会社成立,实收资本 68.1 万伪满元,制造烧纸,年产能力 2 150 吨。同年,康德制纸株式会社成立于营城子,属于抚顺制纸会社系统,制造烧纸,次年 12 月该企业由满洲特殊制纸会社收买,作为后者的营城子工厂。1938 年 3 月具有"准特殊会社"性质的满洲特殊制纸会社成立于长春,由伪满和满铁合资经营,后来扩充规模时,又吸收了一部分民间私人资本。日本特殊制纸会社充当其技术指导。该会社实收资本 3 556.4 万伪满元,其技术装备十分精良。满洲特殊制纸会社在东北各主要地区遍设废纸加工厂,特别是规定伪满各机关的废纸均

---

① 琼斯:《1931 年以后的中国东北》,第 184 页。
② 满史会:《满洲开发四十年史》下卷,第 448 页。

须交该会社回收处理。该会社利用回收废纸制造各种高级纸张及各类粗纸,品种有:印刷用纸、账簿用纸、票据用纸、制图用纸、包装用纸、供作水泥袋用的牛皮纸代用品、纸币用纸等。1940年8月丸三制纸工厂成立于沈阳,实收资本268.5万伪满元,制造东洋纸,年产能力为3 000吨。1941年2月朝日制纸公司成立于安东,实收资本225.7万伪满元,生产印刷用纸和薄页纸,年产能力为5 800吨。同年4月日满制纸株式会社在抚顺成立,实收资本36.1万伪满元,生产石州纸[1]和薄页纸,规模虽小,而技术精良,产品质量很好。[2] 此外,还有一些规模较小、技术并不十分精良的日资造纸厂。

虽然东北沦陷以后日资造纸业有较大的发展,但是同东北纸张需要量之间仍然存在相当大的差距。这一差距是靠从日本的巨额输入来弥补的。据1936—1940年统计,输入量经常占东北纸张需要量的80%以上。[3]

由于造纸业在日本的侵华战略需要中并不占有重要地位,所以日人并未全力投资经营,而采取将国内制成品对东北市场进行倾销的殖民政策。相对来说,日人对制造木浆的企业投资较为集中和雄厚,这是因为他们要把一部分木浆运回国内去作人造丝的原料。

台湾的情况同东北有某种类似,那就是生产各种纸张成品的工业并不发展,而日本发动全面侵华战争时,为了适应日本国内造纸业对纸浆原料的迫切需要,台湾的纸浆生产一度有较大的发展。

1919年台湾制糖株式会社为了对糖厂蔗渣作综合利用,在宜兰设造纸厂,生产蔗渣纸,但因技术不过关,产品质量很差,颜色过深,只能用作包装纸,1921年工厂因亏损而停产。1922年台湾制纸株式会社在台北市近郊设立,资本150万日元,以稻草为原料,生产各种黄色纸板、厚纸板和高级纸板。台湾作为日本的殖民地,尽管其制纸会社也是日人投资经营的,但在日本国内垄断资本对台商品输出的强大压力下,也难以获得发展。该会社因不具备同日本、荷兰产品竞争

---

[1] 一种日本纸。
[2] 以上各造纸厂的实收资本额和年生产能力均引自国民政府东北物资调节委员会:东北经济小丛书《纸及纸浆》,中国文化服务社1948年版,篇后附表。估计都不是创办时的数字。
[3] 郑学稼:《东北的工业》,第139页。

的实力,损失巨大,不得不于1928年宣告清理,由债权人台湾银行直接监理经营,资本减至24万日元,只生产少量低级的黄板纸。"九一八"事变后,日本纸大量输往东北市场。这样,台湾的制纸业有了转机。台湾制纸会社的营业逐渐发展。台湾制糖会社在宜兰所办的蔗渣工业试验所对用蔗渣制纸的试验获得成功,旋即改组为台湾纸业株式会社,正式投产。1935年台湾兴业株式会社成立,合并台湾纸业会社。1937年台湾兴业会社在罗东增设工厂,以鬼萱草和蔗渣混合作原料,制造印刷用纸和笔记用纸,年生产能力约25 000吨。

"七七"事变后,日本政府在1937年制订了"纸浆增产五年计划",要把日本及其所侵占地区包括朝鲜和台湾的纸浆生产在872 000吨的基础上作大幅度地提高,要求台湾当局扶植纸浆生产,增加产量,并指令1942年的指标是10万吨。于是台湾以纸浆生产为主的造纸企业纷纷设立,其中规模较大的有:(1)1938年3月在台中市建成投产的台湾纸浆株式会社。资本1 000万日元,主要投资者为昭和制糖会社和大日本制糖会社。产品主要为蔗渣纸浆,年产15 000吨,计划发展到年产30 000吨。(2)1940年3月在台南市建成投产的盐水港纸浆工业株式会社。资本2 500万日元,制造蔗渣纸浆,年产能力为30 000吨。(3)1944年1月在高雄设立的东亚制纸株式会社。以蔗渣为原料,用烧碱法制造袋用牛皮纸,年产能力为263万磅。企业所需的原料由台湾制糖会社供给。(4)设于台东的台东关山纸浆工场。该厂以台东附近的木材为主要原料,制造纸浆及纸,1943年的产量为日本纸95吨,总的生产能力为450吨。

表4-20 台湾兴业会社的利润及分配
(1939—1941年)

年度	实收资本(万日元)	利润(万日元)	年利润率(%)	利润分配(%)
1939上	450.0	28.2	12.5	7.0
1939下	450.0	37.3	16.6	8.0
1940上	537.5	51.5	19.2	8.0
1940下	712.5	54.1	15.2	8.0
1941上	900.0	65.5	14.6	8.0
1941下	900.0	60.8	13.6	7.0

资料来源:陈真:《中国近代工业史资料》第2辑,第919页

1935年设立的台湾兴业会社在罗东的工厂因蔗渣纸浆厂的纷纷设立而致原料不足,因此改用木材为原料。其生产发展很快,在台湾同业中名列前茅。

由表4-20可知,台湾兴业会社的盈利情况是颇为平稳的。

"七七"事变后台湾还有若干较小规模的工厂出现,大小工厂总计达20家。

在台湾制纸工业的资本来源中,制糖托拉斯的投资是最主要的。而台湾制糖托拉斯的资本主要是日本国内财阀的投资。如台湾兴业株式会社1935年成立时公称资本500万日元,实收一半,其中住在日本者的投资高达2 496 750日元,占99.87%。[①]

台湾的日人造纸工业大部分以蔗渣为主要原料;产品主要是纸浆,输往日本供作制纸原料。

1912—1942年的三十年中,各类成品纸的产纸数量从2 503 404公斤增加到59 306 162公斤,产值从24.2万余日元增加到2 650.7万日元。[②] 太平洋战争爆发后,台湾的造纸工业一蹶不振,1943年又屡遭轰炸,1945年的纸浆生产下降到仅800多吨的水平。台湾的制纸工业随日本大举侵华而兴起,又因日本军国主义的失败而破产。

[①] 周宪文:《日据时代台湾经济史》上册,第96页。
[②] 周宪文:《日据时代台湾经济史》上册,第95—96页。

第五章 化学工业投资

要划清复杂的工业门类并不是一件容易的事。许多历史统计资料的划分都不统一。例如榨油业同食品和化学都有关系,火柴业既可划入轻工业,也可划入化学工业。这里就不详加斟酌了。

日本在东北的化学工业同满铁中央试验所的关系特别密切。据统计,中央试验所的研究成果应用于工业而建立起来的大型化学工业企业有18家;中央试验所接受委托所研究并获得成果的化学工业企业有20家。[①] 以下分业论述。

第一节 油 脂 业

油脂工业是跨食品和化学两种工业部门的行业,其自身包括榨油和大豆化学工业等门类。

1905年日本在华榨油业于武汉发端。这是由日本棉花株式会社设厂兴办起来的。该会社总部设在大阪,1904年在汉口设分社,经营棉花、肥料、各种农产品的输出和日本棉纱、棉布、煤炭、火柴、阳伞、钟表等的输入业务。它还开办了几个工厂,其中一个是棉籽榨油厂,设在汉口日租界,每天可榨棉籽1 200担;

---

① 滿史會:《滿洲開發四十年史》下卷,第581—582頁。

两个豆油厂,即日信油厂第一、第二两个工场,第一工场设在汉阳,第二工场设在汉口。

日信油厂第一工场是1905年9月创立的,原料黄豆主要从河南省的驻马店和湖北省的蔡甸运来。厂内设备有压榨机50台、轧豆机5台、30马力蒸汽机1台。职工130人,其中华人120名,日人10名。每天作业时间为昼夜23小时;每月的第一周和第三周的星期日停工。每日产量,平均为豆饼1 000枚,豆油40担。第二工场是翌年5月创立的。原料来源相同。厂内设备有压榨机100台、轧豆机9台、100马力蒸汽机2台。职工共159人,其中华人152名,日人7名。每日产量,平均为豆饼2 000枚、豆油80担,是第一工场1905年平均日产量的一倍。

东北也是日资榨油厂成立较早的地区。东北榨油业的发展是同日本农业对豆饼的需求联系在一起的。日本国内农业已普及以豆饼作肥料,因而对豆饼的需求激增。这刺激了大连等地榨油业的发展。1907年大连还只有三四家旧式的豆饼作坊。1908年4月一家中日合办的豆饼厂开工,日产豆饼7 000枚,规模颇大。同年6月,又添办一厂,日产豆饼3 000枚。同时,本地的土法豆饼作坊也增设了17家。各厂及作坊的产品主要是日本的订货。

1907年5月三泰油坊在大连成立,资本50万元。职工有华人200名、日人1名。每日生产能力为豆饼5 000枚。三泰油坊是日本三井财阀在中国创办的第一个工业企业。正因为有三井这样的大财阀作靠山,所以后来三泰油坊不仅在大连的油坊业中,而且在全中国的油坊业中都居于霸主的地位。1912年11月三泰油坊遭火灾焚毁,后虽经重建,但1913年仍有较大的亏损,乃于1914年将实收资本50万元减少至30万元,经营状况才逐渐好转。

三泰油坊不局限于制油,还经营大米、面粉、大豆及其他杂粮的贸易等业务。它在东北各地设有支店或办事处,营业相当兴旺。"七七"事变后,又开始经营烟草工业。东北的烟草工业原来是由东亚烟草、满洲烟草、英美烟等大企业所控制的,但由于日本发动全面的侵华战争,关内烟叶原料输入东北受限,这些大公司在东北的经营随之陷入困境。三泰油坊正是趁这个机会夺取了沈阳的几个烟草工厂,开始了它的烟草工业生产。1942年,三泰油坊的实收资本增加到500万元,成为一个规模很可观的大企业。

表 5-1　三泰油坊的经营状况

(1907—1926 年)

年度	实收资本(元)	利润(元)	年利润率(%)	利润分配(%)	公积金(元)
1907	500 000	38 352	7.6	—	—
1908	500 000	-72 620	-14.5	—	—
1909	500 000	144 966	28.9	5.0	12 250
1910	500 000	1 530	0.3	—	—
1911	500 000	57 802	11.5	5.0	2 600
1912	500 000	-51 998	-10.4	—	—
1913	500 000	186 914	-37.3	—	—
1914	300 000	23 198	7.7	5.0	1 250
1915	300 000	39 238	13.1	8.0	2 000
1916	300 000	41 580	13.8	5.0	2 000
1917	300 000	109 108	36.3	15.0	4 100
1918	300 000	100 390	33.4	15.0	4 000
1919	300 000	167 738	55.9	15.0	69 000
1920	300 000	139 216	46.4	34.0	4 000
1921	300 000	40 616	13.5	5.0	8 000
1922	300 000	-42 018	-14.0	—	—
1923	300 000	17 492	5.8	—	—
1924	300 000	76 118	25.4	10.0	33 000
1925	300 000	36 194	12.1	6.0	1 500
1926	300 000	64 014	21.3	12.0	4 000

资料来源：陈真：《中国近代工业史资料》第 2 辑，第 907—908 页。

在早期的榨油业中，安东的日兴油坊也具有一定规模。1910 年该厂设备有螺旋榨油机 42 台、水力榨油机 12 台，每日生产豆饼 2 000 枚、豆油 1 万斤。

1906 年 7 月在牛庄创立的小寺机械油坊是东北较大的油坊之一，资本总额达 160 万日元，以榨油业为主，兼营农业及畜牧业。牛庄的油房业最初是很有利可图的事业，但在东北大豆对欧洲输出以后，大豆市价趋涨，而豆饼市价不能相应上涨，因此华商经营的旧式油坊歇业者甚多。小寺油坊是用新式机械生产的，所产豆油输往欧洲，所产豆饼则输往日本，成本较低，营业兴盛。这家油坊的设备有大豆粉碎机、粉末压榨机20台及汽机、汽缸等,原动力为200马力的蒸汽发动机。豆饼的生产能力每日为5 500枚。该厂每年开工期是从3月起至11月底止,辽河结冰期间暂时停歇。

由于东北盛产大豆,所以以大连为中心的日资榨油业发展较快。1926年,大连的日资新式榨油企业增加到6家。①

日本还致力于大豆的化学研究,而从事于此项研究的,主要是满铁中央试验所。1913年满铁中央试验所成功地试验了从大豆中提取豆油精和酒精,以后成立了丰年制油会社专门生产豆油精。1933年根据满铁中央试验所所长佐藤正典及石田义丰的研究成果,在大连办起了一家综合利用大豆的试验工厂,资本150万日元,次年增资为500万日元,厂名定为满洲大豆工业会社,生产优质和多用途的大豆油、脱脂豆饼和大豆粉。1940年6月又根据满铁中央试验所的研究,成立了满洲大豆化学工业会社,资本3 000万日元,实收750万日元,专门生产从大豆中提取人造丝所需的酪素、人造树脂原料等化学品。该会社的大连工厂于1941年底开工,制造人造羊毛、人造树脂和人造橡皮等,并加工大豆油。

满铁中央试验所还在第一次世界大战爆发后,根据日本陆军省的要求,作了分解大豆油以制造甘油的研究。1916年研究成功,并建立了大连油脂工业会社将研究成果应用于生产。1940年7月该会社与沈阳油脂会社合并,定名满洲油脂会社。合并后,大连分厂生产肥皂原料、酪素、粉皂等;沈阳分厂则制造肥皂、脂肪酸、甘油等。

东北的日本肥皂工业开始于1907年,因原料油脂供应困难,初期发展缓慢。1906年万玉洋行设立,资本仅5 500日元,1908年发展到8万日元;1915年在大连设立了东洋石碱制造所,资本50万日元;1919年在大连成立了满洲石碱会社,资本100万日元;1922年怡信洋行成立,资本2万日元。这些企业都生产洗涤用肥皂。此外,日人还利用囚犯生产化妆用肥皂。

大豆油和植物性苏子油、大麻子油等还可用作涂料工业的原料,在东北的日

---

① 孔经纬:《日俄战争至抗战胜利期间东北的工业问题》,第11页注①。

本涂料工业主要企业有1917年成立的大连颜料会社,初创时资本50万日元,后增至150万日元。产品有颜料、涂料和肥皂。类似的企业,1938年建立的有满洲关西颜料会社,资本150万日元;满洲神东涂料会社,资本100万日元;满洲涂料工业会社,资本50万日元。1939年建立的有满洲日本涂料会社,资本400万日元;沈阳满洲颜料会社,资本49.5万日元;满洲化工会社,资本124万日元。

油脂工业还有多种门类,包括生产大豆油的部分企业列表如下:

表5-2 东北的部分日本油脂工业企业

(1907—1940年)

企业别	资本(万日元)	设立年月	制品
日清制油会社	600	1907.4	大豆油、其他植物油
三泰油房	500	1907.5	大豆油、苏子油
满蒙殖产会社	50	1920.3	骨脂、猪油
大同生药工业会社	150	1933.12	蓖麻油
同和工厂	50	1938.4	肥皂
福昌化学工业会社	50	1939.10	润滑油、机械油、轻油、车轴油
满洲棉实工业会社	500	1939.10	棉油、肥皂原料
满洲油脂工业会社	110	1939.12	大豆加工油
间岛油粉会社	10	1937.5	大豆油
"康德"制油会社	200	1940.9	苴油、落花生油、棉油
安东制油会社	15	1940.9	榨蚕蛹油
满洲油脂会社	500	1930.6	肥皂、油脂、甘油

资料来源:郑学稼:《东北的工业》,第133—134页。

上海也是日本在华油脂工业的一个中心。1918年大阪的吉原定次郎等5人、东京的丰田教嘉和上海的日人铃木钢作等共同发起,收买中英合办的上海榨油厂的制油工场,成立上海制油株式会社,总部设在大阪,资本200万日元,实收80万日元,于1919年正式申报登记。1908年成立的瑞丰洋行(资本15万元)和1912年成立的伦敦肥皂厂都生产化妆用肥皂,1922年又成立了华兴香皂厂,此后,还成立了若干企业,规模都不大。

"七七"事变后,上海的日本油脂工业发展较快,其中榨油企业1940年增加到8家,1941年为9家。① 这9家企业是:(1)日华制油株式会社上海工场。总社资本400万日元。设备有榨油机36台及560马力动力。雇用男工106名、女工8名。1941年生产菜籽油1 876吨,渣3 622吨;棉籽油734吨,渣3 264吨;大豆油493吨,渣5 553吨。(2)利生油厂。资本3万日元,是一家规模较小的独资经营的企业。雇用男工46名。(3)五星油厂(川南制油工场)。总社资本1 300万日元。1941年生产菜籽油807吨,渣1 746吨;棉籽油288吨,渣1 475吨;大豆油163吨,渣1 703吨。(4)立德油厂(日本油脂株式会社上海工场)。总社资本100万元,是一家所谓"日华合并"的工厂,实际上是日本人掠夺华人的一家企业。雇用男工101名、女工3名。1941年生产菜籽油1 544吨,渣3 037吨;棉籽油227吨,渣1 003吨;大豆油127吨,渣1 318吨。(5)吉田油厂(吉田号)。资本10万日元,独资经营。雇用男工118名、女工4名。(6)大日本涂料株式会社第二工场。总社资本500万日元。雇用男工102名、女工1名。1941年生产菜籽油1 297吨,渣2 432吨;棉籽油102吨,渣408吨;大豆油239吨,渣1 394吨。(7)株式会社泰山油厂。资本15万元。(8)万谷制油工场。资本15万日元。(9)闵行榨油工厂。资本24万元。最后两家厂也是所谓"日华合并"的企业。②1941年这9家企业在上海的榨油业中占垄断地位,其制油能力是上海市民需要量的两倍,产品还运销中国内地及华南地区。华商方面规模较大的榨油厂仅大有余、大德两家,此外还有两三家小厂,这些厂因东北大豆和内地大豆的来源困难而处于萧条之中。

同期在上海的日资涂料工厂也有所设立,这些厂分别由日本油脂株式会社、大日本涂料株式会社、关西涂料株式会社在上海所设。肥皂工厂则有日本油脂株式会社的肥皂工厂、瑞宝洋行、京都第一工业会社上海工场和前田洋行。③

1931年之前,青岛、天津、汉口等地的日本油脂工业企业如下:

---

① 上海日本商工會議所:《上海日本商工會議所年報》,1940年度,第79页;1941年度,第87—88页。
② 满铁上海事务所调查课:《上海工业实态调查资料概括表》(油印本)。
③ 满铁上海事务所调查课:《上海工业实态调查资料概括表》(油印本)。

表 5-3 青岛、天津、汉口的日本油脂工业企业
（1931 年以前）

地点	企业名	资本额	出品	产量
青岛	东亚油坊	500 000 日元	花生油、棉籽油	每日 4 万斤
	吉泽油坊	50 000 元	粘油	每日 6 万斤
	日清油坊	50 000 元	未详	未详
	蜂村油房	400 000 元	花生油、棉仔油	每日 18 吨
	三菱油房	100 000 元	花生油、棉籽油	每日 16 吨
	山东化学工业社	100 000 元	硬花落	未详
	三井油房	270 000 元	花生油、棉籽油	每日 16 吨
	大相油房	60 000 元	花生油	未详
天津	日华制油株式会社	1 000 000 元	花生油、棉籽油、粘亚麻油、粘肥皂用油脂	未详
汉口	日华制油株式会社	1 000 000 元	桐油、棉籽油、粘肥皂用油脂等	每年桐油 10 万担、木油 3 万担、牛脂 2 万担
	三井澄油场	未详	桐油、木油、牛脂	每年桐油 10 万担、木油 3 万担、牛脂 2 万担
	高桥工场	未详	兽脂加工	未详

资料来源：侯厚培、吴觉农：《日本帝国主义对华经济侵略》，黎明书局 1931 年版，第 246 页起的各类日本在华工厂表中摘出；东亚油坊和日华制油的资本额均根据东亚研究所的资料修正，日华制油的资本额为总社资本；天津日华制油的资本额原文为 4 000 元，系明显错误。

除表 5-3 所示，青岛还有生产肥皂化妆品的金久化学工业所，资本 2 万日元；生产洗衣肥皂的信昌洋行，资本 6 万日元。天津有木村洋行和松井洋行，都制造化妆品；一户工场，制造肥皂。汉口有世扉工场，生产肥皂；松井工场，生产化妆品。这些企业规模都比较小，大多是独资或合资经营，很少采用株式会社的组织形式。

台湾则于 1936 年 5 月设立了制造蓖麻油的台湾油脂工业会社。

第二节 窑 业

窑业包括砖瓦陶瓷器、玻璃和水泥工业。

一、砖瓦陶瓷器业

在东北,到 1930 年为止,日人所经营的建筑用普通砖瓦工厂共 47 家,资本总额 563.8 万日元。①

大连是日人在东北经营砖瓦陶瓷器业最早的地区。在俄国人租借大连前,大连的砖瓦制造并不发达;俄人占领大连后,由于军事、经济和市政的日益需要,砖瓦制造业随之迅速发展,成为一种较为重要的工业,日俄战争后,日人在大连也开始经营砖瓦制造业。1911 年大连共有砖厂 42 家。日本人办的有 16 家,出产日本式砖。这些企业一般规模较小,以后企业数逐渐减少,规模则稍有扩大。

表 5-4 大连的日人建筑用砖瓦工业
(1931 年 3 月末)

工厂名	资本额(万日元)	组织	开业年月	年制造能力(万个)
1. 营口炼瓦大连工场 营口炼瓦周水工场	58.0	个人	1910.7 1915.4	2 400
2. 大连炼瓦	3.0	合资	1910.3	500
3. 东亚炼瓦	50.0	株式	1919.11	100
4. 三春柳炼瓦工场	5.5	个人	1919.5	500
5. 三浦炼瓦工场	1.0	合资	1918.4	300
6. 大陆窑业春柳屯工场	50.0	株式	1919.3.	300
7. 福昌公司剑山炼瓦工场	1.0	株式	1909.2	400
8. 恩田炼瓦	2.0	合资	1906.8	400
8 家共计	170.5			5 200

资料来源:《滿鐵調查月報》,1932 年 2 月号,第 39 页。

除大连外,同期日人在鞍山有普通炼瓦厂 3 家、辽阳 3 家、沈阳 6 家、抚顺 7 家、公主岭 4 家、长春 2 家、其他各地 14 家。其中规模较大的有 1920 年 3 月成立的营口兴业株式会社,资本 100 万日元,实收四分之一;1912 年 12 月在安东成立的安东窑业株式会社,资本 25 万日元;沈阳窑业株式会社,1918 年 6 月成立,资本 20 万日元,到 1920 年 2 月增资至 100 万日元,1928 年 10 月解散,1929

---

① 《滿鐵調查月報》,1932 年 2 月号,第 36—37 页。

年 12 月又以资本 20 万日元重新成立；1920 年 11 月在沈阳成立的满洲窑业株式会社，资本 20 万日元；1920 年 11 月成立的抚顺窑业株式会社老虎台工场，总社资本 100 万日元，实收四分之一；1919 年 3 月在抚顺成立的大陆窑业会社抚顺工场，总社资本 50 万日元；1920 年 1 月成立的长春窑业株式会社，资本 50 万日元。这些企业同大部分非财阀系统的在华日侨中小企业一样，经营成绩很不稳定。经营较好的有营口兴业株式会社，但利润率比较低。

表 5-5　营口兴业株式会社收支成绩
（1920—1930 年）　　　　　　　　　　　　（单位：日元）

年别	收入	支出	损益	年别	收入	支出	损益
1920	147 700	115 995	31 705	1926	129 268	109 782	19 486
1921	86 577	74 734	11 843	1927	236 612	216 264	20 348
1922	89 023	67 790	21 233	1928	502 999	439 026	13 973
1923	86 524	67 998	18 526	1929	102 063	68 234	33 829
1924	117 384	92 392	24 992	1930	64 261	52 789	11 472
1925	125 742	104 374	21 368				

资料来源：《满铁调查月报》，1932 年 2 月号，第 49—50 页。

相对于 25 万日元实收资本，除 1920 年和 1929 年度外，其他年份的利润率都不到 10%，1930 年度还不到 5%。

1921 年度和 1922 年度，抚顺窑业会社的经营是亏损的，从 1923 年度起扭亏为盈。1926—1930 年度的营业额恢复到 1920 年度的水平，利润率在 13.88%—20.84%。营口兴业和抚顺窑业这两家会社是同业中较大的企业，至于资力薄弱的小企业在经营萧条的时期就难以维持了，变动较大。

相对于普通砖瓦来说，日人在东北更重视特殊耐火砖的生产。1911 年 5 月个人经营的伊贺原组窑业部在抚顺龙凤坑成立，资本 6 万日元，以抚顺黏土为生产原料。1916 年 11 月满洲耐火炼瓦工场在旅顺成立，资本 10 万日元，其中固定资本 54 000 日元，流动资本 46 000 日元。1919 年 3 月复州黏土窑业公司耐火工场（合资会社）在普兰店成立，资本 30 万日元，实收四分之一，采用复州黏土为原料。同期成立的大陆窑业株式会社除生产普通砖瓦外，还生产耐火砖，采用抚顺、复州和魏子窝等地区的黏土为原料。同年 8 月个人经营的山崎土器制造所在旅顺成立,资本仅 5 000 日元。同年 11 月个人经营的奥野制陶所在大连成立,资本 53 000 日元。1922 年 3 月个人经营的小林耐火炼瓦工场在旅顺成立,资本 2 万日元。以上大部分是小企业。1925 年满铁由于在大连附近地区发现了大量耐火黏土原料,就在大连设立了大连窑业株式会社,实收资本 60 万日元,由满铁全额投资。同年 8 月满铁系统的鞍山制铁所开始筹建耐火炼瓦工场,投资额 342 300 日元,第二年 9 月建成投产,年生产能力 7 200 吨,同年 10 月,本溪湖煤铁公司设立耐火炼瓦工场,年生产能力 3 500 吨。以上企业 1926—1930 年的产量总额如下:

表 5-6　东北耐火材料生产量
(1926—1930 年)　　　　　　　　　　　　　　　　(单位:吨)

品种	1926 年	1927 年	1928 年	1929 年	1930 年
黏土炼瓦	11 362	17 189	21 715	36 245	18 061
硅石炼瓦	1 543	528	1 941	1 596	140
苦土炼瓦	39	13	48	14	14
灰泥	2 512	2 770	3 732	4 901	2 131

资料来源:《満鐵調査月報》,1931 年 10 月号,第 187—188 页。

在这个总产量中,大连窑业株式会社所占的份额首屈一指,但其经营成绩并不好,有几年还出现了亏损。

表 5-7　大连窑业株式会社收支成绩
(1925—1930 年)　　　　　　　　　　　　　　　　(单位:日元)

年度别	收入	支出	损益	年度别	收入	支出	损益
1925	813 361	759 972	53 389	1928	652 562	645 808	6 754
1926	608 830	627 019	-18 189	1929	621 518	547 998	73 520
1927	732 189	738 967	-6 778	1930	289 558	260 961	28 597

资料来源:《満鐵調査月報》,1931 年 10 月号,第 171—172 页。
原注:1927 年度及以前包括耐火材料和玻璃两工场,1928 年起南满硝子(玻璃)株式会社分离独立。

成绩最好的 1929 年,利润也仅 7 万余日元,次年又大幅度下降。尽管如此,该企业还是得到满铁的全力支持。此中原因有二:其一,日本国内耐火材料的输入,主要来自东北大连、旅顺等地区,数量上从1922年的4.83%增加到1928年的39.6%,价值上从1922年的4.32%增加到1928年的23.6%。① 此外,满铁和日本占领下的朝鲜也极需此类材料。在大多数年份,从大连港输出的耐火材料,运往日本和日占朝鲜的,要占到90%以上。② 大连窑业会社的产品可以说完全是为日本国内利益服务的,因此该社势必会得到日本侵华国策会社的大力扶持。其二,旅大地区输往日本的耐火材料,其数量与价值两者的比例是不相称的,前者高,后者低。这说明耐火材料的出口价格偏低,大连窑业会社的一部分利润实际上通过价格渠道转移到了买方的日资企业手中。

伪满成立后,各类企事业增设很多,砖瓦供不应求。为提高砖瓦产量,日伪一方面扩大已有砖瓦企业的生产能力,另一方面增设新的企业。抚顺窑业会社1940年增资为300万日元,实收200万日元,扩大了生产规模,并兼营销售。安东窑业会社于1939年将其资本从20万日元增至50万日元,实收32.5万日元。新成立的企业主要有:1933年在长春成立的营口炼瓦制造所,次年以资本15万日元同大阪窑业会社合办,成立营口窑业会社,1938年该社合并营口炼瓦制造所,增资为55万日元,1940年又增资为150万日元;1936年在抚顺成立的满洲松风工业会社,资本50万日元,实收35万日元,制造电气及化学用陶瓷器;1939年2月在沈阳成立的兴亚坩埚会社,资本200万日元,实收1/4,除制造黑白坩埚外,还生产高级耐火砖等;同年在安东设立的协和窑业会社,资本48万日元,实收1/4;1940年10月在长春成立的兴亚窑业会社,资本100万日元,实收1/4;此外,还有设在沈阳的肇新窑业会社等。普遍砖瓦厂1934年增加到82家,1937年92家,1940年197家。

东北的日人陶瓷器工业很不发展。1920年10月在大连成立了大华窑业公司,资本15.5万日元,是一家由四人出资的匿名组合企业。该企业制造碗等器皿,年生产能力为450万个,产值22万日元,但除1928年外,1923—1933年,其实际年产值都达不到这个水平。复州黏土窑业公司除生产耐火砖外,也制造陶

---

① 《滿鐵調查月報》,1931年10月号,第195页。
② 《滿鐵調查月報》,1931年10月号,第194页。

管、器皿等,年生产能力为 300 万个,产值 15 万日元。

关内日人所经营的砖瓦业无法同东北相比,陶瓷器业也很不发达,到 1936 年只有寥寥几家。

表 5-8　关内日人主要砖瓦陶瓷器企业
(1936 年)

企业名	所在地	设立年月	制品	资本额(万日元)	推定投资额*
上海坩埚	上海	1921.5	各种器皿	未详	20
义丰珐琅厂	上海	1928.3	陶器	10	12.6
山东窑业	青岛	1918.10	各种窑业制品	25	36.1
弧山窑厂	青岛	1914.12	各种砖瓦器皿	10	15
馥义料器工厂	天津	1929.3	容器	5	5
东华烧磁公司	天津	1929.12	珐琅铁器	3	3

资料来源:東亞研究所:《日本の對支投資》(上),第 286—287 页。
注: *投资额为估计数。

这些企业集中在上海、青岛和天津三个城市中,规模都有限,其地位远远不及大连窑业会社。

二、玻璃业

日人在东北所办的玻璃厂很少。本书绪论中曾说过日人梁濑绞十郎于 1906 年创办的营口玻璃公司,这里就不再重复了。

1920 年 11 月日人多田仙之助在大连设立多田硝子工场,投资额 149 615 日元,生产窗用玻璃。企业原计划在开工后的六个月内生产窗用玻璃 6 000 箱,实际只生产了 550 箱(产品主要销售给满铁)。之所以差距这么大,是因机械生产技术不过关的缘故。由于技术失败,企业于 1921 年 6 月关闭。

1925 年 4 月规模颇大的昌光硝子株式会社成立,总部设在日本东京,资本总额 300 万日元,全额实收。出资者是两家国策会社:满铁出资 120 万日元,旭硝子出资 180 万日元。该企业设备先进,职工技术熟练。设备和工人都由旭硝子会社提供。该企业的发展也不是一帆风顺的。1927 年度的上期亏损额达 40.5 万日元之巨,以后情况逐渐好转,1929 年度企业发展达到高潮,获得 10 万余日元利润。该企业之所以有发展,一则是东北市场的需求量增加,二则企业的技术先进,三则是以满铁和旭硝子两会社为后盾,以其巨额资本垄断了东北的玻璃市场。但1930年由于银价跌落、中国政局动荡等原因,东北市场的玻璃需求量显著减少,加上欧洲玻璃竞争激烈,该社的利润只有120日元,聊胜于无而已。从而迫使其致力于改善企业经营、降低产品成本,1931年8月着手改造厂房设备,次年2月竣工,3月重新投产。由于产品提高了竞争力,1932年度企业赢利达43.2万日元,1933年度上期的赢利达28.7万日元,比过去有长足的进步。昌光硝子会社的产品销路,从1926年至1931年,平均输往日本和日占朝鲜的占37.4%,在东北销售的占31.9%,输往中国关内各口的占28.4%,输往其他各国的占2.1%。①

除昌光硝子会社外,东北还有若干小型企业,如1925年,沈阳、大连各有两家、长春和营口各有一家。②

1925年上海日人经营的玻璃工厂,包括生产各种炼瓦兼制玻璃制品的上海坩埚株式会社在内,共有10家。其中规模最大的宝山玻璃厂,实收资本50万美元,生产各种日用及化学玻璃器皿。其次是个人经营的宝成玻璃厂,公称资本70万日元,实际投资额18万余日元。③ 其余7家是共进玻璃厂、三公怡记玻璃厂、成华玻璃厂、三记料器厂、前藤玻璃厂、新协记玻璃厂和华汉玻璃厂。④ 同期汉口和长沙都有一家日人经营的三合玻璃厂,福州则设有三野玻璃同造所。⑤ 以上企业大部分是制造瓶、管和电气零件的。日人在华玻璃工业在以后几乎没有什么发展,1942年6月,上海日人投资或控制的玻璃厂仅7家,规模都不大。⑥

三、水泥业

在日本强占我国东北之前,日人在华水泥工业投资很少。最早设立的企业

---

① 《滿鐵調查月報》,1933年12月号,第105—106页。四项相加仅为99.8%,可能是原统计计算上的疏忽。
② 上海日本商工會議所:《上海日本商工會議所年報》,1925年度,第581—582页。
③ 1936年的数字。
④ 上海日本商工會議所:《上海日本商工會議所年報》,1925年度,第580页。
⑤ 上海日本商工會議所:《上海日本商工會議所年報》,1925年度,第581—582页。
⑥ 滿鐵上海事務所調查課:《上海工業實態調查資料概括表》(油印本)。

是小野田水泥会社大连支社,该社设立于1908年,资本为100万日元,采用日本国内制造的直窑式水泥机,原料为灰石黏土,就在工厂近旁就地取用,燃料煤则取自抚顺,运费低廉。因此该社所产水泥成本较低,在市场上富于竞争力。1911年该社产量为147 000桶,价值59万日元。产品运往各商业中心试销,并极力在东北各地、西伯利亚及华南各地开辟销路。不久企业年产量发展到20万桶。1923年9月扩充设备后,年生产能力又发展到65万桶。1928年5月企业再次扩大生产规模,年生产能力跃至150万桶,1929年度的实际产量为1 215 441桶。

日人在第一次世界大战期间占领青岛后,于1917年接办原德人开设的山东洋灰公司。该企业设于青岛沧口,资本10万日元,采用日本国内所制的旧式直窑水泥机,原料在工厂近旁就地取用,燃料煤来自淄川煤矿公司。山东洋灰公司的日产量约300桶,专销山东境内及附近各县。

日本浅野水泥会社是日本国内著名的水泥厂之一,因台湾煤价低廉,所以在台湾设有支社。浅野水泥会社台湾支社在台湾共有四个分厂,年产水泥约30万桶,除供应台湾本地需要外,还运销我国大陆(包括香港)及菲律宾等地。其较著名的产品如船牌、扇子牌等在上海颇为畅销。"七七"事变后,日人在台湾设立的水泥工厂迅速增加,到日本投降时,包括浅野水泥会社台湾工厂在内的水泥公司共有10家。①

在"九一八"事变之前,日人在华水泥工业并不占有优势,正如下表所示:

表5-9 华洋水泥厂一览表
("九一八"事变之前)

国别	厂名	成立年	资本额(万日元)	年产能力(万桶)
华商	启新洋灰公司	1898	1 200	160
华商	广东士敏土厂	1907	120	20
华商	华记湖北水泥公司	1910	139.9	18
华商	上海华商水泥公司	1920	183	64
华商	中国水泥公司	1921	200	90

---

① 台湾省接收委员会日产处理委员会:《台湾省接收委员会日产处理委员会结束总报告》,台湾印刷纸业公司1947年版,第27页。

续　表

国别	厂名	成立年	资本额(万日元)	年产能力(万桶)
华商	西村士敏土厂	1929	200	50
华商	致敬水泥公司	未详	20	9
英商	青洲水泥公司	1886	300	120
日商	小野田水泥会社大连支社	1908	650	150
日商	山东洋灰公司	1917	100	10
日商	浅野水泥会社台湾支社	未详	未详	30

资料来源：方显廷、谷源田：《中国水泥工业之鸟瞰》。《大公报》1934年12月5日。剔除原表中1933年成立的一家日厂，加上台湾的一家日厂。原资料中以元、两、港元为单位的都折合成日元，折合率：1日元＝1元；1日元＝1港元；1日元＝0.715两。

从表5-9中看，华商企业无论是资本额，还是年产能力，都具有优势。但市场情况却不是这样。其原因就在于有大量洋货水泥进口。输入我国的水泥，来自德、俄、日、越南等诸国，其中以日货输入最多。在第一次世界大战爆发前的两三年间，日货每年进口占进口总额的40%—50%；第一次世界大战期间，日货输入更形增加，到1918、1919年间，进口日货占进口总额的65%以上。① 这以后，进口日货始终在我国水泥市场上横行，给民族工业造成巨大的压力。这说明在"九一八"事变前，关于水泥，日人是采取对华商品输出为主，而以在华投资设厂为次的方针。

表5-10　伪满政府成立后东北新设的日资水泥会社

企业名称	所在地	资本(万日元)		设立年月	资本系统
		公称	实收		
本溪湖水泥	本溪湖	1 500	890	1935.12	大仓
大同水泥	吉林	1 200	1 050	1933.12	浅野
哈尔滨水泥	哈尔滨	1 000	670	1934	三井
满洲水泥	沈阳	1 000	625	1934	浅野
安东水泥	安东	800		1939.11	小野田
满洲小野田水泥	昌图	500	375	1935.5	小野田
抚顺水泥	抚顺	750	625	1934.7	满铁

资本来源：郑学稼：《东北的工业》，第186—187页。

① 陈真：《中国近代工业史资料》第4辑，第730页。

伪满成立后,情况发生很大变化:市场需求大增,水泥供不应求。小野田水泥会社大连支社大力经营,获利特别丰厚。浅野、三井等财阀争相在东北开设水泥厂。

这批大型水泥会社的建立,标志着日人从以往对华水泥商品输出为主,转变为以资本输出为主。造成这种转变的因素,根本在于日本对东北,继而对全中国军事侵略和军事占领的需要。日资水泥企业的产品不仅霸占了东北市场,而且还向华北等市场倾销,直接危及了处于风雨飘摇中的华商水泥业。由于日本新设的企业规模较大,企业数最又较多,所以企业利润率不高。如从1939年度下期到1942年度上期,哈尔滨水泥会社的年平均利润率都在10%以下,利润分配只有4%—5%;满洲水泥会社在经营较为顺利的1939年度,年平均利润率也没有达到20%,而在1938年度却有20多万日元的亏损。①

第三节 火 柴 业

甲午战争后的七八年间,中国的进口火柴中,日本火柴占90%以上,1901年和1902年两年超过99%。日本火柴在中国市场上的大量倾销,对幼弱的中国民族火柴工业造成巨大的压力。

日本人除在中国倾销火柴外,还陆续在中国建立火柴厂。1901年日人在重庆设立有磷公司,制造火柴。1911年重庆的6家火柴厂中,日本人占有2家,德国人占有1家。在东北,日俄战争后日人佐藤精一在长春设立广仁津火柴公司,这是东北最早的日人火柴厂。1906年日清磷寸株式会社成立于长春,资本30万日元(实收五分之二)。② 1914年日本人又设立吉林磷寸和东亚磷寸两家株式会社于长春。以后又在大连设立了大连磷寸会社。此外尚有一些规模较小的企业。

---

① 陈真:《中国近代工业史资料》第2辑,第919页。
② 日清磷寸会社和重庆有磷公司在创设时均以"中日合办"名义,实际上只吸收一小部华商资本,企业大权完全操于日人之手。

东北的日人火柴业面临着两个方面的竞争：一方面是中国民族火柴工业的抵制，另一方面则是瑞典火柴业的插足。

东北的民族火柴厂如金华、泰丰、众志等均成立于日清、吉林等日厂之后，技术与资本实力都不及日厂。日人采取跌价竞销的办法予以压迫。1914—1924年的10年间，日厂所生产的火柴每箱从14—15日元跌至5日元左右。华厂赔累不起，只得与日厂妥协。

资本雄厚的瑞典火柴业托拉斯在世界市场上击败日本火柴业后，其势力约从1920年起渗入我国东北。最引人注目的是瑞典火柴公司收买了日商吉林磷寸会社的70%股票、日清磷寸会社的60%股票和大连磷寸会社的全部股票。这样，在东北，瑞典火柴商的势力就超过了日本人。为了对抗瑞典火柴资本咄咄逼人的强大势力，日人于20世纪20年代后期拉拢华商火柴业组织东三省火柴联合会。日清和吉林两厂的日本股东被握有股权优势的瑞典股东排挤出去后，自行开设了两家日本火柴厂，并与华商工厂联合起来同瑞典火柴竞争，结果仍受挫折，在1929年一年中，华厂损失了40万元，两家日厂损失5万多元。为此，长春宝山火柴厂厂主日人前田伊织起草了由中国当局颁布的《东北火柴专卖条例》，希望通过火柴专卖，限制瑞典火柴资本势力的继续扩张。该条例实行不到一年，即发生"九一八"事变。东北沦陷时华洋火柴业的情形如下表所示：

表5-11 东北的华洋火柴业
(1931年)

	中国		瑞典		日本	
	实数	%	实数	%	实数	%
工厂数	12	67	4	22	2	11
投下资本(万日元)	292	62	155	33	23.1	5
生产能力(千箱)	516	67	150	19	105	14
生产额(千箱)	207	57	125	34	31	9

资料来源：郑学稼：《东北的工业》，第148页。

在关内，1917年，东亚磷寸会社在天津设分厂，石明和山东两家会社设于青岛，燧生公司设于上海及镇江；1918年，在青岛成立了青岛磷寸会社；1920年，在天津成立了中华磷寸会社。1925年10月在青岛还成立了制造硫化磷的光阳硫化磷厂，1936年该厂的实际投资额约21.5万日元。

相对于华商企业而言，日厂在规模、资本和技术上占有优势。华商火柴业虽然厂数较多，但2/3的企业是资本额在5万元以下的小厂。在瑞典火柴资本和日本火柴资本的压迫下，许多华商小厂停产倒闭，一些大厂则实行合并以加强其竞争能力，如1930年燮昌、中华、鸿生、裕生4家厂合并为大中华火柴公司。

关内火柴业的情形同东北相似，表现为瑞典火柴资本势力的威胁。第一次世界大战后，包括整个20世纪20年代，瑞典火柴资本对我国关内各地的基本方针是实施商品倾销。一方面，他们从上海、香港等港口输入大批瑞典火柴，倾销华中、华南各地；另一方面又以其在东北所收买的日厂产品倾销华北市场。因此，瑞典火柴不仅是华商火柴业的大敌，而且对于企图在中国市场上称王称霸的日本火柴业也是心腹之患。20世纪30年代瑞典火柴的压力虽有减轻，但是经历过瑞典火柴资本摧毁性打击的日本在华火柴业者，对于瑞典及其他资本主义强国的火柴资本是深具戒心的。这就是关内各地中日两国火柴厂合组全国产销联营社的背景。

中华火柴产销联营社经日人和华商刘鸿生极力倡行，于1936年7月正式成立。早在一年之前，当华商火柴业筹备成立联合办事处时，刘鸿生在大中华火柴厂董事会上说："本公司与苏、浙、皖、鄂、赣等省同业鉴于火柴业近来因生产过剩、售价低落、市况日趋困殆，在政府未实施根本办法以前，非先由同业自谋联合，不足以资救济，因有火柴制造同业联合办事处之发起，以期调剂产销平衡，铲除竞卖恶习。"①刘鸿生希望通过火柴联营，保持并发展大中华火柴厂在华商同业中的优势。就在华商火柴业酝酿成立联合办事处的同时，刘鸿生又同青岛、天津的日商代表植田贤次郎、陇川等进行谈判，讨论中日火柴联营问题。日商出于对其自身实力的估量和应对瑞典势力威胁的需要，愿意中日火柴业合作。但是他们的在华工厂的产品相当部分是漏税出厂的，如果按照统税记录来核定产额，

---

① 青岛市工商行政管理局史料组编：《中国民族火柴工业》，中华书局1963年版，第100页。根本办法指实行火柴统制。

他们当然就会吃亏。因此以"弥补因抵制日货遭受的损失"为借口,提出在统税纪录外增加产额192 000箱作为参加联营的条件。后经协商,这一统税纪录外的增加额定为101 714箱。① 联营社的资本总额为500万元。中方担任75%,日方担任25%;各方再按参加联营社的中日各厂的资本比例分配认股。华商大中华火柴厂认股数占全额的20%。联营社管理委员会的人选,按中6、日4比例分配。总经理由中方担任,副经理中日双方各有一个名额。联营社内部分设总务、统计、调查出产、运销和稽核等各课。联营社成立后,统制所有参加该社的中日火柴厂:各厂生产运销之权,由联营社统一掌握;按各厂资本额规定营业额,中日厂商约为7与3之比;统一规定价格;限定不能增设新厂等等。至于未参加联营社的华洋各厂,则受到联营社的排斥。1932年在上海成立的美商美光火柴公司本来也准备加入联营社,后由于日人的反对,以及美商对联营条件的不满,此事未得实现。

由上可知,在火柴业方面,东北在"九一八"事变之前,关内在"七七"事变之前,都存在过中日联合的形式,这种情形在其他行业中诚属罕见。"九一八"事变后,日人虽恃其政治、军事、经济势力而排斥瑞典火柴资本,但日人在东北的火柴业始终没有多大发展。在关内,中华火柴产销联营社在"七七"事变后陷于停顿。日人于1939年设立了"火柴联营社",作为劫夺沦陷区华商火柴厂的指挥机关。该社总部设在天津,并在天津、青岛和上海设立分社;天津分社统管华北沦陷区,青岛分社统管鲁豫区,上海分社统管华中区。其所统制的工厂计有华商55家,日商8家,有"中日合办"名义的1家;1940年华商厂产量占75%,日厂占25%,年产量约在80余万大箱左右。② 总的来说,在火柴业方面,日人在战时致力于劫夺与统制,较少谋求本国资本的经济扩张。

在台湾方面,1939年日本磷寸工业组合投资设立台湾磷寸株式会社,在台中设厂。这是台湾火柴工业的发端。该厂设备简陋,原料又不足,因此产量有限。台湾的火柴供应主要仍靠从日本进口。太平洋战争爆发后,台日间运输困

---

① 青岛市工商行政管理局史料组编:《中国民族火柴工业》,第106—107页。
② 刘阶平:《战时火柴工业与火柴专卖》,《经济建设季刊》第1卷第3期,1943年1月出版。

难,台湾总督府为调节供需,于1942年6月将台湾磷寸会社收归日本国有,实施专卖;并于1943年增设一家规模很大的新厂。新厂尚未竣工即被盟军飞机炸毁。

第四节　化工原料和化肥工业

日本国内工业十分需要碳酸钠(苏打)。制造碳酸钠的原料是盐,而日本国内没有充足的盐。1923年日人西川经调查后,认为东北盐田出产丰富,原料有充足的保障,有日本政府和满铁的势力作靠山,能够有效地抵制英国等国垄断,与之竞争,在中国东北设厂制造碳酸钠比在日本国内设厂更为有利。西川的意见受到了日本国内的广泛重视,但是日人对于西川意见的第二点并无把握。因为对于西方强大的垄断势力的进攻,日本在东北的经济势力并不是都能招架得住的,何况日本国内的碳酸钠工业已经在英国垄断资本的压迫下陷于困境。为此在"九一八"事变前,日人没有在东北投资兴办碳酸钠工业。

日本以武力侵占东北后,当然就无需再行顾虑他国的竞争。1936年日本关东军和伪满当局拟定《满洲曹达株式会社设立纲要》,规定:该企业为伪满准特殊法人,总社设于长春,分社及工厂设于大连甘井子;企业股东以满铁、满洲化学工业会社以及日本国内的主要碳酸钠生产者和需求者为主;资本额800万日元;禁止他国或民间设立同类企业。

满洲曹达株式会社成立于1936年5月,翌年9月正式投产,1938年扩大规模,年产量可达7.2万吨,除伪满所需8 000余吨外,绝大部分输往日本。该社还在沈阳、开原等地建设分厂。该社所辖各厂除生产碳酸钠外,每年还生产共1万吨左右烧碱。随着企业规模的扩大,资本额从800万日元扩大到1 600万日元,其中满铁占有400万日元股份,旭硝子会社占有560万日元股份,满洲化学工业会社占有400万日元股份,昌光硝子会社占有240万日元股份。旭硝子会社占有股份最多,它是日本国内生产平板玻璃的最大企业,也是生产碳酸钠的最大企业,能够提供精良的设备和熟悉技术的业务人员。

1938年2月,大和染料株式会社成立,实收资本100万日元,部分生产烧碱。此外,满洲轻金属会社也部分生产烧碱和盐酸。同年10月,利用电力生产各种碳化物及副产品的满洲电气化学工业株式会社成立。该企业为伪满特殊法人,在3 000万日元资本中,伪满当局投资2/3,其余1/3由满洲电业会社700万日元、三井系电气化学工业会社100万日元、三菱系日本化成工业会社100万日元、日本纤维素会社100万日元合成。按股份额四分之三实缴。该企业的产品为醋酸纤维素、人造羊毛、合成树脂、甲醇、醋酮等乙炔系有机化合物。另外,它还投资于子公司满洲合成橡皮工业会社,生产合成橡胶。满洲电气化学工业会社发展很快,资本额续有增加。伪满当局保证六厘股息,并允许其发行为实收资本额两倍的公司债。

化肥生产在化学工业中占有重要地位。东北的日人化学肥料工业是"九一八"事变后开创的。1932年12月日本法人的满洲化学工业株式会社开始筹设,资本2 500万日元(1938年4月收足),其中满铁出资占51%。1935年3月工厂建成投产;产品为硫酸铵肥料以及硝酸、氨、煤油、焦煤等,产品中的很大部分是输往日本的。在1939年以前,该企业的经营较为顺利,从1939年度下期开始,由于生产用水电供应不足等原因,开始走下坡路,但仍未亏损。

表5-12 满洲化学工业株式会社的利润和分配
(1935—1942年)

年度	实收资本(万日元)	利润(万日元)	年利润率(%)	利润分配(%)
1935	1 250	148.5	11.9	上期未派,下期8.0
1936	1 617.2	452.3	28.0	上期8.0,下期7.0
1937	1 875	401.9	21.4	上期7.0,下期8.0
1938	2 187.5	566.1	25.9	8.0
1939	2 500	282.1	11.3	上期8.0,下期6.0
1940	2 500	55.8	2.2	上期未派,下期5.0
1941	2 500	87.9	3.5	5.0
1942 上	2 500		4.1	5.0

资料来源:陈真:《中国近代工业史资料》第2辑,第917—918页。

1938年12月按照关东军的指示建立了满洲硫酸铵工业株式会社,资本

5 000万日元,为伪满特殊法人,实收资本1 200万日元大多是日本财阀的投资。该企业建办的目的,是利用东北丰富、廉价的原料和劳动力生产硫酸铵肥料。但这家企业投产后经营不佳,日本资本家转嫁矛盾,将所持股份全部转让于伪满负担。1942年企业资本由5 000万日元减至600万日元。

随着时间的推移,日本在东北的化工原料及化肥工业初具规模:煤炭干馏系统以昭和制钢所为主体,碱系统以大连的满洲曹达会社和开原、沈阳的烧碱工厂(兼产盐酸)为主体,氮系统以大连化学工业会社所生产的合成硇精、硫酸铵、硝酸铵以及吉林电气化学工业会社所生产的碳化物、氮石灰为主。硫酸系统则以抚顺制油工厂、矿山会社、葫芦岛工厂、大连的化学工业会社等为主体。

1944年美军B 29飞机轰炸鞍山后,军用火药的必需原料苯(Benzene)和甲苯(Toluol)的产量骤减。日本和伪满为应付火药原料严重不足的困难,确定了东北的化学工业以火药原料为中心的方针,硫酸铵等非军用品被停止生产。

日本在关内的化工原料及化肥工业投资较少。日人在侵华战争期间在青岛设立了一家电解工厂。在上海,日人掠夺华商天原化工厂的一部分设备,设立江南化学厂。此外,1942年尚有维新化学工业社上海工场、青木化学工业厂和天通化学工业厂等6家中小型化学工厂和夺自华商、实行军管理的钟纺公大造酸厂。这些厂生产各种酸、酸素、染料和化学品。维新化学工业社还在天津、青岛设立分社,生产各种染料,总投资为100万日元。浦口的永利化学工业公司硫酸铵厂,原系华商经营,1937年2月开工。战争爆发后,日本东洋高压工业社及三井物产会社夺占该厂,于1939年5月增资1 000万日元,挂起"中日合办"的招牌,改名为永礼化学工业株式会社。这个企业主要生产硫酸铵,是战时关内一家很重要的化肥厂,在上海四川路的三井洋行内设有办事处。在台湾,南日本化学株式会社先后在高雄、安平、北门和布袋等四个地方设立了电化工业厂;台湾拓殖会社在嘉义设立了化学工厂;旭电化会社在高雄设立了电化工厂;提炼"单宁酸"的台湾单宁工业会社于1940年设立。这批技术比较先进的化学工厂出现,标志着台湾的工业在技术上跨进了一个新的阶段。

关内化肥使用一般不受重视,化肥厂也十分罕见。日人只在天津设有两家骨粉肥料厂。一家是1921年12月成立的武齐洋行,资本25万日元,1936年的实际投资额 40 万日元;一家是 1923 年 3 月成立的内外化学肥料公司,1936 年的实际投资额约 29.6 万日元。

台湾同大陆的情况不一样,化肥的使用较普遍。1938 年台湾地区消费的化肥计:硫酸铵 169 642 吨、氰氮化钙 5 694 吨、过磷酸钙 30 131 吨、硫酸钾 161 吨、调合肥料 233 213 吨,共计 438 841 吨。这些肥料绝大部分是从国外输入的。1936 年 5 月日人在台湾创设台湾电化会社,生产一种硫酸铵的代用品(合金铁石灰窒素)。日人在基隆设立了一家氮肥厂,生产氰氮化钙;在基隆和高雄各设立一家磷肥厂,生产过磷酸钙。这三家厂总产量最高的 1943 年计生产氮肥 11 745 吨和磷肥 25 449 吨。此后因受美机轰炸,产量大减,1945 年三家厂只生产氮肥 227 吨和磷肥 400 吨,几乎陷于停顿。

第五节　其　他

一、橡胶工业

在橡胶工业方面,无论是生胶制品,还是各类橡胶日用品,日人主要采取将其国内产品输往中国市场加以倾销的方针,在华设厂较少,且规模不大。

日本的生胶价格比中国便宜,运输又十分便利,其橡胶制品的原料、电力、化学药品等成本支出较少,因此价格远比中国产品低廉。例如 1933—1934 年,日货胶鞋比中国货便宜两三成以上。国货帆布运动鞋 12 元多,日货仅 9.5 元;国货橡胶套鞋 6 元多,日货仅 4.5 元。1929—1930 年间,日货胶鞋每年进口 300 万双以上。"九一八"事变爆发,中国人民奋起抵货,1931 年日货胶鞋进口减至 170 万双。1932 年又发生"一·二八"事件,进口数再减至 150 万双。但由于日货比国货便宜很多,抵货未能持久,于 1933 年后猛增至每年进口五六百万双以上。1934—1938 年,在进口胶鞋中日货占 90% 以上。日货的对华倾销使中国同类国货工业受到很大的打击。

"七七"事变后,由于一般商品的运输受到限制,日人在华设立的胶鞋等橡胶工厂有明显增加。关内日厂主要都是一些中小型工厂。1941 年上海橡胶工厂中,3家"合办"企业不计,日厂19家,年产胶鞋仅2万双,而29家华商工厂年产胶鞋达6.5万双。华北地区的日人橡胶工业也略有发展,年产胶鞋从1937年的2万双增加到1940年的3万双,此外,还生产车胎和胶皮管。

东北的日本人橡胶工厂规模较大。满洲合成橡皮工业会社是满洲电气化学工业株式会社的子会社,成立于1939年4月,资本500万日元,实收1/4,生产合成橡胶,1942年正式投产。1937年3月日本橡皮会社的东北分厂太阳橡皮会社设立,资本500万日元,实收350万日元,生产各类胶鞋、轮胎和防水布。1939年太阳橡皮会社设立轮胎部,翌年轮胎部独立,定名为亚细亚橡皮工业会社,资本500万日元,收足300万日元,制造和贩卖轮胎及其他橡胶制品。1940年由太阳橡皮会社和亚细亚橡皮工业会社等投资设立满洲再生橡皮工业会社,资本400万日元,收足一半,制造和贩卖再生橡胶。日本人在国华橡皮工业会社(1938年成立,实收资本200万日元)中也有投资。此外,东北还有一些规模较小的橡胶工厂。

二、 制革工业

日本人在关内所办的制革工厂不多。清末上海的江南制革厂,创办时是一家中日合办企业,资本银15万两,后归日本人独办。该厂生产红底皮与湖绿皮。1936年该厂资本额为80万元,雇用工人100余名。

上海的华商龙华制革厂曾经是上海华商三大制革厂(怡源、启新、龙华)之一。1924年前后因经营不善,被日人乘机收买,改名为中华皮革厂。1936年时,该厂资本100万元,产品为红底皮,每月产量约60吨。

1930年10月在上海还成立了一家日人投资的清水羊毛皮革厂,1936年时的投资额为13.4万余日元。

上海还有一家宫崎制革厂,厂主是日人宫崎贞之。该厂以纯羊皮为原料,专制纺织用的钮革。

在天津,法国人曾创办一家韦良硝皮厂,不久归俄国人经营。俄人又以经营不善,于1918年转售于日商大仓组,企业改名为裕津制革厂。日人为便利经营,招收一部分华人股本,实行中日合办,并把总经理的职位让给华商担任,而经理和技术人员则均为日人。总经理徒有虚名,企业实权全操诸日人之手。该厂产品有花旗皮、法兰皮、箱皮、马具皮等,年产量约5 000担,占天津各厂产品总额的一半以上。

1916年大仓组在青岛设立制革分厂。1917年汉口曾成立过一家日资襄河制革厂。在张家口和包头则设有钟纺资本系统投资的小型制革厂。

近代中国的民族制革工业很不发展,所以尽管上述日厂仅寥寥数家,资本总额也仅200余万元,但其产品在全面抗战以前却要占到关内总产量的一半以上。

日本人在东北开始投资于皮革工业的时间较晚(1934年),规模却比关内大。日本人在东北投资于皮革工业的目的,很大的程度是以东北半加工后的羊皮,来代替日本每年向印度、欧洲和澳大利亚所购买的三四百万张羊皮的进口。日本人在东北所设立的制革企业如下:

表5-13 日人在东北设立的主要制革企业
(1934—1939年)

企业名	资本额(万日元)	设立年月	所在地
大连畜产兴业	10	1938.2	大连
泰东皮革	100	1939.9	大连
东亚毛皮革	200	1937.9	沈阳
满洲皮革	150	1934.7	沈阳
亚细亚皮革	30	1938.8	沈阳
新京皮革	5	1937.12	长春
满鲜皮革	15	1939.9	龙井街

资料来源:郑学稼:《东北的工业》,第151页。

1937年9月为适应日本对东北羊皮半成品的需求,伪满成立了满洲畜产股份有限公司(伪满准特殊法人),作为东北畜产皮革业的统制机关,以后改名为满洲畜产会社。该企业创办资本500万日元(收足半数),后经几次增资,1942年达2 500万日元(实收2 000万日元),伪满和满洲拓殖会社是主要投资者。

台湾的机器制革业肇始于1912年。是年台湾人林清秀在台北创办了台湾制革株式会社。至1938年台湾的制革工厂共有6家,均属台湾本地经营。日占当局在1938年5月组织台湾畜产兴业株式会社,对全台湾的皮革工业实行统制。第一步强行收买所有的民营皮革厂(1939年11月收买完毕),第二步在双溪新建一家大型制革厂,并在高雄建立一家专门鞣制鲛鱼皮革的工厂。但这两家厂建成后,原料供应成了问题。于是日占当局实行原皮统制,规定农民杀猪必须剥皮。另外,台湾各地盛产相思树和木麻黄树,树皮中含有丰富的单宁成分,可充作制革的化学原料。日占当局制订法令,强制规定民间将相思树烧炭时,必须剥取树皮献出。由于"剥皮"运动的开展,台湾制革工业的原料问题获得解决。

三、 火药工业

日人在中国大陆的火药工业投资集中在东北。1919年,日人藤原银次郎发起设立满洲矿山药株式会社,资本100万日元。因中国方面反对,该企业开业不久即行停业,后经交涉重又开业。产品主要供日人掌握的抚顺和本溪湖两煤矿使用,部分出口朝鲜。伪满成立后,该企业改为统制东北火药业的沈阳造兵所火药分厂。1919年抚顺煤矿设立火药制造所,产品供本企业自用。1929年日本火药株式会社在抚顺设立南满火工品会社,产品主要也是供抚顺煤矿使用。伪满成立后,该社改为沈阳造兵所分厂。1931年南满火药会社成立,以后又为沈阳造兵所合并。

伪满初期成立的统制兵器、火药制造与贩卖的沈阳造兵所原系日本法人,资本240万日元,所制兵器交伪满军警使用。1936年7月沈阳造兵所改为伪满特殊法人,资本增至460万日元,1939年又增资为2 500万日元,1941年收足,其中伪满出资2 000万日元,其余500万日元由三井和大仓组分担。

1941年2月伪满为统制火药工业,特设立满洲火药工业株式会社,作为特殊法人合并以下机构:沈阳造兵所的沈阳、安东、阜新和辽阳四工厂;南满火工品会社;满洲火药贩卖会社。满洲火药工业株式会社的实收资本为850万日元,主要投资者有伪满、沈阳造兵所、南满火工品会社、满铁、昭和制钢所、本溪湖煤铁公司、满洲炭矿会社等。

总之,在"九一八"事变前,日人在东北的火药工业主要是为其煤矿采掘服务的,伪满成立后则直接为伪满的傀儡政权服务。

第五章 化学工业投资

四、制药工业

日人在华制药工业投资集中在工业比较发达或靠近原料产地的城市中。日人最早的投资,是从清末起就开始经营的福建樟脑工业。至于生产能够服用的药品,最早的日人企业是1919年在郑家屯设立的兴安产业合资会社,从事中药甘草膏的制炼和出口。在以后的很长时间中,日人在华制药工业没有显著的发展,直到20世纪30年代后半期,日人在东北和上海等地的制药工业投资才稍具规模。

表5-14　东北和上海的日人制药工业
（1942年）

企业别	资本(万日元)	设立年月	产品	所在地
大同制药工业会社	150	1933.12	医药品	沈阳
厚生药品会社	10	1938.4	医药	沈阳
满洲制药会社	50	1938.12	农用药剂	沈阳
满洲武田制药会社	300	1939.11	医药化学药品	沈阳
满洲委特那制药会社	20	1939.12	卖药	沈阳
盐野义药品会社	100	1940.6	医药	沈阳
若素制药会社	150	1940.7	医药	沈阳
满洲山田制药会社	50	1940.11	医药	沈阳
满洲制药会社	10	1939.4	卖药	营口
鹤原制药会社	45	1940.10	医药	沈阳
东亚制药会社	10	1936.10	卖药	长春
兴亚制药会社	30	1939.12	卖药	长春
东亚制药上海咖啡因工场	8	"七七"事变后	咖啡因	上海
佛慈制药厂	27	"七七"事变后	卖药丸剂	上海
大日本脏器株式会社	(总社资本)19.5	"七七"事变后	家畜肝脏粉末	上海
若素大药厂	(总社资本)665	"七七"事变后	营养剂若素	上海
美利化学厂	20	"七七"事变后	酒精、香料	上海
安住化学工业所	6	1931.7	蚊香	上海
狮子牙粉有限公司	18	"七七"事变后	牙粉	上海
太阳公司	3	不详	化妆用药品	上海
山田制药株式会社	(总社资本)100	"七七"事变后	药品	上海
武田大药厂	50	"七七"事变后	药晶	上海

资料来源:郑学稼:《东北的工业》,第144页;满鐵上海事務所調查課:《上海工業實態調查資料概括表》(油印本);東亞研究所:《日本の對支投資》(上),第287—288页。

1943年日人在北平设立新中国制药公司,并在天津等华北各地设立分厂。

日本在台湾的制药工业始于1931年。当时日人在台大力奖励种植规那树,以提取奎宁,供应军事上的需要。太平洋战争发生后,由于缺乏医药品,日人在台湾重视发展制药工业。日本国内的各大制药会社,纷纷在台设立分支机构,从事一部分制药加工、包装和推销业务,这类企业计有台湾武田药品会社、台湾生药会社、化研生药会社、热带化学工业会社、化学药品会社、盐野义制药会社、医疗品生产会社、木村制药会社、南进公司、台湾医疗物资会社、资生堂药铺、乌来制药工场等12个单位。这些企业中除台湾武田药品会社和台湾生药会社两家稍具规模外,其余都是设备简陋的小厂。

第六章 电力、金属冶炼和机械工业投资

第一节 电力工业

日本本国的电力工业发展并不早,1887年的东京电灯株式会社是日本第一家电气企业。但自此18年之后,日人不但在我国东北接办了原由俄人经营的发电厂,而且还在旅顺自办了旅顺电气作业所,开始了他们在中国的电力工业投资。

东北在"九一八"事变前,关内在"七七"事变前,日人所兴办的电力工业企业,主要供租界内照明用电和日资企业用电,超出这个范围的企业则多为中日合办。

在东北,日俄战争前,俄人所办的东清铁路公司已在大连建立了发电厂。满铁成立后,接管并扩充了大连的发电厂,还陆续在沈阳、抚顺、长春等铁路沿线各地设立电灯厂,在营口、铁岭、辽阳等地设立中日合办企业。日本官方则在旅顺、安东、本溪湖等地投资办厂。

1926年6月满铁将其电力事业部门独立,成立统制日本在我东北的电力事业的机构——南满洲电气株式会社,加紧其势力的扩张。对此,中国各界人民,包括从事于电力工业的民族企业家积极掀起"电权收回"运动,使日人不得不有

所顾忌。

1930年东北电气工业的状况如下：

表6-1　东北的电气工业
(1930年)

种别	事业数		发电容景		电灯数		投资额	
	家数	%	实数(千瓦)	%	只数	%	万日元	%
日本关系企业	31	34	151 646	80	751 455	67	5 311.8	87
满洲电气会社及其关系事业	17		52 679		506 955		2 372.0	
关东厅	4		2 550		31 500		191.0	
满铁	4		70 013		77 300		1 511.0[①]	
日本人经营事业	4		5 304		70 700		337.8[②]	
中日合办事业[③]	2		12 100		65 000		900.0	
其他外人关系企业(俄5,英1,德1)	12	13	359	1	6 620	1	不详	
	7		359		6 620[④]		不详	
中俄合办(中东铁路)	5		不详		不详		不详	
中国关系企业	49	53	36 549	19	366 800	32	812.7	13
官营事业	13		29 570[⑤]		253 000[⑥]		590.0[⑦]	
民营事业	36		6 979[⑧]		113 800[⑨]		222.7[⑩]	
合计	92	100	188 554	100	1 124 875	100	6 124.5	100

资料来源：《満鐵調査月報》，1932年7月号，第51页。
原注：①缺烟台煤矿投资额。②缺中东实业公司投资额。③辽阳电灯、铁岭电灯两企业。④缺两家企业的灯数。⑥缺7家小型企业的发电容量。⑧缺打虎山电气厅数字。⑦只包括沈阳、哈尔滨和吉林三省。⑧⑨缺3家企业的数字。⑩缺22家企业的数字。

上表的统计并不完整，但还是可以从中了解"九一八"事变前东北电气工业的大概轮廓。

在关内，从20世纪初到20年代中期，日人对电气工业的投资主要是借款投资，台湾银行、东亚兴业株式会社、中日实业株式会社和大阪的川北电气企业株式会社等都对中国的民营电灯厂提供"电灯借款"。除了借款，日人在天津（1907年）和汉口（1912年）的日租界内建立了小型发电厂，供照明用电。第一次世界大战结束后，根据华盛顿会议的规定，日人在青岛所接收的电气事业应由中日合办私营企业经营。因此,原由德人开办的胶澳电气股份有限公司改由中日合办,于 1923 年 5 月正式成立,资本 200 万元,日方出资 92 万元(合 100 万日元),全额实收。

从 20 世纪 30 年代开始,至"七七"事变止,日人在关内电力工业投资的重点是谋求中日合办企业的创办。中日实业会社为加速日人在山东的煤矿开发事业,计划设立一家发电所,经与山东省政府协议,于 1936 年 7 月创办鲁东电业股份有限公司,初期实收资本 30 万元,中日合办。天津由于工业发达,对电力的需求量很大。兴中公司在满铁和东北日本占领军的协助下,于 1936 年 7 月与天津市政府达成协议,创办中日合办的天津电业公司,资本 800 万日元(实收一半),企业为中国法人。兴中公司还从 1936 年 6 月起在冀东地区的卢台、通州、昌黎等地收买华商小电灯公司,并筹划设立冀东电业股份有限公司,以及企图收买北京电车公司和北京华商电灯公司的股票。

1936 年末中日合办的胶澳电气和天津电业两家公司的情形如下:

表 6-2　两家中日合办电气公司的日方出资额和贷款额
(1936 年末)　　　　　　　　　　　　(单位:万日元)

公司名	实收资本	公司总资产	实际出资数		日方贷款额(b)	日方投资额(a+b)
			中方	日方(a)		
胶澳电气	216	826.6	116	100	332.8	432.8
天津电业	400	421.5	200	200	—	200
合计	616	1 248.1	316	300	332.8	632.8

资料来源:東亞研究所:《日本の對支投資》(上),第 352 页。

从表 6-2 中也可看出,在中日合办企业中,日方的实际投资额同日方在实收资本中所占的数额是不一致的,前者往往大于后者。

在上海,日本各大纱厂拥有一定的自备发电能力,1933 年 2 月这些日商纱厂拥有的发电设备容量共 38 729 千瓦。[1]

1936 年底日人对华商电气公司的借款本息共为 5 335 310 日元;日人持有

---

[1] 上海市工商行政管理局、上海市第一机电工业局机器工业史料组编:《上海民族机器工业》,中华书局 1979 年版,第 421—422 页。

美商上海电力公司的股票和公司债共约700万日元。加上合办企业投资,总共不超过2 000万日元,远远低于1930年日本在东北的投资水平。

日本侵略我国东北后,大力开展电力工业建设。1934年11月日人建立了满洲电业株式会社,统一经营满铁之外的火力发电事业。该企业不仅合并了一些日资电力企业如满洲电气会社、营口水道电气会社、北满洲电气会社等,而且吞并了不少中国人所办的企业,如沈阳电灯厂、长春电灯厂、哈尔滨电业局、吉林电灯厂、齐齐哈尔电灯厂、安东发电股份有限公司等。1936年这家大型企业的资本为9 000万日元,总部设在长春。翌年该企业增资为16 000万日元,扩建旧厂和在阜新、甘井子等地兴建新厂,这家企业在东北的电力工业中起着重要的作用,其发电容量约占整个东北的40%。

表6-3 满洲电业会社在东北电业中的地位

(1938年末)

企业	发电容量占有率(%)	企业	发电容量占有率(%)
满洲电业会社	38.80	自用兼供电事业	45.80
满洲电业会社关系事业	1.07	自用设施	13.87
其他供电事业	0.46	合计	100.00

资料来源:伪满通信社:《满洲经济十年史》,第311—312页。

该企业成立后,还统一了东北电业的周波率(频率),把原来三种周波的交流电和直流电统一成周波数为50的交流电。

这家统制企业的利润率比不上统制之前的规模较小的日资电力企业,但是它的经营情况比较稳定,利润分配也有保障。

日人在东北还着力推行水力发电,先后建立了两座大型水力发电站。其一是在安东上游建立了鸭绿江水坝和水丰发电站,建设这一工程的主要目的之一是为朝鲜输送工业用电。主办者是在朝鲜的日本氮肥制造公司经理野口,他投资于该工程资本的一半。水坝于1941年8月建成,坝高160公尺,长850公尺,水库长20英里。1944年水电站先后共装置了5座日本产涡轮发电机,总发电能力为46万千瓦。其二是在离吉林不远的松花江上建立水坝和丰满水电站。

表6-4 满洲电业会社的利润和分配
(1935—1941年)

年度	实收资本(万日元)	利润(万日元)	年利润率(%)	利润分配(%)	保留率(%)
1935下	9 000	365.9	8.1	6.0	24.0
1936	9 000	758.9	8.5	6.0	28.9
1937	9 290.1	779.6	8.4	6.0	28.5
1938	10 750	929.1	8.6	6.0	30.6
1939	11 625	1 143.0	9.8	7.0	28.8
1940	13 812.5	1 272.2	9.2	7.0	24.0
1941上	17 706.4	1 579.3	8.9	7.0	20.8

资料来源：陈真：《中国近代工业史资料》第2辑，第920页。

水坝于1937年动工，1942年建成，坝高81公尺，长1 100公尺，水库长106英里。1943年水电站发电。水电站装置了从德国和美国买来的共5座水轮发电机，1944年的发电能力为30万千瓦。这两家水力发电站的发电容量在当时颇为可观。

1940年起，日伪在东北推行以水力发电为主、以火力发电为次的方针。除上述两座建成运行的水电站外，1942年日人在镜泊湖还建成了一座发电容量为3万千瓦的水电站，并于同年起在浑河上开始修建两座大型水坝和水电站，到日本投降时尚未竣工。

1940年11月日伪决定东北的水力发电事业也由满洲电业会社统一经营，并将满洲电业会社改为特殊法人。该会社于1940年12月决定增资为32 000万日元，增资部分(16 000万日元)由伪满、日本简易保险局、满洲兴业银行等分担。1944年4月，满洲电业会社又增资至64 000万日元，较前扩大一倍。1945年又准备增资。日本投降时，该会社的社债近5亿日元。①

在日伪的竭力推动下，日占时期的东北电力工业发展特别迅速。这从东北历年发电设备能力和总发电量的增长可以看得十分清楚：

---

① 滿史會：《滿洲開發四十年史》下卷，第534页。

表 6-5　东北历年发电设备能力和总发电量
(1930—1944 年)

年度	发电设备能力（千瓦）	总发电量（千度）	年度	发电设备能力（千瓦）	总发电量（千度）
1930	216 100	504 330	1938	717 810	2 133 500
1931	221 800	542 960	1939	834 936	2 534 500
1932	264 600	592 910	1940	925 681	2 998 500
1933	271 218	662 400	1941	1 236 241	3 520 000
1934	319 206	771 000	1942	1 744 259	4 036 311
1935	405 897	1 084 000	1943	2 098 087	4 224 000
1936	518 725	1 350 500	1944	2 415 831	4 220 500
1937	617 001	1 624 000			

资料来源：东北物资调节委员会：《电力》，1948 年版，第 16 页。

表中 1944 年的发电设备能力为 1930 年的 11.2 倍，总发电量则为 8.4 倍，可见增长之巨。发电量的增长反映了一般工业的增长。输电线路也大大加长。1934 年各种电压的输电线路总长为 1 648 公里，1941 年增加到 8 347 公里，为 1934 年的 5 倍①。

日本对我关内发动侵略战争后，大力进行电力工业的掠夺和垄断。在华北方面，兴中公司掠夺和收买了沦陷区内的中国电厂，加上它原有的，作了统一经营和扩张的部署。在日本占领者拟订开发华北资源的五年计划中，日人准备将华北的火力发电能力扩充到 40 万千瓦，同时利用永定河及其他的水力，建设发电能力为 19 万千瓦的水电站；电力资本 1.44 亿元。② 1939 年末由日本战时经济统制机构华北开发会社开始筹设华北电业会社，并由华北电业会社接管兴中公司的全部电力事业。华北电业会社资本总额 1 亿日元，其中华北开发会社出资一半，日本各电气公司出资 2 000 万日元，伪临时政府出 35 万日元，华商（包括 4 家"中日合办"企业中的华股）出 2 965 万日元。华北电业会社从兴中公司等手中接管的企业有：

1. 实行军管理的原中国电厂 16 家。

---

① 滿史會：《滿洲開發四十年史》下卷，第 542 页。
② 《沦陷区之电气事业》，《资源委员会月刊》第 2 卷，第 10—12 期，1940 年。

2. 完全由兴中公司控制的4家"中日合办"企业：天津电业公司、胶澳电气公司、1937年12月由兴中公司同伪冀东政府"合办"的冀东电业公司、芝罘电业公司。

3. 由兴中公司和日本东亚电力兴业株式会社共同控制的3家"中日合办"企业：伪蒙疆电业公司、北京电业公司、齐鲁电业公司。

东亚电力兴业株式会社是由日本国内各大水电企业共同出资1 000万日元组建的，专门从事在华电力事业，1938年5月它和兴中公司出资300万日元（实收一半），同伪蒙疆政府和伪蒙疆银行（出资数相同）"合办"伪蒙疆电业公司，在张家口、大同、厚和、包头办了4家发电厂，次年增资为1 800万日元（实收一半）。北京电业公司是同伪临时政府"合办"的。齐鲁电业公司是1938年4月同济南伪政府共同出资，收买原中国的济南电气公司而成立的。

华北电业会社除接管上述企业外，还对日人所控制的自备发电工厂的电力生产和供给实行统制。

在华中，上海沦陷后，日本即派大批满铁的技术人员到沪，在外滩正金银行楼上设立办事处，企图利用汉奸，按照华北的先例进行"合作复兴"事业。1938年3月伪维新政府成立后，伪实业部成立了水电事业整理委员会，该委员会"特许"日人组织华中水电株式会社。华中水电会社由中支那振兴会社统制。该会社先攫取上海的水电事业，进而扩展到宁沪杭各地。华中水电会社的创办资本为2 500万日元，实行"中日合办"时，上海各水电厂的资产估定为1 000万日元，日方出资1 000日元。

"七七"事变后日人对关内电气事业所增加的投资主要是扩大经营"中日合办"的部分。之所以打出"合办"的旗号，除了企图混淆视听、蒙骗中日两国人民外，还企图利用汉奸吸收一部分中国资金为其侵略事业服务。1938年的情形如下：

日本对台湾的电力工业特别重视。1895年日本占据台湾伊始，日人土仓庄三郎、荒井泰治就计划利用南势溪的水力，建设龟山水力发电站。台湾总督儿玉源太郎认为电力工程系公用事业，不宜听任民办，应由总督府统一经理。因此收买土仓庄三郎等所组织的企业，并继续进行龟山水力发电站的建设，于1905年

表6-6 日本对关内"合办"电气事业的出资和贷款
（1938年） （单位：万日元）

公司名	公司总资产	实收资本	实收额		日方贷款(b)	日方投资额(a+b)
			中方	日方(a)		
胶澳电气	1 199.2	800	289.2	510.8	128.2	639.0
天津电业	580.0	400	200.0	200.0	122.6	322.6
冀东电业	108.8	75	37.5	37.5	20.5	58.0
伪蒙疆电业	596.9	600	300.0	300.0	—	300.0
华中水电	2 067.3	2 000	1 500.0	500.0	—	500.0*
齐鲁电业	330.8	200	100.0	100.0	3.1	103.1
合计	4 883.0	4 075	2 426.7	1 648.3	274.4	1 922.7

资料来源：東亞研究所：《日本の對支投資》（上），第357页。
注：* 包括水道事业费。

竣工发电，开了台湾电力工业的先河。此后，总督府一方面扩建龟山水力发电站，另一方面又在基隆的小粗坑、台南的竹仔门、台中的后里庄等地建设多处火力发电厂。

1910年后总督府限于财力，对于较为偏僻的地区，一时不能建厂的，则开始允许私人建厂。1911—1924年，经总督府批准建立的民营电力企业共16家。①

台湾的水力资源非常丰富。1918年总督府为开发日月潭和浊水溪的水力，建设发电能力共为10万千瓦的水电站，计划募集公债4 800万日元，作为建设资金。但这项募债计划未获日本政府批准，因此改由总督府和私人共同出资的形式筹集资金。1919年4月台湾总督府发布《台湾电力株式会社令》，决定筹资3 000万日元，总督府出资1 200万日元，其余1 800万日元则向日本法人企业及日人募集。资本筹集后，台湾电力株式会社于1919年7月正式成立，并即着手筹建日月潭发电工程。由于资金不足，第一发电厂1934年6月方建成，第二发电厂则更迟，至1937年8月才竣工发电。

1937年除台湾电力株式会社外，还有5家电力工业企业：台湾电灯株式会社（嘉义电灯株式会社改称）、桃园的台湾合同电气株式会社、花莲港电气株式会

---

① 周宪文：《日据时代台湾经济史》上册，第97页。

社、恒春电气株式会社和南庄电气商会。前三家企业都是合并了一些小企业后发展起来的。

1938年初总督府把台湾划分为东西两个区域,西区由台湾电力株式会社统一经营,东区则允许实业界投资建设新厂。花莲港电气会社虽对东区输电,但所供电力不足,并未形成统一的电网。在总督府的指令下,花莲港电气会社在东区木瓜溪建设清水第一发电厂。1938年日本铝业株式会社也在东部设厂,并申请开发木瓜溪水力。1939年6月东台湾电力兴业株式会社成立,资本2 000万日元,共分40万股,主要出资者为日本铝业(20万股)、朝鲜化学(6.4万股)、东邦金属(6.4万股)、东洋电化(6.4万股)和盐水港制糖(5 800股)等会社。该企业的业务由朝鲜化学和东洋电化两会社派员主持。企业计划在立雾开发9万千瓦电力和在木瓜溪开发3万千瓦电力。1943年5月东台湾电力兴业会社以500万日元收买了前身是花莲港电气会社的东部电气株式会社,易名为东台湾电力株式会社。而在西区,台湾电力会社已在1940年先后收买台湾合同电气会社、南庄电气商会、恒春电气会社和台湾电灯会社。这样,台湾的电力工业就形成了东西两区各占一方的"二元化"局面。

1944年日本侵略者的败局已定,日人在台湾的殖民统治行将崩溃,但是他们仍作垂死挣扎,对台湾的各项事业加强了统制。8月台湾电力会社以2 250万日元(作为实收资本款,并另付140万日元)收买东台湾电力会社,并继承后者的一切债务。这样,台湾电力会社就完全统一了台湾的电力工业。[①]

从1919年到1943年,台湾的发电量从1 591万度增加到119 533万度,增加74倍之多[②]。1944年因受战争影响,发电量稍有减少。电力是其他工矿各业的能源,电力工业的增长意味着台湾工业化程度的提高。1945年台湾的电力工业设施受战争破坏甚烈,日本投降时全台能正常运行的发电设备能力仅剩4万余千瓦。

日本在近代中国的电力工业投资,在许多有关的电力工业统计数字中,往往

[①] 台湾电力会社发展的详细过程可见《台湾省五十一年来统计提要》,第817页。
[②] 根据周宪文:《日据时代台湾经济史》上册,第102页表计算。

包括了水道及煤气业投资。由于水道、煤气业投资额比例很小，所以即使未加区分，对估算也无太大影响。但有一点，即对日本在华电力工业投资额的估算同其他各业一样，由于东北和台湾缺乏企业公积金、日人贷款及公司债的数字及某些总社不在当地的企业投资额，而显得偏低。

表 6-7　日本在华电力工业投资
（1936、1938 年）　　　　　　　　　　　　（单位：万日元）

	1936 年	1938 年		1936 年	1938 年
东北	13 834.5	17 771.7	台湾	4 023.0	5 618.7
关内	1 876.4	3 293.6	总计	19 733.9	26 684.0

资料来源：东北部分：1936 年的数字据滿鐵産業部：《滿洲經濟年報》下册，第 104 页；1938 年的数字系据 A. R. Kinney, Japanese Investment in Manchurian Manufacturing, Mining, Transportation and Communications, 1931－1945，第 43 页。包括 2 400 万日元债券。
　　　　　关内部分：東亞研究所：《日本の對支投資》（上），第 372—373 页。
　　　　　台湾部分：1938 年的数字据周宪文：《日据时代台湾经济史》上册，第 75 页；1936 年数字系据该年发电量指数 71.6（1938 年＝100）估算。

对于在历史上常同电力工业一起被称为"公用事业"的煤气、水道等事业的日人投资，一则数额很小，二则缺乏资料，在这里就不作专门叙述了。

第二节　钢铁冶炼业

近代中国的钢铁冶炼业非常落后，稍具规模的企业是汉冶萍公司的汉阳钢铁厂和大冶铁厂。前者拥有化铁炉 4 座和炼钢炉 7 座，生铁最高年产量可达 23 万吨，钢产量可达 7 万吨，并拥有轧钢设备。但该厂因经营不善，于 1916 年起停工。后者拥有大型化铁炉两座，年产量可达 32 万吨。该厂 1922 年夏正式投产出铁，1923 年因铁价跌落即行停产。中国当局为建这两家工厂破费浩繁，大冶铁厂还是借了日债才建起的，然则一遇波折，既不设法改善经营，又不设法改进技术使产品降低成本，提高竞争能力，而是熄火停产，偌大的家产任其锈蚀腐坏。这足见当时政府的腐败。

相对于中国的钢铁冶炼业而言,日人的在华企业拥有显著的优势。日资企业建在东北。一为满铁属下的鞍山制铁所,一为本溪湖煤铁公司属下的本溪湖制铁所。这两家企业在第一次世界大战后铁价跌落的条件下,经营也曾遇到困难,后者甚至停产过一年左右时间,但由于日本财阀的重视和扶持,这两家企业都克服了销售方面的困难,坚持并发展起来。"九一八"事变前,在中国境内的钢铁厂中,这两家企业的产量占绝大部分。以下是生铁的生产情况:

表6-8 中、日铁厂生铁产量比较
(1927—1931年)

厂名	5年生铁总产量(吨)	%	厂名	5年生铁总产量(吨)	%
鞍山制铁所	1 082 556	72.27	保晋公司	19 802	1.32
本溪湖制铁所	374 549	25.01	合计	1 497 887	100
扬子公司	20 980	1.40			

资料来源:谷源田:《中国之钢铁工业》。《经济统计季刊》第2卷第3页,1933年9月出版。

1931年鞍山制铁所的生铁产量为27.6万吨,仅次于日本国内最大的钢铁企业八幡制铁所;本溪湖的生铁产量为65万吨,高于日本浅野钢铁厂的产量。[1]

"九一八"事变后,日本从所谓"建立基础产业","特别从日满两国国防需要的角度来看"[2],决定大力发展东北的钢铁工业。为此,日人一面扩建原有的钢铁厂,一面加紧勘探东北的铁矿资源。

1933年鞍山制铁所改组为昭和制钢所,资本1亿日元,计划年产量增加到40万吨生铁和35万吨钢锭,实行"铣钢一贯作业"。1935年3月,建成了一座用德国制设备安装的炼钢厂,旋即投入生产。4月,又根据第二期增产计划(年产生铁70万吨、钢材28.5万吨)开始扩充设备。工厂的设备非常先进,老设备都及时得到更新和改良。1937年生铁的产量增加到70万吨,钢锭增加到51万余吨。钢材的数量也迅速增加。

从1937年起,昭和制钢所实施第一个产业开发五年计划。这个计划关于伪

---

[1] 1931年八幡制铁所的生铁产量为51.7万吨,浅野钢铁厂6.1万吨。
[2] 姜念东:《伪满洲国史》,吉林人民出版社1980年版,第286页。

满钢铁生产的目标是：生铁253万吨、钢200万吨。1938年这两项指标又修正为465万吨和316万吨。这个钢铁生产计划的目的是为资源贫乏的日本的炼钢工业提供生铁原料，同时从侵华和称霸世界的战略利益需要出发，在东北也就地炼一部分钢。关于昭和制钢所的国策使命，该所理事长小日山直登毫不讳言地说："昭和制钢所是国策公司。……依靠我们的力量哪怕多生产一吨铁，也就为完成国策尽了一分力量。……现在如能向日本内地运去一万吨生铁，日本内地就能减少一万吨生铁或废钢的进口，就可以少向外国支付相应的外汇，以便用这笔钱购买必要的军需品。"①在侵略掠夺政策指导下，昭和制钢所竭力扩充生产规模。1937年底满洲重工业开发会社取得了昭和制钢所的产权和经营权，此后，昭和制钢所的产量还是逐年增加，1944年生铁的年生产能力约为200万吨，钢则为120万吨。但焦炭和原料供应的紧张，造成了设备开工率不足，所以实际产量低于上述数字。昭和制钢所还经营焦炭及其他副产品的生产。整个企业的职工人数最多时达十七八万之众。

随着以昭和制钢所为核心的东北日本钢铁工业的发展，从1939年起，东北输往日本的铣铁数量及所占比例也提高了。

表6-9　日本的铣铁输入
(1931—1945年)

年份	合计（吨）	各地所占%				
		朝鲜	中国东北	中国关内	英领印度	其他
1931	409 000	19	—	16	30	35
1932	650 000	32	50	—	18	—
1933	800 000	20	57	—	22	1
1934	777 000	21	53	—	26	—
1935	1 093 000	12	35	—	31	22
1936	1 095 000	11	25	—	30	34
1937	1 131 000	12	19	0.0	25	44
1938	1 072 000	20	20	0.0	31	29

---

① 姜念东：《伪满洲国史》，吉林人民出版社1980年版，第290页。

续　表

年份	合计(吨)	各地所占%				
		朝鲜	中国东北	中国关内	英领印度	其他
1939	927 000	24	38	—	32	6
1940	854 000	20	50	—	30	—
1941	784 000	18	71	0.0	10	1
1942	878 000	15	81	4	—	—
1943	1 134 000	24	60	16	—	—
1944	942 000	26	62	12	—	—
1945	51 000	60	39	1	—	—

资料来源：滿史會：《滿洲開發四十年史》下卷,第484页。

鞍山钢铁工业的经济核算情况,有一个从亏损到赢利的发展和转化过程,第一次世界大战后钢铁市场的价格因需求减少而不断跌落,生铁在日本及东北市场的售价,1919年每吨为120日元,1920年跌至70日元,1921年再跌至40日元,只及1919年的三分之一。而生产成本1919年每吨为130日元,1920年为80日元,1921年为70日元,因此亏损巨大。鞍山的铁矿是贫铁矿,不易冶炼,满铁为解决这难题,不惜投入1 000万日元以上的研究费,在鞍山制铁所设立研究部,聘请德国、美国专家与日本研究人员共同研究,于1922年研究成功了"液氧爆破法"的大面积采矿技术和"还原焙烧法"的贫矿处理技术。1930和1931两年间,鞍山制铁所生产的每吨铣铁的成本为29.38日元,大大低于日本国内八幡制铁所的38.72日元。① 但市场上铣铁价格继续下跌,"九一八"事变前跌至每吨仅20日元左右,所以尽管成本下降,仍亏累不浅,靠满铁赢利弥补。

日本政府为了维护本国的钢铁工业,防止印度铣铁冲击日本市场,曾采取关税保护政策,对日本进口的铣铁每吨征税1.67日元,1932年为每吨6日元。但对鞍山制铁所输入日本的铣铁则发给奖金,以资鼓励,属制钢材用的铣铁每吨发奖金5日元,属铸件用的每吨3日元。1933年4月起奖金减半,1937年取消。

---

① 滿史會：《滿洲開發四十年史》下卷,第463页。

表 6-10 满铁营业利润与冶铁事业
(1919—1933 年)

年度	满铁总营业利润（万日元）	冶铁事业损益（万日元）	年度末对冶铁事业的投资额（万日元）	生铁产额（千吨）
1919	2 437	-148	3 769	32.1
1920	2 739	-642	3 265	76.1
1921	3 138	-287	3 391	58.1
1922	3 508	-319	3 454	67.5
1923	3 479	-224	3 540	73.4
1924	3 455	-295	3 950	96.1
1925	3 486	-372	4 531	89.6
1926	3 416	-380	4 590	165.0
1927	3 627	-15	2 075	203.4
1928	4 255	+121	2 087	224.4
1929	4 551	+115	2 713	210.1
1930	2 167	-13	2 772	288.4
1931	1 260	-242	2 923	269.5
1932	6 129	-283	2 936	300.4
1933	4 292	+135	2 730	312.1

资料来源：滿史會：《滿洲開發四十年史》下卷，第 461 页。
注：这里的"冶铁事业"包括所有的有关企业。

由于技术、政策和价格等多方面的原因，鞍山的钢铁工业从 1931 年到 1935 年亏损消除，但利润率很低，都不超过 3％；从 1937 年起，利润率有所提高，如下表所示：

表 6-11 昭和制钢所的利润和分配
(1931—1942 年)

年度	资本（万日元）	利润（万日元）	年利润率（％）	利润分配（％）	保留率（％）
1931	2 500	22.9	0.9	—	
1932	2 500	28.9	1.2	—	
1933	6 000	77.0	1.3	—	
1934	8 200	222.5	2.7	—	
1935	8 200	192.2	2.4	3.0	
1936 上	8 200	192.2	4.7	3.0	—
1937 上	8 200	740.8	18.1	6.0	31.4

续 表

年度	资本(万日元)	利润(万日元)	年利润率(%)	利润分配(%)	保留率(%)
1938 上	8 200	1 316.6	15.9	6.0	60.2
1938 下	11 800	794.0	13.5	7.0	54.7
1939 上	13 104.6	818.5	12.5	7.0	43.0
1939 下	16 406.9	960.9	11.7	7.0	39.5
1940 上	17 891.4	974.6	11.0	7.0	35.7
1940 下	20 000	943.8	9.4	6.0	35.6
1941 上	20 000	930.0	9.3	6.0	34.7
1941 下	20 000	957.4	9.6	6.0	36.5
1942 下	20 000	995.1	10.0	6.0	39.0

资料来源：陈真：《中国近代工业史资料》第2辑，第912—913页。

日本人通过对于低级矿产的煅烧和烧结的改良降低了成本，增加了利润。一个西方专家认为，"这些成就意味着，如果好好地加以经营，这种工业能够有效地自力维持，并且能够同其他的钢铁生产中心来作有力的竞争"。[①]

作为东北钢铁工业的中心，昭和制钢所同下列许多企业发生联系：(1)鞍山钢材会社。1934年成立于鞍山，专制一般中型钢材，资本500万日元，实收300万日元，出资者是日本的铁钢证券会社和日本轨道会社等。产品全部卖给日本钢管会社。(2)日满钢材工业会社。1934年4月成立于沈阳铁西，资本200万日元，实收150万日元，生产建筑用钢材。出资者是东洋钢材会社等企业。(3)满洲住友金属工业会社。1934年9月成立于鞍山，1938年又在沈阳铁西设新厂，专制钢管。资本1 000万日元。出资者是日本钢铁托拉斯住友财阀。(4)满洲大谷重工业会社。1935年成立于鞍山，资本500万日元，1944年增资为1 000万日元，全部收足。出资者为日人大谷米太郎、大谷竹次郎等。该会社制造制铁机械、钢板加工机械、矿山机械、各种化学生产机械、机床、传动机械等。(5)满洲久保田铸铁管会社。1935年12月在鞍山设厂(总部在大连)，资本500万日元，实收275万，出资者为久保田铁工所、大连机械会社、隅田川精铁会社。该企业由昭和制钢所提供铣铁原料，制造各种直管和异形管。(6)满洲电线会社。1937

[①] 琼斯：《1931年以后的中国东北》，第158页。

年3月成立于沈阳,资本1 000万日元,实收625万日元,出资者为古河、住友、藤仓等财阀。该会社制造各种电线、电机、金属线等。(7)满洲进和钉铗会社。1937年5月成立于鞍山,实收资本200万日元,由进和商会出资,生产铁钉、锌铁线和铁路用品,后在沈阳所设的分厂则生产铁丝和铁丝网。除这7家大型企业外,还有若干规模较小的关系企业。所有这些关系企业基本上都是日人投资的,其中以日本财阀的投资为主。

本溪湖制铁所由于以低磷铁矿石和优质煤为原料,所以能生产军事工业所需要的低磷铁。1936年它所生产的低磷铁已能满足东北地区的自给需求。1937年本溪湖制铁所也改归满洲重工业开发会社经营。同年,该所在本溪湖和太子河之间建造"铣钢一贯作业"的钢铁厂,并让原来的试验工厂独立,在宫原成立本溪湖特殊钢株式会社。本溪湖制铁所新建的两座高炉迟至1941年末和1942年末才先后投产。它的生铁生产能力从设备扩建前的15万吨增加到1942年的65万吨。由于原料和燃料供应紧张,该所也存在设备开工率不足的问题,1944年的生铁产量下降到仅37万多吨。

1944年2月日伪当局为应付日益困难的局面,把昭和制钢所、本溪湖煤铁公司和东边道开发公司合并,成立满洲制铁公司。从1944年夏季开始,满洲制铁公司的生产骤然下降,1945年形成崩溃局面。

日本投降时,昭和、本溪湖和东边道三家企业所拥有的生铁生产能力共为2 525 200吨,钢材生产能力为1 330 000吨。东北历年生产的钢铁产品大量运往日本,1942—1944年间,东北每年对日输出的生铁,加上关东军使用的部分,约在120万吨左右。其中除上文已说过的普通生铁外,主要还有低磷铁;同普通生铁相比,军工所需的低磷铁输日所占产额的比例更高。1942年东北低磷铁的产量为168 773吨,对日输出却达255 355吨①(差额为前几个年度的贮存)。虽然不可能年年如此,但可看出日本对东北所生产的低磷铁需求之殷切。东北的钢锭一般不输日,1943年日本钢铁业原料涸竭,日人才从东北把一部分钢材输回国内。

---

① 滿史會:《滿洲開發四十年史》下卷,第481页。

在关内,抗日战争发生后,一些小规模的未及迁走的中国炼铁厂,如山西的阳泉铁厂、太原制铁厂等,均为日人所侵占。

在台湾,由于铁矿以及能供炼焦的原煤的缺乏,日人在那里的钢铁工业建设迟迟不能开展。随着其他工业的发展,钢铁器材的需求日益迫切,除大部分由日本供应解决外,台湾本地也陆续建起了一些小型的铸钢铸铁厂,大抵以废旧钢铁为原料。太平洋战争爆发后,日本南进获得了海南岛的铁矿,同时又发现了台湾新竹区的优质炼焦煤矿,于是计划在高雄和汐止两地分别建立小型钢铁制造厂。这两个厂在日本投降时尚未正式开工。

第三节 其他金属工业和机械工业

一、其他金属工业

日人在东北除大力经营钢铁工业外,还经营其他各种金属工业,包括金、铜、铅、铝、锌、镁、锡、锰、锑、镍等,以及水铅、水银,其中主要是铝和镁。铝和镁是日本的飞机和汽车工业十分需要而其国内又缺乏生产的两种轻金属原料。另外,铝还可代替铜制作电线。

铝是从矾土页岩中提炼出来的。1932年满铁在抚顺设立铝试验场,从事从矾土页岩中提炼铝的技术研究,1933年试验获得成功。1936年11月根据日本关东军特务部的指令,满铁和伪满共同出资,设立满洲轻金属制造株式会社,资本2 500万日元,为伪满特殊法人。翌年满洲重工业开发会社成立,收买满洲轻金属制造会社,并增资至5 000万日元。1938年在抚顺建成了一座冶炼厂。1940年满洲轻金属制造会社又增资至8 000万日元,全部收足,满业出资7 870万日元,其余130万日元由住友、日本电化等会社出齐。1941年在抚顺又建成了一座冶炼厂。1943年再一次增资至2亿日元,并进一步扩充了设备。1944年满洲轻金属制造会社的抚顺制铝厂可生产18 000吨制成铝。同年,该会社还在安东开始兴建一座新的制铝厂。

镁是从菱镁矿中提炼的。东北的菱镁矿蕴藏量十分丰富,最大的矿藏是在沈阳的大石桥和海城之间。1938年7月,满洲轻金属制造会社在营口投资设立满洲镁工业会社,资本1 000万日元,作为自己的子公司,从事镁的生产。昭和制钢所、日满镁矿会社满洲镁业会社也从事镁矿的开采和提炼。1941年11月满洲镁工业会社合并于满洲轻金属制造会社,由后者统一管理。

提炼铝和镁的技术和工艺在当时都不成熟,提炼成本很高,但日人为了飞机制造业的迫切需要,即使亏本也在所不惜。这表现了战时投资的一种特点。

日本铝业株式会社的台湾分厂是日本在华轻金属工业投资的很重要的工厂。日本铝业会社的总社设在日本东京,由三菱、三井、台湾电力株式会社投资组建而成,实收资本6 000万日元,辖有在日本的黑崎工场以及在台湾的高雄工场、花莲港工场和台湾出张所四个单位。高雄工场设立于1935年,由德籍工程师设计,铝矿原料则取给于荷印屏垣岛。由于台湾的劳动力和水电等价格低廉,高雄工厂经营顺利,产量逐年增加,最高年产氧化铝键1.2万吨。该厂计划把氧化铝年产量增加到4.2万吨,扩大铝锭产量增至1.5万吨。扩建工程未竣工即遭美机轰炸,损失重大。

以上是日本在华铝、镁工业的情况。还有一些非铁金属工业的情况如下：

铜：在1940年之前,东北铜的产量很少,1940年的产量为168吨。由于东北铜的需求量很大,每年约1万多吨,所以日本和伪满致力于铜的增严,1943年的产量跃至2 300吨。

锌：1937年的产量为327吨,1943年的历史最高年产量为6 747吨。东北所产的锌专以精矿对日输出。由于金属锌进口的日益困难,日伪在沈阳的金矿精炼厂内添设年产电气锌300吨的设备,后来又添设年产电气铜3 500吨和电气铅6 000吨的设备。这样,该厂成了东北颇具规模的非铁金属精炼厂。

铅：1935年东北的产量为637吨,1943年的产量达2 230吨,创历史最高水平。东北所生产的铅在上述精炼厂未建成前,是以精矿形式对日输出,精炼厂建成后,则制成电气铅、粗铅对日输出。

二、 机械工业

近代中国的民族机械工业发展缓慢,资本额很小,技术十分落后,只能经营一般的修理业务,而日本财阀同其他西方国家的大企业一样,在相当长的时期内,对发展中国境内的机械工业是不感兴趣的,只是在日本大举侵华、军事占领的条件下,才对这一行业给予重视。

在东北,"九一八"事变前日人的机器厂很少,主要的只有满铁直属的铁路修理厂、抚顺煤矿附设的机械厂、大连机械制作所和大连船渠会社四家。前两家主要从事所属企业的机械修理业务。

伪满成立初期,日人对东北机械工业的投资还不是十分积极,1932—1936年,机械工业的资本额共投入1 577.2万日元,在各个工业行业中是增长较慢的一个行业。1936年形成生产能力的实际资本额为1 502.2万日元。① 估计这个数字不包括满铁和抚顺煤矿的附设工厂在内。从1937年起,由于大规模战争的需要,日人对机械工业的投资迅速增加。到1940年底,在大连、沈阳、长春、鞍山、抚顺、阜新等地一共成立了35家企业,它们生产机器工具、一般机器、电机工程设备、锅炉和发动机、桥梁材料、水管和煤气管、冷藏和送暖设备、滚珠轴承、以及广播器、电报和电话通讯设备。② 此外,还有大型的兵工厂、飞机制造厂等。日本的大财阀如三菱、三井、住友、大仓、日立等纷纷对东北的机械工业投资。1940年相对于1934年,机械制造业工厂增加1.43倍,产值增加3.5倍。③

1934年同和自动车工业株式会社成立,资本620万日元。这是一家汽车装配厂。1939年又成立了一家用美式机器装备起来的满洲自动车株式会社,该社为伪满特殊法人,统制伪满的汽车制造业。1942年合并同和自动车工业会社,资本增至1亿日元,实收一半,产权归满业所有。

1937年底满业成立后,取得原属满洲航空株式会社的飞机工厂的产权,1938年成立满洲飞行机制造株式会社,资本2 000万日元,1940年增资为1亿日元,实收9 000万日元,该企业为伪满统制飞机制造业的特殊法人。

1940年5月满业投资5 000万日元成立满洲重机株式会社,专制大型高级

---

① 滿鐵產業部:《滿洲經濟年報》下册,1937年版,第103—104页。
② 琼斯:《1931年以后的中国东北》,第161页。
③ 郑学稼:《东北的工业》,第106页。

压延机、大型水压机、高级反应塔、重量机械等。

在军火工业方面,1932年10月日人将我国的沈阳兵工厂改名为沈阳造兵所,资本定为240万日元,为日本法人。1936年7月增资为460万日元,改为伪满特殊法人。1939年又增资至2 500万日元,雇用工人2万多名,生产小型武器和军火、射击炮、坦克零件、飞机配件等。

上文举的只是几个典型的企业。到1940年止,日人投资设立资本额在500万日元以上的机械制造厂还有:制造度量衡机械的满洲计器株式会社,制造车辆和各种机械的满洲车辆株式会社,制造各种机械和电机的满洲三菱机器株式会社、满洲工厂会社、满洲日立制作所、满洲机械制造株式会社、沈阳制作所,制造军工零件和各种机械的协和工业株式会社,制造通讯机械的满洲通信机械株式会社等。

日本在东北的机械工业投资额增加迅速,1936年实收资本仅1 502.2万日元,1938年达5 989.8万日元,1939年更增至17 610.5万日元。① 1941年,以行业区别的机械工业实收资本情况如下:

表6-12 东北日资机械工业的实收资本
(1941年)

业 别	会社数	实收资本 (万日元)	资本系统
飞机	1	10 000	满业
汽车	2	5 050	满业
兵器	1	2 500	三井、大仓、伪满
铁道车辆、船舶	4	5 630	野村、日本车辆、大连财阀、满铁等
电气机器	10	4 535	三菱、三井、日产、富士电气等
工作机器	1	2 000	满业(池贝制作所)
普通机器和其他机器	10	7 645	满业、大连财阀、三菱、伪满
合计	29	37 360	

资料来源:满史会:《满洲开发四十年史》下卷,第503页。

---

① A. R. Kinney, *Japanese Investment in Manchurian Manufacturing, Mining, Transportation and Communications, 1931-1945*, p. 43.

第六章　电力、金属冶炼和机械工业投资

随着投资额的大幅度增长,产值也大幅度提高,1938年东北机械工业的总产值约为11亿日元(不计"关东州"①),1939年增至21亿多日元(包括"关东州"产值4.7亿余日元),1940年更有增加,不计"关东州"约为20.7亿日元。②

这些机械工业企业都能盈利,但盈利水平参差不齐。以1940年下期为例,满洲机械制造会社的年利润率为41.3%,大连机械制作所为30.7%,满洲工厂会社22.7%,而满洲工作机械会社和满洲车辆会社则分别只有7.2%和6.2%。③

1940年11月日伪为加强东北机械工业的统制,设立满洲机械工业组合中央会,下设四个最重要的组合:满洲电气机器工业组合、满洲矿山用机械制造工业组合、满洲电气通信器制造工业组合和满洲化学机械制造工业组合。参加这四个组合的都是大型企业,因产品多样化,一个企业可同时受几个组合节制。规模稍次的中型厂则另成立全满机械工业组合联合会(包括两大组合),隶属中央会之下。

但东北机械工业的发展仍是畸形的。日本在东北所设立的机械工业企业,大多数为日本国内机械企业的分公司,其主要业务为贩卖、安装及修理日本国内机械工业企业的产品。因此,东北机械工业的畸形表现为:一是这些企业同日本的总公司有着紧密的纵向联系,而在东北的各公司之间却缺乏横向联系;二是不能制造大型和精密的机械;三是缺乏技术人才。

太平洋战争爆发后,日本对发展东北的机械工业引起更多的重视,一方面是加强了横向联系,另一方面投资额增加了。"九一八"事变前,东北机械工业的实收资本为1 600万日元,产值4 200万日元,1942年产值上升到40 100万日元,1943年54 700万日元,1944年的产值为61 800万日元,而生产能力为81 000万日元。实收资本87 100万日元,④实际投资额当然还不止此数。

---

① 关东州:即日俄战争后,日本所取得的旅大租借地。这是日人对该租借地的称谓。
② 满史會:《满洲開發四十年史》下卷,第509页。
③ 陈真:《中国近代工业史资料》第2辑,第915—917页。
④ 东北物资调节委员会:《资源及产业》下卷,第98页。

上表中多数是中小型厂,但在已知资本额的工厂内,资本在 100 万元以上的大厂有 7 家,远非"七七"事变前的规模所可比。

台湾的金属机械工业产生较晚,1938 年总的实收资本额仅 433.7 万日元[①],其中日资按八成估算,合 347 万日元。按产值指数估算[②],1936 年日人的投资额为 196.1 万日元。由此也可看出,这门新兴工业在 20 世纪 30 年代的台湾虽然规模不大,但发展速度还是较快的。而且上述数字都未包括企业的公积金和借款等在内,所以可能比实际数字偏低一些。

---

① 周宪文:《日据时代台湾经济史》上册,第 75 页。
② 1936 年的金属工业产值指数为 52.2,机械器具工业为 56.9(1938 年=100)。

第七章　金融业投资

第一节　银　行　业

日本对华金融业投资始于甲午战争前一年,即1893年,是年横滨正金银行在上海开设分行。成立之初,该分行仅经营汇兑和贴现等业务。

横滨正金银行是日本银行史上最早的一家银行,成立于1880年,比日本银行(中央银行)还早两年。总行设于日本横滨,在世界各大商埠均设有分行或代理店。正金银行于1887年取得日本政府所给予的经营国际汇兑的特许,从此,在日本银行业中占有优越的地位。[①] 甲午战争后,日本依靠中国赔款,整理了当时紊乱的币制,于1897年3月确立了金本位制以取代原先的银本位制。正金银行也进一步扩大对华投资。日本为了加紧对我国东北的经济侵略,其在东北的金融业投资迅速扩大。1900年正金银行在营口设分行,办理日本同东北间的贸易汇兑,隔了一年,又发行银行券,是为日本纸币流通东三省之嚆矢。1905年日俄战争时,正金银行作为日本在东北的唯一金融机关,经理日军军费收付,并追

[①] 横滨正金银行是受日本政府控制的特殊银行,在日本侵华活动中起重要作用。1946年6月为盟军总部解散。12月另成立东京银行,继承其业务,虽已改为普通银行,但由于传统关系,仍有特殊地位。

随日军之后,在大连和沈阳设置分行,并曾发行军票。日俄战争后,又在旅顺、辽阳、铁岭、安东、长春、哈尔滨等地设置分行。以后又向关内扩展其势力,继上海分行之后,又在天津、北平、香港等地设置分行。

1895年9月大阪中立银行在基隆设立办事处,这所日本的私人银行也是日本在台湾最早的银行,1896年该行改称日本中立银行。1899年该行又与日本三十四银行合并,改称三十四银行。1933年12月该行又与日本山口、鸿池两银行合并,改称三和银行,总行设在大阪。

日本银行是日本的国家银行,它于1896年在台北设立办事处,1899年9月根据日本政府颁布的台湾银行法,改办事处为台湾银行,总行设在台北市,在台湾各地和中国大陆、日本以及南洋各大商埠均有其分行设立。

台湾银行设立的宗旨是:"台湾银行为台湾之金融机关,对于商工业及公用事业融通资金,开发台湾之富源,以期台湾经济之发达,进而将营业之范围扩张至中国华南及南洋各地,使成为该地之商业贸易之机关,借以调剂金融为目的。"[1]可见台湾银行完全是台湾殖民经济的"中央银行"。然而,台湾银行虽是台湾最高的殖民地银行,但其经营的重心却在日本。1927年9月1日,台湾银行召开临时股东大会,有人问:"可否每年一次在台湾召开股东大会?"多田总经理答:"如得日本国内股东的同意,自无问题。"[2]这说明台湾银行是完全由日本政府和日本国内的大股东操纵控制的。

根据日本的法律,居民储蓄专由储蓄银行办理,而同国家银行、商业投资银行等加以区别。1899年日人又在台北设了一家台湾储蓄银行。1912年该行合并于台湾商工银行。

1901年签订辛丑条约以后,日本和各列强一样扩大了在中国的势力范围,同时其国内经济也有了很大的发展。在金融业方面,日本的一些特殊银行陆续开业,除正金、台湾和1897年设立的日本劝业银行外,还有北海道拓殖银行(1900年)、日本兴业银行(1902年)和朝鲜银行(1909年)。日本银行业的总资

---

[1] 台湾省文献委员会:《台湾省通志》第35卷,第54页。
[2] 《朝日经济年史》,1928年版,转引自周宪文:《日据时代台湾经济史》,第332页。

本1904年达14.17亿日元，1913年更高达35.52亿日元。① 在这样的背景下，日本金融业势力加紧对华扩张。

横滨正金银行设立时实收资本300万日元，1913年达1 800万日元，增加五倍之多。该行于1906年在汉口设分行，1913年在青岛设分行，1915年又在济南设分行。日本政府于明治三十九年(1906)授于该行银券发行权，大正二年(1913)授于该行金券发行权，并分别在天津、上海、牛庄、北平和大连各分行发行。在这一时期，正金银行对我国的经济侵略势力，是以旅大市(今大连市)为据点，向北推移，活跃于东北地区。1910年该行在中国的分行经营2 000万日元低息资金的特别贷出业务。在这一时期正金银行还根据所谓"特殊使命"，即出于日本对我国侵略和控制的需要，进行对华借款。该行从1906年开始对中国中央政府和地方政府借款，1908年同日本兴业银行一起对汉冶萍公司借款，到1913年为止，正金银行的对华借款共有九次。

1903—1913年，台湾银行继前期所设的厦门分行外，其势力在我国南部迅速扩展，1903年设香港分行②，1905年设福州分厅，1907年设汕头分行，1910年设广东分行，1911年设上海分行。1905年应福建布政使的要求，实行对华借款。

第一次世界大战时期，正金银行继续在东北和华北扩张势力，三井银行、三菱银行于1917年，住友银行于1916年也先后在上海设分行。而台湾银行进一步把它的势力伸向汉口。

日俄战争后，日本在朝鲜的势力更大了。1909年在日本控制下，朝鲜政府成立韩国中央银行，总行设于汉城，资本额1 000万日元。该行名义上是由朝鲜政府主办，但实际上一切由日本控制。1910年日本正式宣布吞并朝鲜，1911年将韩国银行改名为朝鲜银行，完全变成了一家日本银行。该行最初是配合横滨正金银行，把其势力揳入我国东北。1909年即在安东设立办事处，1913年在沈阳设分行，以后又陆续在东北的大连、旅顺、长春、营口、吉林、四平街、开原、哈尔滨、铁岭、龙井村、傅家甸、辽阳等地遍设分行，此后其势力又向关内扩展，1917

---

① 《金融六十年史》，转引自東亞研究所：《日本の對支投資》(上)，第66页，注③和注④。
② 一说为1904年。

年在青岛，次年在上海、天津和济南设立分行。

日本对于台湾银行和朝鲜银行，是划分地区范围而进行活动的：朝鲜、东北、华北、沿海各地主要属朝鲜银行的活动范围；台湾、华南、南洋、印度以及欧洲、美洲各地，则主要由台湾银行设立分支机构，执行各种业务。

台湾银行在华南各地的分行，也吸收当地的华股，归总行节制管理。如广州方面的豪绅巨贾江孔殷（即江霞公，前清翰林，做过清乡督办）、梅普之（杨梅宾大绸缎庄的老板）、林丽生（专销日货的英芳生记百货商店的老板）、杨枢（曾做过清朝驻日本出使大臣）和孔教会的林泽丰均为台湾银行广东分行的股东。他们所拥有的股票的利息，由东京台湾银行统一支付，每半年一次，息率根据每年的赢利情况决定，最高可达年息1—2分，比银行存款的利息优厚得多。在经营方面，台湾银行有其不同于其他外资银行的特点。如广州沙面的七家外国银行，包括日本的正金银行在内，都只以港币作为存放款计算单位，不收当地通行的货币。但台湾银行处理灵活，不论是港币，还是双毫①或日金都可以存纳而"开户"，并且特别欢迎当地通行的双毫存款，这就扩大了业务。② 此外，台湾银行还通过发行大量纸币来扰乱和控制中国金融市场；借纸币借贷来控制资金薄弱的中国民族资本企业。

从第一次世界大战爆发直到1925年，日本对华银行业投资的发展很快。第一次世界大战期间，日本乘西方列强忙于战争，无暇东顾，大力向我国扩张其势力。据雷麦估算，1914年时日本在华金融业投资如下所示：③

(1) 在东北者：

  完全日资   485万日元

  中日合办银行中的日资   250万日元

(2) 在中国其他各处者：

  总行在日本的银行   530万日元

  小计   1 265万日元

---

① 双毫：广东流行的小银币，亦称银毫或小洋。
② 杨君厚：《日帝侵华企业台湾银行广州支行》，《广州文史资料》第12辑，1964年10月出版。
③ 雷麦：《外人在华投资》，第424页。

第七章 金融业投资

雷麦的估计由于未计入总行在中国的一般商业银行和台湾地区的日本银行投资额,所以此数字是偏低的。

1914年台湾地区银行业已收资本总计982.5万日元,公积金430.673万日元,合计1 413.173万日元①,其中绝大部分是日本资本。考虑到台湾银行在华南地区所设分行的投资,为避免重复计算,大致估计该年台湾地区的日本银行业投资额为1 000万日元。

1916年日本寺内内阁上台,随即着手整顿和协调日本在我国东北的金融机关。当时正金银行营业遍及全世界,不可能全力以赴致力于我国东北地区的经营,而在这方面,朝鲜银行却占有优势。1917年11月日本政府取消正金银行在东北的金券发行权,而让朝鲜银行独掌东北地区的金券发行及代理国库各项业务,即以朝鲜银行的兑换券作为日本在关东州和满铁附属地的"法定的货币"。这样,朝鲜银行就在东北取得了日本中心银行的地位。

在这一时期,日本的特殊银行得以发展,如台湾银行不仅在台湾本地增设分行,还于1917年4月设横滨分行,7月设纽约办事处,12月设孟买分行,1918年1月设巴达维亚(今雅加达)分行,1924年10月设加尔各答分行,并于1921年5月在大连设办事处。从1910年至1919年,该行资本由500万日元增至6 000万日元,实力大为增强。② 同时,随着日本在华工商业投资的发展和中日贸易的增加,出现了一批日本私人资本投资的中小金融企业,有总行在中国的天津银行③、上海银行、济南银行、汉口银行,有分行在中国的华南银行、正隆银行等。

1916年寺内内阁还提出了要"确立日中提携的财政经济政策",其主要内容有三:有关对华的经济投资由日本兴业银行、台湾银行和朝鲜银行组成的银行团主要负责;上述银行团是东亚兴业株式会社和中日实业株式会社的后援;上述银行团同日本内地各方面有力的企事业家密切联络。

于是,上述三银行借款团就成立了。

1918年,中华汇业银行成立。这是一家中日合办银行,成立伊始即经办所

---

① 台湾省行政长官公署统计室编印:《台湾省五十一年来统计提要》,第1068—1069页。
② 台湾省文献委员会:《台湾省通志》第35卷,第55—56页。
③ 1912年,日资天津商工银行成立,其后,与北京实业银行合并为天津银行。

谓"西原借款"。它的主要活动是在北洋军阀时期。

第一次世界大战以后,由于西方列强在华势力重新扩张、日本国内关东地震引起经济恐慌、中国人民的反帝爱国斗争等一系列的打击,日本对华银行业投资从迅速发展转变为缓慢和沉滞。1923年台湾银行九江分行关闭;1925年朝鲜银行济南分行关闭;1927年上海银行一度关闭,旋又复开,同年台湾银行汉口分行关闭,以后改变为驻在员事务所;1928年中华汇业银行休业;1931年正金银行济南分行和住友银行汉口分行关闭。

拿1925年同1916年相比,尽管银行业投资总额明显增加,但利润率却明显下降。下表是统计总行设在中国的银行的情况:

表7-1　总行设在中国的日本银行1925年同1916年利润率比较

年份	投资额(百万日元)	净利润额(百万日元)	利润率(%)
1916	5.8	0.6	10.3
1925	77.5	1.2	1.6

资料来源:根据雷麦《外人在华投资》第482—489页资料计算。
注:总行设在中国的日本银行不包括台湾银行。

至于日本在华特殊银行的情形也大致相同。以台湾银行为例,该行以第一次世界大战为契机,其经营重点从台湾移到了日本本土,因此日本本土工商企业的盛衰直接影响台湾银行的金融情况。台湾银行对日本本土企业贷款的最大客户是铃木商店,该商店在其破产的1927年4月16日,所接受的台湾银行贷款额累计达34 800万日元,占台湾银行贷款总额57 900万日元的60%。

台湾银行从1925年起就开始走下坡路,1927年随铃木商店的破产陷入严重的危机。其实收资本下跌到1 312.5万日元,仅为1922年和1923年最高额的25%,公积金仅190.6万日元,为1924年的14%弱;其他各项经济指标均大幅度下跌。这样的危机,使台湾银行除在台湾的总支行外,其他所有在中国大陆、日本内地及其他地方的分行均临时停业三星期。

当然,台湾的情况是比较特殊的。其他日本特殊银行在华分行的情况没有台湾银行波动幅度这么大,但发展均趋滞缓。

表7-2 台湾银行资本和业务的发展

(1915—1929年) （单位：万日元）

年份	公称资本	实收资本	公积金	存款	贷款	台银券发行量	贷款超过存款数
1915	2 000	1 250.0	415.0	7 458.0	11 513.0	1 761.1	4 055.0
1916	2 000	1 499.2	488.0	11 101.9	17 260.9	2 545.2	6 159.0
1917	2 000	2 000.0	538.0	24 026.5	35 795.6	3 351.2	11 769.1
1918	3 000	2 500.0	603.0	38 920.1	45 727.1	4 210.8	6 807.0
1919	6 000	3 746.5	703.0	2 602.9	52 960.9	4 965.4	24 308.0
1920	6 000	4 500.0	963.0	18 224.2	45 593.9	4 024.9	27 369.7
1921	6 000	4 500.0	1 108.0	15 981.8	50 125.9	4 086.4	34 144.1
1922	6 000	5 248.8	1 218.0	17 025.3	55 634.5	3 424.4	38 609.2
1923	6 000	5 250.0	1 298.0	20 190.5	63 060.9	3 970.3	42 870.4
1924	6 000	5 250.0	1 378.0	22 498.4	71 671.4	5 126.0	49 173.0
1925	4 500	3 937.5	184.0	13 438.0	67 085.9	5 318.6	53 647.9
1926	4 500	3 937.5	176.6	9 280.7	166 648.8	4 864.0	57 368.1
1927	1 500	1 312.5	190.6	7 537.5	54 073.3	5 360.2	46 535.8
1928	1 500	1 312.5	—	7 609.0	34 037.7	5 571.3	26 428.7
1929	1 500	1 312.5		7 167.8	32 038.3	4 924.1	24 870.5

资料来源：涂照彦：《日本帝国主义下的的台湾》，第314页。
注：贷款额包括票据贴现。

而在这时期，三井、三菱、住友财阀的在华银行势力却有所加强，以下举三井银行上海分行为例：

表7-3 三井银行上海分行的经营状况

(1927—1929年) （单位：万日元）

	贷出(A)	存款(B)	(A)—(B)
1927年上期	919.6	620.7	298.9
1928年下期	993.9	578.1	414.8
1929年上期	1 219.0	556.5	663.5

资料来源：松木俊郎：《戰前日本對華事業投資額推移，1900—1930年》。《岡山大學經濟學會雜誌》第12卷第3号，1980年12月版，第122页。
注：原资料中以两和元为单位的数字均折合成日元，折合率：1日元＝0.715两；1日元＝1元。

三井等银行的在华分行虽然名义上不是特殊企业，但它们完全是按"国策"行事的。因此,对于三井等在华银行势力的上升不能忽视。

在台湾的日资或中日合资的普通银行的状况不尽一致,有的在这时期营业低落,有的则颇为顺利。1910年由日人荒井泰治和台湾人蓝高川等29人发起创办的台湾工商银行,资本100万日元,因合并其他银行,1923年的实收资本增至828.8万日元,连同公积金,超过1 600万日元①,而从1924年起因台湾金融业的不振而屡受挫折,1928年1月的资本额已减为500万日元。日本人握有不少股权的彰化银行在这期间也陷于困境。1919年1月成立的华南银行是由台湾人林熊征发起,并得到日本寺内内阁支持而成立的一家中日合办银行,林氏发起的宗旨是为了适应我南洋侨商在金融和汇兑上的需要,而日本则希望通过该银行,"存心对于我南洋侨民之有计划的榨取"。②该行创办资本1 000万日元,中日出资各半;总行设于台北,在新加坡、广东、三宝垄、兰贡、西贡、海防设分行,在东京设办事处。这家银行成立不久,因"山东问题",南洋华侨群起抵制日货,该行受到很大影响,营业低落。以后又因台湾金融业不景气,1924年该行资本减半,1927年在减半的基础上再行减半。1922年正式成立的台湾储蓄银行是台湾唯一的一家吸收居民零星存款的储蓄银行,创办资本100万日元。这家银行由日人控制,四个董事中,日人占了三个。在这一时期,总行在日本的三和银行和日本劝业银行在台湾的分行是比较稳定的,甚至有所发展。三和银行的演变史上文已经说过。日本劝业银行台湾分行正式成立于1923年。这两家银行在台湾金融萧条期间经营是较为稳定的,如下表所示:

表7-4 日本劝业和三和银行的台湾分行的营业状况
(1909—1945年) (单位:万日元)

年份	日本劝业			三和		
	分行资本	存款	本期盈余	分行资本	存款	本期盈余
1909				19	92.2	3.8
1914				28	235.6	1.6
1919				28	290.3	6.0

---

① 台湾省文献委员会:《台湾省通志》第35卷,第67页。
② 台湾省文献委员会:《台湾省通志》第35卷,第71页。

续 表

年份	日本劝业			三和		
	分行资本	存款	本期盈余	分行资本	存款	本期盈余
1923	2 289.2	17.2	79.8	—	—	—
1924	2 665.4	72.7	104.5	50	632.2	8.1
1925	2 897.2	333.7	111.3	—	—	—
1926	3 471.3	161.9	131.7	50	1 150.7	6.9
1927	3 805.7	275.9	142.5	60	1 249.5	11.6
1928	5 192.7	301.1	62.7	60	1 546.3	5.2
1929	4 996.1	216.1	52.9	60	1 662.8	7.9
1930	5 628.9	194.2	43.1	60	1 626.4	11.9
1931	7 041.4	176.9	51.2	60	1 568.8	7.0
1932	7 407.6	273.0	80.1	60	1 553.2	5.6
1933	7 789.5	232.5	86.8	60	1 663.5	8.2
1934	8 072.1	223.2	114.2	—	1 739.6	
1935	8 094.3	364.3	108.3	—	1 878.1	10.8
1936	8 325.9	398.7	103.4	—	2 195.4	7.2
1937	9 257.6	316.7	94.1	—	2 302.3	8.6
1938	9 951.5	303.6	97.4	—	2 486.0	14.5
1939	9 968.2	359.5	104.1	—	3 212.5	16.8
1940	10 537.3	345.7	85.2	—	3 892.5	17.8
1941	11 642.7	502.6	83.4	—	4 683.7	27.3
1942	12 854.5	1 099.7	78.6	—	5 877.7	37.1
1943	—	—	—		7 259.0	46.4
1944	11 452.5	2 618.8	9.2		—	
1945	12 096.4	19 938.2	27.2		—	

资料来源：台湾省文献委员会：《台湾省通志》第 35 卷，第 80、84 页。

从表 7-4 可知，日本劝业银行台湾分行的实力是很强的。总行在台湾的其他普通银行都受台湾银行节制，而日本劝业银行却独树一帜，只受日本总部的节制。在台湾银行经历危机的时期，日本劝业银行总部给其台湾分行增拨巨额资本，巩固和加强其经营的基础，特别是在台湾的农业和不动产金融方面，劝业银行的力量是最强的。劝业银行同台湾银行处于激烈的竞争之中。

笔者对 1930 年前后的日本在华银行投资状况作一个总结。刘大钧在调查

1928年的日本对华投资时,只对三家设在我国的日资小银行作了确切的统计,其数仅为100余万日元;对于六家总行在日本、资本总额达3亿多日元的大银行的在华分行的资本额,则无确切的调查数字。正金银行经理小田切作为太平洋国际协会的调查者,估计日本1927年在我国的银行及信托公司投资额为25 633.2万日元[1],但那个时候日本本国银行业及信托公司的资本总额仅3亿余日元,不可能在我国投下那么多的数字,显然这种估计是错误的。日本大藏省估计1927年日本对华金融业投资数为5 973.6万日元[2],包括银行业及其他全部金融企业,远较小田切的估计数为低。满铁会社在调查这一时期的日本对华投资额时,对银行和金融业投资的估计如下:[3]

(1) 大部分事业在满洲者:

  金融业　　　　　　　　　　　　4 634.38 万日元

  银行　　　　　　　　　　　　　2 058.76 万日元

(2) 大部分事业在满洲以外各地者:

  金融业　　　　　　　　　　　　5 129.04 万日元

  银行　　　　　　　　　　　　　8 611.7 万日元

  保险业　　　　　　　　　　　　32.5 万日元

其中,银行业投资总计106 704 616日元,全部银行业和金融业投资达204 663 826日元。

日本人自己对这一时期的银行及金融业投资额的估计彼此相去甚远,难以取得统一。

雷麦估计1930年日本对华银行及金融业投资总额为147 614 000日元,其中银行业的投资为146 789 000日元,保险业投资825 000日元。雷麦也认为,日本对华银行业的投资是很难估计的,他作出上述估计,是得到了上海的日本银行家的帮助。雷麦调查所得的数字是:在华日本银行的实收资本为36 789 000日元,垫付给华人而尚未收回之款,在东北估计为6 000万日元,在中国其他各地

---

[1] 刘大钧:《外人在华投资统计》,中国太平洋国际学会1932年版,第21页。
[2] 刘大钧:《外人在华投资统计》,第31页。
[3] 满铁会社:《满蒙日本投资状态》,转引自刘大钧:《外人在华投资统计》,第33—34页。

者估计为5000万日元。雷麦统计,在华日本银行的办事处或分行,共122家,其中60%在东北,40%在中国其他各地,在上海者约10家。[1] 根据满铁经济调查会斋藤征生的调查,1930年末,日本对东北和内蒙银行业投资额为10 670.5万日元[2],比雷麦的数字较高一些,可靠程度也大一些。

日本在东北的银行业特别发达,完全日资的银行,除正金和朝鲜两家在东北各地广设分行外,尚有总行设在东北的7家,可见下表:

表7-5 总行在东北的日本银行(不包括中日合办)

单位:(万日元)

行名	设立年	公称资本	实收资本	本行
大连商业	1918	200	200	大连
大连兴信	1900	50	20	大连
长春实业	1917	100	40	长春
满洲殖产	1920	50	50	沈阳
安东实业	1918	50	12.5	安东
平和	1920	50	20	吉林
吉林	1920	30	7.5	吉林

资料来源:小泉吉雄:《列國對滿資本輸出》,《滿鐵調查月報》1932年10月号,第45—46页。

这些银行大多是在第一次世界大战及稍后的一段时期中成立的,规模不大。

除了完全日资的银行外,1930年前后东北的中日合办银行有8家:大连的正隆银行,公称资本1 200万日元,大连的满洲银行,公称资本1 000万日元;营口的振兴银行,公称资本117.5万日元;鞍山的南满银行,公称资本150万日元;安东的协成银行,公称资本100万日元;铁岭的日华银行,公称资本50万日元;哈尔滨的哈尔滨银行,公称资本200万日元;营口的福申银行,公称资本10万日元。以上8家,公称资本共2 827.5万日元。[3] 其中正隆银行有11家分行和办事处,满洲银行有15家分行和办事处。正隆银行是1906年在营口设立的,初创时资本仅银16万两,1910年通过日本大财阀安田家的关系,事业发展迅速,总

---

[1] 雷麦:《外人在华投资》,第488页。
[2] 《滿鐵調查月報》,1932年8月号,第5页。
[3] 小泉吉雄:《列國對滿資本輸出》,《滿鐵調查月報》1932年10月号,第29—30页。

行迁至大连,并增资,1916年再行增资,逐渐成为东北日资控制的最大的一家普通银行。满洲银行是1923年在朝鲜银行的斡旋下,由朝鲜银行同大连银行、辽东银行、沈阳银行和满洲商业银行共同出资3 000万日元成立的,后减资为1 000万日元,该行与正隆银行在东北的地位相仿。

日本银行业(包括由日资控制的中日合办银行)在东北占有垄断地位。据当时的大连证券交易所统计,1929年8月在大连的日本、中国及其他外国银行中,日本银行的存款:金本位货币占90.75%,银本位货币占68.2%;贷款:金本位货币占97.4%,银本位货币占65.6%;汇兑额:金本位货币受入占90.75%,付出占87.45%,银本位货币受入占83.67%,付出占95.2%,均占绝对优势。其他如票据交换量等也是同样情形。①

1929年开始的世界经济危机、1931年以后中国人民持续抵制日货运动、1935年中国币制改革,法币同英镑挂钩等一系列情况,使日本在华银行业陷入停滞状态。王文钧估计1934年日本对华银行业投资为36 334.8万美元②,显然是估计过高了。

1936年日本在华的特殊银行仍然是正金、台湾、朝鲜三家;在中国设分行的普通银行有三井、三菱、住友、华南和正隆,其中正隆银行于1936年末并入朝鲜银行;总行设在中国的普通银行有汉口、上海、天津、济南等银行。上述普通银行规模较为可观,一些日资小银行没有包括在内。此外,尚有一家曾经休业的中日合办银行中华汇业银行。

日本特殊银行的在华势力是遵照日本侵华方针发展的。正金银行最重要的势力在上海,其上海分行资力雄厚,是东亚的一大汇兑银行,汇兑金额首屈一指,并拥有操纵上海市场的实力,可以同英国汇丰银行、美国花旗银行相匹敌。此外,横滨正金银行还发行大量纸币,第一次世界大战期间是发行最多的时期,这种状况与日本在华经济势力的扩张是有关系的。1928年和1931年发行量的增加主要在东北地区。

---

① 小泉吉雄:《列國對滿資本輸出》,《滿鐵調查月報》1932年10月号,第47—50页。
② 《大公报》1935年8月7日。

朝鲜银行的在华势力以东北为中心,逐步向关内扩展,1936年在北平也设置了分行。1936年底日伪操纵的满洲兴业银行成立,朝鲜银行是满洲兴业银行的最大股东。但是满洲兴业银行的出现,毕竟同朝鲜银行过去称霸东北的情形不同,于是它就集中一部分力量,向我国其他地区活动。其在青岛的分行把正隆银行青岛分行合并于自己名下,另一方面大量发行纸币。

台湾银行在我国大陆的活动范围主要在华南各地。在日本全面侵华,占领我国南方几省后,台湾银行以发行纸币代替日本军用票和伪政权的货币,充分发挥了"特殊银行"的"特殊作用"。

全面抗战前日本在华主要银行分布网如下表所示:

表7-6　日本在华主要银行分布网
（全面抗战前）

银行名	总行实缴资本金(万日元)	总行所在地	分行、办事处
横滨正金银行	10 000	横滨	上海、汉口、青岛、北平、天津、香港、广州、大连、沈阳、长春、营口、哈尔滨
朝鲜银行	2 500	汉城	上海、青岛、北平、天津、龙井村、营口、傅家甸、哈尔滨、长春、四平街、开原、铁岭、沈阳、辽阳、旅顺、大连、安东
台湾银行	1 312.5	台北	上海、汉口、广州、厦门、福州、汕头、香港、大连
三井银行	6 000	东京	上海
三菱银行	6 250	东京	上海
住友银行	5 000	大阪	上海、汉口
华南银行	187.5	台北	广州

资料来源:樋口弘:《日本对华投资》,第62页;献可:《近百年来帝国主义在华银行发行纸币概况》,上海人民出版社1958年版,第117—118页。
注:此表不包括我国台湾地区。

至于1936年总行设在中国的一些较小的日本银行为数也不少,如表7-7所示。总行在中国大陆的日资银行资金比较薄弱,同日本政府和日本国内的大财团一般没有直接的联系,大抵是日本在我国通商大埠的侨民集资设立,主要办理当地侨民的存放款业务的。这些银行具有地方银行的性质。

表 7-7　总行在华的日本银行一览
（1936 年）

银行名	实缴资本金	总行所在地	分行
汉口银行	250 000 日元	汉口	上海
上海银行	100 000 元	上海	
天津银行	625 000 日元	天津	北平
济南银行	500 000 日元	济南	青岛
上海信托公司	100 000 元	上海	
泰和银公司	300 000 元	上海	
天津信托兴业公司		天津	
中日共益储蓄公司		天津	

资料来源：樋口弘：《日本对华投资》，第63页。
注：此表没有把台湾银行包括在内。原资料中尚有一家中华汇业银行，因系中日合办企业，故剔除。

　　日本特殊银行与这些日资小银行的关系，同日本国内的大小企业的关系一样，并不是相安无事的。在主要同英美等国在华银行和中国银行竞争的同时，特殊银行根据自己的需要，有时也将自己的势力伸向这些日资小银行，如朝鲜银行于1936年兼并了有一定规模的正隆银行青岛分行，接兑了上海银行的大部分股份，继而又接兑汉口银行、天津银行的股份，竭力扩张自己的在华势力。

　　中日合办的中华汇业银行1936年实收资本875万日元，日方出资一半，即437.5万日元。此外，该行借有日资200万日元，所以合计日资为637.5万日元。该行于1928年末曾休业，以后经过整理又复业，1936年末再次休业。

　　1936年东北银行业的情况比较复杂。1931年日本侵占东北时，东北的币制很乱。原来东北的中国主要金融机构，即东三省官银号、吉林永衡银钱号、黑龙江省官银号、边业银行等四行，规模固然不小，四行的总、支行共330处，职工有3 575人，但四行除经营发钞等业务外，还经营粮栈、当铺、估衣铺、钱庄、杂货、运输、面粉、制糖、制盐、森林、矿产、毛皮、纺织、酿造、油房、船舶等各业。因此不能集中力量，真正发挥银行的作用。四行发行的钞票本来就很混乱，而日本的朝鲜和正金银行乘机发行大量纸币，加剧了东北币制的混乱。"九一八"事变前外币

在东北各地流通数量如下：①

朝鲜银行发行的日本金元纸币	4 200 万日元
正金银行发行的日本银元纸币	600 万日元
其他外国纸币流通额，估计约合中币	100 万元（按同额折成日元）
合计	4 900 万日元

当时在东北的中国本国银行发行的货币约共 243 432 000 元，可见日籍银行所发行纸币数量之巨。

日本侵占东北后，认为混乱的币制不利于它的侵略利益，因此着手进行整理。1932 年 7 月在日本侵略者的直接操纵和控制下，伪满的所谓中央银行成立。该行的资本来源有三：(1) 劫收原来东北的省营银行及其附带事业；(2) 以日本侵占东北后抢劫到的中国人的资产充当一部分资本，据伪满洲国总务长官驹井自述，日军占领辽宁后，没收中国某要人财产中，有现币 45 600 万元，即以一部分充当该行的资金。② 不论驹井所说的数字是否准确，日本在东北大肆掠夺中国人的资财充实其金融业则是事实；(3) 发行大量公债。由此可见，所谓伪满的中央银行资本，不能视为日本对华投资。

日本要把东北作为侵略我全中国的基地而在东北大力发展重工业，为有力扶植重工业的发展，于 1936 年成立了满洲兴业银行。该行额定资本 3 000 万元（伪满洲国元，与日元等价），负责对东北产业进行长期低息贷款。满洲兴业银行开业以后，在东北的朝鲜银行分行、东洋拓殖会社分行、正隆银行总分行等有关业务，全部交给满洲兴业银行经营。朝鲜银行认股 1 500 万伪满元，占该行额定资本 3 000 万的 50%，另一半由伪满出资。以后该行增资至 1 亿伪满元。仍由伪满出资半数，该行实权完全操诸日人之手。虽然不能确定满洲兴业银行的日本投资中是否包括原来日本在东北的银行业投资，但原来的日资银行都仍存在，所以大体上可以把这家银行中的日本投资看作是新增加的日本对东北银行业投资。如果把满铁所估计的 1930 年末日本对东北银行业投资的数字 10 670.5 万

---

① 献可：《近百年来帝国主义在华银行发行纸币概况》，第 141 页。
② 陈真：《中国近代工业史资料》第 2 辑，第 458 页。

日元,大致地看作是日本全面侵占东北前的银行业投资数字,而以 1 500 万日元作为以后新增加的数字,那么 1936 年时日本对东北的银行业投资大体上可估计为 12 170.5 万日元。

满洲兴业银行完全是为日本在东北的投资和其殖民统治服务的。就其放款业务而言,大约 50% 以上充作工业资金,10% 左右充作矿业资金,充作商业资金者仅占 8%,因此同普通银行冲突甚少。①

除了东北,1936 年末日本对我国大陆的银行业直接投资额可见下表:

表 7-8 1936 年末日本对中国大陆银行直接投资额

地区	投资额(万日元)	%
华北	5 913.3	38.6
华中	7 757.7	50.7
华南	1 645.0	10.7
合计	15 316.0	100.0

资料来源：東亞研究所：《列國對支投資と支那國際收支》,實業之日本社 1944 年版,第 18 页。

在上述直接事业投资额内,正金、朝鲜、台湾三家特殊银行的投资占总额 60% 以上;三井、三菱、住友、华南、上海、汉口、天津、济南、正隆九行占余下部分。从地区来看,上海占 50%,天津、青岛各占 18%,此三城市即占 86%。

台湾岛的银行业资本 1936 年为 2 067.9 万台元,公积金 641.4 台元,合计 2 709.3 万台元,②即同额日元,其中绝大部分是日本资本。能够说得上是台湾人资本的,只有 1905 年成立的彰化银行和 1919 年成立的华南银行两家。这两家银行的"住在台湾者的投资额",合计仅及当年台湾的银行资本的 19%,在 19% 的资本中,还有一部分是日本人的。这两家银行虽有台湾人的大量投资,但支配权却完全落于日人之手。如彰化银行 1905 年成立时是以台湾总督府所发的公债券作为其创设资本的,而台湾银行以公债券的最大收购者身份,

---

① 东北物资调节委员会(杨绰庵):《金融》,中国文化服务社 1948 年版,第 71 页。
② 林履信:《台湾产业界之发达》,第 26 页。

从一开始就在人员、资金和经营等方面控制了该银行。华南银行的股票总数为10万股,其中日本人系统只占28.2%,但其经营则受台湾银行系统所支配。①

在估算日本在台湾的银行业投资额时,还应考虑到台湾银行在大陆的分支机构,尽管台湾银行等在大陆投资部分占其总资产的比率并不很高。

表7-9 1936年末日本银行在华分行(除东北和台湾)资产占总行资产的比率

种类别	①总行资产(万日元)	②在华分行资产(万日元)	$\frac{②}{①} \times 100\%$
特殊银行	300 605.5	9 859.3	3.28
普通银行	331 302.2	4 005.9	1.21
合计	631 907.7	13 865.2	2.19

资料来源:東亞研究所:《日本の對支投資》(上),第80页。
注:特殊银行为正金、台湾、朝鲜三行;普通银行为三井、三菱、住友、华南四行。

考虑到在台湾银行业资本中的华人资本及避免对大陆投资的重复计算,我们大致地估算日本在台湾地区的银行业投资为2 000日元。

这样,我们可以把1936年末日本对华银行业直接和合办事业投资额归纳如下:

直接事业投资:

东北地区投资   12 170.5 万日元

除东北外的中国大陆投资   15 316 万日元

台湾地区投资   2 000 万日元

合办事业投资   637.5 万日元

合计   30 124 万日元

除了直接事业投资和合办事业投资,还有所谓间接事业投资,即通过借款关系所作的对华银行业投资。上面所提到的中华汇业银行向日方所借的200万日元借款已经合并于该合办事业的日方投资额之内,这里不再重新计算。

所谓银行借款,是指交通银行借款、齐鲁银行借款、江西中国银行借款、广东

---

① 周宪文:《日据时代台湾经济史》下册,第330页。

中国银行借款等。其中齐鲁银行借款称为民间借款,其他则称为政府借款,所借款额也往往不用在银行业方面。我们把政府的银行业借款归入借款部分统计,这里只考察民间借款。齐鲁银行借款是1920年和1921年向东洋拓殖会社所借。

表7-10　1936年末齐鲁银行借款本息额　　　　（单位：日元）

	本金	利息	合计
齐鲁银行借款	250 000	948 102	1 198 102
同行总理吕子人借款	50 000	117 655	167 655
合计	300 000	1 065 757	1 365 757

资料来源：東亞研究所：《日本の對支投資》附录。

把这个数字136.6万日元加到30 124万日元上去,得30 260.6万日元,这就是1936年末日本对华银行业投资的总额。

1936年日本在华银行业摆脱前几年比较呆滞的状况,而加紧在我国进行势力渗透。朝鲜、正金等行由北向南扩张,台湾银行由南向北扩张,在中国腹地则以上海、天津和青岛为其银行业势力的大本营。1936年除东北、台湾地区的在华日本银行业的存款情况如下：

表7-11　日本在中国关内的银行存款额（一）按银行类别分
（1936年）

	存款额（万日元）	占%		存款额（万日元）	占%
特殊银行分行	6 861.6	69.0	合办银行	542.9	5.5
普通银行分行	1 898.2	19.0	总计	9 946.3	100.0
在华总行银行	643.6	6.5			

资料来源：東亞研究所：《日本の對支投資》（上）,第84页。

特殊银行的存款额占了压倒优势。而在特殊银行中,正金银行的存款又占了第一位。若从地区考察,则主要集中在上海、青岛和天津三大城市。

表7-12　日本在中国关内的银行存款额(二)按地区分
(1936年)

	存款额 (万日元)	占%		存款额 (万日元)	占%
上海	5 141.0	51.7	北平	110.5	1.1
青岛	1 967.5	19.8	济南	106.1	1.1
天津	1 895.2	19.0	其他	346.3	3.5
汉口	379.7	3.8	合计	9 946.3	100.0

资料来源：根据東亞研究所《日本の對支投資》(上)，第85页数字编制。

贷款的情况略有不同，特殊银行的优势并不特别显著。

表7-13　日本在中国关内的银行贷款额
(1936年末)

	贷款额 (万日元)	%		贷款额 (万日元)	%
特殊银行分行	2 749.2	47.8	合办银行	419.1	7.3
普通银行分行	2 225.2	38.7	合计	5 747.6	100.0
在华总行银行	354.1	6.2			

资料来源：東亞研究所：《日本の對支投資》，第87页。

贷款包括票据贷款、证券贷款、贴现票据、押汇票据、活期透支、汇兑活期透支等，其中，票据贷款额占总数一半以上，其次是活期透支。

特殊银行分行贷款对存款的比例为40.0%，普通银行分行则高达117.2%，在华总行银行也有55.0%。这是否意味着特殊银行分行活动不力呢？不是。1936年末特殊银行分行的贷款额占总行全部贷款金额的2.8%，普通银行则只有1.3%。这说明特殊银行的贷款总额相对比较低，因为它们是"国策"银行，并不像普通银行主要以赢利为经营目标，其放款对象和放款范围均有一定的选择与限制。国外汇兑业务本来是特殊银行领先，后来普通银行分行大大超过，1936年普通银行分行的国外总汇兑额达118 187.7万日元，而特殊银行分行仅43 286.6万日元，只为前者的三分之一强。

日本发动全面的侵华战争以后，对华银行业投资急剧膨胀，因此这段时期日本在华投资数字的统计和估算都不十分可靠。但尽管是不精确的统计和估算,却于我们分析全面抗战前后日本对华投资的变化和趋势,或有一定的裨益。

表7-14　日本在中国关内的银行业投资(除东北外)
(1938年)

	投款额(万日元)	占%		投款额(万日元)	占%
特殊银行分行	26 276.8	81.5	总行在华银行	2 683.7	8.3
普通银行在华分行	3 297.4	10.2	合计	32 257.9	100.0

资料来源:東亞研究所:《日本の對支投資》(上),第95—96页。

此项投资额增长异常迅速,比1936年末的15 316万日元增加一倍以上。其中增长特别快的是特殊银行分行。

根据满铁调查部的调查,东北地区1939年金融业投资(包括投资业投资等)为13 100.8万日元,其中朝鲜银行3 100万日元,满洲兴业银行等伪满系统的日本投资3 700万日元。① 在13 100.8万日元金融业投资中,究竟多少是银行业投资还不能细分清楚。满洲兴业银行资本额1938年比1936年增长了700万日元,以最低限度估算,1938年日本在东北的银行业投资约为13 000万日元。

日本在东北的普通银行业也有一定的发展,经过一个时期的合并改组,到1943年下半年,东北有日系普通银行6家:新京银行、兴德银行、奉天银行、安东商工银行、吉林银行和东兴银行;中、苏、日系普通银行6家:沈阳商工银行、滨江实业银行、兴亚银行、锦热银行、齐齐哈尔商工银行和东满银行。② 战时包括普通银行在内的日本在华银行,其营业是同整个日本的侵华事业联系在一起的。以大连的日本金融机关对伪满放款为例,1942年12月末,特产物收买资金放款占50.8%,为把东北建成军事战略基地的工商业资金放款占46.7%;1943年12月末,前项占51.0%,后项占36.4%。③

台湾地区银行业1938年资本总额2 967.9万日元,公积金982万日元,共计

---

① 陈真:《中国近代工业史资料》第2辑,第474页。
② 东北物资调节委员会(杨绰庵):《金融》,第101页。
③ 东北物资调节委员会(杨绰庵):《金融》,第118页。

3 949.9万日元，①除去华人资本和重复计算处，可大致估计日资数额在3 000万日元左右。

此外，民间借款的情况同1936年相差甚微，仍在137万日元上下。中华汇业银行的情况与1936年相同。

表7－15　1938年的日本在华银行业直接事业投资情况（单位：万日元）

地区	金额	地区	金额
东北	13 000	合办事业投资	637.5
除东北外中国大陆	32 257.9	借款	137
台湾地区	3 000	总计	49 032.4

其中，特殊银行的投资额占了总投资额的80%以上。从地区来看，直接事业投资增加最迅速的是华北地区。

表7－16　华北各大城市日本银行业投资增长情况
（1936年、1938年）　　　　　　　　　（单位：万日元）

都市名	1936年末	1938年末	增长额	都市名	1936年末	1938年末	增长额
天津	2 555.1	12 570.2	10 015.1	太原	—	25.3	25.3
青岛	2 541.5	4 808.8	2 267.3	石家庄	—	184.7	184.7
北平	123.0	3 871.3	3 748.3	彰德	—	18.2	18.2
济南	165.3	500.1	334.8	计	5 384.9	21 978.6	16 593.7

资料来源：東亞研究所：《日本の對支投資》（上），第99—100页。

1938年华中（包括上海和汉口）总的日本银行业投资额为7 687.2万日元，仅天津一地的投资额就远远地超过了华中地区总的投资额。

1938年末在日本占领的华北、伪蒙疆地区，汉奸伪政府新成立了伪冀东银行、伪蒙疆银行和伪中国联合准备银行，资产总额36 055.7万日元。伪蒙疆银行又于同年在伪蒙疆地区设立三家银行——伪察南实业银行、伪晋北实业银行和伪蒙古联盟实业银行，1938年末的总资产为1 037.5万日元，与上述资产合计

---

① 林履信：《台湾产业界之发达》，第28页。

为37 093.2万日元。由于伪政府完全由日本控制，所以该项资产可看作是日本可支配的资产。加上日资49 032.4万日元，1938年末日本在华银行业总共支配的资产达8亿日元以上。

1938年日本在华银行业的发展主要是特殊银行。此外，中华汇业、中国联合准备等银行的业务也异常地膨胀起来，愈加使得普通银行相形见绌。

表7-17　朝鲜、台湾银行在华分行(除东北)营业成绩表

(单位：万日元)

	1934年度	1935年度	1936年度	1937年度	1938年度	5年平均
总贷款利息	43.5	54.0	55.9	98.5	251.0	100.6
其他收入	208.9	364.2	218.8	184.3	450.3	285.3
(收入合计)	252.4	418.2	274.7	282.8	701.3	385.9
存款利息	77.7	80.7	79.1	108.5	306.1	130.4
事业费	120.0	328.8	116.6	103.5	145.3	162.9
(支出合计)	197.7	409.5	195.7	212.0	451.4	293.3
年度利益金	54.7	8.7	79.0	70.8	249.9	92.6

资料来源：東亞研究所：《日本の對支投資》(上)，第91—92页。

表7-18　普通银行在华分行(除东北)营业成绩表[1]

(单位：万日元)

	1934年度	1935年度	1936年度	1937年度	1938年度	5年平均
总贷款利息	27.4	60.4	42.4	42.5	43.1	43.1
其他收入	323.8	309.0	123.2	56.9	143.7	191.3
(收入合计)	351.2	369.4	165.6	99.4	186.8	234.4
存款利息	19.7	29.3	28.4	29.1	43.5	30.0
事业费	314.5	300.8	176.5	132.0	117.3	208.2
(支出合计)	334.2	330.1	204.9	161.1	160.8	238.2
年度损益[2]	17.0	39.3	-39.2	-61.6	25.9	-3.7

资料来源：東亞研究所：《日本の對支投資》(上)，第92页。
注：① 普通银行指三井、三菱、住友、华南各行。
　　② 数字前有"－"号者为亏损。

普通银行在华分行的收益变动幅度很不稳定，1934—1938年平均是亏损的。而特殊银行在这5个年度中不只保持赢利，且有显著的赢利增长。日资银行在我

国东北的利润率高达 19%,而红利分配却只有 5.4%,①这样做是为了把带有掠夺性的利润积存在企业内,迅速转化为追加资本,以适应日本不断扩大对我国经济侵略的需要。

第二节 投 资 业

甲午战争后到日俄战争前这段时期内,日本对华借款形式的资本输出还没有设立专门的机构。1905 年后随着日本对华投资的发展,相继建立了专业投资公司。

1909 年东亚兴业株式会社成立。该会社是日本对华投资的国策会社,以中国的铁道、矿山、造船、电气事业为投资对象。创立时的资本为 100 万日元。其资本来源于日本兴业银行、正金银行、台湾银行、朝鲜银行等特殊银行和三井、三菱等日本大财阀。

1913 年 3 月,当时任中国铁路监督的孙中山先生同日本涩泽荣一达成协议,成立中日合办的中国兴业株式会社。孙中山先生谋求设立这一会社,目的是希望运用日本的技术和资本来建设中国。至于日本方面,则是从其"国策"出发。中国兴业株式会社的资本总额为 500 万日元,中日各半。日方出资者与东亚兴业株式会社的出资者基本相同。该企业"暂用日本法律",并"在日本政府注册"。② 因此是一日本法人,同一般取双重国籍的中日合办企业有所不同。1913 年 7 月,中山先生举兵讨袁失败,8 月 2 日离沪赴日,因而也就不能再过问中国兴业株式会社的事务了。第二年该会社改称中日实业株式会社,与东亚兴业株式会社共同进行对华借款等投资活动。中日实业会社虽由中山先生发起组织,但以后在北洋军阀政府辖下,企业沦为日本对华经济侵略的工具。

---

① 陈真:《中国近代工业史资料》第 2 辑,第 890 页。
② 沈云荪:《孙中山创办的中国兴业公司会议记录》。《团结报》1980 年 11 月 12 日。

东亚兴业株式会社1917年资本为300万日元,1918年增至2 000万日元,1919年设上海分社。

1910年日本正式吞并朝鲜以后,东洋拓殖会社在朝鲜和我国东北积极活动。1917年7月修改东洋拓殖株式会社法,进一步向中国扩张,把营业范围从"朝鲜"一国改为"朝鲜及外国",营业目的由"拓殖事业的经营"改为"拓殖资金的供给和拓殖事业的经营"。① 确定了主要以借款形式向我国扩张势力的方针。1919年该会社在青岛设分社。东洋拓殖会社在东北除了积极从事工矿业投资和借款外,还致力于农业贷款,加强日本对东北农业的金融控制。

东亚兴业株式会社成立以后,1912年提供江西省南浔铁路借款,以后又频频对我国铁路、电灯业和地产业等提供借款。中日实业、东洋拓殖和日本财阀大仓组等的借款则以矿业为中心,包括电气、纺织等各业。这种借款在1916年寺内内阁成立后,发展得最为兴盛。1917—1919年的3年中,日本对华新借款总额达2.3亿日元。日本这样做,主要是想乘欧战之机,以借款为中心,从政治和经济两方面积极对华扩大影响。所以,即使当时一些借款无确实担保,日方也在所不惜。

在第一次世界大战中迅速膨胀的日本经济界,由于战后整顿收缩和1919年五四运动抵制日货以及西方列强势力重返中国等内外因素,日本的对华贸易陷于困境。1920年日本(包括台湾省)对华输出比上一年下降7.6%,贸易总额下降了近16%;1921年的对华输出又比1920年下降了约9%。以后几年继续处于徘徊不前的状态。② 日本对华工业投资也有停滞的趋势。在这时期,值得注意的是借款投资。从大战后到1925年前后,东亚兴业、中日实业、东洋拓殖、大仓组等对华提供了多笔借款;1922年日本以满铁资本为背景的山东矿业、1923年经营中日合办的胶澳电气公司的日方当事者青岛电气公司创立,这些都是日本的投资会社。

1935年日本另一家重要的国策会社兴中公司成立,总社设在大连,东京设

---

① 東亞研究所:《日本の對支投資》(上),第114页。
② 杨端六、侯厚培等:《六十五年来中国国际贸易统计》,第105页。

有分社,天津、上海、济南、广州和大阪都设有办事处。兴中公司的首任经理是满铁理事、满铁经济调查会委员长十河信二。《大公报》的评论说:"日本的大陆政策,在经济方面,原系以满铁为中心;而满铁势力向华北地方延长,于是兴中公司,便应运而产生了。"①兴中公司创办时额定资本1 000万日元(实收四分之一)分成20万股,其中满铁占有19.93万股。几乎全部包办了。

在兴中公司成立以后,以统制华北地区的日本电力事业为目的的北支电力兴业公司于1936年成立,1938年改称东亚电力兴业公司,由日本主要的电气公司出资。在华南,类似于兴中公司的组织大福公司成立。

日本通过对华投资机构进行的投资,采取以借款为主的投资形式,所借出的款项大多不是它们自己的资本,而往往是作为日本大财阀或日本政府同中国借款对象的中介人。它们以自己的资本投资并直接经营的企业比较少。

表7-19 日本在华投资会社的资本和资产

(1936年)

会社名	实收资本(万日元)	在华资产(包括借款)		借款除外的在华投资	
		金额(万日元)	%	金额(万日元)	%
东洋拓殖	3 500.0	1 869.6	17.4	1 422.1	39.2
东亚兴业	1 309.4	6 617.6	61.5	927.2	25.6
大福公司	10.0	126.7	1.2	126.7	3.5
山东矿业	225.0	269.3	2.5	269.3	7.4
大仓组	不详	818.8	7.6	38.5	1.1
青岛电气	100.0	197.5	1.8	197.5	5.4
东亚电力兴业	125.0	206.0	1.9	206.0	5.7
兴中公司	500.0	643.5	6.1	437.5	12.1
合计	5 769.4	10 749.0	100.0	3 624.8	100.0

资料来源:東亞研究所:《日本の對支投資》(上),第120—121页。不包括东北。

从上表可知,投资会社仅借款一项,总计即达7 124万余日元,超过了这些会社实收资本的总额。从投资金额看,东洋拓殖和东亚兴业两者占据最主要的地位,前者以借款外投资为主,后者则以借款为主。投资会社除借款外的投资分布,

① 《日本对华北经济工作执行机关的兴中公司》,《大公报》1936年8月20日。

90%集中在华北地区,达3 300余万日元,华中地区占9%,华南只占1%。且它们的营业状况盈亏相差十分悬殊。大福公司的利润率高达85%,青岛电气则近17%,而东洋拓殖只约2.5%,兴中公司、东亚兴业、北支电力兴业均为亏损。[①]一般来说,规模巨大的国策投资会社的盈利状况不好,而规模较小的普通投资会社的盈利状况较好。

1938年,除了上述投资会社外,新增加了华北开发和中支那振兴两个国策会社。

随着日本侵华战争的全面展开,兴中公司一个国策会社的资金、活动范围不能满足侵略者支配和掠夺的需要,于是日本占领者又筹设华北开发株式会社。该公司建办的宗旨是"中日提携","是基于中日共存共荣的精神,去促进华北经济开发,并加以统合的调整为使命的国策公司"。该公司大言不惭地说:"华北幅员广大,土地肥沃,拥有一亿的人口,其中铁、煤、盐、电力等资源尚未开发者甚多。如能将这埋藏的资源与日本的资本和技术,使它们紧密的合作,则中国民众的生活必能改善,不但可使转向亲日,以确立中日提携的永久基础。同时,并可充裕日本国防资源,以补充日本的经济力,得强大的伸展。"[②]很清楚,华北开发株式会社的建立包藏着攫取我资源和促使我人民"转向亲日"的险恶用心。

华北开发会社的资本为35 000万日元,分700万股,由日本政府和民间各出资一半。私人承销的350万股中的九成,已由发起人和赞助人认定,剩下的35万股,再在民间公募。所谓日本政府出资,主要是以从我华北地区抢掠得到的铁道、桥梁、建筑物、机车和其他车辆等各种铁路设备作价3 058.6万日元充数。民间出资以三井、三菱、住友等财阀为主要股东。

华北开发会社因是特殊法人,所以享有各种特权:一、股息如未达年息六厘,民间股东享有优先分派股息的权利;二、得发行五倍于已缴资本的公司债券,债券之还本及付息,由日本政府予以保证;三、开业后十年内免缴所得税、营业税

[①] 東亞研究所:《日本の對支投資》(上),第125页。
[②] 陈真:《中国近代工业史资料》第2辑,第553页。

和地方税。

该会社成立后,自己投资经营一部分企业,另外还接收原属兴中公司的若干业务。它属下的企业计有天津电业、冀东电业、伪蒙疆电业、齐鲁电业、芝罘电业、华北棉花、塘沽运输、华北产金、华北矾土矿业、华北电信电话、华北交通、华北盐业和龙烟铁矿等13家子公司,拥有资本共计41 220万日元。此外,还接受日本占领军委托,经营煤、铁等业。

日军侵占我华中地区以后,即以"军管理""中日合办"等名义劫夺我民族产业,如同其在华北所做的一样。为进一步掠夺我华中资源和垄断华中占领区经济,中支那振兴会社成立,资本1亿日元(实收3 100万余日元),分为200万股,每股50日元,日本政府和日本民间各出一半。总部设在上海,在东京设立分社,南京、浙江等地设办事处。

中支那振兴会社作为日本特殊法人,享有同华北开发会社相类似的特权:一、在股息达年息六厘的水平之下时,民间股东享有优先分派股息的权利;二、该公司为使民间股东的分派股息确实起见,在开始营业后的五个年度中,得接受政府一定金额的补助金;三、该公司经日本政府许可,得发行五倍于已缴资本的公司债券。

以上三项特权中,仅第二项可得政府补助金与华北开发公司的免税权有所不同,其他两条都相一致。

中支那振兴会社是受日本政府严格控制的国策会社,其公司法案及日本内阁总理大臣的命令书规定:"日本政府对于华中振兴公司(按:即中支那振兴会社)之业务认为在国防上以及促进华中经济之开发,有加以统一调整必要时,得颁布命令监督之。依照前项规定,公司应遵行勒令所指定的各项,而蒙受损失时,可由日本政府补偿之。"①确立了唯日本政府是从的经营方针。所以在人事、财务等方面也完全受日本政府支配。

在中支那振兴会社成立前,华中沦陷区的各种公用事业,即由日本占领军及兴中公司逐步设立,到中支那振兴会社成立时,各种公司已有8家,都移归该公

---

① 卜千里:《华北开发公司的剖析》,国民政府外交部亚洲司研究室1940年版,第22页。

司统一管理。该公司又设立铁道、盐业、煤矿、房地产、运输、火柴等各类企业。到1942年中支那振兴会社的子公司及组合共16家。

表7-20 日本在华投资会社的资本和资产
(1938年)

会社别	实收资本（万日元）	在华资产(包括借款)		借款除外的在华资产	
		金额(万日元)	%	金额(万日元)	%
东洋拓殖	3 500.0	2 176.0	9.4	1 728.5	10.8
东亚兴业	1 320.0	6 713.7	28.9	1 023.2	6.4
大福公司	76.5	281.5	1.2	281.5	1.8
大仓组	不详	818.8	3.5	38.5	0.2
山东矿业	225.0	768.8	3.3	768.8	4.8
青岛电气	100.0	154.9	0.7	154.9	1.0
东亚电力兴业	1 125.0	476.1	2.1	476.1	3.0
兴中公司	1 000.0	4 486.0	19.3	4 242.2	26.5
华北开发	9 932.0	5 172.7	22.3	5 172.7	32.3
中支那振兴	3 138.2	2 059.2	8.9	2 059.2	12.8
福大公司	75.0	86.6	0.4	86.6	0.5
合计	20 491.7	23 194.3	100.0	16 032.2	100.0

资料来源：東亞研究所:《日本の對支投資》(上)，第126—128页。不包括东北。
注：借款除外的在华资产百分比，因四舍五入关系，细数相加之和为100.1。

如果只从数字上进行比较，那么1938年末日本在华投资会社的实收资本额是1936年末的3.55倍。除新增加的两个投资会社外，实收资本增长较快的是东亚电力兴业和兴中公司。当然，全面抗战发生后的日本对华投资会社的资本和资产数字不易统计精确，仅作参考。

1936年投资会社的主要投资行业是纺织、不动产和公共事业等，到1938年时运输业和矿山业却占异常突出的地位。这主要是运输和矿山两个行业都同日本侵华战争有着密切的关系。从赢利角度着眼，特别是规模较大的国策会社的营业情况都不太好，要从日本政府所掠夺的财富中取得补助。

随着日本侵华战争的发展，在20世纪30年代末和40年代初，日本在华投资会社的投资额续有增长，在侵华战争的末期又转向停滞和收缩。1939年主要投资会社的投资额增加情况如下表所示：

表7-21 华北开发、中支那振兴、兴中公司投资额比较

(1938—1939年)　　　　　　　　　（单位：万日元）

	1938年度投资额(1)	1939年度投资额(2)	增减	倍数 (2)/(1)
华北开发	5 172.7	23 258.1	18 085.4	4.49
中支那振兴	2 059.2	4 336.0	2 276.8	2.11
兴中公司	4 242.2	3 435.2	-807.0	0.81
合计	11 474.1	31 029.3	19 555.2	2.70

资料来源：東亞研究所：《日本の對支投資》(上)，第140页。

兴中公司业务的减少，是其把一部分业务让给华北开发和中支那振兴两会社的结果。随着侵华战争进入相持阶段，这些国策会社加紧在日占区进行掠夺，因此盈利增加。1938年度中支那振兴会社的利润率还不到0.07%，1940年度下期，中支那振兴会社下属13家企业实收资本共15 605.3万日元，利润总额1 241.3万日元，平均利润率为13.34%；其中经营房地产的上海恒产会社出现亏损，中华轮船会社虽未亏损，但也经营不佳，利润率较高的是华中蚕丝(48.5%)、华中水产(54.76%)和华中盐业(45.07%)等企业，而最主要的企业华中铁道会社的利润率为17.90%。①

第三节　其他金融业

前述日本在华银行业和投资业都是较大的金融机关，均以日本政府或大财阀为背景。除此之外，一些在华的日本侨民以个人资本或集资开办有若干小规模的金融企业，包括小额金融和信托业、保险业、汇兑经纪业以及当铺业等。

一、小额金融和信托业

小额金融和信托企业大多数是第一次世界大战后几年中开办的，实收资本

---

① 淺田喬二：《日本帝国主義下の中国》，第468页。

一般不超过100万日元。

表7-22 中国关内日人经营的小额金融和信托业
(1936—1938年) (单位：日元)

企业名称	地点	成立时间	实收资本 1936年	实收资本 1938年	营业种目
天津信托兴业	天津	1920.3	300 000	200 000	信用,担保贷款
中日共益储蓄	天津	1921.12	125 000	125 000	会员存款
中国劝业	天津	1922.4	350 000	350 000	植棉、精盐及其他投资
国际起业	天津	1921.9	225 000	225 000	赛马
利中公司	天津	1921.2	1 000 000	1 000 000	信托
东兴实业	天津	1928.3	500 000	600 000	不动产投资
中华信托	青岛	1935.12	50 000	50 000	信托、金融
青岛信托	青岛	1920.3	250 000	250 000	信托、公积金的经营
青岛商事	青岛	1919.12	125 000	125 000	担保贷款、一般金融
青岛金融组合	青岛		725 000	725 000	信用组合
山东无尽	济南		200 000	200 000	无尽①
上海共益	上海	1931.5	7 500	75 000	以会员公积金作会员贷款
泰和银公司	上海	1930.5	309 000	300 000	担保贷款
上海信托	上海	1922.1	51 500	90 000	小额金融
合计			4 218 000	4 315 000	

资料来源：東亞研究所：《日本の對支投資》(上)，第145—146页。
注：①无尽：加入者按期存款,经过一定时期,利用抽签方法,取得不动产等通货以外的财产,作为偿还。

上表反映,没有日本政府或大财阀作直接后盾的日本在华杂小金融企业,并未因日本发动全面侵华战争而获得显著的发展,1938年的实收资本额比1936年增加很有限。

二、保险业

日本在华保险业都是总公司在日本的在华分公司,或事务所、出张所、驻在所等。这些大公司有：明治人寿、第一征兵、野村人寿、第一人寿、千代田人寿、住友人寿、帝国人寿、日本人寿等人寿保险公司；东京海上火灾、东京火灾、三菱海上火灾、朝日海上火灾、神户海上火灾等财产保险公司。这些大公司中,在华资力最雄厚的是东京海上火灾公司,1936年度在华资本约12万—13万日元。其他保险公司的在华机构都比较小,资本一般都不超过2万日元。1936年度日本在华保险业资本情况如下:

表7-23 1936年度日本在华保险业资本　　　　　　　（单位:日元）

| 人寿保险 | 220 822 | 财产保险 | 291 724 | 总计 | 512 546 |

资料来源:東亞研究所:《日本の對支投資》(上),第149—150页。该项统计除东京海上火灾公司后的合计数为387 546日元,此处加上东京海上火灾的资本125 000日元。

1938年保险业资本为680 000日元,公司38家,主要集中在天津和上海两地。

三、汇兑经纪业（包括钱庄）

该业不包括经营金银交易和有价证券交易的企业。该业的状况如下表所示:

表7-24 中国关内日人经营的汇兑经纪业（包括钱庄）

	1936年		1938年	
	家数	投资额(日元)	家数	投资额(日元)
天津	5	125 000	—	—
青岛	5	122 000	—	—
济南	1	170 000	—	—
上海	4	66 500	21	254 000
汉口	2	20 000	—	—
厦门	1	100 000	1	66 000
计	18	603 500	22	320 000

资料来源:東亞研究所:《日本の對支投資》(上),第153页。

汇兑经纪业的投资额1938年比1936年下降,在一些城市中此业消失。这说明日本发动全面的侵华战争后,并不是全部在华企业都是发展的,特别是民间小型资本。

四、当铺业

当铺业同保险业的情况正相反,保险业的总公司都在日本,而当铺业都是日本侨民在中国当地经营,而且多数是个人出资,较少采取合伙或股份公司的形式。当铺业资本平均每家2万—3万日元,也有资本仅1 000—3 000日元的小本经营者,但这些小额资金业主家数很多,又很不稳定,常开业不久旋即停业,很难统计。资本2万—3万日元的业主中有相当一部分兼营其他业种,如旅馆、房地产出租、贸易、运输、古董、保险代理、杂货、钱庄、证券交易等。

表7-25 日本在华的当铺业
(1936年、1938年)

	1936年		1938年	
	家数	资本金额(日元)	家数	资本金额(日元)
伪蒙疆地区	2	10 000	3	15 000
天津	9	84 000	18	135 000
济南	17	337 000	23	482 000
青岛	20	327 399	35	729 212
北平	5	8 500	26	295 800
唐山	—	—	3	23 000
山海关	4	135 000	8	144 500
石门	—	—	2	21 000
保定	—	—	1	2 000
太原	—	—	1	2 000
芝罘	1	15 000	1	15 000
博山	3	60 000	3	60 000
华北地区小计	59	966 899	121	1 909 512
上海	10	145 000	10	145 000
汉口	2	25 000	2	25 000
华中地区小计	12	170 000	12	170 000
香港	1	100 000	1	100 000
厦门	11	114 000	26	167 000
福州	1	150 000	1	150 000
华南地区小计	13	364 000	28	417 000
总计	86	1 510 899	164	2 511 512

资料来源:東亞研究所:《日本の對支投資》(上),第155—156页。

日人在中国开设的当铺以东北地区居多,1927年有355家之多,光顾这355家当铺的有123 959位中国穷人,使他们总共损失的当票金额达200余万元;如按当物价值金额计算(值5元钱的物品在当铺当1元钱),则在1 000万元以上。①

"九一八"事变后,东北地区由日人经营或控制(如日本一手控制的伪满中央银行属下的大兴公司所办的当铺)的当铺业有显著的发展。

表7-26 东北当铺的状况

年份	家数	贷款现余额(万日元)	每家贷款余量(日元)
1935	649	1 825	28 116
1936	733	2 062	28 167
1937	979	2 609	26 648
1938	1 057	3 847	36 395
1939	1 022	5 065	49 557
1940	981	5 647	57 558

资料来源:满史会:《满洲开发四十年史》下卷,第857页。

这些当铺除了把城市贫民作为他们客户对象外,还把农民作为他们主要的经营对象。农民因急需农耕资金或在青黄不接的季节为维持生计而到当铺质当,就受到他们的高利盘剥。

日人当铺盘剥中国顾客的手法很多,如:压低当价、偷换当品、高利息等。利息不以满月计算,而以跨月计算,如1月31日当,2月1日赎,要算两个月的利息。

我们把这一节的四个部分相加,可得出这一类金融业的在华资本额如下:

表7-27 日本在关内的杂小金融业

(单位:日元)

种类	1936年末资本额	1938年末资本额
杂金融业	4 218 000	4 315 000
保险业	512 546	680 000
汇兑经纪业(包括钱庄)	603 500	320 000
当铺业	1 510 899	2 511 512
合计	6 844 945	7 826 512

注:以上计算均尽可能列入实收资本额,在实收资本额不明的情况下,以投资额列入(汇兑经纪业)。

---

① 邹鲁:《日本对华经济侵略》,第215页。

在计算日本在关内金融业投资总额时,由于避免重复计算而不计投资业投资,又因其他金融业资本数量的微小,基本上择定银行业投资为主体。

东北除银行业外的金融信托业远比关内发达,1930年末的日本实际投资额即达9 763.4万日元[1],"九一八"事变后的实际情形不详。但即使增长额不大,同关内一并计算,估计不下1亿日元。

---

[1] 《满铁调查月报》,1932年8月号,第5页。

第八章 商业投资

日本在华商业投资是其在近代中国投资的一个重要部分。这种投资的发展主要有三个原因：一是对华倾销工业品和从中国输出农、矿等产品的需要；二是在华工业、交通运输业等发展的需要；三是在华侨民增加的需要。

日人在关内的商业投资最早发生在上海。1868年日人就在上海开设了经营陶瓷器兼旅馆业的"田代屋"商店。这是日人在华商业投资的嚆矢。从1871—1876年，上海出现6家日本商行。[①] 1877年，三井物产会社在上海设支店，推销日本出产的三池煤炭。1878年，日人岸田吟香在上海河南路开设乐善堂药铺分店。1890年日人荒尾精在上海设日清贸易研究所。

日本商社数增加很快，1882年达12家，1891年31家，1893年42家。甲午战争后，日本在华商社数和日侨人数增加特别迅速。1898年外人在华开设的商社共773家，日本114家，占第二位（第一位英国398家）；外侨人数共13 421人，日侨为1 694人，占第三位（第一位英国5 148人，第二位美国2 065人）。[②] 这些包括日本在内的外国商社和侨民有相当部分集中在上海。1900年，日本在中国的商业投资总额仅100万日元，说明当时日人所办的商社规模都不大。日俄战争后，随着中日贸易额的增长，日本在华商业投资出现高潮，三菱、大仓组、铃木、

[①] 米澤秀夫：《上海史话》，東京宙傍书房1942年版，第119页。
[②] 织田一：《中国商务志》，上海广智书局1902年版，第51—52页。

古河、日本棉花、伊藤忠、增田、安部等大企业陆续在上海和天津等地设立商社。在这同时,在华日侨人数逐年增加,日侨人数均超过旅华外侨总人数的一半,如下表所示:

表 8-1 1900—1914 年旅华日侨数

年份	日本委员会的统计①	中国海关的统计②		
		公司数	人口数	日侨占旅华外侨的%
1900	—	212	2 900	17.1
1901	4 739	289	4 170	21.8
1902	5 303	317	5 020	26.4
1903	8 914	361	5 287	25.9
1904	8 908	650	9 139	33.5
1905	16 175	729	16 910	44.4
1906	27 891	739	15 548	40.2
1907	32 956	1 416	15 610	65.2
1908	40 119	1 149	44 143	56.6
1909	76 116	1 492	55 401	62.7
1910	76 678	1 601	65 434	46.1
1911	51 794	1 283	78 306	51.0
1912	97 384	733	75 210	51.9
1913	107 732	1 269	80 219	48.9
1914	—	955	84 948	51.5

资料来源:雷麦:《外人在华投资》,第 314 页。不包括台湾。
原注:① 包括香港和澳门。
　　　② 朝鲜、香港和澳门除外。公司数没有人口数可靠,例如大连的公司并不包括在内。

据雷麦估算,1914 年除台湾地区外,日本在华进出口商业投资约 8 516.2 万日元①,而一般商业投资约 1 750 万日元②,合计约 10 266.2 万日元。台湾地区 1914 年有商业公司 52 家,实收资本额 1 448.3 万日元③,其中日资以八成估算,即为 1 158.6 万日元。1914 年日人在华商业投资的总数即为 11 424.8 万日元。

---

① 雷麦:《外人在华投资》,第 322 页。
② 東亞研究所:《日本の對支投資》(上),第 380 页。不包括东北。因缺乏资料,1914 年东北地区日本一般商业投资数暂缺。
③ 台湾省行政长官公署统计室:《台湾省五十一年来统计提要》,第 879 页。

这些企业的规模也比1900年之前所设的大得多。据日人1915年调查,日人在上海设立的资本额在5万日元以上的商社共78家,其中100万日元以上的11家,50万至100万日元的12家,20万至50万日元的9家,10万至20万日元的17家,7万至10万日元的9家,5万至7万日元的20家。①

在第一次世界大战期间及稍后的几年中,欧美商品输入中国数量剧减,而日本对华贸易额激增,1919年达到顶峰。这一年日货(包括日据台湾的产品)输入中国大陆的价值24 694万海关两,中国货自中国大陆输入日本19 501万海关两,合计44 195万海关两。② 1919年的中日贸易额占日本外贸总额的18.0%,占中国外贸总额的33.7%。随着中日贸易的发展,日人在华所设的商社及日侨人数急剧膨胀。

表8-2 在华各国商社及侨民数
(1921年海关调查)

国别	商社数	侨民数	国别	商社数	侨民数
美	413	8 230	瑞典	9	434
英	703	9 298	丹麦	28	547
法	222	2 453	挪威	12	227
日本	6 141	144 434	奥地利	27	505
德	92	1 255	澳大利亚	—	40
俄	1 613	68 250	匈牙利	—	8
意大利	42	587	墨西哥	—	1
荷兰	31	486	土耳其	6	42
葡萄牙	152	3 493	其他	14	193
西班牙	7	286	合计	9 512	240 769

资料来源:上海每日新闻社:《上海經濟年鑑(第一回)》,1924年出版,第387页。
注:不包括台湾。

日本商社数占外人在华商社总数的64.6%,日本侨民占外侨总数的约60%。

在日人经营的商社中,一部分是同中国人"合办"的,这类中日合办商社在

---

① 東亞研究所:《日本の對支投資》(上),第379—380页。
② 杨端六、侯厚培等:《六十五年来中国国际贸易统计》,第105页。

1922年末有15家,实收资本共为754万日元及46万美元①。

日人在华商业投资发展的速度,20世纪20年代有所减弱,商社数除1928年猛增至8 926家外,其他年份都不到5 000家。到1930年末,日人在中国大陆地区商业投资总额为36 592.7万日元,其中东北投资11 775.8万日元②,台湾地区的商业公司总数381家,实收资本总额6 137.3万日元③,其中日人投资按80%计算,即4 909.8万日元。这样,1930年末日人在华商业投资总额就是41 502.5万日元。

日人在东北的商业投资虽然不是他们在该地区投资的重点,但也有相当的规模。三井物产会社在大连、营口、沈阳、铁岭、长春设支店,在哈尔滨设办事处;三菱商事在大连设支店,在哈尔滨设办事处;日本棉花在大连设支店,在沈阳、长春、营口设办事处;东洋棉花在沈阳、长春、营口、哈尔滨设支店;三越、铃木等在大连设支店。这些日本财阀的商业性分支机构主要从事进出口贸易。1913年东北外贸额占全中国外贸总额的11%,1929年提高到23%。除了大型商社的分支机构外,在东北还有四五百家日本中小型商社,它们所从事的行业及资本情况如下:

表8-3 东北的日本中小型商社(1931年左右)

经营种类	商社数	实收资本及出资额(万日元)
谷类、谷粉	17	58.3
酒类、调味料,清凉饮料	11	28.7
其他粮食品	33	85
机械器具及贵重品	52	180.7
金银及制品	13	126.7
陶瓷器、玻璃	2	1.5
药品、染料、涂料、颜料、糊料、化妆品	27	49
燃料	21	95.9
建筑材料、房屋装修用品、家具	27	459.4

---

① 有的商社的资本以日元为单位,有的则以美元为单位,现一并列上。
② 雷麦:《外人在华投资》,第378页。
③ 台湾省行政长官公署统计室:《台湾省五十一年来统计提要》,第879页。

续　表

经营种类	商社数	实收资本及出资额(万日元)
织物、被服	24	34.1
棉纱、编织物	2	8.3
其他贩卖业	96	316.2
代理商、中间买卖	47	1 162.3
贸易业	68	1 057.2
其他	26	325.9
合计	466①	3 989.2

资料来源：《滿鐵調查月報》，1932年10月号，第74页。
注：①原表中为468，现据分类数之和改正。

此外，还有数目繁多的所谓"胡闹商店"，即当铺和烟铺。东北日人开设的烟铺特别多。许多地方不但有日本人开的鸦片烟铺，还有日本人开的吗啡等毒品店。这种日本人开的烟铺和毒品店在山东胶济铁路沿线和关内许多城市中也有不少。

从1931年到1936年，中日贸易额还不能维持20世纪20年代的水平而有所下降，这主要是日本武装侵略激起中国人民反抗、抵制日货造成的结果。日本占领下的东北，1932—1935年的外贸总额也比"九一八"事变前几年的平均水平有不同程度的下降，而对日贸易的比重则不断上升。日人在关内从事商业投资的速度有所放慢，而在东北则恃其军事占领下的强权政治迅速实现了商业垄断。日本首先要保证日伪官方的专利事业和日本国策会社的商业特权，其次是一般的日本商社利益。至于其他外国的商业活动，则被局限在日本没有制造能力的工业品上，范围很小。日本人鼓励其他外国资本投入到由日人控制的企业中，而排斥商业等各个行业中别国的独立企业。例如，过去把煤油等石油产品输入东北并在当地推销的英荷亚细亚煤油公司和美国美孚煤油公司，这两家公司在东北销售的石油占总销售额的80%，俄商和日商只占20%。但从1934年2月起，日本石油公司的经理桥本就从上述两家公司手中夺占了东北的石油市场，迫使他国商社纷纷从东北撤出。

1933年日人认为东北关税过高，对其输出入业不利，因此予以部分降低。在输入方面，规定不收商品税的占4.5%，减税的占11.5%；输出方面有四种免税,一种减税。而日伪对从关内运到东北的中国货,则征 40% 的高税,绸缎、茶、瓷器等还加倍征税,以致国货在东北市场绝迹。在东北各地的小商店,凡经销关内所产国货的无不窘困破产,经销日货的苟延残喘,而日人自设的商店却日益增多。到 1936 年根据满铁产业部的《满洲经济年报》统计,日本在东北的商业和金融投资总额为 10 219.5 万日元,而上文说过,1930 年日人在东北的商业投资已达 11 775.8 万日元,所以《满洲经济年报》的统计显然不包括大型企业在东北的分支机构。

1937 年 12 月伪满施行一种严格的外贸管制条例,1938 年 7 月又对管制的内容范围加以扩充,规定:"除日本外,禁止从其他国家输入小麦、面粉和食糖;而大米则仅限于从日本和暹罗方可输入。从山东和美国输入的烟叶和制成的烟是受限制的,而外国制苏打的输入则予禁止。除日本外,向其他国家输出玉米、蓖麻子、羊毛、生熟皮革、毛皮和木材,都予禁止,或加限制。"[①]这使东北的外贸益发显示出日本占领地的特点。这主要是依靠军事和政治的强权,而不是主要靠扩大商业投资。到 1940 年,不完整的商业投资额统计数仅 4 270.5 万日元。[②]

在关内,由于中日贸易额的锐减和日本在关内各种制造业、交通运输业的不景气,1936 年的日本商业投资额反而比 1930 年有很大程度的减少,直到"七七"事变后,商业投资额才重新上升。

战争期间商业投资额的增长是同日本军事掠夺紧密相连的。日人藤井晋三郎在他的战地形势报告中说:"……"在平汉路某站,有二三万人口的县城,车站距县城一公里路,道路弯曲,日军计划开直这条曲折的道路以便行车,于是日本人预先占了新路两旁的房屋和地基,当新路筑成的时候,两旁都变成了日本商店,而原有的中国商店却一家都不见了。"他所举的另一个例子说:"又在上海的某处有一公共市场,战争时华人逃亡他处,日人则相率迁入居住,等到商业恢复的时候,这商场变成了上海的银座,但在战前这里是一家日本商店都没有的。"[③]这两个例子是有代表性的。

---

① 转引自琼斯《1931 年以后的中国东北》,第 189 页。
② 伪满通信社:《满洲经济十年史》,第 371 页。
③ 郑伯彬:《日本侵占区之经济》,第 12 页。

表 8-4 日本对关内的商业投资

(1936年、1938年末)

地区		进出口业		一般商业		合计	
		金额(万日元)	各地区所占%	金额(万日元)	各地区所占%	金额(万日元)	各地区所占%
1936年末	华北	4 686.7	38.2	1 725.7	50.0	6 412.4	40.8
	华中	7 395.8	60.3	1 523.6	44.2	8 919.4	56.8
	华南	104.5	0.9	197.9	5.7	302.4	1.9
	伪蒙疆	68.2	0.6	1.7	0.1	69.9	0.5
	计	12 255.2	100.0	3 448.9	100.0	15 704.1	100.0
1938年末	华北	14 973.9	57.5	5 435.8	65.3	20 409.7	59.4
	华中	10 655.8	40.9	2 666.4	32.1	13 322.2	38.8
	华南	162.4	0.6	23.5	0.3	185.9	0.5
	伪蒙疆	257.3	1.0	195.4	2.3	452.7	1.3
	计	26 049.4	100.0	8 321.1	100.0	34 370.5	100.0

资料来源：東亞研究所：《日本の對支投資》(上)，第390—400页。

日本对华北和华中的商业投资集中在天津、青岛和上海三大城市，其中尤以上海的数字最大。1936年末上海的日本进出口商业投资占华中地区日人总投资额的91.3%，一般商业投资占96.2%。1938年末上海的日本进出口商业投资占华中地区日人总投资额的93.2%，一般商业占96.9%。在这里需要指出的是，总社不在上海的日本商社在上海的实际投资额，1936年要占上海日本商业投资总额的71.5%，1938年占54.9%。1936年末天津和青岛两城市的日本进出口商业投资占华北地区日人对该业投资额的94.2%，一般商业占67.7%，1938年末前项为83.5%，后项为77.8%。①

这里还需要介绍一下香港的情况。日本对英占香港的投资主要是金融和商业两项。早在1877年，也就是三井物产会社在上海设支店的同一年，日人在香港设立日森洋行，后成为神户的铃木商店在香港的支店。甲午战争后，日资两大银行——正金和台湾在香港开设分行。日俄战争后，香港的日侨人数增加，各类

---

① 東亞研究所：《日本の對支投資》(上)，第393—416页。

商社也陆续开设。1919年香港的日侨人数超过1 000。"九一八"事变和"一·二八"事变后,中国人民的抵货运动给香港的日本商社造成巨大冲击。以下是1931年9、10两个月香港英日两国进出口额的比较:

表8-5 "九一八"事变前后香港英日两国输出入额比较

(单位：万美元)

	英	日		英	日
1931年9月	590	720	增减	增1 180	减636
1931年10月	1 770	84			

资料来源：《滿鐵調查月報》,1932年1月号,第268页。

这种冲击使一些日本中小商社停业甚至倒闭。1936年末日本在香港的商业投资共780.3万日元①,1938年则略有增加。香港的日本进出口洋行一般固定资产的比例很小,为3%,运转资产占72%,现金资产占22%,其他资产3%。② 这种资产结构是由经营转口贸易所决定的。

在台湾,1936年的商社639家,实收资本8 979.4万日元,1938年777家,实收资本8 440.6万日元,③按日资八成计算,则1936年为7 183.5万日元,1938年为6 752.5万日元。

日本在华商业投资主要是设立进出口洋行。以下是上海地区的情况。

表8-6 上海历年登记新设日资企业中的商业企业

(1918—1936年)

年份	(A)新设企业总数	(B)商业①		(C)经营输出入的商业②	
		家数	B/A(%)	家数	C/B(%)
1918	43	39	90.7	31	79.5
1919	37	19	51.4	9	47.4
1920	60	41	68.3	14	34.1
1921	66	54	81.8	43	79.6

---

① 東亞研究所：《日本の對支投資》(下),第1079—1080页。
② 東亞研究所：《日本の對支投資》(下),第1078页。
③ 台湾行政长官公署统计室：《台湾省五十一年来统计提要》,第879页。

续　表

年份	(A)新设企业总数	(B)商业[①] 家数	B/A(%)	(C)经营输出入的商业[②] 家数	C/B(%)
1922	83	55	66.3	34	61.8
1923	15	5	33.3	4	80.0
1924	21	11	52.4	7	63.6
1925	19	14	73.7	4	28.6
1926	13	8	61.5	3	37.5
1927	18	14	77.8	5	35.7
1928	12	9	75.0	6	66.7
1929	9	7	77.8	1	14.3
1930	10	4	40.0	4	100.0
1931	14	7	50.0	3	42.9
1932	7	6	85.7	1	16.7
1933	5	4	80.0	3	75.0
1934	5	3	60.0	—	—
1935	12	9	75.0	2	22.2
1936	16	11	68.8	6	54.5

资料来源：根据历年《上海日本商業會議所年報》和《上海日本商工會議所年報》整理。
注：① 包括以商业为主兼营其他业种的企业，不包括旅馆、理发等服务业。
② 包括兼营输出入和其他工商诸业的企业。

以上统计数是偏低的，因为一些制造厂和其他企业也兼营商业，包括进出口商业，而在上述统计中被略去了。再者，由于对兼营多种行业的企业事实上究竟是否以商业为主，以及究竟是否以进出口商业为主，判断不尽确切，所以上述统计是不很准确的，只能反映一个大致轮廓。

上海被日本人称为"长崎县的上海市"，日本侨民的数量众多，"七七"事变前超过两万人，1941年6月末猛增至87 277人[①]。第一流的日本进出口贸易商号及银行等，在公共租界的显要场所立足，中坚的杂货贸易商号多集中在法租界洋泾浜棋盘街，较小的商号主要集中在当时虹口的文路（今闵行路）、吴淞路一带，称为"日本人街"。日本商人和店员大多住在自己的店铺里。上海作为近代中国的经济中心，是对日贸易的核心城市。

---

① 上海日本商工會議所：《上海經濟提要》，1941年12月出版，第30页。

天津的日本主要商社也是经营进出口的,其中有:三井、三菱(以上兼营进口和出口);三昌、清喜、正华、松本各洋行或土产公司(以上经营出口业);东洋棉花、泰信洋行、大同公司、王子公司、伊藤忠商事(以上经营进口业)等。① 在天津对日输出的商品中,当地一带的特产骨粉和蛋制品占有相当的比重。在另外一个大城市青岛的对日出口品中,烟草、牛肉、蛋制品、花生等占有相当的比重。

东北的日本商社与上海、天津一样主要经营进出口贸易,1920年输出的原料和原料用制品占输出总额1.85亿两的69.6%,输入的工业制造品则占输入

表 8-7　东北输出入品的价值百分比

(1931—1937年)　　　　　　　　　　　(单位:%)

项目	1931年	1932年	1933年	1934年	1935年	1936年	1937年
输出类别							
农产品	48	54	56	60	53	60	57
畜产品	3	2	2	2	3	3	4
林产品	1	1	1	1	1	1	1
矿产品	10	9	12	10	11	7	7
金属工业原料	2	3	3	3	3	3	3
化学工业原料	27	25	20	17	21	19	21
纺织工业原料	5	4	4	3	5	3	3
输入类别							
农产品	16	15	12	12	14	14	14
林产品	1	1	1	2	2	1	1
水产品	1	2	2	1	1	2	2
矿产品	2	1	1	0	1	2	2
金属工业产品	5	8	10	13	12	8	12
机器与工具	9	6	9	13	17	16	20
化学工业产品	13	12	15	15	13	13	13
食品工业产品	15	19	18	14	14	11	7
纺织工业品	30	29	26	21	20	25	23

资料来源:琼斯:《1931年以后的中国东北》,第200—201页。

① 《滿鐵調查月報》,1934年5月号,第78页。

总额1.97亿两的56.0%。1930年东北输出的原料和原料用制品占输出总额3.78亿两的82.7%,输入的工业制造品占输入总额的53.9%。① 在东北外贸的关系国中,日本占首位。

"九一八"事变后,在日本侵略者的控制下,输入的工业品中大部分是消费品,如纺织品、食品和日用百货等,1932年输入的消费工业品占总输入额的77.7%,以后虽稍有降低,但在1937年以前,一直不低于60%。输入的机器设备基本上都是供给日本在东北的各种工矿交通企事业。在东北输出的商品中,农产品、各种工业原料和矿产品占了绝大的比例。农产品和化学工业原料1931年占输出总额的75%,1936年达79%。煤、铁等矿产品的出口从1936年起有所下降。

在一个时期中,由于日本是德国制造的机器、机器工具和化学品的重要市场,日本对德贸易经常存在巨额逆差,因此在1925年至1933年间,日本鼓励东北的日商及其他国籍的进出口商人向德国出口大量大豆和豆油,使东北的对德贸易出现巨额顺差,日本又以对东北贸易的顺差来取得日、德、中国东北三角贸易平衡。随着日、德勾结的加深,1936年4月两国与伪满签订了一个贸易协定,其中规定:德国向伪满购买商品,主要是大豆,年数额在6 500万至1亿伪满元之间,伪满应以其中四分之一的收入专门用来购买德国商品;而德国向日本售货所得外汇年总值超过6 375万伪满元时,其超额部分应用来增加德国从伪满的输入。② 这项协定的目的是使三角贸易平衡更趋稳定。从这件事中也可看出,东北的外贸是完全从属于日本军国主义的利益的。1936年度伪满对德贸易顺差为3 950万日元,1937年度3 200万日元,1938年度7 300万日元;从1938年9月至1939年9月,伪满对意大利贸易顺差为590万日元。③

日本在华进出口商和其他贸易商为了在中国市场上压倒华商,并与英美等洋行竞争,很讲究经营方法。例如经营日本棉制品进口的上海日商大型洋行往往附设情报机构,专门调查上海和内地情况,包括同业商店和经理名称、销售品

---

① 《滿鐵調查月報》,1932年7月号,第79页。
② 琼斯:《1931年以后的中国东北》,第107页。
③ 滿史會:《滿洲開發四十年史》下卷,第801页。

种和数量、销售对象、业务范围等,并向零售店购买进口的英美洋布每种各数码,寄回日本供工厂研究,以便改进生产,提高产品的竞争力。日商多懂中国话,因此只雇中国办事员和跑街,不雇买办,这样既可节省开支,又便于直接联系客户。① 这是日本在华进出口洋行的一个特点。日商洋行所经营的进口日本棉制品在上海和其他中国市场十分畅销,大有压倒英美货和中国货的倾向。其原因主要有两个:一是成本低廉。这除了日本工人的工资较低和劳动生产率较高等原因外,同英美货相比,由于日本毗邻我国,所以日货在运费上占了极大的便宜。二是定货迅速。在棉制品交易中,定货较多,现买较少。而一般向英美定货,至少四五个月,而向日本定货则不超过 45 天,急货只需一星期即可到达,②中国商人为保证自己的资金周转和为不因汇率涨落而蒙受损失,多愿向日本定货。日货到沪后,日商洋行整箱批发给华商洋货字号,洋货字号再批给拆货字号,拆货字号再批给零售洋布商店,零售商店除经营零售外,还可批给布贩,布贩再转贩于内地各小城镇和乡村,从而构成了推销日货的商业网。华商对日商洋行所定的期货,必须事先存入"信用状"于日本银行作为担保。如定货价款合 1 000 两银子,存入的担保银要 1 万两,达 10 倍之数。在存放期中,日本银行给予华商 6 厘利息,此项存款须待定货的结算手续清讫之后方可提取。洋行到货后,华商若不付清货款,则照货价 6 厘加息。③

还有一些进出口日商兼营制造等业,如汉口的日商若林药房。该药房的经理若林直次郎于 1904 年从日本到汉口侨居,起初只是手提药包沿街兜售药品,后逐步积聚资金,开了一家若林大药房,并设立若林进出口洋行。药品的经营分两个部分:一为进口,一为配方制剂。进口的药品一律是日本富山县高桑药厂制造的所谓本牌药品,不经销他家产品。高桑药厂的产品每月按协议直接从日本运至汉口,若林直次郎照零售价 20%—30% 结算,然后再以合零售价 55%—60% 的批发价批给经销商店,转手之间就能获取厚利。至于配方制剂的生产则在汉口进行,完全是手工操作,且严守秘密。若林直次郎还经营土特产的出口贸

---

① 上海市棉布商业社:《上海市棉布商业》,中华书局 1979 年版,第 22 页。
② 中日贸易商品调查所:《棉织品》,1931 年出版,第 34—41 页。
③ 中日贸易商品调查所:《棉织品》,1931 年出版,第 34 页。

易。有人估算,在 22 年中,他共获利 220 万元。①

在中国人民的抵货运动中,日商洋行利用各种手段来进行反抵制。但即便如此,日货进口的数量和市场上销售量还是明显减少了,日本商社停业出顶者也为数不少。就拿若林药房来说,在 1919 年和 1923 年,它因抵货运动的冲击而两度处于停业状态,又经过 1925 年的"五卅"运动,终于在 1928 年出顶。

在社会和市场条件较为平稳的情况下,日本在华商业企业大多能够盈利,但盈利率参差不齐。据 1931 年 6 月发表的不完全统计,东北日人经营的各种商业的平均利润率为 25.6%②,1940 年则为 17.8%,在 24 个行业中列第 10 位。③

---

① 王仲南:《从日商若林药房到自办民生药房》。全国政协文史资料编委会:《文史资料选辑》第 38 辑,中华书局 1963 年版。
② 滿鐵調查課:《滿洲に於ける邦人の現況》上卷,1931 年 6 月版,书末附表。
③ 伪满通信社:《满洲经济十年史》,第 371 页。

第九章 农、畜、林、水产、盐业投资

第一节 农 业

日本在华农业投资是同其侵占土地、强制移民联系在一起的。根据清政府同列强签订的一系列不平等条约,东北一系列城市先后开埠,其中有:1861年开市的牛庄,1899年开市的大连,1905年开市的凤凰城、新民屯、铁岭、通江子、法库门、辽阳、吉林、长春、哈尔滨、宁古塔、珲春、三姓、齐齐哈尔、海拉尔、满洲里和爱珲,1907年开市的安东、大东沟和沈阳,1909年开市的龙井村、局子街、头道沟和百草沟。此外,北洋政府还于1914年自行将洮南、郑家屯、葫芦岛和赤峰开埠。日人在这些城市中先后以"租"的形式侵占了大量土地。当然,这种土地侵占同农业投资的关系还较少。满铁通过"附属地"的形式对东北土地的侵占是惊人的,正如一个日本学者所说,满铁附属地"位于南满洲最丰饶的地区,除北满的哈尔滨、吉林外,附属地是满洲经济的中心地区"①,是大片丰饶的农业良田。除了以上两种情况外,日人还通过"商租权"在东北和内蒙地区大肆侵占土地。所谓商租权,就是根据1915年中日不平等条约《关于南满洲及东部内蒙古之条约》所确定的,该条

---

① 姜念东:《伪满洲国史》,第336页。

约规定:"日本臣民在南满洲为盖造商、工业应用之房厂〔场〕或为经营农业,得商租其需用地亩。"①东北当局虽在1915年的《商租地亩须知》中规定"租地不包含典押、买卖之意义,仅具有收益,使用两种权利"②,但实际上这只是弱者的自欺欺人。日本侵略者打着"商租"的招牌,大肆侵占中国土地,甚至连装潢门面的手续都不办理。

日人所"商租"的土地主要从事工农业、造林和盐业,也有人搞地产投机。日人在东北侵占土地的核心组织之一是日本的国策会社——东亚劝业株式会社。该会社于1921年12月成立于沈阳,资本2 000万日元,实收四分之一,到1929年止,该会社在东北已收买土地约124 672町步③。这家企业倚仗日本帝国主义

表9-1 以日本人或日本法人名义在东北所侵占的土地
(截至1929年)

收买者	土地面积	所 在 地
南宫房次郎	1 111亩	营口土台子、盖平三块石、铁岭范家屯、沈阳吴家荒等
胜弘真次郎	1 060亩	盘山丁家堡,新民母陀子、沈阳京安堡
原口统太郎	389亩	新民公太堡子
津久氏	143亩	新民孙家套
佐佐术	300田	阜新巨江泡子
大来修治	820亩	双山衙门屯

以上系铁路放资,收买价值,共30余万元。

佐佐江农场	55 855亩	郑家屯钱家店一带
华峰公司	631 285亩	达尔罕旗一带
石川五郎	647 260亩	西札鲁特旗梅伦庙北
东省实业会社	22 869町	不详
早间农场	2 600町	通辽
自在丸	680町	通辽
蒙古产业公司	20 013町	林西一带
其他	675 000亩	大孤山法库等地
共计	14万町,合中国225.9万亩	

资料来源:章有义编:《中国近代农业史资料》第2辑,三联书店1957年版,第27页。

---

① 王铁崖:《中外旧约章汇编》第2册,三联书店1959年版,第1101页。
② 姜念东:《伪满洲国史》,第336页。
③ 1町步合16.14亩。

的军事势力,在我东北肆无忌惮,为所欲为,甚至指挥日警枪杀中国农民。这里且把日人私人或日本团体"商租"的土地(东亚劝业会社除外)刊列备览。

另一日本国策会社——东洋拓殖会社,则在胶济铁路沿线收买土地,并在青岛沿海收买盐田,所收买的田产招日本移民治理,分年以低利偿还东洋拓殖会社所定的田价。

1920年前后,河南安阳闹旱灾,地价跌到最低时,日人和买办合组的大韩公司收买了六七十顷土地。另一家同类性质的白壁公司则收买了十几顷。

日人不仅自己出面侵占土地,而且还勾结封建、买办势力,假托中国人名义进行收买,或假托中国堂号用典当或抵押方法进行侵占。例如:1914年5月前后,日人原口新吉以华人佟润堂的名义收买大片土地;三井洋行铁岭办事处主任佐佐江通过手下买办和中国封建军阀、官僚的协助,以丰顺堂、丰益堂等名义收买土地;山东省议员王贡忧代日商出面承办盐田等等。① 这样的例子不胜枚举。

"九一八"事变后,日人在东北侵占土地更加猖獗。1932年4月,伪满颁布"外人租用土地章程",规定外国人在东北能获得永久的承佃权,并成立了日满土地开拓公司,为日本侵略者攫夺东北土地开辟道路。1933年6月,伪满更颁布"商租权登记法",规定日人在东北从事农工商各业所需用之土地,得以自由商租,期限为30年,而且期满后可以延长。这实际上就是非法承认日人对"商租"土地的永久占有。以后,日伪又签订多种条约,以及对"商租权"进行所谓"整理",使日人对土地的占有"合法化"。

伴随着土地侵占的,是日本对东北的移民政策。19世纪20年代日本国内即已提出移民问题。"九一八"事变前,日人更大力提倡"韩民移满日民移韩"的口号,到1932年止,东北的朝鲜移民达56.5万之众,日本在东北的移民也有26万余人。到1936年7月止,东北的日本移民数约71.8万人,朝鲜人约85.8万人。

1936年5月日本关东军司令部制订了"满洲农业移民百万户移住计划案",其目标是在20年内将100万户、500万人的日本农业移民迁入东北。按照此项计划,日本移民分为主要依靠日本政府辅助的"甲种移民"和补助较少的"乙种移

---

① 章有义:《中国近代农业史资料》第2辑,第32—40页。

民"两种。移民方式以"分村移民"形态的农业集团移民为主,一般移民为次。为了安排大批移民,还计划在东北北部各地攫取总面积为1 000万町步的移民用地。日人之所以考虑将移民大部分迁入东北北部,那是因为:一、东北北部有大片未开垦的土地,在日人一心想巩固自己在东北的军事占领时,这样做比直接夺取已开垦的中国农民的土地可以减少许多矛盾,同时由于东北北部土地价格低廉,日本政府可以少花投资;二、当时东北北部是1936年2月成立的作为抗日民族统一战线组织的东北抗日联军的最大的游击区,日人把移民作为对付抗日联军的一种手段;三、东北北部是军事要地,而且日本移民是关东军的后备兵员,因此日本军方要把这一带选作日本移民迁入的主要地段。①

1939年12月日本和伪满共同发表了《满洲开拓政策基本要纲》,鼓吹日本对东北的移民政策。这一措施在当时是有深刻背景的。"七七"事变以后,日本在东北大力培养中国人的所谓"亲日意识",同时为了隔断关内中国人民的抗日斗争同东北人民抗日斗争的联系,为了镇压东北人民的反抗,并且妄图把东北建成日本统治全中国的军事和政治据点,关东军提出要对日本的移民政策进行"再检讨"。《满洲开拓政策基本要纲》就是这一"再检讨"的结果。

《满洲开拓政策基本要纲》分"基本方针""基本要领"和"处置"三部分。其"基本方针"部分称日本对东北移民是"日满两国一体的重要国策",改变了过去只说是日本国策的提法。这是企图改变中国人民对日本移民政策的"侵略的印象"。似乎日本对东北移民不是日本政府单方面的事业,而是日伪两方面的"共同事业"。同时,日人把移民政策说成是"道义的新大陆政策"的具体体现,说此类政策的实施是为了把东北建成"东亚新秩序建设"的据点。"基本方针"还把日本人移民确定为向东北移民的重点,朝鲜人移民为次。这同过去的方针也有所不同。日本希望其本国移民的增加,作为后备兵员而增强日本在伪满的军事力量,便于在东北建立"日本的秩序"和制造一个"民族协和"的假象,从而掠夺东北的资源,同时还可以解决日本农村的"过剩人口"所造成的社会矛盾激化问题。②

---

① 满洲移民史研究会:《日本帝国主義下の満洲移民》,東京龍溪書舍1976年版,第45—47页。
② 满洲移民史研究会:《日本帝国主義下の満洲移民》,第75—76页。

特别是1929年资本主义世界经济危机爆发后，日本国内经济困顿，农业人口过剩，农民难得温饱，社会矛盾益趋尖锐。至于日本要向东北移殖一部分朝鲜人，那是因为朝鲜劳动者中"每年都有十几万人渡往日本；其中有两三万人逗留在日本。他们低廉的生活程度，便成为日本劳动条件低下的一大原因。他们一方面固然对日本产业的发展大有贡献，但在现今经济恐慌之下，便不能不因而增大失业者群，更加重社会的负担和不安。因而把流向日本内地的朝鲜移民尽量使之转向东北，是现下日本最切望的事情"。① 总之，日本是要把它本国的社会问题转嫁给中国。

"基本要领"强调日伪分担责任。日本方面负责对移民的招募、训练、输送、助成和保护等，伪满则负责移民用地的准备，土地的利用、开发和分配，农业经营方式，以及移民的移住和对原住中国居民的奴化教育等。

"处置"部分则规定了"基本方针"和"基本要领"的具体实施措施。具体负责移民的机构由"移民实施机关"和"移民助成机关"两方面组成。前者由日本拓务省、在东北的日本"大使馆"、伪满和关东军组合而成，后者主要指的是"满洲移民协会"和"满洲拓殖会社"两个组织。"满洲移民协会"是日本国内的助成机关，从事有关移民的宣传、介绍、募集、教育训练和轮渡等诸事宜，日本政府每年给予10万日元补助，而"满洲拓殖会社"则是在东北日本"大使馆"的监督下，设在东北的一个移民助成机关。

满洲拓殖会社成立于1935年12月，创办时实收资本900万日元，主要出资者有满铁、三井、三菱、伪满等。满拓成立后借长春的电信电话会社的一部分厂舍设备开始营业，从事移民资金贷款、农机购买、垦荒资金融通等活动。

1937年8月日本为了更有力地贯彻百万户移民计划，以建立规模更大的满洲拓殖公社取代了满洲拓殖会社，资本5 000万日元，出资者有日本政府、伪满、满铁、东拓、三井、三菱、住友等。根据该组织基本法《关于设立满洲拓殖公社的协定》，满洲拓殖公社为"日伪合办"的事业单位，经营各种移民助成事宜。其首任总裁由原满拓会社总裁坪上贞二担任，理事有李铭书、生驹高常（原日本拓务

---

① 李隆：《日本政府在东北的移民计划》，《中国农村》第3卷，第7期，1937年7月。

省管理局长)、安江好治(大阪税务监督局长)、花井修治(原满铁和满拓会社理事)，监事有山田直之助(满铁)、葆廉(伪满)等。《满洲开拓政策基本要纲》制订后，为了贯彻拓殖机关的"一元化"组织原则，满洲拓殖公社以增资的形式收买了统制朝鲜人移民的满鲜拓殖会社。满拓公社以后又增资一回。

表9-2　满洲拓殖公社的资本与出资者

(1937—1943年)　　　　　　　　　　(单位：万日元)

	1937年设立时	1941年与满鲜拓统合时	1943年第二次增资时
日本政府	1 500	1 500	4 750
伪满	1 500	2 250	5 500
朝鲜总督府	—	750	750
满铁	1 000	1 000	1 000
东拓	375	375	375
三井	250	250	250
三菱	250	250	250
住友	125	125	125
合计	5 000	6 500	13 000

资料来源：满洲移民史研究会编：《日本帝国主义下の满洲移民》，第190页。

从上表可知，日伪当局是满拓公社的最大出资者。

满拓公社的中心业务是收买和掠夺移民用地。满拓公社继承满拓会社的土地共235万多公顷，每公顷地价平均只合10.61日元。尽管日占当局一再鼓吹"日满协和"，标榜通过"宣抚工作"和以"公正"的价格收买土地，但实际作法完全是南辕北辙，其取得土地的主要方法是掠夺，包括以极低的价格强行收购。

表9-3　移民用地的准备面积

(1941年3、4月间)　　　　　　　　　　(单位：公顷)

	总面积	地价支付面积	地价未付面积
伪满	8 306 000	4 875 754	3 430 246
满拓公社	11 720 000	5 925 176	5 794 824
计	20 026 000	10 800 930	9 225 070

资料来源：满洲移民史研究会：《日本帝国主义下の满洲移民》，第199页，伪满项下是1941年4月末的数字，满拓公社项下是1941年3月末的数字。

地价支付面积只有一半左右,而支付的价格又是极低的。这样大规模地攫取中国人民的土地,势必更大程度地激起中国人民的愤怒和反抗。

满拓公社为了扶植农业移民,作了大量贷款。1937年满拓公社的贷款利息收入为68.8万日元,占营业总收入的45.8%,1943年贷款利息收入上升为3263.1万日元,占营业总收入的74.9%;而土地管理收入则从1937年占营业总收入的52.0%下降到1943年的22.1%。①

由于日本对东北的大量移民,东北的日本农业移民数增加很快,1940年还不到7万人,1944年增加到约22万人。1942年一年的农业移民数就达14.6万人,耕种41.6万英亩土地。至于非农业移民的数字就更大了,在东北的一些大城市中,日人的比率很高,如1940年,大连的日人占全城人口的1/3,长春占1/4,沈阳占1/9,哈尔滨占1/12。

日本一方面采取措施向中国大量移民,另一方面又从1932年起限制关内的中国人移住东北。从1938年起,随着东北工业的发展,工业劳动力的需求急速增加,日占当局这才取消限制,并引诱关内华工出关充当廉价工业劳动力。

日人提倡东北农业多样化,种植谷物、大豆、棉、麻、烟草等,甚至还种鸦片。日人在其所侵占的从事农业生产的土地上,既搞生产,也进行农业试验。所种植的品种因地而异。日本农业移民一般以种植稻米和水果居多。每户移民可以得到12至21町免租或仅缴极低租费的土地,还有300日元的安家费,但移民区的土地经营并无起色。移民不大能适应东北的气候,不熟悉东北的土壤等各项生产条件的情况,对自己被日本当局胁迫而离开故土,以及对由日本侵略者所造成的中国社会的动乱都深怀不满。在遇到荒年后回国的移民也有不少。太平洋战争爆发后,日本军队急剧膨胀,军队伤亡数字也很大,同时日本的军事工业畸形发展,吸收了大批劳动力,因此日本国内的劳动力处于涸竭状态,当然也就不可能持续地向东北大批移民了。1942年较大量的移民是前几年就已准备好了的,从1943年起,移民的规模就大大缩小了。

日本在关内的农业投资主要是从事棉花等品种的改良试验,并给予推广,以

---

① 满洲移民史研究会编:《日本帝国主義下の滿洲移民》,第208页。

便为在华日本纺织厂提供理想的原料。1934年上半年,日本计划在华北侵占土地3千顷,进行棉种改良。1936年8月日本决定在天津和青岛设立农事试验场和产业科学实验所,进行棉种改良试验。日本国内和在华的纱厂经营者在日本当局的筹划下,成立了华北棉花协会,在更多的地区建立了农业试验场。"七七"事变后,兴中公司在华北的通县、丰润、玉田、迁安、滦县、香河、遵化、抚宁、昌黎等各地侵占了几万顷土地,从事植棉试验。在华中等区域,也有类似情形发生。

由于战争,沦陷区内大量土地荒芜。日人利用部分失去田主的荒芜土地组织了农场。这类农场集中于天津附近近海地区。根据1942年8月的调查,华北55家日系农场总面积达4.4万公亩,其中规模最大的有1938年5月成立的启明农场(钟渊纺织会社经营)和1942年4月成立的华北垦业公司等。① 东亚研究所对关内的日本农业投资作过如下统计:

表9-4 日本在关内的农业投资　　　　　(单位:万日元)

	1936年末	%	1938年来	%
华北	6.5	10.7	307	88.7
华中	54.2	89.3	39	11.3
合计	60.7	100.0	346	100.0

资料来源:東亞研究所:《日本の對支投資(下)》,第658—659页。

估计这个统计未包括主要由日本工业资本家出资,在华北各地建立的棉业试验场和试验所,当然肯定没有包括兴中公司等在战争中所侵占的土地的价值。

第二节　畜、林、水产、盐业

一、畜牧业

日人对发展东北的畜牧业是很重视的,特别是关东军,对于改良牲畜品种、

---

① 郑伯彬:《日本侵占区之经济》,第53页。

获得优良的军用马骡以及更多的肉类和羊毛寄予很大的期望。日人在东北的畜牧业投资同农业投资一样，侧重于品种改良，所办的大抵是一些种畜场和试验场。

早在1913年，满铁就在公主岭设立农事试验场，进行家畜品种改良试验，最主要的成果是以美利奴种绵羊与本地种绵羊交配改良以及以波克斯种猪与本地种猪交配改良均获成功。1925年满铁在沈阳设兽疫研究所，专事调查、研究各种兽疫，以及制造血清预防液等，收到很大的效果。

内蒙的蒙古产业公司也经营畜牧业。这是一家所谓中日合办企业。1919年12月日人荒井泰治与蒙古巴林札萨克亲王签订贷款合同，札萨克以2万余町步土地抵充15万元，设立蒙古产业公司。1922年5月东亚劝业会社承接荒井泰治的权利，将蒙古产业公司改为"中日合办"，并蚕食邻近的土地。从贷款到以"合办"名义予以控制，是日本势力向内蒙地区侵略和渗透的策略。蒙古产业公司的总办是一个名叫"薄益三"（绰号"薄天鬼"）的日本人，此人是赌棍兼土匪，不学无术，只是小时候读过一些中国的古书，这就成了他欺世盗名的资本。他在日本矢志效忠天皇，到中国来则竭力为清朝复辟而奔走。在这样一个日本流氓主持下。蒙古产业公司的经营十分混乱，所生产的干奶酪硬得几乎咬不动。

除了蒙古产业公司这类畜产专业企业外，满铁等企业以及日本移民也从事于制酪等乳品加工业。"九一八"事变后，以日人为主所经营的乳品加工企业逐渐增多了，主要有：资本500万日元的满洲酪农株式会社、资本300万日元的东满殖产株式会社、资本750万日元的明治产业株式会社、资本500万日元的新京酪农株式会社、资本1 000万日元的沈阳酪农株式会社、资本30万日元的沈阳牧场株式会社、资本150万日元的安东牛乳株式会社、资本500万日元的满洲兴农兴业株式会社以及东作农场和中满酪农株式会社等。这些企业一般都兼设牧场和加工厂。

日本在搞"产业开发五年计划"时，把东北畜产的增值也列入了计划，1941年的情况如表9-5所示：

表 9-5　1941 年东北的畜产

种类	单位	振兴目标	实际成绩	%
牛	万头	274	242	88
绵羊	万头	420	377	90
猪	万头	526	465	88
兽肉	万吨	19	17	89

资料来源：东北物资调节委员会：《资源及产业》上卷,第 97 页。百分数经过校正。

二、 林业

东北盛产木材,森林面积达 2 800 多万公顷。在"九一八"事变前,日人对东北的林业投资大多采取中日合办的形式。成立最早、规模最大的是 1906 年的鸭绿江采木公司。1918 年和 1919 年两年中成立的林业公司有 20 家左右,有的挂"中日合办"招牌,有的由华人出面,而由日人出资和经营。不管何种形式,企业实权都操诸日人之手。以后,这类林业公司又有所增加,1933 年达 30 家左右。1936 年 2 月日本与伪满成立了统制东北林业的垄断组织——满洲林业公司,在东北北部和东部的一些指定的森林区域里垄断林木的采伐、运输和销售,把私营商行的势力几乎全部排挤了出去。

在 1932 年及以前,东北是木材输出地区,1932 年的木材净输出量是 85 000 立方米。从 1933 年起,日本为了加紧东北各大城市的建设,对东北输出了大量木材,这样,东北就成了木材净输入者。1933 年的净输入量为 39.2 万立方米,1938 年更增加到 60.7 万立方米。

三、 水产业

日本在中国大陆的水产业投资不多。1910 年日人在旅大租界地内设立满洲水产株式会社,1930 年时的资本额为 100 万日元。该企业经营鱼市场、渔业贷款、赁贷渔具、制冰冷藏及其他有关业务,并不从事捕捞。1930 年后满洲水产株式会社归关东厅水产会经营,后者还从事其他渔业活动,关东厅每年给予补助费 4 万日元。1910 年 7 月日人还成立了关东厅水产试验场,每年经费数万日元,从事于对我国北方沿海一带的渔业进行调查研究。

由于台湾四面临海,有不少资源丰富的天然渔场,所以台湾的水产业很有发展前途,但在日本侵占之前,远洋捕捞很少。在日据时代,台湾总督府则不仅鼓励发展近海渔业,而且鼓励远洋捕捞。总督府较为重视对渔船的改良,以动力机船代替古老的小型帆船,这对于远洋捕捞是一个重要条件。总督府还奖励日本渔业移民在台湾从事渔业。此外,还通过开办水产学校和建立试验场等措施为台湾水产业的发展开辟道路。台湾的水产业发展较快,1914年,水产业年产值(包括渔获额、加工制造额和养殖额)仅 217 万台元,1938 年增至 2 355 万台元,1941 年更增至 5 402 万台元。在"七七"事变前,台湾有大小渔船 1.5 万余艘(其中动力机船占 10%),吨位 3 万吨,渔民 5 万人(其中机动船渔民 1.5 万人),平均每年渔获量 10 万余吨,养殖场每年生产 1.3 万吨。陆上设施有:制冰工场 43 所,每月产冰 1 100 吨;冷冻工场 21 所,冷冻能力 45 万吨;冷藏仓库 20 所,可容量 1.4 万吨;基隆、高雄、苏澳、新高等地有水产加工制造厂 13 所,产品有鱼丸、鱼罐头、鱼干、鱼肝油和鱼翅等;渔船修造厂 7 所,渔具制造厂 1 所。此外,还有渔业运输船 5 艘。从 1938 年起台湾的渔业发展更快,1941 年的渔业获额是 1938 年的 2.37 倍,加工制造额 2.95 倍,养殖额 1.79 倍。

四、盐业

日本在第一次世界大战期间经济发展很快,化学工业对工业用盐的需求量很大,国内盐价高涨,这就刺激日本人不仅积极从中国输入大量盐,而且还在中国从事盐业投资。从 1917 年起,日人在中国的制盐中心胶州湾地区开始投资于盐业。到 1922 年初,在青岛的 6 000 余町盐田中,日人共占 3 200 町,达半数以上。根据《华盛顿条约》和《山东悬案细目协定》日人在胶州湾经营的盐田及附属工场交还中国政府,取得赔偿金 938 万日元。在这以后的一段较长的时期中,日本在中国关内的盐业投资处于几近于无的低潮,直到 1935 年末兴中公司成立,日人才致力于河北省长芦盐的开发。在日本政府的要求下,兴中公司在 1937 年春拟定了发展日本在华盐业的各项具体计划,如原盐增产、荒废盐田的恢复、盐田的改良和扩大、洗涤工场的建设等。1937 年 2 月大日本盐业、三井物产、三菱商事、日华兴业、田中国隆商店等日本企业共同出资100万日元,创设山东盐业株式会社,从事于食用盐和工业用盐的对日输出及盐田开发。该企业发展很快,到1938年底,其实收资本已达325万日元。1938年4月兴中公司对伪临时政府长芦盐务局提供20万日元借款,对汉沽滩业公司提供盐田开发资金借款160万日元。到1938年末,日本在关内的盐业企业计有兴中公司盐业部、山东盐业株式会社、渤海湾盐业公司、大日本盐业青岛出张所、田中国隆商店等5家,实收资本额405万日元,实际投资额约1 230万日元。与"七七"事变前相比,实收资本额是过去的9倍,投资额则为20倍。1938年这些企业生产的盐共557 415吨,占关内产盐总量的1/6—1/5,产值约132万日元。1939年,在兴中公司的筹划下,华北盐业株式会社成立,资本2 500万日元。同年,华中盐业株式会社创立,从事开发海州盐。

在东北,由于化学工业的发展,工业用盐需求甚殷。1936年4月,满洲盐业株式会社作为生产碳酸钠的满洲曹达株式会社的子公司而设立,资本500万日元,为伪满特殊法人,由伪满、大日本盐业、满铁、旭硝子、德山曹达、满洲化学工业、东洋拓殖、晒粉贩卖、化学盐业、保土谷化学工业、昭和曹达、东洋曹达、宇部曹达等出资。其所经营的盐田散布于锦州、营口、松木岛、盘山、庄河各地。1939年,企业资本增至1 500万日元,1941年又增至2 500万日元,发展甚为迅速。

台湾也有盐田。在日本占据之初,台湾的盐田面积仅203甲,到1943年增至6 543甲,年产盐量达到46.5万余吨。台湾的盐场计有鹿港、布袋、北门、七股、台南、乌树林6处。主要盐田分属日资台湾制盐株式会社和南日本盐业株式会社两家企业所有,一部分则由钟渊曹达工业株式会社所掌握。

据雷麦统计,1930年日本对中国的农业投资2 100.5万日元,林业投资3 133.8万日元,共计5 234.3万日元,全部集中在东北。① 这一年台湾的农业和水产业公司实收资本额共2 053.9万台元②,日资以80%计算,为1 643.1万台元。东北和台湾两地共为6 877.4万日元。

---

① 雷麦:《外人在华投资》,第377页。
② 台湾省行政公署统计室:《台湾省五十一年来统计提要》,第877—878页。

据《满洲经济年报》统计,1936年东北经营农林业的公司的实收资本额是1931年的约110%,但该统计中1936年的实收资本额还不到1 000万日元,因此同商业一样,这个数字不能基本反映全貌。如粗略地把东北1936年的农林实际投资额估算为1930年的1.1倍,那么数额应为5 757.7万日元,加上水产业投资140.7万日元,共为5 898.4万日元。加上台湾和关内(包括盐业)的数字,共为6 724.2万日元。台湾这一年的农业公司遇到大危机,故而公司资本锐减。

1938年,在无确切数字的情况下,并考虑到日本在东北的农林水产业的投资变化情况不是太大,因此仍估算为5 898.4万日元,关内的农盐业投资额为1 575.8万日元,台湾则为3 658.2万日元,共计为11 132.4万日元。这以后,台湾有较大的发展,1942年的实收资本额中,日资约占5 027.7万日元。在关内,由于华北、华中两家大型盐业会社的建立和发展,投资额也有大幅度增加。

第十章　中日合办企业

在日本对华投资的企业中,有一类是中日合办企业。

所谓中日合办企业,是指一种特定性质的企业,即:"中日双方当事人,依据明示的意思表示,共同出资,共同经营的企业。"[1] "当事人"可以是中央或地方政府,也可以是社会团体或私人,双方订立合办合同,并须得到中国政府的批准。如果没有合办契约,或不履行合办合同,只是一般的日本人对中国企业投资,或中国人对日本企业投资,则不算中日合办企业。

甲午战争后,日本获得了在中国的设厂权,但仅限于通商口岸。随着日本国内资本主义的迅速发展,其向中国输出资本的要求日益强烈,几个通商口岸不能满足这种要求,特别是为日本所垂涎的我国煤铁矿业,基本上都处在通商口岸之外的内地。于是日本人就想出了通过同中国人合办企业的方式,向中国内地投资。正如日本南满铁道株式会社北平事务所的长野勋所认为,不搞中日合办,日本人在内地就什么也得不到;而通过中日合办,日本人可以"获得直接经营权,关于事业及资产的诸种权利及土地所有权,并且可以在中国的一般内地经营任何事业"[2]。所以,近代中国的中日合办是由于日本在内地直接经营企业受到限制而产生的一种变通渗透的办法,是日本进一步打开中国门户的手段。

---

[1] 张雁深:《日本利用所谓"合办企业"侵华的历史》,三联书店1958年版,第10页。
[2] 张雁深:《日本利用所谓"合办企业"侵华的历史》,第16页。

中日合办企业是建立在中日两国不平等关系基础之上的。有一些企业干脆就是日本方面挟武力强迫中国方面合办的,如鸭绿江采木公司、营口水道电气株式会社、本溪湖煤矿、满铁沿线的重要矿山等。这些企业大抵都是日俄战争期间,日本用军事力量实行强占,然后胁迫中国方面承认合办的。至于在中日合办企业的合同制订上,也同样体现了两国关系的不平等。例如上述鸭绿江采木公司,其资本本来就大大超过当地许多经营采木的华资企业,但该公司《事务章程》规定:"凡公司之营业与进款,及使用机器并伐木器具等,概得免税。"①这条免税规定使日人获得比不平等的协定关税更大的好处。该《事务章程》还规定:"凡旧设之木会,至本公司成立,应由该管地方官晓谕,令其悉行解散。"②该公司据此在当地同业中获得一种特权地位,甚至恃强向华资企业敲诈,规定每卖银百两,须坐收9—11两之利,名曰"买回得利",肆意欺压我国木商。③

有一些中日合办企业,从合办合同和企业重要职位的分配来看,似乎中日双方是平等的,如山东的博东公司,合办合同的各条都遵照中国政府颁布的《矿业条例》及有关法令,企业总理由中方担任,协理由日方担任,重要职员的职位双方平分,企业资本60万元也是中日双方各半。但从日方协理三宅骏二的后台日本东和公司同该公司签订的不公布于世的业务合同来看,则完全是不平等的。业务合同规定:博东公司出产的煤大部分必须卖给东和公司,以"特别价格"结算,如1931年在博山车站附近原煤的普通价格为每吨8—12元,而"特别价格"却只有6元。合同还规定:煤末每吨4.90元,碎子每吨5.40元,都只许向日本出口,不得在本省销售。④可见这是极不公平的带有掠夺性的业务合同,然而它却隐藏在"公平合理"的合办合同的外衣之下的。

中日合办企业双方的出资比例,一般的情况是中日各半,但也并不尽然。在东北,中日双方的投资比例是不平衡的。例如弓长岭铁矿的投资比例是中四日六分配,中方以矿权作股,日方以现金作股。合同规定股本总额100万日元,这100万日元完全由日方投入,其中60万日元作为日股,40万日元作为垫给中方

---

①② 黄月波等:《中外条约汇编》,商务印书馆1935年版,第171—172页。
③ 邹鲁:《日本对华经济侵略》,第254页。
④ 徐梗生:《中外合办煤铁矿业史话》,商务印书馆1947年版,第214页。

的华股,以后增资时也照此办理。直到合办期满企业解散或停业,日方代中方投入的资本始行收回,中方的矿业权也同时收回。弓长岭铁矿是完全以矿业权作股的,还有部分以矿业权作股的,如本溪湖煤铁矿。该矿合办时规定资本中日各半,各 100 万元(北洋),中方的矿业权算作 35 万元,其余 65 万元则以现金投入。弓长岭矿在增资时仍可以矿权作股,而本溪湖矿的矿权作股是一次性的,以后增资得完全用现金。① 另外如辽宁福泉公司资本总额 40 万日元,中方为矿权股,占全部股本的 45%。1920 年春成立的数十家中日合办公司,"其方法皆为日本之资本家与中国之有力当局者相结托,订定契约,指定某地某矿山,某森林等,虽云各负担资本之半数,然中国方面之资本皆由日本人代出,如获利益,日本取 50%,予中国人 25%,一切经营由日本人负责;有力之当局者,则仅对公司之成立给予援助,不出分文,而获取股东之名,又得 25% 之纯益,是以一时重要之当局者,甚多坠其术中,江天铎、曾毓隽、张作霖等即是"②。这说明有些合办企业双方投资确是不对等的。从东北和内蒙地区中日合办企业总的统计来看,也可知那个地区的中日合办企业中,日方资本比例高于中国。

表 10-1 东北和内蒙地区的中日合办企业投资比例
(1907—1926 年)

年份	中日合办企业资本总额(万日元)	中方		日方	
		资本(万日元)	(%)	资本(万日元)	%
1907	100	36.3	36.3	63.7	63.7
1908	174	61.3	35.2	112.7	64.8
1909	174	63.2	36.3	110.8	63.7
1910	174	63.0	36.2	111.0	63.8
1911	215	59.4	27.6	155.6	72.4
1912	215	59.4	27.6	155.6	72.4
1913	275	62.1	22.3	213.8	77.7
1914	256.2	52.0	20.3	204.2	79.7
1915	297.5	42.5	14.3	255.0	85.7
1916	348.7	67.4	19.3	281.3	80.7

① 徐梗生:《中日合办煤铁矿业史话》,第 217、240、241 页。
② 张雁深:《日本利用所谓"合办事业"侵华的历史》,第 144 页。

续表

年份	中日合办企业资本总额(万日元)	中方 资本(万日元)	(%)	日方 资本(万日元)	%
1917	536.2	78.2	14.6	458.0	85.4
1918	1 054.1	117.0	11.1	937.1	88.9
1919	2 115.0	273.3	12.9	1 841.7	87.1
1920	4 663.2	588.1	12.6	4 075.1	87.4
1921	4 639.3	504.2	10.9	4 135.1	89.1
1922	4 874.2	534.4	11.0	4 339.8	89.0
1923	4 761.4	493.9	10.4	4 267.5	89.6
1924	4 606.9	505.6	11.0	4 101.3	89.0
1925	4 829.7	482.7	10.0	4 347.0	90.0
1926	4 061.2	422.2	10.4	3 639.0	89.6

资料来源：根据日档提供的数字(摘自张雁深《日本利用所谓"合办事业"侵华的历史》第13页)整理。

从表10-1可知,中方资本比重呈下降趋势,日方资本比重呈上升趋势,最高年份达90%。这种情况很能说明日本人企图在各方面控制我国东北,进而侵略全中国的野心。日方给中方的"便宜",是以在资金等各方面牢牢控制这些企业为目的的。

另一方面,资本额同实际投资额是有区别的。有的中日合办企业虽然从资本比例来看是中日各半,但日方通过借款、垫款等多种方式,其实际投资额大大超过中方投资。这可以举关内的合办煤矿为例。

表10-2 关内中日合办煤矿业的投资额
（1936年末） （单位：万日元）

	所在地	实收资本	日方投资额	中方投资额	资产总额
鲁大公司	山东省淄川	250	900	244.4	1 144.4
博东公司	山东省博山	150	100	90	190
旭华公司	山东省章邱	20	74.6	10.7	85.3
泰记公司	河北省临榆	100	145	102	247
杨家坨公司	河北省宛平	37.5	18.8	18.8	37.6
计		557.5	1 238.4	465.9	1 704.3

资料来源：東亞研究所：《日本の對支投資》(上)，第173页。

表10-2中这些矿在合办合同上都写明是中日出资各半,但这只限于实收资本,日方实际的投资额平均约为中方的3倍。这也说明了日方挟其雄厚的资力,以平等之名,行操纵矿权之实。

华北和华中等许多地区的一些企业,是日本人借"合办"的名义成立的,所以合同上写的出资比例是一回事,实际做的是另一回事,中方出资往往少得可怜。

1927年南京国民政府成立后,曾对中外合资企业作过一些政策上的限制。如在矿业方面,规定中方投资须超过外资,董事会的中方席位须过半数,董事长和总经理职位应由中方人员担任等。1935年国民政府立法院还规定电信、交通、铁路等公营事业应绝对排斥外资。但这些旨在使合办企业不受外人控制的限制和规定并没有起实际作用。全面抗战前成立的天津电业公司,中方资本在资本总额800万元中只占25%,完全受日方控制。① 到了1943年9月,国民政府又作出如下决议:"今后中外合办实业,外国方面投资数额的比例,应不加固定之拘束;公司组织除董事长外,其总经理人选,亦不限定为本国人。"②实际上是取销了先前有关投资比例的限制。当然,这主要是针对英美而言,当时的中日合办已经不复存在了。

除了投资比例,还有一个企业国籍的问题。张雁深把近代中国的中日合办企业确定为双重国籍是有道理的。③ 如果两国关系平等的话,合办企业可以取这一国国籍,也可以取那一国国籍,但都要遵守企业所在国颁布的有关法律和法令,而无需取双重国籍。但近代中国的中日两国关系是不平等的,日本资本一方面为了以日本政府的侵略势力为后盾,必然地要在日本注册,使企业取得日本国籍,以便在中国取得特权。另一方面,日人搞合办的宗旨是把经济势力渗透到中国通商口岸之外的内地去,如不取得中国法人资格,便会在中国内地行动不便。所以,双重国籍是中日两国不平等关系的必然产物。

张雁深认为中日合办事业有三次高潮:一是在日俄战争之后;二是在1915年"二十一条"提出之后;三是在第一次世界大战后的1919—1921年期间。从中

---

① 徐笑春:《日本投资华北之计划》,《中外经济情报》第46号,1937年1月出版。
② 徐梗生:《中外合办煤铁矿业史话》,第5页。
③ 张雁深:《日本利用所谓"合办事业"侵华的历史》,第21—22页。

日合办事业的实际情形来看,张雁深所说的第二和第三次高潮是紧密相连的,中间并无低潮间隔,所以可以看作是合而为一的过程。因此,中日合办事业有两次高潮:一次是在日俄战后;一次是在第一次世界大战期间并延伸到1921年左右。日俄战争以后,日本不仅继承了沙俄在我国东北的侵略特权,而且蛮横地加以扩张,如南满铁路,原是中俄合办的,而继承沙俄权利的日本却拒绝合办,独占了这条铁路的经办权,并且把这条铁路沿线极重要的抚顺和烟台煤矿也攫夺到手。至于一些因各种因素,日方一时还不能强行独办的企业,则实行中日合办。这一时期的中日合办企业主要建在东北地区。从1906—1910年,共成立了16家中日合办企业,其中个别是假合办的。这些企业创办时虽然规模不是很大,但是凡与日本的在华利益关系比较密切的企业,如本溪湖矿、营口水道电气株式会社、鸭绿江采木公司等,日人都紧紧抓住不放,以后的发展是比较快的。第一次世界大战期间及稍后几年(至1921年),日本全力向中国投资,包括在通商口岸的直接投资和在内地的合办事业投资,因此这一时期的中日合办事业向全国扩展,数量特别多,在1895—1931年间成立或筹组的有据可查的217家中日合办企业中,这一时期的企业至少达151家,占70%。①

在这一时期成立的合办企业中,有一些是假借华人名义而设立的企业,华资由日人代付,这就具有假合办的性质。但在这方面情况比较复杂,首先得排除中方以矿业权、土地、森林、牧场等折资入股的情况,此外还要看利润分配以及中方是否以所得利润逐步归还日方垫付的资本等,因此不宜简单作出结论。到这一次高潮的末尾,除东北和内蒙地区外的中日合办企业,其日资部分共约2 770万日元,其中河北省1 000万日元,山东省250万日元,江苏省1 400万日元,广东省50万日元,其他各省共70万日元。② 加上中方资本部分,则中日合办企业的总资本共约为5 540万日元。截至1931年"九一八"事变止,这些合办企业大部分失败,其中三分之二处于停业等所谓"睡眠状态"中。

在这个阶段之后,中日合办企业的发展处于低潮。在山东,由于解决日本在

---

① 根据张雁深:《日本利用所谓"合办事业"侵华的历史》书末附表"中日合办事业一览表"计算,包括非法成立的及实质上属于假合办性质的企业。
② 樋口弘:《日本对华投资的研究》。转引自陈真:《中国近代工业史资料》第2辑,第403页。

1914年对德宣战后所占领的一些原德人经营的企业的悬案,新成立了若干由中日双方出资的合办企业,其资本的地区分布为:鲁大矿业公司1 000万日元,胶澳电气公司220万日元,青岛屠宰公司50万日元,合计1 270万日元。① 此外,尚有山东的博东煤矿公司(资本60万元,中日各半)和同益公司(资本30万元,中日各半),两企业资本总额为90万元,日资45万元,以1923年汇率(100日元折合90.57元)换算,则两企业的资本总额为99.4万日元。加上前面的数字,则共计1 369.4万日元。

至于东北和内蒙地区的中日合办企业,樋口弘没有统计。张雁深则估算出这一地区的中日合办企业在"九一八"事变之前,资本总额超过两亿日元,合办企业的半数以上是失败的。② 在两亿多日元中,日方资本超过一半,照前面曾经说过的,约占80%—90%的比重,以85%估算,日方资本额要占到17 000万日元以上。

综合以上几方面的数字,可得下表:

表10-3 "九一八"事变前中日合办企业的总资本与日方资本

(单位:万日元)

	中日合办企业总资本	日方资本
关内1921年前	5 540	2 770
关内1921年后	1 369.4	684.7
东北和内蒙地区(低限)	20 000	17 000
合计	26 909.4	20 454.7

这就是"九一八"事变前中日合办企业总的资本情况。对于像鲁大矿业公司等经营较为顺利的合办企业来说,日方实际投资额远远大于其资本额。但从总体来看,由于大多数合办企业处于停顿状态之中,其资本实际上已不在运营,所以作出日方资本约2亿余日元的估算,同实际运营资本比较,是不会过低的。

"九一八"事变后,日本侵占东三省,在原有的中日合办企业中,如中方出资

---

① 樋口弘:《日本对华投资的研究》。转引自陈真《中国近代工业史资料》第2辑,第403页。
② 张雁深:《日本利用所谓"合办事业"侵华的历史》,第168页。

者为商股，日方则进行"收买"（如鞍山振兴公司）；如系官股，则干脆无偿强占（如弓长岭铁矿）；有许多合办企业的华股则由日本的傀儡——伪满洲国政府劫收（如本溪湖煤矿、合办铁路等）。所以"九一八"事变后，这一地区的中日合办企业归于湮灭。

至于其他省份，据樋口弘统计，截至"七七"事变前，日本在中日合办企业中的投资总额约共6 000万日元，其中：矿业2 000万日元，电力1 000万日元，其他1 000万日元，休业及开工不正常的各种企业投资2 000万日元。[1] 由此可以看出，这一时期的中日合办企业有稍趋活跃的迹象，这是日方资本受了日本侵华政策刺激的结果。合办事业的发展重点更集中于矿业、电力等为日本侵华战略利益所需要的行业中了，如：1936年7月山东南定成立的鲁东电力股份有限公司，资本30万元；同年8月在天津成立的天津电业股份有限公司，资本800万元，中方出资25%；同年11月成立的惠通航空公司，资本270万元，中方出资50万元；垄断长城一带煤矿的长城炭矿公司；大力恢复和扩展招远玲珑金矿公司的经营等等。到"七七"事变后，中日合办企业有的被日军强占，有的瓦解，基本上都结束了。

近代中国的中日合办企业大多数是失败的，有的活跃一时，却不能持久，有的在合办时成绩一般，而当日本独办时却兴旺异常，如鞍山振兴公司，1933年日本"收买"后，经大力经营，生铁产量占日本同业的第二位。中日合办企业为什么难以搞好？这里既有两国社会的原因，也有合办企业本身的原因。在社会原因方面，由于我国人民多次举行爱国抵货运动，在这些抵货运动中，中日合办企业的产品也作为日货被抵制，使合办企业受到很大的冲击。在日本方面，则频繁地发生经济恐慌：1920年的战后大恐慌，1922年以关西为中心的恐慌，1923年关东大地震后的萧条，1927年的金融危机，1929—1933年日本又被卷入世界性的经济危机之中。[2] 日本国内的经济恐慌对日本资本的对华输出产生很大的影响，1921—1931年中日合办企业的发展处于低潮，这是一个不可忽

---

[1] 樋口弘：《日本对华投资之新动向》，《中国经济年报》1939年版，第3编第6章。
[2] 参阅伊豆公夫《日本小史》，杨辉译，湖北人民出版社1956年版，第108页。

第十章　中日合办企业

视的原因。

合办企业本身的经营管理,也存在不少弊病。

中日合办企业,有的企业有明文规定,如中日溪城铁路公所的章程就规定,公司"置监督理事各一人。监督为义务职,由中国委任,理事总理业务及代表公所,由南满铁路会社选任";"内部职员,由理事任命之。但采用中国人为职员时,须经监督同意"①。显然,规定的中方监督是有职无权的空名义,日方的理事则执掌全部实权,包括用人权在内,可以任意把日本人安插到企业的关键职位上。青岛佐世保海底电缆的合办合同更加荒唐,规定该线电报房的一切经费、设备、土地、房屋等均由中国方面负担,而电报房的主任和技师却由日本委派,中方仅充任低级职员。② 不过,像这类从章程上就可看出日方独霸的企业毕竟不多,大量的情况是合同上写的是一回事,实际干的又是另一回事。鲁大矿设总理一人、协理两人;总理由中方担任,协理中日各一人。1929年时,鲁大矿中方总理靳云鹏、协理王占元,均远居天津,不问实事,企业实权操在日方协理神崎二助手里。本溪湖矿的合同上写着:"公司总办中日各任一员,其他各员由两总办协商,务期平均委派。"貌似公允,事实上日员多华员2倍。合同上写着:"该矿各项新旧工程以及支付款项须由两总办商妥签字后方可举行;并须随时报告督办。"而事实上则事事由日方总办独断专行,仅在付款时做做样子,通知一下华总办,对督办则不仅谈不上请示,事务报告也仅每年送达一次。合同上规定,公司的公文和账册须用中、日两国文字缮写,"俾两总办易于核阅",而事实上仅以日文为准,也多不送达华总办。③ 企业被日方独霸,双方不能合作,这是合办企业不能搞好的一个重要原因。

近代中国的腐败政治对中日合办企业也造成很不利的影响。清末的办矿差使,是专属候补府道的,而这些候补府道根本不懂办矿。民国以后情况并未好转,袁世凯做了总统后,两个不懂矿业的儿子,一个做了开滦督办,一个做了福中副督办。其他合办企业的督办也好,总办也好,或官场中人,或系军阀的私交、门

---

① 邹鲁:《日本对华经济侵略》,第101页。
② 邹鲁:《日本对华经济侵略》,第154页。
③ 徐梗生:《本溪湖之煤铁》,《新经济半月刊》第7卷第1期(1942年)。

客，他们不懂企业管理，不懂外文，缺乏科学常识，缺乏办事能力，他们拉帮结伙，只图个人私利，不问矿务兴衰。日本人也摸透了这些人的脾性，例如鞍山矿日人对中方合办交涉人于冲汉及张作霖的贿赂，就是投其所好，结果日人获得极大的利益。在清末及民国，由于政局动荡不定，中日合办企业的中方督办、总办也频繁更替，如本溪湖矿的华总办在五年时间内曾更换了七次，有"五日京兆"之称。这样走马灯式地更换矿差简直如同儿戏，岂是办实业之理。

当然，在所有的华督办、总办或董事中，并非没有一个能人。例如，本溪湖的某一任总办王宰善，办事干练，又懂外文，他在 1916 年 7 月通过同日方交涉，改变了公司开办以来以六七折纳税的积习，实现了矿税的十足缴纳。但这样一位懂得矿务又对国家有功的人，却被排挤，调离华总办的职位。鲁大矿的专务董事高衡是一位爱国老人，他曾说，只要他活着，鲁大矿对中国当局决不致越出常轨，决不让日人把持。抗战快胜利时，日人纷纷离开鲁大，年逾古稀的高衡兴备异常，急忙赶去接收，结果遽然发病，死在火车站上。在近代中国中日合办企业的中方高级管理人员中，像王宰善、高衡这样的人可算得是凤毛麟角，而绝大多数人则是滥竽充数、贪得无厌之徒，这些人对合办企业不仅无益，而且是沉重的包袱。

中日合办企业的重点是矿业等原材料行业，而这些企业的产品大多是以低廉的价格卖给日本的。例如上文说过的博东公司以其贱价煤炭使日本东和公司发了大财，而自己却弄得气息奄奄，该矿尽管生产比较正常，但 1930 年度的盈余仅为 17 000 元，1932 年度只有 12 000 元[①]，显然是吃了东和合同的亏，利润通过不合理的价格"转移"给了同合办企业中的日资有密切关系的日本企业。20 世纪 20 年代末中国每年向日本出口的煤铁矿石总计约 35 800 多万元，[②]其中相当大一部分是中日合办企业的产品。其他行业如鸭绿江采木公司的产品，也是大部分向日本出口的。[③] 合办企业在这种对日出口中吃了很大的亏。这也是中日合办企业多有亏损的一个原因。

[①] 徐梗生：《中外合办煤铁矿业史话》，第 214 页。
[②] 蒋坚忍：《日本帝国主义侵略中国史》，上海联合书店 1930 年版，第 336—337 页。
[③] 蒋坚忍：《日本帝国主义侵略中国史》，第 324—325 页。

综合上述各种原因,根本的即是两条:其一是中日合办企业,不是真正建立在双边平等的基础上;其二是合办企业的中方高级管理人员不是懂业务、精明干练的实业家,大多是行政官吏(包括候补道这类"虚官")挂名充任。这两点终成合办企业的痼疾,使之归于失败。

第十一章 借款

借款是日本对华投资的一个组成部分。本章依时间顺序,将日本对华借款分为"早期借款""西原借款"和"第一次世界大战后的借款"三节叙述。

第一节 早期借款

本文对早期借款的时间划分,是以日本大隈内阁倒台为截止期。之所以如此划分,是因为日本寺内内阁成立后即对段政权大规模举借西原借款,这是下一节将要着重讨论的。

在叙述早期借款时,首先要把列强强加给中国的庚子赔款加以剔除。包括东亚研究所和樋口弘在内的许多日本学者都把庚子赔款算作第一次世界大战前列强对华的大借款,这是完全不合理的。

1900年八国联军侵华,强行索取战争赔款银45 000万两,条约规定由中国政府分39年还清。其中日本所得份额比例约为7.73%,赔款本额为3 479万余两,赔款利息为4 115万余两,共7 594万余两,约合日金10 685万余元。1917年12月1日起,由于第一次世界大战的复杂关系,日本不得已与协约国取一致办法,缓收5年赔款。1923年3月日本国会通过决议,将庚款余额及解决山东悬案所得的库券及赔偿金,每年约470万日元,移作对华文化事业之用。当然这决不是日本的大慈大悲,而是为了与其军事侵略和经济侵略相适应,在教育文化领域加紧渗透和侵略的一项措施。清政府对庚子赔款本银曾发出五种"债券",交由各国收执。这里所谓"债券"并不是真正的债券,因为这并不是列强借款给中国,而是以武力强行索取。这笔所谓借款,实际上并无一文钱从"借出国"流到中国,这笔款项也不是原先投资所生的利润;把它算作对华借款投资很不适当。因此,在计算日本对华借款额时,这笔赔款的本利不宜列入。

除了庚子赔款,还有一笔所谓善后大借款也是可以讨论的。善后借款是1913年4月由英国汇丰银行、德国德华银行、法国东方汇理银行、俄国华俄道胜银行和日本横滨正金银行五国银行团同中国当局签订的借款。借款额为2 500万英镑,合24 490万日元,年息5厘,以中国的盐税、海关税和直隶、河南、山东、江苏四省的中央税作担保。这笔借款的用途:(1)偿还1912年和1913年两年赔款,六国银行垫款,币制实业借款的垫款、比国借款及中央各部所欠五银行的零星借款,约共600余万英镑;(2)预备赔偿外人因中国辛亥革命所受损失款项200万英镑;(3)划还各省历年旧欠五国银行债务280余万英镑;(4)预备裁遣各省军费300万英镑;(5)预备中央6个月行政费及各项工程费550余万英镑;(6)整理全国盐务经费200余万英镑。在以上用途中,有一部分是用于赔款,但不占主要地位,所以总的来说,同庚子赔款有所区别,可归入借款之列。但从日本方面来看,出面承借者虽为横滨正金银行,但这笔500万英镑的款项是它从欧洲转借而来的。因此雷麦认为:"善后借款中日本所占的部分,其资金来自英、法、德三国;而借款的偿付,则经横滨正金银行及欧洲各银行之手,转付英国和欧洲大陆的投资者。照发行地点的原则讲起来,日本在善后借款中实在没有股份。笔者搜集1914年日本所持善后借款债券的资料,得到一个结论,就是那时在日本并没有这种债券。根据这些事实,日本对华借款表中,应将善后借款除外。"[1]雷麦的著作叙述的是1931年之前的情形,而到1936年前后,据樋口弘调查,"善后借款的一部分,现在是归日本人所持有的"[2]。这里的"一部分"究竟是多少仍

---

[1] 雷麦:《外人在华投资》,第324页。
[2] 樋口弘:《日本对华投资》,第148页。

不知道,但有一点似可肯定,即善后借款日本部分的余额债券在20世纪30年代逐渐从欧洲移向日本。

辛亥革命爆发后,由孙中山先生主持的南京临时政府曾于1912年1月向日本大仓洋行借款300万日元,年息8厘,规定以沪杭甬铁路的一部分资产作担保,但这就与1908年清政府向英国中英银公司举借该路筑路经费150万英镑时签订的合同有冲突;当时的合同已经规定了以该路收入作借款抵押。经过一场纠纷后,中国政府于1914年2月另向中英银公司借款,偿还大仓洋行的欠债。

南京临时政府于1912年2月向三井洋行借款250万日元,年息7厘(当时仅交到200万日元),以国库证券担保,其用途为接济南京临时政府的用费。后来由于中国政局的变化,该项借款成为无确实担保的外债。

南京临时政府还向日人举借陆军部军装借款200万日元,年息8厘,用于订购军械被服等。该项借款后于1915年12月重订,共计银元1 935 331元。

南京临时政府还以汉冶萍公司名义向三井洋行借款200万日元(按:一作300万日元),年息8厘,以汉阳铁厂和大冶铁矿的财产作抵押,期限一年。此项借款用作军费。

在早期借款中,还有三笔是带有政治倾向性的借款,即孙文借款,岑春煊、张耀曾借款和护国军借款。孙文借款是日商久原房之助于1916年借给孙中山先生的一笔革命经费;岑春煊、张耀曾借款是日人竹内维彦于1916年3月借给这两位广西军人为推翻袁世凯帝制所需的经费;护国军借款是同年五六月间日人芳川宽次借给蔡锷和李烈钧的护国军军费。

表11-1 三借款契约内容

	成立期	金额(日元)	利率	期限
孙文	1916年	700 000		革命成功后
岑、张	1916年3月20日	1 000 000	10%	革命成功后
护国军	1916年5月及6月	448 913 747 028		一年以内

资料来源:東亞研究所:《日本の對支投資》(下),第853页。

上述一些带有政治倾向性的借款之所以能够成立,固然说明在日本是有一部分人同情中国革命的,但并不能就此得出日本统治阶级愿意帮助中国革命的结论。日本政府在中国的辛亥革命中,一方面与清政府交涉,清以让日本占领东三省作为日本助清的酬报;另一方面又与革命派交涉,希望得到若干路矿权利,其所关心的只是其在华特权。三井、大仓等日本财团之所以借款给临时政府,是想影响、控制临时政府,在列强的角逐中争先。1916年2月到4月,日本由久原房之助出面,资助以孙中山为首的南方革命党人240万日元,加上其他一些借款共约300万日元,另一方面这同一个久原房之助却又于同年9月9日秘密与北洋军阀政府签订了借款8500万日元的合同。① 这同样表现了日本军国主义者翻手为云覆手为雨的两面派伎俩。

在日本早期的对华借款中,很重要的一个部分是其对汉冶萍的借款。汉冶萍公司最早于1902年向德国借款400万马克,以后开始借日债。汉阳铁厂于1902年借的第一笔日债为25万日元,大冶铁矿于1903年借的第一笔日债为300万日元。1903年1月大冶铁矿借款合同规定:(1)日本兴业银行提供借款300万日元,年息6厘,30年为期;(2)以大冶铁矿的设备财产作担保;(3)大冶铁矿当延聘日本工程师一名;(4)日本制铁所每年向大冶矿购入矿石7万—12万吨,价格固定,如在1905年以后的10年中,一等矿石每吨3日元,二等矿石每吨2.2日元。这个规定对中国方面大大不利。关册记载:"大冶铁矿之运出者,……册载之价,较市价只1/3。清朝光绪二十四年鄂督张之洞与日本人立约借款开矿时,约内订定以矿砂偿之。其价极低,每吨作日本银圆三元,合关平银二两有零。后复借款,仍照此续订,故其价永如其旧"②。日本方面要汉冶萍以只及市价1/3的矿砂还债,汉冶萍当然无法恢复元气,债越借越多,包袱越背越重。到1913年底,汉冶萍公司所负的日债约200万英镑,其他债务大约一共50万英镑,很大部分是欠中国人的,有一部分是欠外国人的,利息为9厘半到1分3厘不等。横滨正金银行于1913年12月同意再借给汉冶萍公司1500万日元,其中以900万日元偿付日债以外的其他高利贷款,并清理日本的旧债,另外600万日

---

① 胜田主计:《确定对中国借款方针》,《近代史资料》1981年第2期,第192页。
② 汪敬虞:《中国近代工业史资料》第2辑下册,第1168页。

元则用于建造新铁炉。此项借款的年息为7厘,以5年为期;5年后重新考虑利率,最多不超过6厘。此项借款还规定公司须聘请一名日本人为财务顾问,一名日本人为工程顾问,"监督"企业的财务和技术。日人就是这样通过借款,逐渐把汉冶萍公司置于自己的控制之下。雷麦依照借款合同,估计日本对汉冶萍公司的借款总额,于1914年初为1500万美元。①

早期借款中,还有一些中国政府(包括中央政府和地方政府)承借的日债。

1905年中国政府向日本借款3.2万英镑,年息5厘,是为新奉铁路借款;1907年中国政府向日本借款8万英镑(实为215万日元),年息5厘,是为吉长铁路借款。② 这两笔借款的最后签约成立是在1909年,日本债权人为满铁。

新奉铁路借款是中国政府为了改筑已向日本政府收买的新奉铁路东段而举借的。1909年协定的借款额为32万日元,折扣93%,期限为18年,并规定"在18年期限未届满期以前,不得预先全部还清"③。这是日本企图继续对该段铁路施加影响的一种手段,吉长铁路的借款额215万日元,折扣93%,年息5厘,期限为25年,并规定:在人事上须"聘任日人为总工程司〔师〕及会计主任";在财务上,为了履行以该路财产和进款作担保的规定,"本路入款须储存于正金银行分行或出张所"。④

1910年,清政府邮传部向横滨正金银行借款220万日元,作为收买1908年为收赎由比利时和沙俄资本控制的京汉铁路所发行的1000万元内债的一部分。1911年1月,盛宣怀就任清政府邮传大臣,主管铁路,大力推行铁路国有政策。在他的主持下,邮传部于1911年3月同横滨正金银行签订了1000万日元的借约,年息5厘,95%实收,期限为25年。该项借款名义上作为铁路行政费用,雷麦氏则认为同盛宣怀所推行的铁路国有政策有关。⑤

清末地方政府也借了一些日债,计有:1901年12月台湾银行对福建省借款150万元,年息6.5%,期限15年;1902年4月日本三五公司对闽省樟脑局借款

---

① 雷麦:《外人在华投资》,第329页。
② 《清朝续文献通考》卷68,考8251。
③ 雷麦:《外人在华投资》,第325页。
④ 刘秉麟:《近代中国外债史稿》,三联书店1962年版,第77页。
⑤ 雷麦:《外人在华投资》,第326页。

20万元,开始两年年息5%,以后为10%,期限6年;1906年1月,正金银行借予直隶省公债款库平银300万两,年息7%—12%,期限6年;1906年7月,正金银行对湖北善后局借款洋例银40万两,年息7%,期限5年;1907年9月,正金银行对湖北官钱局借款洋例银200万两,年息8%,期限10年;1908年7月,正金银行对南京财政局借款洋例银100万两,年息8%,期限2年;1909年1月,台湾银行对福建布政使借款5万日元,月息0.9%,期限1年;1909年10月正金银行借予湖北省公债款库平银76万5千两,年息7.89%,期限6年;1910年5月,正金银行对东三省借款150万日元,年息6.5%,期限3年;1910年8月,正金银行借予上海道台维持上海市面款30万规元两,年息4%,期限6年;1911年1月,正金银行借予湖南省公债款洋例银50万两,年息8%,期限1年;1911年4月,台湾银行对福建度支公所借款库平银5万两,月息0.8%,期限1年;1911年6月,台湾银行给予周转广东市面借款160万日元,年息6%,期限3年;1911年6月,台湾银行对福建布政使借款15万日元,月息0.9%,期限1年半。这些借款基本上都有确实担保。①

在袁世凯政府时期,还有以下借款:陆军部的泰平公司军火价库券款1 036 609日元和三井洋行军火价库券款1 738 416银元;海军部的三菱船厂船价库券款159 700日元和川崎船厂船价库券款862 195日元。②

除了上述中央政府的借款外,地方政府还有若干借款。此外,还有一些实业借款,如1912年7月,汕头自来水公司向台湾银行借款10万元,作为公司创办资金;1913年5月,上海安正铁路公司向东亚兴业株式会社借款20万元,作为铁路建设资金;1913年末,江西南浔铁路公司所负日债总额达500万日元;1912年和1914年,闸北水电厂两次借款共银40万两等。

闸北水电厂是1910年官商合股26万元在上海筹建的,1911年建成投产,出水量为每日200万加仑。1936年《上海市年鉴》中关于该厂所借日债的记载与东亚研究所稍有不同,谓于1912年以全部厂房机器作抵押,向日商大仓洋行借款40万元,以作扩充业务之用。但此项借款闸北水电厂没有实际受惠,而是

---

① 徐义生:《中国近代外债史统计资料》,第34—50页。
② 此处据刘秉麟《近代中国外债史稿》,第119页。徐义生的《中国近代外债史统计资料》记为借款成立于1911年5月,债款合计68万日元(第50页)。

由于时局关系被移作军用了。后来大仓洋行频频索债,企图照抵押借款的合同规定,对该厂予以吞并。在当地各界爱国人士的吁请下,江苏省当局于1914年3月将该厂改归省有,定名为"江苏省立闸北水电厂"。①

汉口既济水电公司的工厂及外线在1911年的武汉革命中遭到战火损失,总额达150万元。为求恢复,该公司向日本东亚兴业会社借款,以后又在扩充建筑中增加借款,到1916年,总计达250万元。

南昌开明电灯公司是由贺赞元、龙钟洢、朱培真等几个官僚在清末发起创办的,因招股未齐,所以于1911年向日本高田商会借银10余万两。但该公司因经营不善,不能按期偿还日债,在日方的追索下陷于困境。

表11-2 辛亥革命前后中国厂矿所借日债统计①

厂矿名称	借款时期	借款额	投资机构
南昌开明电灯厂	1910	100 000 两	高田商会
武昌竟成电灯厂	1910后	?	东亚兴业会社
汉口既济水电厂	1911	1 200 000 两	东亚兴业会社
汉口既济水电厂	1912前	137 397 两	正金银行
上海闸北水电厂	1912.2	400 000 元②	大仓组
汕头自来水厂	1912.7	100 000 元	台湾银行
汕头开明电灯厂	1912.10	40 000 元	台湾银行
大冶水泥厂	1912.7	72 000 日元	三菱洋行
汉口扬子机器厂	1912	162 469 两	正金银行
安徽铜官山煤铁厂	1912前	200 000 日元	三井物产会社
湖南狮子腰等矿	1912.3	55 000 日元	高木两合公司
南通大生纱厂	1912	200 000 两	大仓组
清河溥利织呢厂	1912	160 000 两	大仓组
上海中兴面粉厂	1912.7	169 496 两	三井物产会社
上海南市电灯厂	1913	300 000 两	旭公司
杭州通益公纱厂	1913	200 000 两③	旭公司

资料来源:汪敬虞:《中国近代工业史资料》第2辑下册,第1063页。
注:① 原资料中列有上海绢丝公司于1912年向正金银行借款约18万两,因该企业为中日合办,故从表中删去。
② 一说为 400 000 两。
③ 借款成立否不详。

---

① 上海市通志馆年鉴委员会:《上海市年鉴(1936年)》,中华书局1936年版,第N48页。

在当时的中国,不论是官办的还是民办的企业,资金薄弱可以说是一个通病,因此不少企业都举借外债,连当时很有代表性的张謇所创办的南通大生纱厂,也于 1912 年向日本大仓洋行借款 20 万两。一些借了日债又因经营不善而无法偿还的企业,有的就落入了日人手中。

雷麦统计 1913 年末的日本对华借款(包括对汉冶萍公司和南浔铁路两项借款)总额(本金)为 2 560 万美元①,这个数字由于没有把大多数较小数额的借款计算在内,所以肯定是偏低的。

日本对华早期借款虽然是日本对华经济侵略的一部分,但是除了庚子赔款和有争议的善后借款外,同日本整个对华政策结合得还不是十分紧密,对中国政府的政治倾向性也不统一,从总体上看不成系统。

第二节　西　原　借　款

西原借款是指 1917 年和 1918 年两年间,在日本寺内内阁当政时,由西原龟三具体经办的 7 笔对华借款。西原借款具有鲜明的政治倾向性和系统性,在近代中国的日本对华借款中占有重要地位。由于西原借款能够反映日本统治阶级中几个派别中一派的对华政策观点,所以有必要对西原借款的背景和过程作较为详细的阐述。

西原龟三并不是日本政府中担任公职的人。日俄战争时,30 岁刚刚出头的西原就跟随日本民间特使神鞭知常赴朝鲜游说,鼓动朝鲜在日俄战争中协助日本。以后,他应邀担任了朝鲜京城(汉城)商业公会的顾问。1907 年,他在京城参与创办了共益社,该会是全朝鲜棉麻布商的联合团体。寺内正毅于 1910 年就任第三代朝鲜总督时,西原经人引荐,结识了寺内正毅,并积极为寺内正毅在朝鲜的统治献计献策,深得寺内的信任。

大隈内阁利用第一次世界大战的机会,借口对德宣战,出兵侵占胶州湾;又

---

① 雷麦:《外人在华投资》,第 328、330 页。不计庚子赔款和 1918 年 6 月才成立的陕西铜元局借款。

提出臭名昭著的"二十一条",强迫中国政府接受,所有这些,都是符合日本整个统治阶级利益的。但由于大隈内阁的侵略行径过于露骨和凶残,不仅遭到中国人民的强烈反抗,甚至连英美也对日本在中国攫取权益的过分冒尖而表示不满,这使日本不得不予以正视。同时,大隈内阁同以山县友朋为中心的元老派有矛盾,元老派着意于换马。在这种情况下,西原为了获得抨击大隈内阁的材料,于1916年6—7月到中国东北和山东搜集当地日人暴行的实例,回国后起草了《山东省的革命党和日本人》《山东省的革命军以及套购铜元的过去和现在》《满蒙的革命军、宗社党与日本军人及日本人的关系(附件郑家屯事件的真相)》三个文件,与后藤新平一起在日本议会广为散发。文件抨击大隈内阁奉行的对华政策"激起了中国人对日本人的憎恨,由此而掀起的反日、抵制日货的风暴,连宫内也察觉了","长春、沈阳把日本制造的帽子扔到地上加以践踏,高呼抗日救国,中国人眼中燃烧着对日本人的仇恨"①。这些文件的散发在日本国会引起轰动。

正是由于西原同寺内、胜田的这种特殊的关系,使他能把日本驻华公使置之一旁,完成以亿计的数额庞大的对华借款。

西原自己曾说:"当我得到袁世凯死讯的时候,就再也按捺不住了。我感到要扭转日本的对华政策,此正其时。"②在对华政策上,西原不赞成日本统治阶级中的两种观点,拿他的话来说,"一种类似'宋襄之仁';另一种则为强横蛮干"。③从甲午战争到"二十一条"的提出,这后一种观点始终在日本统治阶级中占主导地位。西原所想要"扭转"的,也就是迄至大隈内阁止,日本政府所奉行的"强横蛮干"的对华政策。

清政府和袁世凯政府虽然腐败,但中国人民的力量是强大的,中国人民反抗侵略的多次斗争,给予一些日本人深刻的教训。西原不无忧虑地说:"吾人如欲以帝国之国力去占有〔中国〕四百万平方英里的土地,而使(中国)四亿民众沐我

---

① 胜田主计:《确定对中国借款方针》,《近代史资料》1981年第2期,第209页。
② 波多野善一:《西原借款的基本设想》,《国外中国近代史研究》第1辑,中国社会科学出版社1980年版,第122—123页。
③ 西原龟三:《西原借款回忆》,《近代史资料》1979年第1期。

天皇之德政并为此而获得其所需之丰富资源,(我本人)固不敢对压迫政策表示反对;但若出此行动,则我国至少每年必须负担二十亿圆的支出,更必须甘冒以国家命运作赌注的风险。这样做的目的如果和施行亲善主义一样,是为了使四亿民众沐皇化之德政,那又何必甘冒风险,固执于将激起〔中国〕四亿民众反感的政策?"① 由此可见,西原不是放弃侵略者的立场,而是惧怕日本的压迫政策不仅使日本财政不胜负担,而且在4亿中国人民的反抗下有最终失败的可能,除此西原还对日本经济在原材料、食品等方面依赖欧美深表不安。所以西原主张扩大日本的"经济势力范围","力求日中两国供求关系的调节和生产的发展"②,把中国变为日本的原材料供应地;改以往日本对华一味地压迫为经济渗透和控制,而实行"日元外交",同时不放弃以武力为后盾。③ 西原的主张,从根本上维护了日本统治阶级的利益,很快地被日本政府所重视,并拟定了"对华借款避免过去那种以获取权利为主,赤裸裸地强迫中国接受的态度。先以稳妥条件提供贷款,在增进邦交亲善的同时,采取促其主动向我提供有利的权益的手段"这样的借款方针④。

日本要以经济侵略作为对华外交的主导方针,在日本的经济国力上是否具备客观条件呢?回答是肯定的。日本在第一次世界大战期间国内经济发展很快,对外贸易大大出超,国内货币过剩,形成通货膨胀的局面。日本财政界的首脑人物极力鼓励日本企业家对国外投资,减少国内通货的压力。同时,日本在那时期曾先后向英国承受国债28 000万日元,向法国承受国债7 600万日元,向俄国承受国债22 200万日元。⑤ 由于日本掌握着大量寻求出路的通货,所以无论扩大对华投资,还是扩大对华借款,都是具有充分条件的。

当时日本政府认为段祺瑞是继袁世凯之后能够掌握中国政局的人,因此全力支持段祺瑞政府。寺内内阁作出的决定说,"给予段政府以友好的援助,以期中国时局的稳定,同时设法解决日中两国间的若干悬案,方为得策";同时,鉴于中国南方民主力量所倡导的思想逐渐深入人心,"帝国政府若露骨地援助段内阁、

---

① 波多野善大:《西原借款的基本设想》,《国外中国近代史研究》第1辑,第134页。
② 波多野善大:《西原借款的基本设想》,《国外中国近代史研究》第1辑,第134页。
③ 波多野善大:《西原借款的基本设想》,《国外中国近代史研究》第1辑,第134页。
④ 《胜田家文书》第108册21号,引自《近代史资料》1981年第2期,第157页。
⑤ 周叔廉:《西原借款》。全国政协:《文史资料选辑》第35辑,中华书局1962年版。

压制南方派而与南方派结成深怨,也不符合帝国的长远利益"。① 根据这个援段而不露骨的方针,由不担任公职的西原龟三充当借款密使,就是合乎逻辑的事了。

西原根据以经济侵略为主的对华方针,同时联系他在朝鲜的经验,设想了一系列具体的对华经济措施,收录在他自传里的《关于适应时局的对华经济施政纲要》主要有以下几个方面:

  1. 联合我国有实力的银行、同中国关系密切的纺织企业以及实业家团体、结成对华实业投资团,尽可能以宽大的条件给予两千万元的借款,以济中国当前燃眉之急。

  2. 按照中国交通部顾问的意见,改善京奉、京汉、京张、津浦等四条国有铁路以及与其相联的其他铁路的业务,免除由这些铁路运输的货物的厘金税。

  3. 为了协助其币制改革,在东三省、直隶省和山东省筹设省银行,以金本位发行纸币,随着交通机关的发达,使其逐渐向江苏、河南、安徽、湖北以及全国推广。其所需之黄金资本,由对华实业投资团根据其借款以日本银行券或银行纸币交付。省银行的业务,则按照该投资团所推荐的顾问的意见经营。

  4. 作为改革币制、发展交通、振兴实业之前提,中国政府除现行货币制度外,应制定法律以使与日本货币形状、分量、称呼等相一致的金本位货币与现行货币同时并用。颁布筹设以上述金币为资本的银行以及发行纸币的有关法令。凡是设有省银行的地区,其租税和铁路收入均以金币收取。

  5. 中央的财政部和省的财政厅应聘任日本政府推荐的人为顾问。……

  在交通银行恢复业务的同时,即以保护原资金为名,在该行所在地派驻日本宪兵……②

显然,西原的上述对华经济施政纲要是要把中国的金融、交通、实业纳入日

---

① 波多野善大:《西原借款的基本设想》,《国外中国近代史研究》第 1 辑,第 117—118 页。
② 波多野善大:《西原借款的基本设想》,《国外中国近代史研究》第 1 辑,第 124—125 页。

本经济附庸的地位,并且积极展开了活动。

西原首先会见了当时任驻日公使的章宗祥,表示:"中日两国欲谋亲善,当从经济联合入手。中国现时财政未裕,如有意借款,日本可为尽力。"①又提出了形式上较为优待的借款条件,如低息、不打折扣、不收手续费等,并强调:"两国政府间之借款易生误会,不如使两国实业家彼此通融之善。"②章宗祥将这一信息转达了当时的交通银行董事长曹汝霖,经段政府同意后,双方决定由日本兴业银行为代表的日本银行团(兴业、台湾、朝鲜)借款 500 万日元,年息 7 厘 5 分,担保品为:(1)陇秦豫海铁路借债券额面 130 万元;(2)中国政府国库债券额面 400 万元;(3)中国政府对于交通银行债务证书额面约 242.6 万元。

交通银行是当时与中国银行一同管理中国政府国库的一个金融机关,它拥有纸币发行权,在全国各地设有支行 70 余处,是中国国有铁路的机关银行。交通银行的事业范围比中国银行更为广泛。该行在袁政府末期由于梁士诒滥发纸币而遭致破产,于 1916 年停止兑现。接受 500 万日元的交通银行第一次借款后,该行即实施整顿。

段祺瑞政府的财政极度困难,"各省应解之款,都为督军扣留,发行内国公债,则旧公债尚未整理,续募为难。借外债则有四国银行团之约束,缓不济急,且不易磋商";而段政府的开支十分浩繁,"每月约需二千万元,而财部可靠之收入,每月只余关余、盐余(海关税盐税抵押外债,每月付本息所余者)、烟酒税、印花税、所得税等,合计不足一千二百万元,尚短八百万元"。③ 由于日本方面通过西原而表示的主动姿态,所以段政府频频对日借款以弥补亏空。

为了避免西方列强的注意和便于借款的进行,日本方面提议成立一家中日合办的银行具体经办借款事宜,经中国方面同意,成立了中华汇业银行,由亲日派官僚陆宗舆任总理。中华汇业银行于 1917 年 8 月成立,1918 年 1 月正式开业。

第二次交通银行借款于 1917 年 9 月订约成立,借款额为 2 000 万日元,以中国参加协约国为交换条件。

---

①② 章宗祥:《东京之三年》。《近代史资料》1979 年第 1 期。
③ 曹汝霖:《西原借款之原委》。《近代史资料》1979 年第 1 期。

接着,由曹汝霖任总长的交通部又接连于1918年的4月和6月分别同西原订立了有线电信借款2 000万日元和吉会铁路借款1 000万日元。当时的财政总长也是曹汝霖兼任的,腐败的段祺瑞政府只会花钱,不知理财,寅吃卯粮,也不想将来如何还本付息,3 000万日元借款到了曹汝霖手里,不到半年就花个精光。当时段祺瑞的皖系军队正同直系曹锟军队开战,需款较多,为此段祺瑞曾指示陆宗舆:"曹锟师将北溃,苟无大借款以撑此局面,则政局将生绝大波澜。除将3 000万日金借款代转合同,以期速得款项救急之外,绝无其他办法。"①因此又商借日债。西原认为如不续借,要是段祺瑞在直皖战争中败北,日本的援段政策就将功亏一篑,因此又从中斡旋,征得日本政府和银行界的同意,续借3 000万日元,年息7.5%,以吉林和黑龙江两省官有森林和金矿作抵押。该借款由于出卖中国宝贵的矿产及森林资源的主权,激起了中国人民的强烈反对。吉林省方面首起爱国风潮,接着是北平学潮,其他各地人民也纷起抗议。

1918年9月29日,日本原敬内阁取代了寺内内阁,就在1918年9月28日,也即寺内内阁的最后一天,由于西原斡旋的结果,参战借款、满蒙四铁路借款和山东二铁路借款同日订约成立,借款额各2 000万元。

参战借款是借与段祺瑞整练参战军的(即参加第一次世界大战协约国作战)。先由中国方面制定编练新军队计划,编练三师每师约需经费400万元,再加教育、各机关经费约共1 400万元,合日币约2 000万元。日本方面生怕借款被中国移作别用,因此声明此项借款必须交付于直接主管国防军队机关所属的经理主任,付款按月由朝鲜银行委托中华汇业银行代办,每次由参战军训练处督练及军需课长会同署名盖印方能领款。军事教官由日本推荐宇垣一成和坂西利八郎总管。段祺瑞练了"参战军",却未曾派过一兵一卒去参战;他原是练了兵来打内战的,同吴佩孚作战他就是使用这支军队。所以当时人们都说他对外是"宣而不战",对内是"战而不宣"。②

满蒙四铁路是指:(1)自热河至洮南;(2)自洮南至长春;(3)自吉林经海龙

---

① 《近代史资料》1979年第1期,第153页。
② 叶恭绰:《西原借款内幕》。全国政协:《文史资料选辑》第3辑,中华书局1960年出版。

至开原;(4)自洮热铁路之一地点至海港。此项借款可以看作是1913年中日两国关于满蒙五路秘密换文一事的延续;当时的满蒙五路,除四郑路外,其他四路均未进行修建。满蒙四路借款由驻日公使章宗祥和日本外相后藤新平在东京换文,日本兴业银行代表三银行出面订约。

第一次世界大战前德人在山东除经营胶济铁路外,还于1914年经中国政府同意,取得将来敷设延长线的权利,即自济南至京汉路之顺德以及自高密至徐州两条线路。1915年日本提出二十一条时,也议及这两条线路,后来没有具体结果。这次参战借款、满蒙四路借款和山东二铁路借款同时在东京订约成立,以后就成为日人在巴黎和会中主张日本在山东权益的一个理由。

以上两项铁路借款期限均为40年,年息8厘,以各该铁路的财产及收入作担保;后因借款为政府所挪用,所以又改以国库证券作担保。

总括西原借款的内容如下:

(1) 交通银行业务整顿借款

　　第一次合同　　　　　　1917年1月　　　　500万日元

　　第二次合同　　　　　　1917年9月28日　　2 000万日元

(2) 有线电信借款　　　　　1918年4月30日　　2 000万日元

(3) 吉会铁路借款　　　　　1918年6月18日　　1 000万日元

(4) 黑龙江省吉林省

　　金矿森林借款　　　　　1918年8月2日　　　3 000万日元

(5) 满蒙四铁路借款　　　　1918年9月28日　　2 000万日元

(6) 山东济顺、高徐两铁路借款　1918年9月28日　2 000万日元

(7) 参战借款　　　　　　　1918年9月28日　　2 000万日元

　　合计　　　　　　　　　　　　　　　　　　14 500万日元

西原到北平来活动借款,还曾提出过一笔"币制借款",主张中国用此借款来实行虚金本位制。西原曾找当时的交通次长叶恭绰,要求他在中国政府中对此建议予以疏通。西原认为,中国货币实行虚金本位,并不需要铸造金币,只要以日元作准备就可以了。这是赤裸裸地要把中国金融变为日本金融附庸的主张。当时叶恭绰问他:"以日本金圆做准备,国际比价怎样定法?我国金币和日本金

圆的比价又怎样定法？何况日本自己也缺乏生金,我知道你们日本并不是一个产金国家。再且中国如不造金的硬币,那金纸币所代表的是什么呢？"① 由于西原对这些问题一时还拿不出具体办法,寺内内阁不久又倒台了,币制借款一事也就不了了之。

由于寺内内阁执政的时期较短,所以日本原来拟议中的几笔大借款未及付诸实施,上面提到的币制借款是其中一项,计划中的数额达 1 亿日元;此外还有地租借款 1 亿日元、印花税借款 2 000 万日元等,数额比已实行西原借款部分更大。②

在寺内内阁期间,除了由西原经办或参与谋划的上述一些借款外,已实行的借款中金额在 500 万日元以上的还有三笔,即善后借款垫款 3 000 万日元、军械借款 3 208 万余日元和京畿水灾借款 500 万日元。

在大隈内阁时,日本就有所谓"第二次善后借款"(以 1913 年的善后借款为第一次)的提议;第一次世界大战中各国意见分歧,此议中止。寺内内阁期间旧议重提,但协约国之间仍因意见分歧而此议未能实行。日本就借此题目,单独前后三次对中国借出所谓善后借款的垫款,每次 1 000 万日元,由日本横滨正金银行经办,年息 7 厘,以中国盐余作担保。

军械借款是日本泰平公司分两次借出的,一次是在 1917 年 11 月,一次是 1918 年 7 月,金额共 32 081 548 日元,是支持皖系军阀的借款。名义上此项借款由军火商泰平公司承借,实际上其资金是胜田管辖的大藏省的临时国库证券通融的。③ 军械借款后因到期未能还清,于 1925 年另订付息垫款合同,这是后话。

1917 年秋,直隶省发生空前大水灾,天津也遭水浸。当时国库空虚,救灾无款,只得向日本兴业银行、中日实业公司等 11 家银行所组成的日本银行团借款 500 万日元,年息高达 1 分,以多伦鄂尔、杀虎口、临清三个常关④收入作担保。

---

① 叶恭绰:《西原借款内幕》。
② 周叔廉:《西原借款》。
③ 《日档胶卷》,见裴长洪《西原借款与寺内内阁的对华策略》,《历史研究》1982 年第 5 期。
④ 常关:鸦片战争后,通商口岸设立海关。为区别于海关,称原有税关为"旧关"或"常关",称海关为"新关"或"洋关"。

第十一章 借款

未满500万日元的借款还有汉口造纸厂借款、印刷局借款、四郑铁路短期借款及吉长铁路借款等,地方政府和民间借款也有相当的数额,总计寺内内阁期间的日本对华借款总额为38 645万日元,约为寺内内阁成立时日本对华借款12 000万日元的3倍。这些借款分类如下:①

(1) 对中央政府借款　　　　　　　　27 986万日元
(2) 对地方政府借款　　　　　　　　 1 857万日元
(3) 对企业或个人借款　　　　　　　 8 802万日元
　　合计　　　　　　　　　　　　　38 645万日元

寺内正毅下台后曾十分得意地说,大隈内阁向中国要求"二十一条",惹中国人全体之怨恨,日本却无实在利益。而他在任期间,借与中国之款,3倍于从前之数,其实际上扶植日本对于中国之权利,何止10倍于"二十一条"。

但是寺内正毅所自夸的此项"政绩",并未得到日本统治阶级的一致承认。

由于西原借款的主要目的是通过借款控制中国经济,使之逐步变成日本经济的附庸,因此在借款条件上并不十分苛刻,以此小恩小惠来拉拢中国方面。借款的担保品尤为空泛,如铁路借款的担保一般为"铁路财产及收入",但铁路尚未修筑,"财产及收入"又何从谈起? 其他借款的担保也只是徒托空言,并没有实行接管。到了后来,除了交通银行第一次借款500万日元在1920年正值日元汇价低落的时候还清外,其余各项借款的到期本息,中国政府均无力偿还,日本债权银行团对于空泛而不落实的担保品无法处分,因此西原借款大部分成了一笔烂账。日本政府只得发行债券归还三银行,把未能偿还的西原借款由大藏省储蓄部及国库接兑过来。这在日本国内引起了大不满。有人说:"这些对中国中央政府和地方政府的投资——共达日币数亿元——完全是种损失,现在日本既不能收回本金,又不能收回一文利息。一言以蔽之,日本不善经营海外投资,像这种毫无价值的投资,倒不如抛入海中为妙。"②

除此之外,对于由非公职人员的西原来经办借款也引起攻击,被认为是一种

---

① 西原龟三:《西原借款回忆》。货币折算:1银元=1日元;1两=1.50日元。
② 慕尔顿:《日本:经济金融的评价》,第284页。转引自雷麦:《外人在华投资》,第407页。

离开常规的胡闹行为。西原由于深得寺内和胜田的信任,他在中国时颐指气使,置日本驻华公使于不顾,独断独行,引起日本驻华公使以及本野外相的强烈不满。胜田藏相曾提醒西原说:"您不是政府的代表,而是以西原个人的身份活动的;然而,您在热心之余,往往露出政府代表的语气,这大概就是您和林公使及其他人发生矛盾的原因。"[①]但是,一方面身负着寺内内阁对华外交的战略使命,另一方面又必须"以西原个人的身份活动"而不"露出政府代表的语气",这确实难以做到。因此,西原的活动在日本统治阶级中遭到攻击是势所必然的。

西原借款虽然在具体做法上受到寺内内阁的反对派和日本银行界等的攻击,但归根结底是符合日本根本利益的。对于这一点,西方各国倒是看得很清楚。由于嫉妒日本在华势力的急剧膨胀,因此指责日本"在财政上进行的西原借款和在政治上要求二十一条是同出一辙"[②]。这同寺内正毅的自我炫耀是吻合的。日本军国主义在以后不断以武力进行对华侵略的同时,对西原借款所依据的对华经济侵略的一些基本设想实际是积极付诸实施的,如使伪满洲国货币同日元联系、全面扩大对华投资、把中国日益变为日本的原料供应地和市场等。中国人民对于西原借款的侵略性是看得很清楚的。西原借款帮助段祺瑞政府打内战和打击国内的进步力量,段祺瑞政府则拱手把有关铁路、电报、森林、矿山等国家的重要利权出让给日本,这激起中国人民的强烈反对和正义的抨击。吉黑两省森林金矿借款等的担保品以后之所以未能落实,同中国人民的反抗斗争有很大的关系。

第三节 第一次世界大战后的借款

美国在第一次世界大战中发了战争财,成为西方列强中最有经济实力的富翁,连英法两国都欠它的债。针对日本在对华借款中遥遥领先的地位,美国政府

[①] 波多野善大:《西原借款的基本设想》,《国外中国近代史研究》第1辑,第142页注④。
[②] 樋口弘:《日本对华投资》,第153—154页。

于1918年6月向英法日三国提议成立由它们四国成立的新银行团,包揽中国借款。美国深知中国的财政是非靠借外债来支撑不可的,它同日本一样,希望通过借款,来控制中国财政,掠夺中国资源,左右中国政治;同时通过组织新银行团,排斥日本的在华势力,树立美国的在华优势。对此,日本当然看得很清楚,但它又怕不参加新银行团会使自己孤立,所以采取了既参加又争夺的方式,主要是为了确保日本在满蒙既得的侵略利益。筹备新银行团的交易谈了足足两年,直到美英法三国对日作出较大的让步才得结果。这让步就是承认满蒙地区基本上为日本借款的势力范围:"(甲)南满铁路与其现有之支路,连同为铁路附属品之矿产,不列入新银行团铁路范围之内;(乙)议筑之洮南热河铁路,与议筑自洮热间至海岸之铁路,归入新银行团铁路范围之内;(丙)吉林会宁铁路、郑家屯洮南铁路、开原吉林铁路、吉林长春铁路、长春洮南铁路、新民屯沈阳铁路、四平街郑家屯铁路等,皆在新银行团范围之外。"①日本在作了若干修正和补充之后才予以承认。新银行团虽于1920年9月成立,但日本同美国在对华借款及其他一系列问题上的矛盾不仅没有平息,却愈演愈烈。日本在这之后的对华借款中,受到美国的很大牵制。

在铁路借款方面,日本主要是加强和扩充原有势力,并在适当时机下争夺新的势力范围。1913年后又两次向东亚兴业会社借款共250万日元的南浔铁路公司虽于1919年开始营业,但因军方滥用及经营上的原因,不能赢利,因而日债的本息都无力偿还,只得于1922年又向东亚兴业会社借款250万日元,并由东亚兴业会社派员以债权人的身分控制了该路的财务及技术大权,但此后该路营业依然不振。

1911年清政府主管铁路的邮传部曾同日本横滨正金银行签订了1 000万日元的借款合同,用来偿还京汉铁路公司的比利时借款及充作该铁路的周转资金之用。到1930年底,此款本金尚欠934万日元,所还无几;从1922年6月1日起,积欠利息255.45万日元。此外,三井物产公司对京汉铁路管理局还有两笔赊卖枕木借款。

---

① 刘秉麟:《近代中国外债史稿》,三联书店1962年版,第157页。

日本东亚兴业会社对京绥铁路（自北平经张家口、绥远至包头）继于1918年借款300万日元后，又于1921年借款300万日元，年息从第一次的9厘提高到1分，期限4年。两次借款都以票面额350万元的债券作抵押。1923年7月该线通车。此外，该路还有两次材料借款：一是1920年三井洋行枕木及机车配件借款，枕木部分为26万元及78.5万日元，机车配件部分为4万美元及5.5万日元；二是1921年三井洋行机车借款295.3万日元。

在山东，1914年日军占领青岛后，就从德国人手中夺取了山东胶济铁路的控制权。1923年1月，根据华盛顿条约和《山东悬案细目协定》，该铁路移交给了中国。作为日本移交胶济铁路的代价，中国政府发行了4 000万日元（年息6厘）的国库债券，偿还期规定为15年，以该路财产和收入作担保。此外还规定：在该项4 000万日元偿还期限内，中国方面有义务聘用日本人担任运输主任和会计主任，该路收入必须存入横滨正金银行的青岛和济南分行。这4 000万日元日本实际并无分文借出，胶济铁路也不是它修造的，因此所谓"借款"完全是侵略者的强行讹诈。因此，该项胶济铁路"借款"应从日本对华借款中除去。樋口弘说："因为想到1914年青岛战争的战费，及后来八年间日本对该铁路及山东省各种事业的管理运用费等，即使仅仅从确认日本在这种形式上的投资的一部分来考虑，也认为应该把该铁路的四千万日元债权，计算在日本的对华投资中。"① 他把侵略者的"战费"及在所占领地区的"管理运用费"都算作"借款投资"，是十分荒唐的。

还有一笔"借款"是属于同样性质的，那就是青岛公有财产及制盐业补偿款。日本占领胶州湾后，有些日人就在沿岸从事制盐业。当时在中国，制盐业是属于政府专卖的事业，日人的这种行径，是对中国主权的侵犯。胶州湾归还中国后，理所当然地应予以取缔，但日人却无理地要求中国出钱收买。同样，对于日人在该地区从事侵略行径的所谓"公有财产"，也要中国出钱收买。两项合计，共要中国补偿1 600万日元，其中200万日元以现款支付，其余1 400万日元以国库证券的形式列为对日"债务"，年息6厘，期限15年，以关余及盐余担保。显然，该

---

① 樋口弘：《日本对华投资》，第128页。

项"债务"同胶济铁路"借款"一样,也应予以剔除。

在关内,除了上述几条铁路外,津浦铁路、山东博山轻便铁路、四川井富轻便铁路、广东汕樟轻便铁路等都接受过较小额的日本借款。

在东北,日本对于铁路借款和垫款更为重视,1925年10月南满同中国当局签订了吉敦铁路(吉林至敦化)垫款1 800万日元的合同,后增至2 400万日元。此数系作建筑铁路之用,铁路筑成后移交给中国管理。中国方面如在移交后一年期内未能将欠款全部还清,则原来的垫款债务改为借款,期限30年,年息9厘,以该路收入担保,同时须雇用日本会计主任及助理各一人。

1922年10月交通部向满铁借垫款50万日元,以吉长铁路收益作保,年息9厘5,期限两年。后因不能偿清,复于1925年改订100万日元的借款合同,年息9厘。此外,还有材料借款907 697日元。

1924年9月开工、1926年底建成的洮昂铁路(洮南至昂昂溪)共得满铁垫款1 292万日元。该路与吉敦路为新银行团成立后,日本在东北借款筑成的铁路。

满铁对洮南以南各铁路支路在新银行团成立以前业已大量借款的基础上,继续借出大笔借款或垫款,1930年底,日本对洮南以南各铁路的借款投资共约5 151.7万日元。

在企业借款方面,首先要提到的是汉冶萍公司。该公司从1921年起,营业一落千丈。其炼钢厂的设备过于陈旧,又无资金从事更新,产品成本高昂,销路闭塞。因此炼钢厂不得不于1922年关闭。生铁产量1923年也大减,只7万多吨,是往年的一半左右。而从1928年起,汉阳和大冶的铁厂都处于停工状态,只剩下大冶铁矿继续生产,并以所产矿砂偿还日债。另一方面继续举借日债,饮鸩止渴。1924年汉冶萍公司借款850万日元,1926年又借款200万日元。这些借款加深了日本对汉冶萍公司的控制。[①] 雷麦估计到1930年底日本对汉冶萍公司共投资4 000万日元[②],加上利息数额更为巨大。

其他如裕繁铁矿公司也有类似的情况。日本枝光制铁所为了收买该公司的

[①] 刘大钧:《外人在华投资统计》,第98页。
[②] 雷麦:《外人在华投资》,第382页。

铁矿砂,通过正金银行和中日实业会社,多次借款予裕繁公司。

表 11-3　正金银行对裕繁公司的借款　　　（单位：日元）

年月	数额	收回数额	存留额
1920 年 12 月	1 500 000	239 104	1 260 896
1923 年 2 月	400 000	44 818	353 182
1923 年 3 月	2 850 000	319 329	2 530 671
合计	4 750 000	603 251	4 146 749

资料来源：陈真：《中国近代工业史资料》第 2 辑,第 391 页。
注：对原表中数字的末位数作过若干校正,以求结算平衡。

这些借款都是以矿砂偿还的。

日本对中国企业的借款很多,包括纺织业、矿业等,我们在叙述各个行业的投资情况时都已说到,这里不再一一重复。此外,这一时期由中国政府出面承借的实业借款也不多,如 1919 年的湖北造纸厂借款 100 万元,1920 年张家口铜元局借款 300 万日元等。

在电信方面,1918 年 10 月中国政府因前债未清,与中日实业公司改订 1 000 万日元的借款合同,名义上作为扩充电话的经费,但借款收到后大部分被移作别用,电话事业并未得到切实的扩充,本息均无法偿还,因此到 1923 年 6 月又订立展期合同,并指定由吉长铁路余利按月偿还,但仍未能按约履行。1925 年底共欠本息约 1 362 万银元。1935 年 1 月国民政府改订 1 465 万日元的借款合同。

1920 年 2 月中国政府向东亚兴业会社借款 1 500 万日元,作为扩充及改良有线电报工程垫款。垫款实收 1 022 万余日元,年息 9 厘,期限 13 年,以有线电报全部财产及收入为担保。后因无力还本付息,而指定沿南满各电报局所收报费及中日间经收之水线费与天津电报局拨款等为付还利息之用。1934 年 11 月国民政府交通部又与东亚兴业会社改订 1 500 万日元的借款合同。

在对于旧债的整理方面,还有一笔九六公债。这是中国政府于 1922 年 2 月 11 日以大总统命令形式颁布的总额为 9 600 万的公债,九折发行。发行的目的是为了清理和调换 1918—1920 年三年间政府所举借的以盐余作担保的各种短期内外债。其中,日金部分的公债 39 608 700 日元是对日本的债权人发行的,其余的则是银元部分的内债,扣除一部分北洋政府的军政费用后,向中国国内债权人发行。日本的债权人有兴业银行、朝鲜银行、台湾银行、大仓组、东亚兴业会社、中华汇业银行、中日实业公司和兴亚公司等;清理的债务包括京津水灾借款、华宁公司借款、保商银行借款、新华银行借款、纺织事业借款、教育借款等短期借款,以及属于西原借款的未付利息借款、追加借款等。九六公债的外债部分年息为6厘,以盐余和关余作担保,期限7年。但7年后中国方面未能归还。

除上所述,还有一些较次要的债务,但这一时期新成立的日债不多,许多都是旧债未清而续订借约的。特别是 1927 年以后,国民政府逐渐投靠美国,同时由于日本军国主义的对华侵略所激起的中国人民的反抗斗争,日本对华的借款一直处于低潮。即使如此,在全面抗战前,日本的对华借款在各西方国家中仍然名列首位。

第四节 借款整理和"七七"事变前后借款本利留存额

日本对华借款,特别是日本政府及日本国策会社的借款,其主旨正如西原龟三所设想的,首先是为了在政治上、经济上、财政金融上和原材料等方面实行对华控制,因此不少债务是日本方面在明知担保不确实的情况下"慷慨解囊"的。这是以吃小亏的方式逐步夺取中国的政治经济主权,是套在腐败的中国政府脖子上的绞索。如果仅以一般的赢利为目的,日本也就不会在新银行团的成立问题上同英美等国激烈地争夺势力范围。由于许多借款无确实担保,所以日本对华借款的相当一部分以后成了一笔烂账。北洋政府后期曾成立专门机构予以整理,该项工作一直延续到国民政府成立之后。

日本对华借款的合同额非常庞大,计中国中央政府借款(扣除庚子赔款和山东胶济铁路、青岛公有财产及制盐业的补偿款共 102 954 000 日元)458 210 832 日元,地方政府借款 58 497 564 日元,非政府借款 148 632 484 日元,合计

665 340 880日元,其中中央和地方政府的借款合同额为 516 708 396 日元。① 这些借款中的大部分因未能按期偿还,本利积欠额越滚越大。

所谓无确实担保的借款,主要是在中央政府的那部分借款中。

表 11-4 中国政府对日主要无担保债款表

日期	借款名称	年利	票面额（日元）	实付额（日元）	截至1927年12月31日积欠数(华币)
1912年2月15日	南京临时政府借款	7厘至1分	2 000 000	1 950 000	3 427 277
1916年5月12日	大仓洋行华宁公司库券	8厘	1 000 000	990 000	2 455 957
1917年11月19日	泰平公司第一次购械借款	7厘	18 716 421	17 014 597	53 983 562
1918年7月31日	泰平公司第二次购械借款	7厘	13 365 127	10 877 112	
1918年1月5日	三井洋行印刷局借款	8厘至1分	2 000 000	2 000 000	3 822 393
1918年4月30日	汇业银行电信借款	8厘至9厘	20 000 000	19 671 233	23 780 026
1918年8月2日	正业银行金矿森林借款	7厘半	30 000 000	29 001 370	34 666 576
	汇业银行林矿借款垫息	1分4厘4	1 125 000		1 673 742
	汇业银行林矿电信两借款垫息	1分4厘4	19 386 916		27 352 896
1918年6月18日	兴业银行青会铁路借款	7厘半	10 000 000	9 625 000	11 617 454
1918年9月28日	兴业银行满蒙四铁路借款	8厘	20 000 000	19 200 000	23 848 448
1918年9月28日	兴业银行山东两铁路借款	8厘	20 000 000	19 200 000	23 848 448
1918年9月28日	前三铁路借款垫息	9厘半	18 583 902		23 631 523

---

① 樋口弘:《日本华投资》,第169页。

续 表

日期	借款名称	年利	票面额（日元）	实付额（日元）	截至1927年12月31日积欠数(华币)
1918年9月28日	参战借款 参战借款垫息	7厘 8厘	22 000 000 本	18 400 000 息	36 039 294
1919年6月30日	泰平公司参战处购械借款	8厘	1 069 985	1 069 985	1 583 839
1925年10月15日	汉口造纸厂垫款	1分2厘	1 000 000	1 000 000	1 294 038
1927年12月31日	总计		198 247 361	149 999 297	273 025 473

资料来源：中国政府1927年文件。转引自雷麦《外人在华投资》，第403页。
注：1927年日元与中国银元同值。

除表11-4所列外，还有一些较次要的无确实担保的借款。当时除了日本之外，其他各国也有一定数量的无确实担保的借款。中国政府从1925年起对这些不确实借款的整理结果如下：

表11-5 不确实担保借款整理

	中国政府整理承认额	债权国提出额
财政部所管		
各国总额	405 024 372元	549 308 384元
日本部分	257 589 257元	322 376 342元
日本占总额的%	63	59
交通部所管		
各国总额	229 595 360元	193 423 067元
日本部分	35 507 825元	39 768 616元
日本占总额的%	15	20
总计	634 619 732元	742 731 351元
日本部分	293 097 082元	362 144 958元
日本占总计的%	46	48

资料来源：東亞研究所：《日本の對支投資》（下），第698—699页。

在各国提出额及中国政府整理承认额中，日本部分均占了近一半。

国民政府于1934—1936年又对日债作了整理。借款整理的顺序是：1934年整理了京绥铁路借款、广东省政府借款、第二次有线电信借款和山东省政府借款；1935年整理了交通部电话借款、津浦铁路借款、邮传部公债、南浔铁路借款、江西财政厅及江西中国银行借款；1936年整理了京汉铁路借款、福建省政府借款、江苏省南京造币厂借款和财政部汉口造纸厂借款。通过这次借款整理，中国方面的偿还额有所增加。

表 11-6　日债偿还额

（1934—1938年）　　　　　　　　　　　　　　　（单位：日元）

年份	中央政府借款		地方政府借款		民间借款		合计		
	本金	利息	本金	利息	本金	利息	本金	利息	本利总计
1934	3 321 503	3 661 891	503 838	—	50 364	13 267	3 875 705	3 675 158	7 550 863
1935	5 507 220	3 114 379	2 091 401	181 245	289 233	12 254	7 887 854	3 307 878	11 195 732
1936	6 670 620	4 071 497	2 415 137	130 501	284 601	11 221	9 376 358	4 213 219	13 589 577
1937	3 799 808	2 282 957	1 457 194	130 607	269 876	10 168	5 526 878	2 423 732	7 950 610
1938	212 142	85 185	—	123 600	68 581	9 094	280 723	217 879	498 602

资料来源：東亞研究所：《日本の對支投資》（下），第866页。

由于日本在"九一八"事变后早已侵占了东北，所以表11-6中的偿还额不包括东北地区的债务。1934—1936年，偿还总额逐年增加，1937年因战事发生，偿还额又有所下降；但该年主要是上半年度的偿还额也超过了1934年全年。至于1938年作为交战国，中央政府仍在还债（虽然数额很小）倒是一件颇为奇怪的事，此中内情不详。

根据东亚研究所的统计，1936年和1938年中国债务留存额如表11-7所示：

表 11-7　日债留存额（Ⅰ）

（1936年、1938年）　　　　　　　　　　　　　　（单位：日元）

	年份	本金	利息	合计	%
中央政府借款	1936	475 804 831	327 188 956	802 993 787	84.64
	1938	473 537 150	393 556 733	867 093 883	84.93
地方政府借款	1936	20 568 873	5 228 409	25 797 282	2.72
	1938	21 084 207	3 694 812	24 779 019	2.43

续　表

	年份	本金	利息	合计	%
民间借款	1936 1938	75 218 914 76 414 044	44 730 894 52 689 334	119 949 808 129 103 378	12.64 12.64
合计	1936 1938	571 592 618 571 035 401	377 148 259 449 940 879	948 740 877 1 020 976 280	100.00 100.00

资料来源：東亞研究所：《日本の對支投資》（下），第857页。

注：对原表进行过整理和校正。

但表11-7中的统计包括庚子赔款和山东的两项补偿金在内，应予以剔除。根据東亞研究所《日本の對支投資》附表之②，1936年庚款本金留存额为17 868 949日元，利息8 895 109日元；胶济铁路国库证券本金4 000万日元，利息360万日元；青岛公有财产及盐业补偿金国库证券本金13 275 560日元，利息9 170 621日元。这三项本金共为71 144 509日元，利息共为21 665 730日元，本利合计92 810 239日元。1938年庚款本金留存额为16 499 359日元，利息为8 664 675日元；胶济铁路国库证券本金4 000万日元，利息360万日元；青岛公有财产及盐业补偿金国库证券本金13 275 560日元，利息10 763 688日元。这三项本金共为69 774 919日元，利息共为23 028 363日元，本利合计92 803 282日元。减除这些数字后，我们可以重新列表如下：

表11-8　日债留存额(Ⅱ)

（1936年、1938年）　　　　　　　　　　　　（单位：日元）

	年份	本金	利息	合计	%
中央政府借款	1936 1938	404 660 322 403 762 231	305 523 226 370 528 370	710 183 548 774 290 601	83.0 83.4
地方政府借款	1936 1938	20 568 873 21 084 207	5 228 409 3 694 812	25 797 282 24 779 019	3.0 2.7
民间借款	1936 1938	75 218 914 76 414 044	44 730 894 52 689 334	119 949 808 129 103 378	14.0 13.9
合计	1936 1938	500 448 109 501 260 482	355 482 529 426 912 516	855 930 638 928 172 998	100.0 100.0

表11-8中虽然也算出了1938年的日债留存额,但因日本发动了全面的侵华战争,中国方面当然就不应再予以偿还。其中民间借款虽说与政府借款有所区别,但日本所谓民间借款的债权人基本上都是积极为日本政府的侵华政策效命的国策会社和大财阀,在这种情况下,中国债务人也就没有按约还债的义务了。

第十二章 文化事业

一、概况

日本在华文化事业包括文化、教育、宗教、医院、新闻等各个方面。它和其他西方国家一样,通过广设教会学校、教会医院、新闻宗教机构等各种文化媒介,扩大它们在华的影响力。相对地说,日本在这个领域一度是落后的,樋口弘认为"在'七七'事变前,日本对华工作最落后最薄弱的环节,就是对华文化工作"①。

日本对华文化事业,最早可以追溯到1876年,是年7月日本佛教界真宗大谷派东本愿寺的谷了然和小栗栖香顶等到上海建立了寺院。1877年12月东京成立了振亚社,从事对华文化交流。1884年日人在上海设东洋学馆,以研究东亚问题为宗旨,该馆成立不久即解散。1889年4月日人荒尾精在上海大马路开设日清贸易研究所,该所具有学馆的性质,到1893年6月该馆停办止,共有89名学生毕业。

甲午战争后,中国知识分子中研究日本的人渐渐多了起来,而日本对中国的研究也出于其对华战略需要而日趋盛行。1898年日本的东亚会与同文会合并为东亚同文会,在我国北平、上海、汉口、福州和广东设立支部,经办各种文化事业。东亚同文会最早办过《汉报》(汉口)、闽报(福州)、威报(天津)、东亚时报(上

---

① 樋口弘:《日本对华投资》,第178页。

海,系杂志)、同文沪报(上海)等中文报刊,这些早期的报刊大多数存在时间较短。东亚同文会还于1898年在福州设立东文学社,1900年在南京成立东亚同文书院。

英、美、法等西方国家出于对华长期战略需要,第一次世界大战结束以后,均把各自名下尚未偿付的庚子赔款用于对华文化事业,日本也随之效法。但在处理方法上,日本同美国等西方国家有所不同。日本政府对于这笔文化经费的控制更为严密。前面说过,把庚子赔款列入对华借款是不妥当的,但这里为了说明日本政府如何把掠自中国的资金用于在华文化事业,有必要把资金的使用情况略加说明。日本政府于1923年3月30日公布《对华文化事业特别会计法》,把庚子赔款和山东两项补偿金的余额作为基金,分项列出如下:①

 (1) 庚子赔款(1923—1937年)   (单位:日元)

  本金   27 971 096 日元

  利息   17 807 289 日元

  合计   45 778 385 日元

 (2) 胶济铁路补偿款利息(1923—1937年)

  合计   13 557 036 日元

 (3) 青岛公有财产及制盐业补偿款(1923—1925年)

  本金   107 843 日元

  利息   441 003 日元

  合计   548 846 日元

 (4) 以上三项总计   59 884 267 日元

对华文化事业特别会计法的第七条规定每年支出以300万日元为限,而实际支出,从1924年度到1937年度共计46 184 560日元,每年度平均约329.9万日元,超过了300万日元的规定额;但这个数额中的相当一部分是在日本本国支出的。在14个年度的总支出中,事业费占第一位,约3 840万余日元,其次是研究所及图书馆的建筑费,计575万余日元。事业费中分留学生经费、讲演及视察

---

① 東亞研究所:《日本の對支投資》(下),第884—885页。

费、补助费、助成费、救恤费等。在事业费中所占比重最大的是补助费和助成费，14个年度共花了约2740万日元，其中对华支出约2437万日元，占88.9%，具体分项列表如下：

表12-1 日本对华文化特别会计支出的补助费和助成费
(1924—1937年) (单位：日元)

	补助费	助成费	合计
（一）对华支出			
东亚同文会	5 570 729	—	5 570 729
同仁会	7 494 009	—	7 494 009
善邻协会	—	380 000	380 000
上海自然科学研究所	—	3 596 775	3 596 775
上海近代科学图书馆	—	112 000	112 000
华北产业科学研究所	—	1 077 276	1 077 276
北京人文科学研究所	—	1 206 679	1 206 679
北京近代科学图书馆	—	201 000	201 000
青岛居留民团	2 818 765	27 282	2 846 047
上海居留民团	168 275	33 500	201 775
天津居留民团	71 725	—	71 725
北京居留民团	—	200 000	200 000
临时防疫事业	—	1 030 000	1 030 000
对东北文化事业	216 000	166 022	382 022
计	16 339 503	8 030 534	24 370 037
（二）在日本支出			
日华协会	993 318	—	993 318
东方文化学院	—	2 036 503	2 036 503
东方文化研究所	216 000	166 022	382 022
计	1 209 318	2 202 525	3 411 843
总计	17 548 821	10 233 059	27 781 880

资料来源：東亞研究所：《日本の對支投資》（下），第886—887页。
注：原表中"对满文化事业"一项未列入对华支出部分，现列入。

"七七"事变后，日本的文化部于1938年12月设立兴亚院，接管了相当一部分原由外务省文化事业部主管的对华文化事务，后者只经管有关互派留学生、对华学术研究及中国各地日本居留民团所办的教育等。两者又共同作为日本政府的主管机构，对日本在中国的各宗教派系行监督和指导责任。由于日本在发动全面的侵华战争后,特别重视其在中国占领区的文化侵略,所以兴亚院的对华文化事业补助费和助成费支出较为庞大,1939年度总额达1 480万日元,占1924—1937年共14个年度日本在中国实际支出的文化事业费的一半以上。

日本对华文化事业总的轮廓如下表所示:

表12-2　日本在中国关内文化事业单位数

种类	项目	1936年9月	1939年6月
宗教事业	神道教会所	36	56
	佛教寺院等	44	146
	基督教教会	11	44
教育事业	东亚同文会经营学校	3	3
	日本人小学校	35	58
	日本人中等学校	8	13
	日本人青年学校	3	5
	南支籍民学校	4	4
	善邻协会经营学校	4	—
	其他日语学校等	不详	不详
医疗事业	同仁会经营医院	4	4
	同仁会诊疗所及防疫所	—	22
	博爱会经营医院	4	6
	善邻协会经营医疗施设	3	—
	其他	3	4
研究调查机关	东方文化事业总委员会经营	2	2
	其他调查机关	不详	8
	产业改进机关	1	4
	图书馆	4	3
	文化团体	不详	不详
新闻、通信、杂志	当地日文新闻社	23	28(内蒙疆4)
	当地中文新闻社	3	9
	日本国内新闻社在华分社	29	37
	杂志	不详	32

资料来源:東亞研究所:《日本の對支投資》(下),第1023—1024页。
注:不包括东北地区和台湾。

二、宗教

日本宗教在中国行教的教别和教派很多,大抵在中国的政治文化中心和沿海的大城市,如北平、上海、青岛、天津、厦门、张家口等地,均设立布教所。教别主要是佛教、神道教和基督教。佛教中以东本愿寺和西本愿寺的真宗派为首,其他有净土宗、曹洞宗、妙心寺派、日莲宗、古义真言宗、法华宗等。神道教中有天理教、金光教等。此外还有基督教会等。这些宗教派别在各地建有一些寺院、传教所和教堂等。总的来说,日本在华的宗教活动同法国、美国等在华宗教活动相比,规模和影响都是比较小的,但这些宗教机构的活动仍同日本的侵略活动有着直接或间接的联系。

三、教育

从地区来看,日本对华文化事业的重心,在"九一八"事变前是在东北;而在东北的文化事业重心则是实施"日本化"教育。所谓日本化教育,就是提倡中国女学生裹足,不准中国教员讲爱中国。在学校内"多有警察旁听席,不准教员讲爱国,更不准爱中华民国,如敢有违,立即停止讲演,且加惩罪",[①]最终使学生只知有清国,有大日本帝国,而不知有中华民国,对中国青年实行奴化教育。

"九一八"事变后,中国人在东北所办的学校绝大多数都停闭了,较高学术机构里的教师和学生都逃跑了。日本侵略者把中国的高等院校看作是中国国家主义和抗日运动的中心,所以严加禁止重办。日人对教育课程重新改编,1932年3月25日,日本侵略者的傀儡——伪满政权颁布命令:"各学校课程中必须体现礼教或孔教的基本原则,任何课本,一有政治鼓动的暗示,必须全部取消。"[②]体现尊卑有序和宣扬礼义廉耻的儒学,被侵略者利用来作为奴化教育的工具。为了适应日人对东北殖民统治的需要,东北的学校增加很快,正如下表所示:

---

① 蒋坚忍:《日本帝国主义侵略中国史》,上海联合书店1930年版,第370页。
② 琼斯:《1931年以后的中国东北》,第44页。

表 12-3　1938 年东北的大中小学

种类	校数	学生数	种类	校数	学生数
小学	13 886	1 429 805	学院	8	1 854
中学	108	81 323	大学	1	150
职业学校	66	11 739			

资料来源：琼斯：《1931 年以后的中国东北》，第 47 页。

增加最多的是小学，其次是中学和职业学校。有的日本人说："满洲需要工人而不需要半通半不通的高领青年，这些人在日本多得很。"①因此主张不必发展东北的殖民教育。但因为日本在东北的企业事业都是同较先进的科学技术连结一体的，目不识丁的人在许多行业中就不能胜任即使是普通工人的工作。因此，"九一八"事变后东北的殖民教育偏重于职业教育。

日本在台湾所从事的殖民教育也与东北相类似。首先，日人在台湾所设的教育机构主要是为日人子弟服务的；教育程度越高，日人子弟所占比例也越高。台湾主要的高等学校，都在日本举行入学考试，以便吸收日本学生。台湾人实际上接近于被剥夺接受高等教育的机会。接受小学教育的台湾籍人所占比例也很低。其次，对台湾人的教育是以"同化"为其施教方针的。在这块中国的国土上，竟以日语作为所谓"国语"，在各级各类学校中施以日语强迫教育，作为通用语言。在小学，作为中国语系的台湾语仅作"随意科"，学生每周只学两小时；中等程度以上的学校对台湾语则依日本式的读法教学。日本在台湾的同化教育政策是为了使其殖民侵占永久化。

在关内，东亚同文会及善邻协会所经营的教育事业占有重要地位。属东亚同文会经营的主要有东亚同文书院、中日学校和江汉中学校。善邻协会主要在内蒙地区从事初级教育和日语教育。

1899 年 5 月东亚同文会的创始人近卫笃麿同两江总督刘坤一协议，在南京鼓楼妙相庵开设同文书院，当时规模很小，学生只有 14 名。隔了两年，即 1901 年 6 月，书院迁至上海高昌庙，并扩充规模，改名为东亚同文书院。以后又几经

---

① 琼斯：《1931 年以后的中国东北》，第 44 页。

迁移、重建,最后设在海格路。该书院专门从事日人教育,训练日本侵华所需要的"支那通"。该书院从开办起到1938年4月止,共有毕业生2 876名,其中绝大多数是日人(华人仅54人),这批"支那通"陆续成为日本侵华事业的骨干力量。从1939年4月起,该院采用大学制,并改称为东亚同文书院大学。

中日学院即原来的天津同文书院(1925年4月改名),是1921年12月在天津开办的,1935年9月又增设高级农科专业。江汉中学校设在汉口。1922年该校创办时名汉口同文书院,从事华人教育,1924年9月采用当时的中国学制,1928年8月改名为汉口江汉高级中学校,由东亚同文会提供一切设备和补助经费等。1929年8月又增设初中部。

以上由东亚同文会经营的三所学校从1934到1936年每年度平均经费为65万日元左右,1936年三校的财产总额约共224.7万日元,其中东亚同文书院大学约占154.3万日元。

善邻协会"七七"事变前在内蒙地区经办的学校有阿巴嘎贝子庙小学、西苏尼特班小学、乌兰察布盟百灵庙小学、察哈尔德化小学等。以上四所小学均在1936年创办。"七七"事变后又陆续兴办了兴亚义塾、善邻回民女塾、张家口回民初级学校、张家口和厚和日语讲习所、包头回民医生养成所、百灵庙善邻学校等。善邻协会所办的学校规模都比较小。

在华日本宗教业者也兴办了一些学校。基督教关系的有北平的崇贞学园(1921年5月开校)和自由学园北京生活学校(1938年5月开校)。佛教关系的有北平的觉生女子中学校(1938年开校)、潍县支那人小学校(1938年开校)、厦门侨南女子中学校、淄川的风井小学校和风井学院;此外,"七七"事变后还办起了多处佛学院,计有南京佛学院、扬州佛学院、大同的晋北佛教学院、张家口的蒙疆佛教学院和太原的山西佛教学校。神道关系的有上海忠信小学校(有5个分校)和大众补习夜校。

"七七"事变后在关内沦陷区特别值得注意的是日语学校的激增。事变前日语学校共16所,均为日人主办,其中在事变后维持下来的仅6所;事变后日语学校激增至214所(1939年),还不包括日本在华宗教业者所经营的日语学校,其中日人主办的达60所,为事变前的3.75倍。

四、医疗

甲午战争后,特别是日俄战争后,中国不断向日本派遣留学生学医,接纳中国留学生的学校有日本帝国大学、千叶医专等。而日本在中国的留学生又决定仿效日本的医疗制度在中国设立专门学校。1912年,已设立的这类学校有"浙江"(杭州)、"南通"、"北京"、"江苏"(苏州)、"江西"(南昌)、"南洋"(上海)、"东南"(上海)、"光华"(广州)等。以后又陆续办起了"中山"、"河南"(开封)、"河北"(保定)等医学院校,原有的学校也不断扩大规模。"七七"事变前,在中国(东北、台湾除外)各医专、医学院的教员中,在中国国内学成的有428名,其中一部分是在日人院校中毕业的,国外留学生473名,其中日本留学生106名。

同仁会是日本对华从事医疗事业的社团,成立于1902年6月。初期主要活动地区在东北和朝鲜。1910年日本吞并朝鲜以后,同仁会的事业便向关内扩张。1913年在北平着手建设日华同仁医院,1915年在山东的济南和青岛设立医院,1919年和1921年分别在汉口和上海建造医院。除了经营医院外,同仁会还从事医学书籍的翻译出版、举办华人医生和学生的讲习会、临床实验的指导、出版日文杂志《同仁》和中文杂志《同仁医学》等。同仁会的收入主要是日本的国库补助金,该会所有财产在1937年3月末为357.6万日元,其中在华财产为291.1万日元;在华财产中借自日本政府的共值约173.9万日元。

1918年日本人及台湾籍民在厦门设立博爱会,从事医疗事业。博爱会在台湾总督府的资助下,先后设立了厦门、广州、汕头和福州四所医院。

在内蒙地区,善邻协会也办了一些小型的诊疗所和医疗讲习班。"七七"事变后建立了若干较大的医院和诊疗所,如包头医院、厚和医院、百灵庙的诊疗所等。

五、文化团体

1923年日本发布了对华文化事业特别会计法,翌年初,中国驻日公使汪荣宝与日本政府对华文化事业局局长出渊会商,并签订《中日文化临时协约》。根据该协约,1925年5月成立了由中日两国人员参加的东方文化事业总委员会,在东京、北平,稍后又在上海设置机构。该委员会从事的主要事业是在北平设立人文科学研究所及图书馆,在上海设自然科学研究所。1928年5月"济南惨案"发生,中国方面退出了该委员会,这一机构从此便由日人一手包办。

"七七"事变后,由于日本在华文化侵略进一步扩张的需要,又成立了几个新的文化团体。它们是:东亚文化协议会,1938年8月成立于北平;中支建设资料整备委员会,1937年底成立于南京;蒙古、华北、华中、厦门四个文化事业协会成立于1939年8月;日本的国际观光局于1938年在北平和香港设两个支局,1939年2月又在上海设立支局;伪蒙疆开拓文化会,1940年成立于张家口;此外,尚有较小型的文化团体共39个。这些所谓的文化团体带有强烈的掠夺性,如伪蒙疆开拓文化会的成立,其主要目的之一是为了掠夺我国长城一带的文物。又如中支建设资料整备委员会就是为了劫夺我国华中地区的文献图书资料而成立的,该委员会由日军特务部主持,参加者有日本军方、政方以及东亚同文书院、上海自然科学研究所和满铁上海事务所等各方面的人员,该委员会光在南京一地就劫掠了有价值的各类书籍杂志64万册,此外在上海,杭州等地也大肆劫掠,强占了我国大量宝贵的文化遗产。

六、 调查研究机关

这是日本在华文化事业很重要的一个组成部分。在日人的调查研究事业中占有特别重要地位的是满铁所属的调查研究机关。它在北平设华北经济调查所,在上海设满铁上海事务所;直属满铁调查部的还有张家口经济调查所和青岛驻在员。此外,满铁还在纽约和巴黎设立办事处,除经办一些对美贸易业务外,特别注重于搜集经济情报。

满铁调查部被称为满铁的"智囊"。开始人数不多,以后迅速发展起来,1938年在松冈洋右任满铁总裁期间,调查部的人数发展到2 025人,预算超过800万日元。满铁调查部在40年中所提出的报告达6 200份,各种调查资料和书籍、杂志、剪报资料共5万多件。

从1932年1月至1936年9月,满铁设立了一个新的调查机构——经济调查会取代原先的调查部,动员了973个人,根据调查拟出伪满经济建设方案4 471件。

经济调查会在满铁内部仿佛是一个独立的机构。形式上它直属满铁总裁领导,并规定其调查成果需经董事会转送给关东军,但事实上它常常越过总裁和董事会,把材料直接送给关东军。经济调查会之后,就是松冈洋右组建的大调查部。

满铁调查机构的经费主要由满铁总部调拨,但并不尽然。例如在上海对于中国共产党情况的调查就动用了鸦片走私所得的经费。

华北经济调查所成立于1918年1月,当时名北京公所,1928年改称北平事务所。1939年4月改称华北经济调查所。该所的调查重点是我国华北和内蒙地区的经济和资源状况。1933年10月该所在天津派遣驻在员,1935年11月附设天津事务所。1936年末,该所(包括天津事务所)人员除所长和课长外,共有日人职员51名,华人职员6名。1939年末,该所职员则激增至日人256名,华人40名;1940年8月更增加到日人266名,华人45名。该所1939年度的经费共120万日元,1940年度为140万日元;1939年度拥有的财产为60万日元。

满铁上海事务所成立于1911年9月,起初主要管理码头业务,其调查事业则从1926年9月开始,从事于华中及华南地区的政治、经济和社会状况的调查。1937年10月任上海事务所主任的伊藤武雄说:"上海办事处(按:即事务所)主任是日本在上海的大老板之一。"①事务所代表满铁同日本军部及民间资本家打交道,同时作为独立的调查机构,可向南京、汉口、香港、福州等地派出人员,还负责监督旁系的大连汽船会社和日满商事会社。事务所主任同时兼任东亚研究所的中国办事处主任。正因如此,该所在上海的上层社会中占有重要地位。1939年末该所的日人职员人数为296名。该所的调查机构分为十个资料系,并在南京、汉口、广州和香港设驻在员。其经费1937年度约为42.3万日元,1938年度增加到76.3万日元,1939年度更猛增到190万日元。

从满铁在北平和上海的两个调查机关的机构设置来看,他们的调查可以说是无孔不入的。

1939年前后日本又新成立了一些调查研究机关。上海计有5所,北平有2

---

① 草柳大藏:《满铁调查部内幕》,第501页。

所,包头有一所。这些机构都是为了适应日本侵华事业的扩张而设立的,地区重点是在上海。

七、产业改进机关

这类机关虽具有自然科学研究性质,但大抵是在侵华战争发动后,日本同汉奸伪政权相勾结,从事农林牧副业的改良试验,以适应日本侵略者的掠夺需要。

为了对华北经济开发方面的自然科学知识予以研究,日本外务省文化事业部于1936年9月在青岛设立伪华北产业科学研究所,"七七"事变后迁至北平。该所除所长和顾问外,有职员290名;研究项目分耕种科、农村化学科、病虫科、畜产科、农业科、家畜防疫科、农业水利科等。该所并对伪政权所管辖的华北农事试验场及其各分场和试验所实行指导。

1939年1月伪华北棉产改进会在北平成立,从事河北、山东、山西三省的棉产改良。该会名义上是伪政权的机关,实则完全由日人控制。

1939年6月伪华中棉产改进会在上海成立,是日本同伪政权所谓"合办"的机关,在南京和上海等地设有多处种植试验场。

1938年8月伪山东产业馆在青岛成立。青岛日总领事大鹰正次郎招聘熟悉中国矿产资源情况的浅田龟吉为馆长。该馆主要从事山东省的矿产和水利的调查研究。

八、图书馆

日本在关内的四所规模较大的图书馆都是在"七七"事变前成立的。其一,天津日本图书馆。1914年11月设立于天津,1936年的藏书25 644册。其二,东亚攻究会图书馆,1919年成立于上海,该馆成立时即藏有中文图书1万多册,其中主要是府县志;日文和西洋文字的图书较少。其三,北平日本近代科学图书馆,1936年底由日本外务省对华文化事业部设立于北平,1938年6月在北平另设一分馆。1939年11月末该馆藏有公开发行的日本图书40万余册,杂志762种。其四,上海日本近代科学图书馆,1936年底由外务省对华文化事业部设立于上海四川路,1939年10月设虹口分馆。馆内设中日经济研究所。1938年3

月该馆藏书1万余册,报纸27种,杂志138种,定期刊行物188种。该馆从1938年11月起也兼办日语教学。

九、新闻

日本在华最早办的报纸是东亚同文会于1896年在汉口发行的中文《汉报》。不久东亚同文会又办了中文的《闽报》(福州)、《威报》(天津)、《东亚时报》(上海)、《同文沪报》(上海),开创了甲午战争后日本在华新闻业的初步格局。到1911年,上述中文报纸大多已停办,另外办起的报纸有:天津的中文《天津日日新闻》、日文《天津日报》、中文《时闻报》、英文 The China Tribun（《中国论坛报》);北平的中文《顺天时报》;芝罘的中文《芝罘日报》;上海的中文《时报》、日文《上海日报》;冀江的《江南商务报》;福州的中文《闽报》;厦门的中文《全闽日报》;香港的日文《香港日报》。在北洋政府时期,在华外人所办的报纸特别为懦弱的中国政府要员们所重视。在日人所办的报纸中,《顺天时报》是一份最有影响的报纸。"七七"事变前,日本在中国关内经营的日刊报纸如下:

表12-4　日本人在中国关内出版的日刊报纸一览（"七七"事变前）

报纸名称	版页	创刊年
[上海]		
上海日报	晨刊八页,晚刊四页	1903年
上海每日新闻	晨刊八页,晚刊四页	1918年
上海日日新闻	晨刊八页,晚刊四页	1914年
[汉口]		
汉口日日新闻	晨刊四页	1918年
[北京]		
北京新闻	晨刊四页	1923年
（京津日日新闻发行的北京版）		
[天津]		
天津日报	晨刊四页,晚刊四页	1910年
天津日日新闻	晨刊四页,晚刊四页	1918年
[青岛]		
青岛新闻	晨刊四页,晚刊四页	1915年

续 表

报纸名称	版页	创刊年
山东每日新闻（从山东新报社分出后独立发行）	晨刊四页,晚刊四页	1933年
［济南］		
山东新报	晨刊四页	1926年
济南日报	晨刊四页	1917年
［广东］		
广东新闻	晨刊四页	1921年
［香港］		
香港日报	晨刊四页	1909年
［厦门］		
全闽日报	晨刊四页	—
［福州］		
闽报	晨刊四页	—

资料来源：樋口弘：《日本对华投资》，第189—190页。

"七七"事变后，日人所办的报纸大大发展。1939年末，关内日人所办的日文报纸共24份，中文报纸9份，英文和蒙古文报纸各1份；日人控制的中文报纸共18份。

日人在东北更完全把报纸控制在自己手里。1941年，日本侵略当局建立起三大新闻社，垄断了整个东北报纸的发行。这三大新闻社是：（一）康德新闻社，合并了18家报社，用汉文出版；（二）满洲日日新闻社，合并了3家报社，用日文出版；（三）满洲新闻社，合并了6家报社，用日文出版。1944年5月，满洲新闻社和满洲日日新闻社合并为满洲日报。

十、通讯社

1914年日人在上海组织东方通讯社，在北平、广州、湖口、沈阳等地设分社。1919年巴黎和会后，日本外务省建议成立对华关系的大通讯社，因此翌年东方通讯社改组，总部迁至东京，并扩大规模。1920年10月日本另一家电报通信社在上海设支局。1936年1月，东方通讯社与日本的国际通讯社共同组织同盟通信社，在中国一些大城市设有支局，并在上海、天津等地发行日刊通讯。1934年，上海又成立了中国通信社。在青岛则成立了山东通讯社。"七七"事变后日本在华通讯社也有很大的发展。

在东北,"九一八"事变后的第二年,日本建立了伪满洲国通讯社,作为垄断性的新闻通讯机构。1935年10月末,日人又以"一个国家一个通讯社"的殖民政策,建立了新闻通讯的统制机构——"弘报协会"。1941年,日本侵略者根据所谓"国通社法""新闻法"和"记者法",重新组建伪满洲国通讯社,加强对东北通讯事业的控制和垄断。

十一、杂志

在东北,满铁的调查机构在许多年份中出版月刊等杂志,发表由他们广泛搜集的东北及我国其他地区的政治、经济、资源、历史、文化、社会、风俗、民情等各个方面的情报和资料。满铁的月刊等刊物在日本侵略者的内部发行。这是日人在华最重要的刊物。1937年成立的满洲史学会出版满洲史学杂志,歪曲东北历史以适应日本侵略者的需要。此外,还有日人控制的艺文、满洲文化通信等若干文艺杂志。

表12-5　日本在中国关内和香港刊行的杂志一览
（1939年）

名称	所在地	创刊年月	发行数	经营者
日文杂志：				
支研经济旬报	天津	1937.2	2 500	支那问题研究所,中、日各15名人员
支研统计月报	天津	1938.11	2 000	支那问题研究所,中、日各15名人员
支研物价周报	天津	1938.2	200	支那问题研究所,中、日各15名人员
北支那	天津	1933		北支那经济通信社
艺术社会	北平	1939.7		
北京日本商工会议所所报	北平	1938.7		北京日本商工会议所
青岛公报(旬刊)	青岛			
周刊青岛	青岛			
青岛日本商工会议所所报	青岛	1929		青岛日本商工会议所
经济时报	青岛	1929		青岛日本商工会议所
青岛经济统计月报	青岛	1929		青岛日本商工会议所

续　表

名称	所在地	创刊年月	发行数	经营者
中国通信(日刊) 中通内报中支经济资料(月刊)	上海	1934.8	通信 1 000 内报 600	三宅仪明 村地光重
上海	上海	1913.2		上海杂志社
上海日本商工会议所月报及年报	上海	1918		上海日本商工会议所
扬子江	上海	1938.5	20 000	南北社上海总局
兴亚资料月报	上海	1939.9		兴亚研究会
上海时论	上海	1926	500	
经济月报	上海	1927.1	700—1 400	上海日本商工会议所
支那研究季刊	上海	1920.8		东亚同文书院大学
满铁上海季刊	上海	1929.11	600	满铁上海事务所
中国资料月报	上海	1935		日森虎雄
英文杂志:				
Shanghai	上海			国际报道工艺会社 及 South China Photo Service
Canton	广州			
Far Eastern Review	香港			同盟通信社
中文杂志:				
华北交通社报	北平	1939.7		华北交通会社
新轮	北平	1939.5		华北交通人事课
北京铁路局报(日刊)	北平	1938.11		
[北京近代科学图书馆]书渗(月刊)	北平	1938.12		
新民报半日刊	北平	1939.5		
东亚儿童新闻(月刊)	北平	1939.5		
全家福(日刊)	北平	1940.2		

资料来源：東亞研究所：《日本の對支投資》(下)，第 1019—1022 页。原资料中未列入上海日本商工会议所月报及年报。

注：① 青岛日本商工会议所另办有《青岛港贸易统计年报》和《青岛商工》两个刊物。
②《满铁上海季刊》于"七七"事变后停刊。
③《中国资料月报》的内容是关于中国共产党研究。

在关内，日人发行的杂志有 30 种(1939 年)，其中日文杂志 20 种，英文杂志 3 种，中文杂志 7 种，大多数是"七七"事变后发刊的。日文杂志主要是关于中国经济和社会形势的报道和研究,中文杂志为业务报告和商业宣传,英文杂志则主要为文化宣传。在华日人所办杂志的重要性超过他们的报纸和通讯业。由于日人特别注重对中国各方面情报的调查研究,所以他们所办的杂志资料比较丰富,具有一定的参考价值。

综上所述,日本在华文化事业投资涉及各个方面,其重点是教育和调查机构以及同调查事业密切相关的杂志业。但日本对华文化事业的实际支出微乎其微,从1924年度到1937年度总共才约2909万日元,而1930年美国的对华文化事业投资即已达到8614万日元,法国为4341万日元,英国为2000万日元,都远远超过当时日本的对华文化事业投资水平。并且日本在华文化事业投资与英美法等国家一样是用庚子赔款余额等经费支出的。如前所述,庚子赔款是列强用武力强迫清政府承认的赔款,它们本国并未拿出过一文钱,它们所采取的是以强凌弱的非经济强制手段。这当然不能算作对华借款,不能当作经济性投资。但是,这种非经济性的文化事业投资同经济性的各类企业投资又有着十分密切的关系。如日本用庚款余额等经费在中国办了一些学校,还用庚款送一些中国人到日本留学①,其目的除了贯彻奴化教育的宗旨外,还是为了替日本在华企业培养有一定文化和技术的雇佣工人,以及少量科学技术人才。再如调查事业,日人用庚款余额等经费在上海经办的东亚同文书院,其下属的调查部同满铁调查部虽然系统不同,经费来源不同,却肩负着相同的使命。该书院在截至1938年4月止的近40年中,收集了有关中国国情的大量资料,其中许多是日本在华企业所需要的;它在对中国国情的调查中所培养的近3000名"中国通"(即所谓"支那通")都被陆续派往各类日本在华企业服务。其他自然科学研究机关、产业改进机关和报刊杂志等也无一不同经济投资有密切关系。这也进一步地证明了:日本在华各类事业(包括经济、文化等)形成了一个有机的整体,是受日本对中国的基本国策所驾驭的。

日本在华非经济性投资还有政府财产和自治体财产。②

---

① 参阅舒新城:《近代中国留学史》,上海中华书局1929年版,第100页。
② 以下叙述不包括东北、台湾地区及日本陆海军关系的财产。

第十二章 文化事业

1937年末,日本在华政府财产共计1060.4万日元,主要为土地和建筑物的价值,其中华北地区占510.3万日元,华中地区487.5万日元,华南地区62.6万日元。这1060万余日元的政府财产中,日本外务省在华外交机构的财产有738万余日元,外务省对华文化事业特别会计所属的财产约268.6万日元,其余为递信省所属的财产。

各地日本的居留民团作为财团法人,也有一定的公有财产。

组织居留民团的城市,在"七七"事变之前,有上海、汉口、天津、济南和青岛五大城市,1938年8月,又成立了北京民团。居留民团的组织分议事机构和执行机构两部分:议事机构设有参事会和议员会;执行机构则由居留民团团长负责。居留民团的财产除其常设机构的不动产等财产外,还包括它所经营的学校、诊疗所、公墓、火葬场等事业的财产。1936年底,居留民团的财产共为845.5万日元,1938年底则为927.7万日元。

此外,在更多城市设立的具有自治机关性质的日本居留民会,上海、汉口、青岛、天津、济南等大城市的日人工商业联合会都有一些自治体财产,但数额较小。

在结束这一章的时候,还需作一个说明:限于资料,本书未对日本在近代中国的城市房地产投资、土木建筑业投资等作专门章节的论述,其投资额等概况包括在绪论的有关统计和论述之中。

参考文献

中文书目

1. 吴承明:《帝国主义在旧中国的投资》,人民出版社1955年版。
2. 宓汝成:《帝国主义与中国铁路》,上海人民出版社1980年版。
3. 丁名楠:《帝国主义侵华史》第1卷,人民出版社1961年版。
4. 东北物资调节委员会:东北经济小丛书《电力》,1948年版。
5. 郑学稼:《东北的工业》,上海印刷所1946年版。
6. 詹自佑:《东北的资源》,东方书店1946年版。
7. 卜千里:《华北开发公司的剖析》,国民政府外交部亚洲司研究室1940年版。
8. 舒新城:《近代中国留学史》,上海中华书局1929年版。
9. 刘秉麟:《近代中国外债史稿》,三联书店1962年版。
10. 献可:《近百年来帝国主义在华银行发行纸币概况》,上海人民出版社1958年版。
11. 东北物资调节委员会(杨绰庵):东北经济小丛书《金融》,中国文化服务社1948年版。
12. 哈尔滨市工商业联合会编:《哈尔滨制粉业史料》,1959年油印本。
13. 王芸生:《六十年来中国与日本》,多卷,三联书店1980年、1981年版。
14. 杨端六、侯厚培等:《六十五年来中国国际贸易统计》,国立中央研究院社会科学研究院1931年版。
15. 贾士毅:《民国续财政史》(四),商务印书馆1933年版。
16. 草柳大藏:《满铁调查部内幕》,刘耀武等译,黑龙江人民出版社1982年版。
17. 伪满通信社:《满洲经济十年史》,1942年版。
18. 中日贸易商品调查所:《棉织品》,1931年版。
19. 王子建、王镇中:《七省华商纱厂调查报告》,上海商务印书馆1935年版。
20. 《清朝续文献通考》卷68。
21. 上海社会科学院经济研究所经济史组编:《荣家企业史料》上册,上海人民出版社1962年版。
22. [日]樋口弘:《日本对华投资》,北京编译社译,商务印书馆1959年版。
23. 蒋坚忍:《日本帝国主义侵略中国史》,上海联合书店1930年版。

24. 郑学稼:《日本财阀史论》,生活书店1936年版。
25. 张雁深:《日本利用所谓"合办事业"侵华的历史》,三联书店1958年版。
26. 侯厚培、吴觉农:《日本帝国主义对华经济侵略》,黎明书局1931年版。
27. 邹鲁:《日本对华经济侵略史》,广州中山大学出版部1935年版。
28. 章勃:《日本对华之交通侵略》,商务印书馆1931年版。
29. 郑伯彬:《日本侵占区之经济》,重庆资源委员会经济研究处1945年版。
30. 张肖梅:《日本对沪投资》,商务印书馆1937年版。
31. 王子建:《日本之棉纺织工业》,社会调查所1933年版。
32. [日]守屋典郎:《日本经济史》,周锡卿译,三联书店1963年版。
33. [日]伊豆公夫:《日本小史》,杨辉译,湖北人民出版社1956年版。
34. 周宪文:《日据时代台湾经济史》,台湾银行1958年版。
35. 孔经纬:《日俄战争至抗战胜利期间东北的工业问题》,辽宁出版社1958年版。
36. 中国科学院上海经济研究所、上海社会科学院经济研究所:《上海解放前后物价资料汇编》,上海人民出版社1958年版。
37. 上海市通志馆年鉴委员会:《上海市年鉴(1936年)》,中华书局1936年版。
38. 上海市工商行政管理局、上海市第一机电工业局机器工业史料组编:《上海民族机器工业》,中华书局1979年版。
39. 上海市棉布商业社:《上海市棉布商业》,中华书局1979年版。
40. 米方:《从"棉虫"川村到"内外棉"》,《上海的故事》,上海人民出版社1982年版。
41. 林履信:《台湾产业界之发达》,商务印书馆1946年版。
42. 台湾省行政长官公署统计室:《台湾省五十一年来统计提要》,1946年版。
43. 台湾省文献委员会:《台湾省通志》第33卷,众文图书公司1969年版。
44. 台湾省文献委员会:《台湾省通志》第35卷,众文图书公司1980年版。
45. 台湾省接收委员会日产处理委员会:《台湾省接收委员会日产处理委员会结束总报告》,台湾印刷纸业公司1947年版。
46. [美]何保山:《台湾的经济发展,1860—1970》,上海市政协编译工作委员会译,上海译文出版社1981年版。
47. 刘大钧:《外人在华投资统计》,中国太平洋国际学会1932年版。
48. [美]雷麦:《外人在华投资》,蒋学楷、赵康节译,北京:商务印书馆1959年版。
49. 高叔平、丁雨山:《外人在华投资之过去与现在》,中华书局1947年版。
50. 谢家荣、朱敏章:《外人在华矿业之投资》,中国太平洋国际学会1932年版。
51. 姜念东:《伪满洲国史》,吉林人民出版社1980年版。
52. [英]琼斯:《1931年以后的中国东北》,胡继瑗译,商务印书馆1959年版。
53. 朱建邦:《扬子江航业》,商务印书馆1937年版。
54. 方显廷:《中国之棉纺织业》,国立编译馆1934年版。
55. 汪敬虞:《中国近代工业史资料》第2辑,中华书局1962年版。
56. 陈真:《中国近代工业史资料》第2辑,三联书店1958年版。
57. 陈真:《中国近代工业史资料》第4辑,三联书店1961年版。
58. 章有义:《中国近代农业史资料》第2辑,三联书店1957年版。

59. 徐义生:《中国近代外债史统计资料》,中华书局1962年版。
60. 青岛市工商行政管理局史料组编:《中国民族火柴工业》,中华书局1963年版。
61. 中国经济情报社:《中国经济年报》,1934年。
62. 中国经济情报社:《中国经济年报》,1935年。
63. 严中平:《中国棉纺织史稿》,科学出版社1955年版。
64. 严中平等编:《中国近代经济史统计资料选辑》,科学出版社1955年版。
65. 王洸:《中国航业》,商务印书馆1933年版。
66. 罗琼:《中国棉纺织业的新趋势》,《中国国民经济》,中国问题研究会1937年版。
67. 华商纱厂联合会:《中国纱厂一览表》,1933年6月。
68. [日]织田一:《中国商务志》,上海广智书局1902年版。
69. 王铁崖:《中外旧约章汇编》第1册,三联书店1957年版。
70. 王铁崖:《中外旧约章汇编》第2册,三联书店1959年版。
71. 黄月波等:《中外条约汇编》,商务印书馆1935年版。
72. 徐梗生:《中外合办煤铁矿业史话》,商务印书馆1947年版。
73. 东北物资调节委员会:《资源与产业》,中国文化服务社1947年版。
74. 杨铨:《五十年来中国之工业》,申报馆编:《最近之五十年》,1923年版。
75. 穆湘玥:《中国棉织业发达史》,申报馆编:《最近之五十年》,1923年版。

中文报刊及集刊

1. 《抚顺烟台煤的销售情况(1928—1929年)》,《大公报》1931年2月22日。
2. 方显廷、谷源田:《中国水泥工业之鸟瞰》,《大公报》1934年12月5日。
3. 《日本对华北经济工作执行机关的兴中公司》,《大公报》1936年8月20日。
4. 向光源:《东北的钢铁事业》,《大公报》1946年12月2日。
5. 李紫翔:《中国基本工业之概况与其前途》,《东方杂志》第30卷13号,1933年7月。
6. 郑森禹:《中国棉纺织业的危机》,《东方杂志》第33卷20号,1936年10月。
7. 《沦陷区之翻砂机器业》,《钢铁界季刊》第1卷第2期,1942年10月。
8. 杨君厚:《日帝侵华企业台湾银行广州支行》,《广州文史资料》第12辑,1964年10月。
9. [日]波多野善大:《西原借款的基本设想》,《国外中国近代史研究》第1辑,中国社会科学出版社1980年版。
10. 章宗祥:《东京之三年》,《近代史资料》1979年第1期。
11. 曹汝霖:《西原借款之原委》,《近代史资料》1979年第1期。
12. [日]西原龟三:《西原借款回忆》,《近代史资料》1979年第1期。
13. 《胜田家文书》第108册21号,《近代史资料》1981年第2期。
14. 谷源田:《中国之钢铁工业》,《经济统计季刊》第2卷第3期,1933年9月。
15. 刘阶平:《战时火柴工业与火柴专卖》,《经济建设季刊》第1卷第3期,1943年1月。
16. 郑克伦:《沦陷区的工矿业》,《经济建设季刊》第1卷第4期,1943年4月。
17. [日]山崎广明:《中日战争期间华北日本纱厂的经营情况》,韦特孚译,上海社会科学院经济所编:《经济学术资料》(内部交流),1980年第9期。
18. [日]清川雪彦:《日商纱厂在中国棉纺织工业技术发展过程中的优势地位与影响》,

韦特孚译,上海社会科学院经济所编:《经济学术资料》(内部交流),1981年第1期。
19. 杨淦、袁叔慎:《日本帝国主义在侵华战争中对中国民族制粉工业的疯狂掠夺》,上海社会科学院经济所编:《经济学术资料》(内部交流),1982年第11期。
20. 《矿业周报》第110号、114号、115号、121号,1930年。
21. 彭望恕:《中国最近之蛋粉业》,《农商公报》第79期,1921年2月15日。
22. 裴长洪:《西原借款与寺内内阁的对华策略》,《历史研究》1982年第5期。
23. 苏崇民:《满铁史概述》,《历史研究》1982年第5期。
24. 朱楚辛:《中国煤矿和矿业会议》,《申报周刊》第23卷3期,1936年6月14日。
25. 马寅初:《如何提倡中国工商业》,《上海总商会月刊》1925年第5卷第7期。
26. 《华商湖北大冶水泥厂因借日本三菱会社款项不能按时归还被发封清理》,《时报》1913年5月3日。
27. 沈云苏:《孙中山创办的中国兴业公司会议记录》,《团结报》1983年11月12日。
28. 叶恭绰:《西原借款内幕》,政协全国委员会文史资料编辑委员会编:《文史资料选辑》第3辑,中华书局1960年版。
29. 周叔廉:《西原借款》,政协全国委员会文史资料编辑委员会编:《文史资料选辑》第35辑,中华书局1962年版。
30. 王仲南:《从日商若林药房到自办民生药房》,政协全国委员会文史资料编辑委员会编:《文史资料选辑》第38辑,中华书局1963年版。
31. 江永升、陈鹤皋:《日清汽船株式会社概况》,政协全国委员会文史资料编辑委员会编:《文史资料选辑》第49辑,中华书局1964年版。
32. 齐民民:《段宏业等盗卖正丰煤矿事纪闻》,政协全国委员会文史资料编辑委员会编:《文史资料选辑》第49辑,中华书局1964年版。
33. 独秀:《日本在华侵略之新计划》,《向导》周报,1924年8月6日。
34. 徐梗生:《本溪湖之煤铁》,《新经济半月刊》第7卷第1期,1942年4月。
35. 李文权:《大仓喜八郎传》,《中国实业杂志》第3年第6期,1912年7月。
36. 范师任:《振兴国煤之我见》,《中国实业》第1卷5期,1935年5月15日。
37. 张白衣:《中国纺织业论》,《中国经济评论》第2卷第10号,1935年10月。
38. 李隆:《日本政府在东北的移民计划》,《中国农村》第3卷7期,1937年7月。
39. 戴露晨:《中国纺织业近况》,《中东经济月刊》第8卷第5期,1932年。
40. 朱西周:《日本在华纺织工业的近况》,《中行月刊》1935年12月。
41. 徐笑春:《日本投资华北之计划》,《中外经济情报》第46号,1937年1月。
42. 《中国棉纺织业之过去及将来》,《中行月刊》1938年8月。
43. [日]橱口弘:《日本对华投资之新动向》,《中外经济拔萃》第3卷3期,1939年3月。
44. 东北物资调节委员会编:东北经济小丛书《纸及纸浆》,中国文化服务社1948年版。
45. 《沦陷区之电气事业》,《资源委员会月刊》第2卷第10—12期,1940年。

中文档案

1. 中国第二历史档案馆档案,档号28-5685-1。
2. 中国第二历史档案馆档案,档号28-5685-2。

日文书目和日文调查资料

1. [日]矢内原忠雄:《帝国主義下の台湾》,東京岩波書店 1929 年版。
   ([日]矢内原忠雄:《帝国主义下的台湾》,东京岩波书店 1929 年版。)
2. 滿鐵庶務部調查課:《上海事件に関する報告》,1925 年 10 月。
   (满铁庶务部调查课:《关于上海事件的报告》,1925 年 10 月。)
3. 《金曜會パンフレット》第 215 號,1938 年 11 月 30 日。
   (《金曜会小册子》第 215 号,1938 年 11 月 30 日。)
4. [日]山澤逸平、山本有造:《貿易と國際收支》,東洋經濟新報社 1979 年版。
   ([日]山泽逸平、山本有造:《贸易与国际收支》,东洋经济新报社 1979 年版。)
5. 滿史會:《滿洲開發四十年史》,東京謙光社 1964 年版。
   (满史会:《满洲开发四十年史》,东京谦光社 1964 年版。)
6. 滿鐵經濟調查會:《滿洲產業統計》(1932 年),1934 年 3 月版。
   (满铁经济调查会:《满洲产业统计》(1932 年),1934 年 3 月版。)
7. 江上照彦著:《滿鉄王国:興亡の四十年》東京サンケイ出版,1980。
   ([日]江上照彦:《满铁王国兴亡的四十年》,日本选定出版株式会社 1980 年版。)
8. 滿鐵產業部:《滿洲經濟年報》,東京改造社 1937 年版。
   (满铁产业部:《满洲经济年报》,东京改造社 1937 年版。)
9. 滿鐵調查課:《滿洲に於ける邦人の現況》,1931 年 6 月。
   (满铁调查课:《满洲日人现况》,1931 年 6 月。)
10. 滿洲移民史研究會編:《日本帝國主義下の滿州移民》,東京:龍溪書舍 1976 年版。
    (满洲移民史研究会:《日本帝国主义下的满洲移民》,龙溪书舍 1976 年版。)
11. [日]元木光之:《内外綿株式會社五十年史》,1937 年版。
    ([日]元木光之:《内外棉株式会社五十年史》,1937 年版。)
12. 東亞研究所:《日本の對支投資》,原書房 1974 年版。
    (东亚研究所:《日本对华投资》,原书房 1974 年版。)
13. 东亞研究所:《列國對支投資と支那國際收支》,實業之日本社 1944 年版。
    (东亚研究所:《各国对华投资和中国国际收支》,实业之日本社 1944 年版。)
14. [日]涂照彦:《日本帝國主義下の台湾》,東京大學出版社 1975 年版。
    ([日]涂照彦:《日本帝国主义下的台湾》,东京大学出版会 1975 年版。)
15. 【日】淺田喬二:《日本帝國主義下の中國:中國占領地經濟の研究》,樂游書房 1981 年版。
    ([日]浅田乔二:《日本帝国主义下的中国》,乐游书房 1981 年版。)
16. 滿鐵調查部:《日本在華權益一覽》(油印本),1939 年 1 月。
    (满铁调查部:《日本在华权益一览》(油印本),1939 年 1 月。)
17. 上海日本商工會議所:《上海經濟提要》,1941 年版。
    (上海日本商工会议所:《上海经济提要》,1941 年版。)
18. 上海每日新聞社:《上海經濟年鑑(第一回)》,1924 年 12 月。
    (上海每日新闻社:《上海经济年鉴(第一回)》,1924 年 12 月。)
19. [日]米澤秀夫:《上海史話》,東京畝傍書房 1942 年版。
    ([日]米泽秀夫:《上海史话》,东京亩傍书房 1942 年版。)

20. 滿鐵上海事務所調查課:《上海工業實態調查資料概括表》(油印本,約 1942 年)
    (满铁上海事务所调查课:《上海工业实态调查资料概括表》(油印本,约 1942 年)
21. 滿錢:《統計年報(大正三年)》,1916 年版。
    (满铁:《统计年报(大正三年)》,1916 年版。)
22. 滿鐵:《統計年報(大正四年)》,1917 年版。
    (满铁:《统计年报(大正四年)》,1917 年版。)
23. 滿鐵:《統計年報(昭和三年)》,1930 年版。
    (满铁:《统计年报(昭和三年)》,1930 年版。)
24. 劉進度(著)《戰後台湾經濟分析:一九四五年から一九六五まで》東京大學出版會 1975 年。
    (刘进庆:《战后台湾经济分析》,东京大学出版会 1975 年版。)
25. 中支那振興會社:《中支那振興會社及關會社事業現況》,1942 年。
    (中支那振兴会社:《中支那振兴会社并关系会社事业概况》,1942 年。)
26. 滿鐵北京公所研究室輯:《中國最近ケ年間罷工調查》,1927 年 5 月。
    (满铁北京公所研究室辑:《中国最近八年间罢工调查》,1927 年 5 月。)

日文报刊

1. [日]松木俊郎:《戰前日本對華事業投資額推移,1900—1930》,《岡山大學經濟學會雜誌》第 12 卷第 3 號,1980 年 12 月。
   ([日]松木俊郎:《战前日本对华事业投资额推移,1900—1930》,《冈山大学经济学会杂志》第 12 卷第 3 号,1980 年 12 月。)
2. 《滿鐵調查月報》1931 年、1932 年、1933 年、1934 年、1938 年。
   (《满铁调查月报》1931 年、1932 年、1933 年、1934 年、1938 年。)
3. 滿鐵上海事務所:《上海滿鐵季刊》,第一年第一號、第二號,1937 年 4 月、7 月。
   (满铁上海事务所:《上海满铁季刊》,第一年第一号、第二号,1937 年 4 月、7 月。)
4. 上海日本商工會議所:《上海日本商工會議所年報》,1922 年、1925 年、1940 年、1941 年、1942 年、1943 年。
   (上海日本商工会议所:《上海日本商工会议所年报》,1922 年、1925 年、1940 年、1941 年、1942 年、1943 年。)

西文书目

1. A. N. Young, *China's Nation-Building Effort, 1927–1937: The Financial and Economic Record*, Stanford University, 1971.
2. Cheng, Yu-kwei, *Foreign Trade and Industrial Development of China*, Washington D. C.: The University Press of Washington,. 1956.
3. A. R. Kinney, *Japanese Investment in Manchurian Manufacturing, Mining, Transportation and Communications, 1931–1945*, New York and London, 1982.

西文报刊

1. *Japan Weekly Chronicle*, April, 1928.

图书在版编目(CIP)数据

日本在近代中国的投资 / 杜恂诚著. —上海：上海社会科学院出版社,2018

ISBN 978-7-5520-2264-3

Ⅰ.①日… Ⅱ.①杜… Ⅲ.①对华投资—研究—日本—近代 Ⅳ.①F832.48

中国版本图书馆 CIP 数据核字(2018)第 064262 号

日本在近代中国的投资

杜恂诚　著
责任编辑：章斯睿
封面设计：黄婧昉
出版发行：上海社会科学院出版社
　　　　　上海顺昌路 622 号　邮编 200025
　　　　　电话总机 021-63315900　销售热线 021-53063735
　　　　　http://www.sassp.org.cn　E-mail：sassp@sass.org.cn
照　　排：南京前锦排版服务有限公司
印　　刷：上海展强印刷有限公司
开　　本：710×1010 毫米　1/16 开
印　　张：27
字　　数：408 千字
版　　次：2019 年 1 月第 1 版　2019 年 1 月第 1 次印刷

ISBN 978-7-5520-2264-3/F·508　　　定价：88.00 元

版权所有　翻印必究